Aktuelle Entwicklungen
im deutschen, österreichischen und schweizerischen
Gesellschafts- und Kapitalmarktrecht 2012

Aktuelle Entwicklungen im deutschen, österreichischen und schweizerischen Gesellschafts- und Kapitalmarktrecht 2012

Herausgegeben von

Holger Fleischer, Susanne Kalss
und Hans-Ueli Vogt

Mohr Siebeck

Holger Fleischer ist Direktor des Max-Planck-Instituts für ausländisches und internationales Privatrecht in Hamburg.

Susanne Kalss ist Universitätsprofessorin am Institut für Zivil- und Unternehmensrecht an der Wirtschaftsuniversität Wien.

Hans-Ueli Vogt ist Professor für Handels-, Wirtschafts- und Immaterialgüterrecht an der Universität Zürich.

ISBN 978-3-16-152581-0

Die Deutsche Nationalbibliothek verzeichnet diese Publikation in der Deutschen Nationalbibliographie; detaillierte bibliographische Daten sind im Internet über *http:// dnb.dnb.de* abrufbar.

© 2013 Mohr Siebeck Tübingen. www.mohr.de

Das Buch wurde von Gulde-Druck in Tübingen auf alterungsbeständiges Werkdruckpapier gedruckt und gebunden.

Vorwort

Der vorliegende Band geht auf ein Symposium am Hamburger Max-Planck-Institut für ausländisches und internationales Privatrecht im Mai 2011 zurück. Dieses Symposium hat den im Vorjahr begonnenen Gedankenaustausch zwischen Gesellschafts- und Kapitalmarktrechtlern aus Deutschland, Österreich und der Schweiz fortgesetzt und weiter vertieft. Die Veranstalter danken den Referenten herzlich für ihre profunden Beiträge, die hier in aktualisierter Form zusammen mit den Diskussionsberichten abgedruckt werden. Sie erlauben sich den Hinweis, dass eine Folgeveranstaltung im Mai 2012 in Wien stattgefunden hat.

Unser Dank gilt auch den Herren Sebastian Bong und Malte Stübinger für die Überarbeitung der Manuskripte sowie Frau Ingeborg Stahl für die Erstellung der Druckvorlage.

Hamburg, Wien und Zürich, im September 2012

Holger Fleischer/Susanne Kalss/Hans-Ueli Vogt

Inhaltsverzeichnis

„Swiss Code of Best Practice for Corporate Governance": Anpassungsbedarf im Spiegel der internationalen Entwicklung

Vier Vorschläge „de praxi melioranda" und ein „caveat"

CHRISTOPH B. BÜHLER

I. Einleitung[*]

Seit der Wirtschaftsdachverband *economiesuisse* im Zuge der Zweitkotierung großer Schweizer Publikumsgesellschaften an der New Yorker Börse und nach einer Reihe von Finanzskandalen am 25. März 2002 den „Swiss Code of Best Practice for Corporate Governance"[1] veröffentlicht hat,[2] ist eine Welle von parlamentarischen Vorstößen über die eidgenössischen Räte hinweggeschwappt. Die Mehrheit dieser Vorstöße zielte darauf ab, dass der Bundesrat die Gesetzgebung unter dem Gesichtspunkt der Corporate Governance einer Prüfung unterziehen sollte.[3] Dieser hat in Folge gestützt auf verschiedene Expertenberichte[4] mit seiner Botschaft vom 21. Dezember 2007[5] die Revision des Aktienrechts lanciert; die Botschaft zielt hauptsächlich darauf ab, verschiedene, teilweise tiefgreifende Nachbesserungen im Bereich der Corporate Governance vorzunehmen.

Wer anfänglich noch den Eindruck hatte, nach der langen Leidensgeschichte der letzten großen Aktienrechtsrevision von 1968 bis 1991 würde die Vorlage diesmal schnell und ohne große Kontroversen verabschiedet, sah sich getäuscht. Durch die vom Unternehmer *Thomas Minder* im Februar 2008 eingereichte Volksinitiative „gegen die Abzockerei"[6], die eine emotionsgeladene politische Debatte um die Frage der Vergütungen

---

[*] Dieser Beitrag ist auch in der Schweiz in GesKR 2011, 477 ff. veröffentlicht worden.

[1] Nachstehend „Swiss Code" bzw. SCBP, am 6. September 2007 ergänzt um den sogenannten „Anhang 1" betreffend Entschädigungen von Verwaltungsrat und Geschäftsleitung.

[2] Vgl. zur Entstehungsgeschichte und Entwicklung des „Swiss Code" *Böckli*, Schweizer Aktienrecht, 4. Aufl., 2009, § 14 Rn. 221 ff.; *Bühler*, Regulierung im Bereich der Corporate Governance, Habil. Zürich 2009, Rn. 1250 ff.

[3] Vgl. für einen Überblick über diese Vorstöße *Böckli/Huguenin/Dessemontet*, Expertenbericht der Arbeitsgruppe „Corporate Governance" zur Teilrevision des Aktienrechts, in: Schriften zum neuen Aktienrecht, Bd. 21, Zürich 2004, S. 36 f., und *Bühler* (Fn. 2), Rn. 603.

[4] Expertenbericht der Arbeitsgruppe „Corporate Governance" zur Teilrevision des Aktienrechts vom 30. September 2003, abgedruckt in *Böckli/Huguenin/Dessemontet* (Fn. 3), 1 ff.; *von der Crone*, Bericht zur einer Teilrevision des Aktienrechts: Nennwertlose Aktien, Reprax 1/2002, 1 ff.; *ders.*, Bericht zu einer Teilrevision des Aktienrechts, Teil 2: Generalversammlung, vom 4. September 2002; *ders.*, Bericht zu einer Teilrevision des Aktienrechts, Teil 3: Corporate Governance/Unternehmenssanierung, vom 4. September 2002; *ders.*, Bericht zu einer Teilrevision des Aktienrechts: Stimmrechtsvertretung/Dispoaktien, Reprax 2/2003, 1 ff.

[5] Botschaft des Bundesrates zur Änderung des Obligationenrechts (Aktienrecht und Rechnungslegungsrecht sowie Anpassungen im Recht der Kollektiv- und der Kommanditgesellschaft, im GmbH-Recht, Genossenschafts-, Handelsregister- sowie Firmenrecht) mit Entwurf vom 21. Dezember 2007, BBl. 2007, 1589 ff.

[6] BBl. 2008, 2577 f.

der Spitzenorgane von Publikumsgesellschaften ausgelöst hat,[7] ist die Schweizer Aktienrechtsrevision wieder ins Stocken geraten. Ihr Ausgang ist in verschiedenen Punkten nach wie vor ungewiss. Es macht daher derzeit kaum Sinn, den geltenden „Swiss Code" im Lichte der laufenden Schweizer Aktienrechtsrevision auf seinen Anpassungsbedarf hin zu überprüfen.

Inzwischen ist die „Best Practice" einer guten Unternehmensführung und -kontrolle aber auch *international* weiterentwickelt und geprägt worden, und zwar insbesondere durch

(i)   die *OECD-Grundsätze der Corporate Governance* von 2004[8],
(ii) die auf einem *Aktionsplan* basierende Selektivangleichung der Rechtsvorschriften in den EU-Mitgliedstaaten[9],
(iii) die weltweit richtungsweisenden britischen *Codes*[10] und
(iv) den sogenannten *US Dodd-Frank Act*[11].

Vor dem Hintergrund dieser bedeutenden internationalen Impulse stellt sich die Frage, ob und inwieweit es – unabhängig vom Ausgang der Aktienrechtsrevision – sinnvoll ist, den „Swiss Code" an die aktuellen Verhältnisse anzupassen. Immerhin ist der Kodex seit seiner Verabschiedung vor fast zehn Jahren weitgehend unverändert geblieben. Angesichts der intensiv geführten öffentlichen Diskussion um die Vergütungen der Spitzenorgane von Publikumsgesellschaften[12] wurde er im Jahre 2007 lediglich punktuell angepasst, indem er um einen Anhang mit entsprechenden Erläuterungen ergänzt und insoweit aktualisiert wurde.[13] Die übri-

---

[7] Vgl. für einen Überblick *Forstmoser*, in: Trigo Tindade/Peter/Bovet (Hrsg.), Economie Environnement Ethique, Zürich 2009, S. 145 ff.; *Böckli*, FS Hopt, 2010, Bd. II, S. 3003 ff.; *Bühler*, in: Rolf Watter (Hrsg.), Die „große" Schweizer Aktienrechtsrevision, Eine Standortbestimmung per Ende 2010, Zürich 2010, S. 247 ff. m.w.H.; vgl. auch *von der Crone/Burg*, FS Weber, 2011, S. 331 ff.

[8] OECD-Grundsätze der Corporate Governance, Organisation für Wirtschaftliche Zusammenarbeit und Entwicklung, Neufassung, Paris 2004.

[9] Aktionsplan „Modernisierung des Gesellschaftsrechts und Verbesserung der Corporate Governance in der Europäischen Union", Mitteilung der Kommission an den Rat und das Europäische Parlament vom 21. Mai 2003, KOM (2003) 284 endg.

[10] *Financial Reporting Council*, The UK Corporate Governance Code, June 2010; *ders.*, The UK Stewardship Code, July 2010.

[11] Dodd-Frank Wall Street Reform and Consumer Protection Act vom 21. Juli 2010.

[12] Vgl. oben Fn. 7.

[13] Anhang 1 zum Swiss Code of Best Practice for Corporate Governance, vom Vorstand der economiesuisse am 6. September 2007 verabschiedet und am 15. Oktober 2007 veröffentlicht. Vgl. auch *Hofstetter*, Fünf Jahre Swiss Code of Best Practice, Sonderbericht zur Frage der Entschädigung von Verwaltungsrat und Management in Publikumsgesellschaften, Zürich 2007.

gen Leitlinien im Hauptteil des „Swiss Code" basieren jedoch alle noch auf dem Stand des Jahres 2002.

II. Regelungskonzept des „Swiss Code"

1. Rechtliche Bedeutung

Der Präambel zum „Swiss Code" ist zu seiner rechtlichen Bedeutung die folgende Erläuterung zu entnehmen:

> „Der Swiss Code soll Leitlinien setzen und Empfehlungen abgeben, nicht den Schweizer Unternehmen eine Zwangsjacke anziehen. Jede Gesellschaft soll die Möglichkeit behalten, eigene Gestaltungsideen zu verwirklichen."

Der „Swiss Code" betont damit die Gestaltungsfreiheit des Unternehmens und beschränkt sich auf rechtlich unverbindliche Empfehlungen guter Unternehmensleitung und –überwachung.[14] Es besteht also keine rechtlich durchsetzbare Pflicht zur Einhaltung des „Swiss Code"; dieser ist insoweit dem *soft law*[15] zuzuordnen. Das ist auch sachgerecht, denn mit einem Verhaltenskodex soll im Prinzip nicht eine weitere Regulierungsebene eröffnet werden.[16] Indem der Kodex Gestaltungsempfehlungen ausformuliert, setzt er eine Referenzmarke, auf welche die Betroffenen zurückgreifen können. Das erspart ihnen auch eine individuelle Regelsetzung und insoweit Recherche- und Verhandlungskosten. Die disziplinierende Wirkung des Marktes führt dazu, dass die Leitlinien zur Corporate Governance auch dort einsetzen, wo keine Rechtspflicht besteht.[17]

---

[14] *Forstmoser*, Corporate Governance, Regeln guter Unternehmensführung in der Schweiz, NKF-Schriftenreihe, Bd. 10, Zürich 2002, S. 45 ff.; *Giger*, Corporate Governance als neues Element im schweizerischen Aktienrecht, Schweizer Schriften zum Handels- und Wirtschaftsrecht, Bd. 224, Diss. Zürich 2003, S. 71; *von der Crone/Carbonara/Martinez*, SJZ 100 (2004), 405, 407; *Krneta*, in: Praxiskommentar Verwaltungsrat, 2. Aufl., 2005, Rn. 1112; *Bühler* (Fn. 2), Rn. 1260; *Böckli* (Fn. 2), § 14 Rn. 201 und 247 ff.

[15] Vgl. zu diesem Begriff *Giger* (Fn. 14), S. 56; *Nobel/Zimmermann*, in: Nobel (Hrsg.), Aktuelle Rechtsprobleme des Finanz- und Börsenplatzes Schweiz 2004, Bd. 12, Bern 2005, S. 53, 72; *M. Roth*, Soft Law – Ordnungsvisionen in flux, Eine Standortbestimmung mit Fokus auf compliance-relevante Fragestellungen, Bern 2006, S. 61 ff.; *Bühler* (Fn. 2), Rn. 50 ff. m.w.H.

[16] *Hopt*, GesRZ 2002, Sonderheft Corporate Governance, S. 4 ff., 9; *Bühler* (Fn. 2), Rn. 1260.

[17] *Bühler* (Fn. 2), Rn. 90 ff. und 1263; vgl. auch *Kirchner*, in: Ballwieser (Hrsg.), BWL und Regulierung, Zeitschrift für betriebswirtschaftliche Forschung, Sonderheft 48/02, S. 93, 96; *Hofstetter*, in: NZZ Fokus Nr. 19, Checks and Balances in Unternehmen, Zürich 2004, S. 33.

Der „Swiss Code" basiert nicht auf einem Hoheitsakt, sondern vielmehr auf einem direkten Vorstoß der Betroffenen. Er ist damit letztlich nicht demokratisch legitimiert; er stößt jedoch im Markt auf große Akzeptanz, weil er praxisnahe Lösungswege aufzeigt, die auf Fachwissen und Erfahrungen basieren. Er kompensiert die Legitimationslücke sozusagen, indem er aus sich selbst heraus sachlich überzeugend ist. Für die Wirtschaft ist letztlich nicht der Rechtscharakter eines Verhaltenskodexes entscheidend, sondern ob er neue Regeln bringt, die faktisch beachtet werden müssen.[18]

Wie alle Selbstdisziplinierungsmaßnahmen der Wirtschaft, ist auch der „Swiss Code" eine Kompromisspapier, das den Zeitgeist widerspiegelt. Er dient auch dem Zweck, bisher verteidigte fixe Positionen im Interesse der Abwehr zukünftiger Eingriffe des Gesetzgebers aufzugeben und die Reputation und Akzeptanz des Wirtschaftsstandorts zu schützen.

2. Anwendungsbereich

Der „Swiss Code" wendet sich primär an die schweizerischen Publikumsgesellschaften. Auch nicht börsennotierte volkswirtschaftlich bedeutende Gesellschaften sollen dem Kodex jedoch zweckmäßige Leitideen entnehmen können.[19]

Die Leitidee des „Swiss Code" ist ein ausgewogenes Verhältnis von Führung und Kontrolle im Unternehmen und die Schaffung von Transparenz, wobei im Sinne einer Rahmenbedingung die Entscheidungsfähigkeit und Effizienz der Unternehmensführung nicht eingeengt werden sollen.[20] Die Gestaltungsprinzipien der unternehmensinternen Gewaltenteilung, die sich in erster Linie an den Verwaltungsrat und die Geschäftsleitung richten, bilden den Hauptteil der Empfehlungen des „Swiss Code"[21]. Nur gerade eine einzige Leitlinie betrifft die externe Revision.[22] In Bezug auf die Transparenzanforderungen verweist der Kodex vollumfänglich auf die einschlägige Richtlinie der Schweizer Börse SIX betreffend Informationen zur Corporate Governance.[23]

Hervorgehoben wird die Fokussierung auf das Interesse der Aktionäre, deren Belangen gleich zu Beginn ein ganzer Abschnitt[24] gewidmet ist. Die

---

[18] *Kirchner*, in: Ballwieser (Fn. 17), S. 101; *Böckli* (Fn. 2), § 14 Rn. 322; *Bühler* (Fn. 2), Rn. 1266.

[19] Ziff. 3 Präambel SCBP.

[20] Ziff. 2.2 Vorwort SCBP.

[21] Konkret betreffen zwei Drittel der Empfehlungen direkt Verwaltungsrat und Geschäftsleitung (Ziff. 9 bis 28 SCBP).

[22] Ziff. 29 SCBP.

[23] Ziff. 30 SCBP; Richtlinie betr. Informationen zur Corporate Governance (RLCG) vom 29. Oktober 2008, in Kraft gesetzt am 1. Juli 2009.

[24] Ziff. 1–8 SCBP.

weiteren Stakeholder sind demgegenüber nicht oder höchstens implizit angesprochen, wenn man der These folgt, das eine konsequent nachhaltig im Interesse der Aktionäre ausgeübte Führungstätigkeit letztlich auch den Interessen der anderen Anspruchsgruppen im Unternehmen dient.[25]

3. Inhalt

Die vom „Swiss Code" abgedeckten Bereiche sind eingebettet in das geltende Aktienrecht. Vergleicht man die Leitlinien des „Swiss Code" mit den Anforderungen des geltenden Aktienrechts, so ist festzustellen, dass der „Swiss Code" zu einem großen Teil gesetzlich bereits vorgezeichnete Grundsatzbestimmungen konkretisiert:[26]

(i) Entsprechend den Empfehlungen betreffend die *Aktionäre* in Ziff. 1–8 SCBP legt auch Art. 698 OR die grundlegenden Entscheidungen in der Aktiengesellschaft in die Hand der Generalversammlung, so namentlich die Umschreibung des Gesellschaftszwecks, Kapitalveränderungen, die Bestellung der Leitungs- und Prüfungsorgane, die Genehmigung der Jahresrechnung und Beschlussfassung über die Verwendung des Bilanzgewinnes.

(ii) Die Empfehlungen betreffend den *Verwaltungsrat* und die *Geschäftsleitung*[27] ergeben sich teils explizit, teils implizit aus dem geltenden Aktienrecht: Wie Ziff. 9 SCBP überträgt auch Art. 716a Abs. 1 Ziff. 1 OR die Oberleitung der Gesellschaft dem Verwaltungsrat und ordnet ihr die Bestimmung der strategischen Ziele, der generellen Mittel zu ihrer Erreichung und der mit der Führung der Geschäfte zu beauftragenden Personen zu. Hinsichtlich des unentziehbaren und unübertragbaren Kernkompetenzbereichs des Verwaltungsrates verweist Ziff. 10 SCBP direkt auf das Gesetz. Die Empfehlung in Ziff. 11 SCBP, wonach der Verwaltungsrat im Rahmen der statutarischen Vorgaben die Kompetenzen der mit der Geschäftsführung betrauten Personen zu ordnen hat, ergibt sich ebenfalls direkt aus Art. 716b Abs. 1 OR.[28] Auch die weitergehende Leitlinie in Ziff. 21 ff. SCBP, wonach der Verwaltungsrat gegebenenfalls Ausschüsse mit definierten Aufgaben bilden sollte, findet in Art. 716a Abs. 2 OR eine ausdrückliche gesetzliche Grundlage.

(iii) In Bezug auf die *Revision* begnügt sich Ziff. 29 SCBP mit einer vollumfänglichen Verweisung auf die einschlägigen gesetzlichen Bestim-

---

[25] So *Böckli*, ST 76 (2002) 981, 985 ff.; *Böckli/Huguenin/Dessemontet* (Fn. 3), S. 19.

[26] *Forstmoser* (Fn. 14), S. 49; *Bühler* (Fn. 2), Rn. 1385 ff.

[27] Ziff. 9–28 SCBP.

[28] Sie lässt sich auch aus der Erfüllung der *Organisationspflicht* gemäß Art. 716a Abs. 1 Ziff. 2 OR ableiten.

mungen sowie die geltenden Unabhängigkeitsrichtlinien, ohne diese weiter zu präzisieren oder zu ergänzen.

(iv) Auch hinsichtlich der *Offenlegung* verweist der „Swiss Code", wie bereits erwähnt, auf die Informationsrichtlinie der Schweizer Börse.[29]

Der „Swiss Code" zeichnet also zu einem wesentlichen Teil die im Gesetz statuierten aktienrechtlichen Pflichten nach und unterbreitet den Führungs-organen konkretisierende Vorschläge zur Nutzung ihres gesetzlichen Handlungsspielraums. Der „Swiss Code" bringt damit implizit zum Aus-druck, dass gute Corporate Governance im Grunde nichts anderes als „wohl-verstandenes Aktienrecht" ist.[30]

Der „Swiss Code" gibt jedoch nicht nur wieder, was ohnehin geltendes Recht ist, sondern enthält auch punktuell verschiedene weitergehende Empfehlungen, die die Unternehmen zu einer Optimierung ihrer Corporate Governance anregen sollen. Dazu gehört etwa die Aufforderung an die Aktionäre, ihre Rechte auch zu nutzen. Über die gesetzliche Regelung[31] hinaus geht namentlich auch die ausdrückliche Empfehlung zu einem pro-aktiven Umgang mit Interessenkonflikten und Wissensvorsprüngen.[32]

III. Wichtigste internationale Impulse im Bereich der Corporate Governance seit der Verabschiedung des „Swiss Code"

Welches sind nun die wichtigsten internationalen Impulse im Bereich der Corporate Governance seit der Verabschiedung des „Swiss Code" im Jahre 2002?

1. OECD-Grundsätze der Corporate Governance 2004

Im Jahre 2004 hat der Ministerrat der OECD die sogenannten „OECD-Grundsätze der Corporate Governance"[33] beschlossen. Diese enthalten nicht-rechtsverbindliche Standards mit Empfehlungscharakter, die den

---

[29] Ziff. 30 SCBP; einzig in Rz. 10 Anhang SCBP werden – an sich konzeptwidrig (*Bühler* (Fn. 2), Rn. 1388) – im Bereich der Entschädigungen der Spitzenorgane zusätz-liche Transparenzanforderungen postuliert.

[30] *Nobel*, FS Forstmoser, 2003, S. 325, 341 und 346; *Bühler* (Fn. 2), Rn. 1386.

[31] Aus der aktienrechtlichen Treue- und Sorgfaltspflicht gemäß Art. 717 Abs. 1 OR ist nur *implizit* ein verantwortungsvoller Umgang der geschäftsführenden Organe mit Interessenkonflikten und Wissensvorsprüngen abzuleiten.

[32] *Forstmoser*, Liber Amicorum Schulin, 2002, S. 9 ff.; *Nobel*, FS Forstmoser, 2003, S. 325, 341; *Bühler* (Fn. 2), Rn. 1387; *Sommer*, Die Treuepflicht des Verwaltungsrats gemäß Art. 717 Abs. 1 OR, Diss. Zürich 2010, S. 85 ff.

[33] OECD-Grundsätze der Corporate Governance, Organisation für Wirtschaftliche Zusammenarbeit und Entwicklung, Paris 2004 (nachstehend „OECD-Grundsätze").

OECD-Mitgliedsstaaten – darunter auch der Schweiz – dabei helfen sollen, ihren *Corporate Governance-Rahmen* insbesondere für Publikumsgesellschaften zu evaluieren und zu verbessern. Sie sollen zudem den Börsen, Kapitalgebern und weiteren Marktteilnehmern eine Orientierungshilfe bieten. Die Grundsätze stellen eine gemeinsame europäische Grundlage dar, die nach Auffassung der OECD-Mitgliedsländer eine wesentliche Voraussetzung für die Entwicklung guter Regeln der Corporate Governance darstellt. Sie sind jedoch nicht dazu bestimmt, sich an die Stelle weitergehender staatlicher und privatwirtschaftlicher Initiativen zur Verbesserung der Corporate Governance-Praxis zu setzen.[34]

Der länderspezifische rechtliche, institutionelle und ordnungspolitische Corporate Governance-Rahmen sollte nach diesen Grundsätzen:

(i)   transparente und leistungsfähige Märkte fördern, mit dem Prinzip der Rechtsstaatlichkeit in Einklang stehen und eine klare Trennung der Verantwortlichkeiten der verschiedenen Aufsichts-, Regulierungs- und Vollzugsinstanzen gewährleisten;

(ii)   die Aktionärsrechte schützen und deren Ausübung erleichtern;

(iii) die Gleichbehandlung aller Aktionäre, einschließlich der Minderheits- und der ausländischen Aktionäre, sicherstellen. Alle Aktionäre sollten bei Verletzung ihrer Rechte Anspruch auf effektive Rechtsmittel haben;

(iv)   die gesetzlich verankerten oder einvernehmlich festgelegten Rechte der Unternehmensbeteiligten (*Stakeholder*) anerkennen und eine aktive Zusammenarbeit zwischen Unternehmen und Stakeholdern mit dem Ziel der Schaffung von Wohlstand und Arbeitsplätzen sowie der Erhaltung finanziell gesunder Unternehmen fördern;

(v)   gewährleisten, dass alle wesentlichen Angelegenheiten, die das Unternehmen betreffen, namentlich Vermögens-, Ertrags- und Finanzlage, Eigentumsverhältnisse und Strukturen der Unternehmensführung, zeitnah und präzise offen gelegt werden;

(vi)   die strategische Ausrichtung des Unternehmens, die effektive Überwachung der Geschäftsführung durch das *Board* und die Rechenschaftspflicht des Board gegenüber dem Unternehmen und seinen Aktionären gewährleisten.

---

[34] Einleitung OECD-Grundsätze, S. 11 und 14; vgl. *Hommelhoff*, ZGR 2001, 238 ff.; *U.H. Schneider*, AG 2004, 429, 434; *Nobel*, Transnationales und Europäisches Aktienrecht, Bern 2006, S. 771 ff.; *Bühler* (Fn. 2), Rn. 1576 ff.

2. Aktionsplan zur Corporate Governance in der EU 2003 und Grünbuch „Europäischer Corporate Governance-Rahmen" 2010

In der EU gingen entscheidende Anstöße von der 2003 veröffentlichten Kommissionsmitteilung „Modernisierung des Gesellschaftsrechts und Verbesserung der Corporate Governance in der Europäischen Union"[35] aus, die gestützt auf die Ergebnisse der zuvor eingesetzten „High Level Group of Company Law Experts"[36] einen konkreten *Aktionsplan* aufstellte.

Der Aktionsplan zielte darauf ab, die Aktionärsrechte, den Schutz Dritter sowie die Effizienz und Wettbewerbsfähigkeit der Unternehmen zu stärken, wobei die Kommission in erster Linie Maßnahmen zur Verbesserung der Corporate Governance ins Auge fasste. Die im Aktionsplan vorgesehenen Maßnahmen sind heute weitgehend verwirklicht, so insbesondere

(i) die Einrichtung eines europäischen Corporate Governance-Forums, das die nationalen Kodex-Bemühungen koordiniert;[37]

(ii) die Verabschiedung der Aktionärsrechterichtlinie,[38] welche die grenzüberschreitende Ausübung der Aktionärsrechts erleichtern und dadurch die Teilnahme an den Generalversammlungen erhöhen möchte;[39]

(iii) die Empfehlung der Kommission zur Vergütung von Mitgliedern der Unternehmensleitung,[40] die den Publikumsgesellschaften die Offenlegung des allgemeinen Vergütungskonzepts sowie der Bezüge der einzelnen Verwaltungsratsmitglieder nahe legt. Nach dieser Empfehlung soll zudem die Generalversammlung über das Vergütungskonzept so-

---

[35] Mitteilung der Kommission an den Rat und das Europäische Parlament vom 21. Mai 2003, KOM (2003) 284 endg.

[36] Bericht der High Level Group of Company Law Experts unter dem Vorsitz von Jaap Winter über moderne gesellschaftsrechtliche Rahmenbedingungen in Europa vom 4. November 2002.

[37] Beschluss der Kommission vom 15. Oktober 2004 zur Einsetzung eines europäischen Corporate Governance Forums (2004/706/EG), ABl. EU Nr. L 321 vom 22. Oktober 2004; vgl. auch Beschluss der Kommission vom 28. April 2005 zur Einsetzung einer Gruppe von Nicht-Regierungsexperten für Corporate Governance und Gesellschaftsrecht (2003/80/EG) ABl. EU Nr. L 126 vom 19. Mai 2005, S. 40.

[38] Richtlinie des Europäischen Parlaments und des Rates vom 14. Juli 2007 über die Ausübung der Stimmrechte von Gesellschaften, die ihren eingetragenen Sitz in einem Mitgliedstaat haben und deren Aktien zum Handel an einem geregelten Markt zugelassen sind, sowie zur Änderung der Richtlinie 2004/109/EG, ABl. EU Nr. L 184, S. 17 ff.

[39] Vgl. *Wand/Tillmann*, AG 2006, 443 ff.; *Leyens*, JZ 2007, 1061, 1070; *Daniela Weber-Rey*, ECFR 4 (2007), 370, 400.

[40] Empfehlung der EU-Kommission zur Einführung einer angemessenen Regelung für die Vergütung von Mitgliedern der Unternehmensleitung börsennotierter Gesellschaften (2004/913/EG) vom 14. Dezember 2004, ABl. Nr. L 385 vom 29. Dezember 2004, S. 55 ff.

wie über die Vergütungen in Form von Aktien und Optionen beschließen;

(iv) die Empfehlung zu den Aufgaben der nicht geschäftsführenden Mitglieder des obersten Leitungsorgans und zu den Ausschüssen,[41] welche auf eine Stärkung der Rolle der unabhängigen, nicht exekutiven Aufsichts- bzw. Verwaltungsratsmitglieder börsennotierter Gesellschaften abzielt.

Im Rahmen eines im September 2004 durchgeführten Konsultationsverfahrens[42] hat die Europäische Kommission demgegenüber auch entschieden, verschiedene Vorhaben des Aktionsplans nicht weiter zu verfolgen. Aufgegeben wurden namentlich die Durchsetzung des Prinzips *One share – one vote*, die europaweite Einführung einer *wrongful trading-Haftung*, eine verbindliche europäische Vorgabe für eine Wahloption zwischen dem monistischen und dualistischen Führungssystem, sowie die Einführung einer Pflicht zur Offenlegung von Konzernbeteiligungen und konzerninternen Beziehungen finanzieller und sonstiger Art. Nicht weiterverfolgt wurde vorerst auch das Postulat, die institutionellen Investoren zur Offenlegung ihrer Abstimmungspolitik zu bewegen.[43]

Nachdem das Reformvorhaben in der Folge etwas ins Stocken geraten war, hat es durch die Finanzmarktkrise wieder neuen Auftrieb erhalten.[44] Die Europäische Kommission hat das Gesetz des Handelns wieder an sich gerissen, indem sie am 2. Juni 2010 das Grünbuch *Corporate Governance in Finanzinstituten und Vergütungspolitik*[45] herausgegeben hat. Dieses stellt das Ergebnis einer Analyse der Regeln und Praktiken der Finanzinstitute, insbesondere der Banken, im Bereich der Corporate Governance dar; es enthält verschiedene Lösungsansätze zur Verbesserung des Corporate Governance-Systems in diesem „Schlüsselsektor der Wirtschaft".[46] In Bezug auf den Verwaltungsrat wird etwa eine Begrenzung der Ämter-

---

[41] Empfehlung der EU-Kommission zu den Aufgaben von nicht geschäftsführenden Direktoren/Aufsichtsratsmitgliedern börsennotierter Gesellschaften sowie zu den Ausschüssen des Verwaltungs-/Aufsichtsorgans (2005/162/EG) vom 15. Februar 2005, ABl. Nr. L 52 vom 25. Februar 2005, S. 51 ff.

[42] Vgl. Commission Staff Working Document, Annex to the Proposal for a Directive of the European Parliament and the Council on the exercise of voting rights by shareholders, Impact assessment, vom 17. Februar 2006, KOM (2005) 685 endg.

[43] *Bühler* (Fn. 2), Rn. 1683; *Bachmann*, AG 2011, 181, 181.

[44] Vgl. *Bachmann*, AG 2011, 181, 181; *Fleischer/Strothotte*, AG 2011, 221, 230.

[45] Europäische Kommission, Grünbuch Corporate Governance in Finanzinstituten und Vergütungspolitik vom 2. Juni 2010, KOM (2010) 284 endg. (zit. Grünbuch 2010). Dieses ist in Verbindung mit dem Arbeitsdokument der Kommissionsdienststellen (SEK (2010) 669) „Corporate Governance in Financial Institutions: Lessons to be drawn from the current financial crisis, best practices" zu lesen.

[46] Grünbuch 2010, S. 2; vgl. dazu *Fleischer*, ZGR 2011, 155 ff., sowie mit Bezug zur Rechtslage in der Schweiz *Emmenegger/Kurzbein*, GesKR 4 (2010), 462, 466 ff.

kumulation, eine Erhöhung der Diversität, die Bewertung des Funktionierens des Verwaltungsrates durch einen externen Prüfer, die Einrichtung eines Risikoausschusses innerhalb des Verwaltungsrates sowie eine Konkretisierung der Sorgfaltspflicht hinsichtlich der spezifischen Interessen der Einleger und eine Verschärfung der Verantwortlichkeit erwogen. Gestärkt werden soll sodann die Stellung des Risikomanagers, und dessen Kommunikation zum Verwaltungsrat soll verbessert werden. In Frage gestellt ist auch eine Vertiefung der Zusammenarbeit zwischen den externen Revisoren und den Aufsichtsbehörden sowie deren Kompetenzerweiterung hinsichtlich der internen Governance von Finanzinstituten. Angesprochen wird zudem eine Vorschrift zur Offenlegung des Abstimmungsverhaltens der institutionellen Anleger und deren Verpflichtung auf einen Corporate Governance-Kodex. Geprüft werden sodann Wege zur Steigerung der Kohärenz und Wirksamkeit der EU-Maßnahmen in Bezug auf die Vergütungen der Manager von Publikumsgesellschaften sowie der bestehenden Transparenzverpflichtungen in Bezug auf Interessenkonflikte.

In dem am 5. April 2011 verabschiedeten *Grünbuch Europäischer Corporate Governance-Rahmen*[47] stellte die Kommission in der Folge breitere Überlegungen zur Corporate Governance von Publikumsgesellschaften an, insbesondere zur Trennung der Aufgaben des Verwaltungsratspräsidenten und des CEO, zur Zusammensetzung des Verwaltungsrates (berufliche Vielfalt, internationale und geschlechterspezifische Diversität sowie Begrenzung der Zahl der VR-Mandate eines nicht exekutiven Mitglieds), zur Offenlegung der Vergütungspolitik und deren Genehmigung durch die Aktionäre, zur Aufteilung der Aufgaben zwischen Aktionären und Verwaltungsräten im Hinblick auf die Beaufsichtigung der Geschäftsführung, zur Stellung und Rolle der Aktionäre sowie zur sozialen Verantwortung von Unternehmen. Befürwortet wird schließlich die europaweite Etablierung des „comply or explain"-Grundsatzes, wonach sich die Unternehmen zu einem bestimmten Corporate Governance-Kodex bekennen und für ein Abweichen von den entsprechenden Empfehlungen konkrete Gründe nennen muss.

3. UK Corporate Governance Code und UK Stewardship Code 2010

In Europa sind die aus dem Vereinigten Königreich stammenden Corporate Governance-Regelwerke nach wie vor richtungsweisend. Eine Pionierstellung nahm bekanntlich der „Cadbury Report"[48] ein, der erstmals einen gemeinsamen Kern der Bemühungen um eine Verbesserung der Corporate

---

[47] Europäische Kommission, Grünbuch Europäischer Corporate Governance-Rahmen vom 5. April 2011, KOM (2011) 164 endg.

[48] Report of the Committee on the Financial Aspects of Corporate Governance, The Code of Best Practice, London 1992.

Governance formulierte. Der sogenannte „Combined Code"[49], in dem die Erkenntnisse aus den wichtigsten britischen Reports („Cadbury", „Greenbury"[50], „Hampel"[51] und „Turnbull"[52]) zusammengefasst wurden, galt nicht nur als „Listing Requirement" für die in London kotierten Unternehmen, sondern während des vergangenen Jahrzehnts auch als Mindeststandard von großer internationaler Strahlkraft,[53] Er hat ebenso die Arbeiten zum „Swiss Code" wesentlich mitgeprägt.[54]

Mitte 2010 hat der britische *Financial Reporting Council,* ein staatlicher Regulierungsrat, den „Combined Code" erneut revidiert und an seiner Stelle zwei neue Kodizes veröffentlicht: den „UK Corporate Governance Code"[55] und den „UK Stewardship Code"[56]. Während ersterer sich in materieller Hinsicht stark an den bisherigen „Combined Code" anlehnt und grundlegende Leitlinien für eine effiziente und verantwortungsvolle Unternehmensführung, die Entschädigung der Spitzenorgane und die Beziehungen zu den Aktionären enthält, stellt letzterer spezifische Wohlverhaltensregeln für institutionelle Investoren auf. Demnach sollen Pensionsfonds, Versicherungsunternehmen, Investmenttrusts und andere Kapitalsammelstellen etwa über eine klare Stimmrechtsausübungspolitik verfügen und ihr Stimmverhalten offen legen.[57]

Für beide Kodizes soll das „comply or explain"-Prinzip gelten. In Bezug auf den UK Stewardship-Code werden gegen die Wirksamkeit dieser Konzeption allerdings zu Recht Bedenken geäußert, denn dieser stellt – im Gegensatz zum UK Corporate Governance-Code – nicht objektive Verhal-

---

[49] London Stock Exchange, The Combined Code, Principles of Good Governance and Code of Best Practice, derived by the Committee on Corporate Governance from the Committee's Final Report and from the Cadbury and Greenbury Reports, issued by the Hampel Committee, London 2000, und danach The Combined Code, Principles of Good Governance and Code of Best Practice, derived by the Higgs and Smith Report, issued by the Financial Reporting Council (FRC), London 2003, zuletzt revidiert im Juni 2008.

[50] Directors' Remuneration, Report of a Study Group chaired by Sir Richard Greenbury, London 1995.

[51] Final Report of the Committee on Corporate Governance, London 1998.

[52] Proposals on internal control, Main points of the proposed guidance, London 1999.

[53] Vgl. *Just,* RIW 2004, 199 ff.; *Kirschbaum,* Entsprechenserklärung zum englischen Combined Code und zum Deutschen Corporate Governance Kodex, Berlin 2006, S. 38 f.; *Bühler* (Fn. 2), Rn. 1571.

[54] Ziff. 1 der Präambel SCBP.

[55] Financial Reporting Council, The UK Corporate Governance Code, London, June 2010.

[56] Financial Reporting Council, The UK Stewardship Code, London, July 2010.

[57] Vgl. dazu eingehend *Fleischer/Strothotte,* AG 2011, 221 ff.; *Brian R. Cheffins,* Modern Law Review 73 (2010), 1004 ff.; *Michael McKersie,* Capital Markets Law Journal 5 (2010), 439 ff.; *MacNeil,* Capital Markets Law Journal 5 (2010), 419 ff.

tensstandards auf, sondern überlässt es grundsätzlich den institutionellen Investoren, ihre eigenen Standards zu setzen.[58]

4. Dodd-Frank Act 2010

Der *Sarbanes-Oxley Act*[59], der in den USA eine umfassende Corporate Governance-Reform eingeleitet hat,[60] wurde am 25. Juli 2002 und damit praktisch zeitgleich mit dem „Swiss Code" verabschiedet; er dürfte die Arbeiten der federführenden Begleitgruppe des Wirtschaftsdachverbandes somit bereits mit beeinflusst haben.

Der seither wohl bedeutendste neue Impuls von jenseits des Atlantik im Bereich der Corporate Governance geht von dem am 21. Juli 2010 durch Präsident Barack Obama in Kraft gesetzten *Dodd-Frank Act*[61] aus. Es handelt sich dabei um das wohl umfassendste Reformprojekt in der Geschichte der US-Finanzmarktregulierung seit der Weltwirtschaftskrise der Dreißiger Jahre.[62] In dessen Fokus stehen zwar die Förderung der Finanzstabilität, die Verbesserung der Rechenschaftspflicht und der Transparenz im Finanzsystem, die Beseitigung der unerwünschten „Too Big To Fail"-Effekte[63] sowie der Schutz der Steuerzahler und Verbraucher vor unlauteren Geschäftspraktiken von Finanzdienstleistern. In der Annahme, dass auch ineffiziente Governance-Strukturen in der Zeit vor der Finanzkrise zu einer Verschärfung der Probleme im Finanzsektor beigetragen haben, hat der Dodd-Frank Act aber auch verschiedene Maßnahmen im Bereich der Corporate Governance eingeleitet: Er fordert unter anderem eine stärkere Einflussnahme der Aktionäre auf ihr Unternehmen.[64] Der Erlass sieht sodann

---

[58] *Fleischer/Strothotte*, AG 2011, 221, 223; vgl. auch *MacNeil*, Capital Markets Law Journal 5 (2010), 419, 436.

[59] Public Company Accounting Reform and Investor Protection Act, Public Law 107–204, vom 30. Juli 2002.

[60] Vgl. *Bühler*, in: Druey/Forstmoser (Hrsg.), Schriften zum neuen Aktienrecht, Bd. 19, 2. Aufl., 2004, S. 17 ff.; *ders.*, in: Nobel (Hrsg.), Aktuelle Rechtsprobleme des Finanz- und Börsenplatzes Schweiz 2002/2003, Bd. 11, Bern 2004, S. 231 ff.; *ders.* (Fn. 2), Rn. 1403 ff.; *von der Crone/Roth*, AJP 12 (2003), 131 ff.; *Gruson/Kubicek*, AG 2003, 337 ff. (Teil I) und 393 ff. (Teil II); *Falencki*, George Washington International Review 36 (2004), 1211 ff.

[61] Dodd-Frank Wall Street Reform and Consumer Protection Act (nachstehend „DFA"), Publ.L. 111–203, H.R. 4173, vom US-Kongress verabschiedet am 15. Juli 2010 und am 21. Juli 2010 von Präsident Obama durch Unterschrift in Kraft gesetzt.

[62] Vgl. dazu *Merkl*, SZW 83 (2011), 28 ff.; *Emmenegger/Kurzbein*, GesKR 4 (2010), 462, 467; *David Frick*, Amerikanisches Reformwerk mit Augenmass, NZZ vom 6. August 2010.

[63] Erwartung des Marktes, dass systemrelevante Finanzinstitute, die sich in finanzieller Schieflage befinden, mit staatlicher Hilfe rechnen können.

[64] So sollen die betroffenen Unternehmen verpflichtet werden, von Aktionären vorgeschlagene Kandidaten für den Verwaltungsrat in die an die Aktionäre zu versenden Ab-

die Einführung von Unabhängigkeitskriterien für die personelle Besetzung von Vergütungsausschüssen[65] und für deren Berater,[66] die Offenlegung der Beziehung zwischen dem Vergütungssystem eines Unternehmens und seiner Wertentwicklung[67] sowie eine höhere Transparenz im Bereich der internen Vergütungsstrukturen[68] vor. Vergütungsvereinbarungen, mit denen eine übermäßige Risikobereitschaft gefördert wird, sind verboten.[69] Darüber hinaus bereitet das Gesetz den Boden für Möglichkeiten der Rückforderung übermäßiger Bonusvergütungen von amtierenden oder ehemaligen Führungskräften.[70] Aktionäre erhalten zudem das Recht einer konsultativen Stimmabgabe zu Vergütungssystemen und hohen Abfindungszahlungen.[71]

Bemerkenswert ist sodann die Einführung eines Belohnungsprogrammes für „Whistleblower": diese sollen eine Prämie zwischen 10 und 30 % erhalten, wenn eine von ihnen gelieferte Information dazu führt, dass die Securities Exchange Commission gegen rechtswidrig handelnde Marktteilnehmer eine Geldbuße von mindestens USD 1 Mio. verhängt.[72]

Interessant ist auch, dass der Dodd-Frank Act entsprechend dem erwähnten europäischen Trend ebenfalls eine Pflicht für institutionelle Vermögensverwalter zur Offenlegung ihres Stimmverhaltens eingeführt hat.[73]

IV. Anpassungsbedarf für den „Swiss Code"

Es stellt sich die Frage, ob sich aufgrund dieser internationalen Entwicklungen ein Anpassungsbedarf auf der Regelungsebene des „Swiss Code" ergibt. Bei genauerer Betrachtung sind vor allem vier Bereiche diskussionswürdig:

---

stimmungsunterlagen (proxy statements) aufzunehmen (Art. 14(a) Exchange Act i.d.F. von Art. 971 DFA). Vorgesehen ist sodann eine wiederkehrende Konsultativabstimmung der Generalversammlung über die Genehmigung der Vergütung bestimmter aktiver und ehemaliger Geschäftsleitungsmitglieder (Art. 14(a) Exchange Act i.d.F. von Art. 951 DFA).

[65] Art. 10C(a) Exchange Act i.d.F. von Art. 952(a) DFA.

[66] Art. 10C(b) Exchange Act i.d.F. von Art. 952(a) DFA.

[67] Art. 14(i) Exchange Act i.d.F. von Art. 953(a) DFA.

[68] So werden die betroffenen Unternehmen etwa zur Offenlegung des Verhältnisses zwischen dem Durchschnitt der jährlichen Gesamtvergütung aller Mitarbeiter mit Ausnahme des CEO und der jährlichen Gesamtvergütung des CEO verpflichtet. Vgl. Art. 953(b) DFA.

[69] Art. 956 DFA.

[70] Art. 10D Exchange Act i.d.F. von Art. 954 DFA.

[71] Art. 14A(a) und (b) Exchange Act i.d.F. von Art. 951 DFA.

[72] Art. 21F Exchange Act i.d.F. von Sec. 922 DFA.

[73] Art. 14A(d) und Art. 13(f) Exchange Act i.d.F. von Art. 951 DFA.

1. Erster Vorschlag: Einführung des „Comply or Explain"-Prinzips für Publikumsgesellschaften

a) Internationale Entwicklung

Auf den meisten bedeutenden Handelsplätzen, so in den USA[74], im Vereinigten Königreich[75] und in Deutschland[76], bildet das Prinzip „Mittragen oder Begründen" („comply or explain") in Bezug auf den Corporate Governance-Kodex inzwischen eine zwingende Voraussetzung für die Kotierung an einer Börse.[77]

Nach diesem international bewährten Prinzip[78] muss der Adressat des Kodex wie erwähnt eine Entsprechenserklärung abgeben, wobei er nur zwei Wahlmöglichkeiten hat: er muss sich entweder am Kodex orientieren oder aber die Abweichungen von diesen Leitlinien offenlegen und begründen. Der Hauptvorteil dieses Ansatzes liegt in der Bewahrung der unternehmerischen Flexibilität. Er gestattet es den Publikumsgesellschaften, ihre Corporate Governance-Praktiken unter Berücksichtigung ihrer Größe, Aktionärsstruktur und ihrer Geschäftsbereiche der jeweiligen Situation anzupassen. Das Prinzip soll – so das *Grünbuch der Europäischen Kommission zum Corporate Governance-Rahmen* – „die Unternehmen verantwortlicher machen, indem sie zu überlegen haben, ob ihre Corporate Governance-Praktiken zweckmäßig sind, und ihnen ein Ziel vorgegeben wird".[79]

---

[74] Gemäß Sec. 303A.09 des NYSE Listed Company Manual müssen die an der NYSE kotierten Unternehmen im Sinne einer Kotierungsvoraussetzung die für sie geltenden spezifischen „Corporate Governance Guidelines" offenlegen.

[75] Gemäß FSA Listing Rule 9.8.6 (6) müssen die Emittenten die „Main Principles" des UK Corporate Governance Code anwenden und den Aktionären in ihrem Jahresbericht offen legen, wie sie diese umgesetzt haben, wobei für Abweichungen eine Begründung zu liefern ist.

[76] Gemäß § 161 AktG in der Fassung vom 29. Mai 2009 müssen Vorstand und Aufsichtsrat börsennotierter Gesellschaften jeweils jährlich lediglich erklären, inwieweit sie den Empfehlungen des Deutschen Corporate Governance-Kodex nachkommen und gegebenenfalls darlegen, warum Abweichungen von den Kodex-Empfehlungen vorgenommen wurden und werden. Vgl. dazu statt vieler *v. Werder/Talaulicar/Pissarczyk*, AG 2010, 62 ff.

[77] In der EU basieren nicht weniger als 20 von insgesamt 22 Corporate Governace-Kodizes auf dem „comply or explain"-Prinzip. Vgl. Study on Monitoring and Enforcement Practices in Corporate Governance in the Member States of September 23, 2009, S. 143, abrufbar unter <http://ec.europa.eu/internal_market/company/docs/ecgforum/studies/comply-or-explain-090923_en.pdf>.

[78] Wie die erwähnte Studie (Fn. 77) zeigte, wird das „comply or explain"-Prinzip von den Regulierungsbehörden, Unternehmen und Anlegern weitgehend unterstützt.

[79] Grünbuch 2011, S. 21.

b) *Anpassungsbedarf für den „Swiss Code"*

Der „Swiss Code" ist im Gegensatz zu diesem internationalen Trend von den Unternehmen nicht im Sinne einer Voraussetzung zur Kotierung an der Schweizer Börse nach dem Prinzip „comply or explain" zu beachten. Dieses Prinzip gilt bisher einzig in Bezug auf die nach der einschlägigen Corporate Governance-Richtlinie der SIX Swiss Exchange offen zu legenden Schlüsselinformationen.[80] Bei Publikumsgesellschaften bildet der Verhaltenskodex aber nicht nur für die Spitzenorgane, sondern auch für die weiteren Anspruchsgruppen des Unternehmens einen wichtigen Orientierungspunkt. Diese sollten sich darauf verlassen können, dass der Verwaltungsrat der Gesellschaft von seiner Gestaltungsfreiheit bei der Organisation der Führung und Kontrolle im Unternehmen auch tatsächlich Gebrauch macht.[81] Publikumsgesellschaften sollten daher verpflichtet werden, sich öffentlich zum „Swiss Code" oder – was gerade für grenzüberschreitend tätige Großkonzerne eine sinnvolle Option darstellen kann – zu einem anderen international anerkannten Regelwerk[82] zu bekennen. Abweichungen von den Empfehlungen dieses Regelwerkes sind offen zu legen und zu begründen, wobei auch die stattdessen gewählte Lösung erläutert werden sollte.[83]

2. *Zweiter Vorschlag: Einbezug auch der weiteren Stakeholder*

a) *Internationale Entwicklung*

Aus der Konzeption der OECD-Grundsätze zur Corporate Governance geht hervor, dass die OECD von einem weiten Begriffsverständnis der Corporate Governance ausgeht, das nicht nur auf das Prinzipal-Agent-Verhältnis zwischen dem Management und den Aktionären fokussiert ist,[84]

---

[80] Richtlinie betr. Informationen zur Corporate Governance (RLCG) vom 29. Oktober 2008, in Kraft gesetzt am 1. Juli 2009.

[81] So bereits im Kern der Regelungsansatz von *Böckli/Huguenin/Dessemontet* (Fn. 3), S. 81 und 218, welche die Verpflichtung des Verwaltungsrates zur Abgabe einer entsprechenden „Einhaltungserklärung" in einem neuen Art. 662bis Abs. 3 E-OR verankern wollten. Vgl. auch den Vorschlag von *Bühler* (Fn. 2), Rn. 1702.

[82] Wie z.B. zu den ICGN Corporate Governance Principles, in der revidierten Fassung von 2009.

[83] So etwa bereits die geltende Anforderung für den schwedischen Corporate Governance-Kodex; vgl. <www.corporategovernanceboard.se/the-code/current-code>, Punkt 10.2, sowie den Regelungsansatz nach dem Grünbuch 2011, S. 23.

[84] Dieses auf das Aktionärsinteresse („shareholder value") fokussierte Begriffsverständnis liegt den „Principles" des UK Corporate Governance Code zu Grunde. Aber auch ein Teil der Schweizer Lehre orientiert sich nach wie vor an diesem engen Begriffsverständnis, so insbesondere *Böckli* (Fn. 2), § 14 Rn. 36; *Hofstetter*, Corporate Governance in der Schweiz, economiesuisse Bericht im Zusammenhang mit den Arbeiten der

sondern Corporate Governance als eine Komponente eines umfassenderen wirtschaftlichen Umfeldes versteht, in dem Unternehmen operieren.[85] Nach den Grundsätzen der OECD sollte der Corporate Governance-Rahmen nicht nur die Rechte der Aktionäre, sondern auch diejenigen der weiteren Unternehmensbeteiligten, namentlich der Beschäftigten, Gläubiger und Zulieferer, anerkennen und eine aktive Zusammenarbeit zwischen dem Unternehmen und diesen Stakeholdern fördern.[86]

Vorgesehen ist unter anderem die Einrichtung eines unternehmensinternen Meldeverfahrens für „Whistleblower"; diese sollten die Möglichkeit haben, ihre Befürchtungen über illegale oder unethische Praktiken dem Verwaltungsrat gegenüber frei zu äußern, ohne dass dies ihre Stellung und Rechte gefährdet.[87] In den USA, die in diesem Bereich bereits über eine längere Tradition verfügen,[88] wurde dieses Governance-Instrument ja nun, wie bereits erwähnt,[89] noch weiter gestärkt.

Im Interesse der Steigerung des Unternehmenserfolges soll nach den OECD-Grundsätzen zudem auch die Möglichkeit zur Entwicklung von Mechanismen der Arbeitnehmerbeteiligung bestehen, wie etwa in Form von Mitarbeiterbeteiligungsprogrammen.[90] Auch die Europäische Kommission attestiert in ihrem *Grünbuch zum Europäischen Corporate Governance-Rahmen*, dass die Kapitalbeteiligung von Arbeitnehmern der Motivierung der Arbeitnehmer, Erhöhung der Produktivität und Minderung sozialer Spannungen dienen könne.[91]

Expertengruppe „Corporate Governance", Zürich 2002, 7, Ziff. 2.2; *ders.*, SJZ 104 (2008), 477, 477. Der überwiegende Teil der Lehre stellt demgegenüber auf ein breiteres Begriffsverständnis der Corporate Governance ab, das auch die Interessen der weiteren Anspruchsgruppen im Unternehmen („stakeholder") einbezieht: *Giger* (Fn. 14), S. 9 ff.; *Brönimann*, Corporate Governance und die Organisation des Verwaltungsrates, Diss. Bern 2003, S. 45 ff.; *Nobel* (Fn. 34), S. 762; *Forstmoser*, in: Individuum und Verband, Festgabe zum Schweizerischen Juristentag 2006, Zürich 2006, S. 73 ff.; *Bühler* (Fn. 2), Rn. 362 ff.; *von der Crone/Steininger*, ST 84 (2010), 86, 87 f.

[85] Vgl. Einleitung zu den OECD-Grundsätzen.

[86] Vgl. OECD-Grundsätze, IV. A. So auch die Stoßrichtung der Europäischen Kommission in Grünbuch 2011, S. 2 f.

[87] OECD-Grundsätze, IV. E.

[88] Vgl. *Ledergerber*, Whistleblowing unter dem Aspekt der Korruptionsbekämpfung, Diss. Zürich 2005, S. 71; *Bühler*, in: Druey/Forstmoser (Fn. 60), S. 39; *ders.*, in: Nobel (Fn. 60), S. 249; *ders.* (Fn. 2), Rn. 1519; *Weber-Rey*, AG 2006, 406 ff.; *Fleischer*, ZGR 2011, 155, 174 ff.

[89] Vgl. oben bei Fn. 72.

[90] OECD-Grundsätze, IV.C.

[91] Grünbuch 2011, S. 20. Vgl. zu den Grenzen und Risiken institutioneller Anreizsysteme im Unternehmen *Bebschuk/Fried*, Pay without Performance. The Unfulfilled Promise of Executive Compensation, Cambridge 2004, S. 61 ff; *Coffee*, Cornell Law Review 89 (2004), 269, 343; vgl. ferner *von der Crone*, ZSR 119 (2000), 239, 252 ff.; *Bohrer*, ST 79 (2005), 1005, 1010; *Bühler* (Fn. 2), Rn. 511 ff. und 568 f.

b) Anpassungsbedarf für den „Swiss Code"

Der Regelungsansatz des „Swiss Code" ist insoweit zu eindimensional, als er auf einem engen Begriffsverständnis der Corporate Governance basiert, das sich am traditionellen „shareholder value"-Ansatz orientiert. Ein modernes und nachhaltiges Corporate Governance-Regelwerk sollte jedoch nicht nur das Verhältnis zwischen Unternehmensführung und Aktionären erfassen, sondern auch die Beziehung des Unternehmens zu den weiteren Stakeholdern thematisieren. Die Corporate Governance ist nicht mehr ein Thema ausschließlich des Aktienrechts, sondern längst Gegenstand einer interdisziplinär, international und marktbezogen geführten Diskussion geworden, in der auch die übrigen Anspruchsgruppen im Unternehmen und das Marktumfeld Berücksichtigung finden müssen.[92]

Vor diesem Hintergrund ist es angezeigt, dass auch der „Swiss Code" sich zur Rolle der weiteren Unternehmensbeteiligten äußert. Während eine stärkere Einbindung der Arbeitnehmer in der Unternehmensführung im Gegensatz zur Entwicklung in der EU – insbesondere in Deutschland mit seiner paritätischen Arbeitnehmermitbestimmung im Aufsichtsrat – dem schweizerischen Recht fremd ist,[93] wäre angesichts des internationalen Trends insbesondere der Ansatz prüfenswert, wonach die Publikumsgesellschaften angehalten werden, ein internes Whistleblowing-System einzurichten. Obgleich die Institutionalisierung eines solchen Verfahrens zur Meldung von Unregelmäßigkeiten im Unternehmen nicht ohne Risiken ist, dürften die Vorteile insgesamt doch die Nachteile, die insbesondere in der Missbrauchsgefahr gesehen werden,[94] überwiegen: Die ersten Anzeichen eines Missstandes oder einer Fehlentwicklung sind häufig zuerst unterhalb der obersten Führungsebene im Unternehmen erkennbar; solche Informationen werden aber tendenziell nur selektiv, in verharmloster Form, langsam oder gar nicht „nach oben" weitergeleitet, weil die betroffenen Personen nicht selten befürchten, durch eine entsprechende Meldung auch eine eigene Fehlleistung anzuerkennen und dadurch die eigene Stellung zu gefährden.[95] Ein institutionalisiertes Meldeverfahren setzt bei dieser

---

[92] Vgl. zu dieser Debatte zuletzt *Hopt*, ZHR 175 (2011), 444, 448 f. sowie eingehend *Bühler* (Fn. 2), Rn. 342 ff. und 1775 ff. m.w.H.

[93] Der letzte Vorstoß zur Einführung einer verstärkten Mitwirkung der Arbeitnehmer im Sinne eines Mitbestimmungsrechts in unternehmerischen Teilbereichen geht auf das Jahr 2001 zurück (Parlamentarische Initiative *Urs Hofmann* vom Dezember 2001); die Initiative wurde jedoch 2003 im Parlament verworfen.

[94] Vgl. *Böckli*, in: Christoph B. Bühler (Hrsg.), Informationspflichten des Unternehmens im Gesellschafts- und Börsenrecht, Bern 2003, S. 87, 89; *Macey*, Michigan Law Review 105 (2007), 1899, 1907; *Bühler* (Fn. 2), Rn. 507 ff.; *Fleischer*, ZGR 2011, 155, 177 f.

[95] Vgl. zu diesem Phänomen *Böckli*, in: Charlotte Baer (Hrsg.), Verwaltungsrat und Geschäftsleitung, Bern 2006, S. 33, 46 f.

Schwachstelle an und kann durch seine Frühwarnfunktion die interne Kontrolle wirksam ergänzen. Begründete frühzeitige Meldungen über illegale Verhaltensweisen können das Unternehmen unter Umständen vor großem Schaden bewahren.[96]

3. Dritter Vorschlag: Mindestangaben zur „Corporate Social Responsibility"

a) Internationale Entwicklung

Die OECD-Grundsätze der Corporate Governance betonen die Bedeutung von Faktoren wie der Geschäftsethik und der Aufgeschlossenheit der Unternehmen für die ökologischen und gesellschaftlichen Interessen; diese hätten Auswirkungen auf die Reputation und den nachhaltigen Erfolg des Unternehmens.[97]

Auch die New York Stock Exchange schreibt ihren Emittenten im Sinne einer Kotierungsvoraussetzung vor, dass diese nicht nur die für sie geltenden spezifischen Corporate Governance-Guidelines, sondern auch einen sogenannten „Code of Business Conduct and Ethics" mit vorgeschriebenem Mindestinhalt auszuarbeiten und offenzulegen haben.[98] Dabei handelt es sich um einen Verhaltenskodex des Unternehmens, der sich unter anderem mit der Behandlung von Interessenkonflikten, redlichem Geschäftsgebahren sowie der Compliance befassen muss und die Berichterstattung hinsichtlich unrechtmäßiger Geschäftspraktiken fördern soll.[99]

b) Anpassungsbedarf für den „Swiss Code"

Bei der sogenannten „Corporate Social Responsibility" handelt es sich zweifellos um ein gesellschaftspolitisches Modethema,[100] das mit rechtlichen Mitteln nur beschränkt erfasst werden kann. Es berührt in Anbe-

---

[96] Vgl. zu den „Hindernissen" und zum Stand des Verfahrens der Einführung eines „Whistleblowing"-Verfahrens in der Schweiz *Ledergerber* (Fn. 88), S. 101 ff.; *v. Kaenel*, SJZ 103 (2007), 309, 311; *Bühler* (Fn. 2), Rn. 777 ff.; *Kälin/Kirchhoff*, Whistleblowing – Eine Anleitung, jusletter vom 20. Juni 2011. Vgl. Vorentwurf zu einer Teilrevision des Obligationenrechts (Schutz bei Meldung von Missständen am Arbeitsplatz) und Erläuternder Bericht zum Vorentwurf vom 5. Dezember 2008. Die zweite Vernehmlassung dauerte bis zum 14. Januar 2011.

[97] OECD-Grundsätze, S. 12 sowie VI. C. mit Verweis auf die OECD-Leitsätze für multinationale Unternehmen vom Mai 2011.

[98] Section 303A.10 NYSE Listed Company Manual.

[99] Vgl. *Bak*, Audit Committee-Instrument der Unternehmensüberwachung des Verwaltungsrates, Diss. Zürich 2006, S. 438 f.; *Kistler*, FS von der Crone, 2007, S. 307, 316; *Bühler* (Fn. 2), Rn. 1472 f.; *ders.*, in: Druey/Forstmoser (Fn. 60), S. 42.

[100] Vgl. *Fleischer*, ZGR 2011, 155, 157.

tracht der dargelegten internationalen Entwicklung dennoch eigenartig, dass der „Swiss Code" zu dieser Thematik praktisch schweigt.[101]

Ein „Code of Ethics", wie ihn die US Börsen für ihre Emittenten mit einem bestimmten Mindestinhalt vorschreiben, könnte durchaus auch bei Schweizer Publikumsgesellschaften zu einer Verbesserung der Transparenz beitragen und gerade in größeren, international tätigen Unternehmen, deren Mitarbeitende unterschiedliche Wertvorstellungen haben, die Führungseffizienz steigern. Der Kodex kann als Leitfaden die für das Unternehmen relevanten Werte und Normen sichtbar machen; er verkörpert sozusagen die Kultur der Unternehmung, die durch ihre Führungsorgane vorgelebt wird.[102]

Der „Swiss Code" könnte die Publikumsgesellschaften entweder dazu anhalten, einen „Code of Business Conduct and Ethics" zu erstellen und zu veröffentlichen oder aber im Sinne von Leitlinien selber bestimmte Mindestangaben und -Maßnahmen zur „Corporate Social Responsibility" enthalten. Zu denken ist etwa an Regeln zur Einhaltung der Regulierungen und unternehmensinternen Weisungen, zu den finanziellen Beteiligungen, zur Selektion und Diversität in der Zusammensetzung der Führungsorgane sowie über ein Bekenntnis des Unternehmens zu bestimmten sozial und ökologisch verantwortungsvollen Handlungsprinzipien.

Man muss sich allerdings auch fragen, wo angesichts der potenziell weitreichenden Diversität der „Corporate Social Responsibility" die Grenzen zur Übernahme sozio-ökologischer Aufgaben durch private Unternehmen liegen. Der Auftrag des Unternehmens besteht in der Regel primär in der Optimierung des Gewinns. Für den Entscheid, soziale, ökologische bzw. ethisch erwünschte Maßnahmen zu ergreifen, muss aus Sicht der Unternehmung daher in erster Linie das Kosten-Nutzen-Verhältnis maßgebend bleiben. Dem Ermessensspielraum der Unternehmensführung sind hinsichtlich sozio-ökologischer Maßnahmen somit insoweit Grenzen gesetzt, als diese nicht geeignet sind, zweckkonform den langfristigen Unternehmenswert zu steigern.

---

[101] So auch *Amstutz*, Liber Amicorum Watter, 2008, S. 1, 5.
[102] Vgl. *Forstmoser*, in: Individuum und Verband (Fn. 84), S. 70 f.; *Watter/Spillmann*, GesKR 1 (2006), 94, 96; *Amstutz*, Macht und Ohnmacht des Aktionärs, Möglichkeiten und Grenzen der Corporate Governance bei der Wahrung der Aktionärsinteressen, Zürich 2007, S. 71; *Bühler* (Fn. 2), Rn. 431 ff.

4. Vierter Vorschlag: Aufforderung an die institutionellen Anleger zum verantwortungsvollen und transparenten Gebrauch ihrer Stimmrechte

a) Internationale Entwicklung

Interessant ist, dass bereits die OECD in ihren Corporate Governance-Grundsätzen im Jahre 2004 zur Erkenntnis gelangte, die institutionellen Anleger, die in treuhänderischem Auftrag handeln, wie z.B. Pensions- oder Investmentfonds, seien in die Pflicht zu nehmen.[103] Diese sollen ihre „allgemeine Corporate Governance und Abstimmungspolitik" offen legen, die sie in den jeweiligen Unternehmen verfolgen. Sie sollen zudem darlegen, wie sie im Falle wesentlicher Interessenkonflikte verfahren.

Ähnliche Akzente setzt nun sechs Jahre später der „UK Stewardship Code", der sich spezifisch mit dem Einbezug der institutionellen Investoren befasst und diese dazu anhält, ihr Stimmverhalten offen zu legen und verantwortungsvoll mit ihrer Stimmenmacht umzugehen.[104] Diese Empfehlungen sind auch im Vereinigten Königreich nicht vollständig neu: sie sind im Wesentlichen aus dem Combined Code von 2008[105] hervorgegangen, der bereits einen von insgesamt zwei Abschnitten bestimmten Verhaltensleitlinien für institutionelle Investoren widmete.

b) Anpassungsbedarf für den „Swiss Code"

De lege lata steht einer selektiven Auferlegung von bestimmten Verhaltenspflichten für institutionelle Investoren in der Schweiz sowohl der Gleichbehandlungsgrundsatz[106] als auch das grundlegende Gestaltungsprinzip der Aktiengesellschaft entgegen, wonach dem Aktionär neben der Liberierungspflicht an sich keine zusätzlichen Pflichten auferlegt werden dürfen.[107]

Allerdings wird nun gerade in der eingangs erwähnten „Abzocker"-Initiative[108] gefordert, dass die Pensionskassen künftig verpflichtet werden sollen, ihr Abstimmungsverhalten offen zu legen und auf der Generalversammlung von Publikumsgesellschaften im Interesse der Versicherten abzustimmen. Letzteres ist an sich eine Bekräftigung des geltenden Rechts ohne eine konkret daraus ableitbare Verhaltensregel.[109]

---

[103] OECD-Grundsätze, II. F.

[104] Vgl. dazu die weiterführenden Hinweise bei Fn. 57.

[105] Financial Reporting Council, The Combined Code on Corporate Governance, London, in der Fassung vom Juni 2008. Vgl. Fn. 49.

[106] Art. 717 Abs. 2 OR.

[107] Art. 680 Abs. 1 OR.

[108] Vgl. oben bei Fn. 6.

[109] *Böckli*, Liber Amicorum Petitpierre-Sauvain, 2009, S. 29, 39; *Bühler*, in: Rolf Watter (Fn. 7), S. 272.

Auch der „Swiss Code" appelliert bereits in seiner geltenden Fassung gleich zu Beginn[110] vorsichtig an das Verantwortungsbewusstsein der institutionellen Anleger. Diese sollen – „soweit möglich" – dafür sorgen, „dass die wirtschaftlich Berechtigten Einfluss darauf nehmen können, wie diese Aktionärsrechte wahrgenommen werden". In dieser Form wäre im Hinblick auf die aktuelle Stoßrichtung der internationalen „Best Practice" im Bereich der Corporate Governance durchaus auch eine Ergänzung der bestehenden Leitlinien zu prüfen: Es ginge dabei darum, die institutionellen Anleger konkret aufzufordern, verantwortungsvoll, überlegt und vor allem transparent von ihren Stimmrechten Gebrauch zu machen.

V. Schluss: „Caveat Regulator"

Man muss den Autoren des „Swiss Code" zubilligen, dass sie mit Weitsicht ein praxistaugliches Regelwerk für gute Corporate Governance geschaffen haben, dessen Erfolg außer Zweifel steht. Unnötige und den Bedürfnissen einer effizienten Geschäftsführung nicht angemessene Gesetzesnormen konnten durch die antizipierende Wirkung der Selbstdisziplinierung vermieden werden. Diesen nachhaltigen Effekt wird der „Swiss Code" jedoch nur dann weiterhin erzielen können, wenn er laufend an wesentliche neue Entwicklungen angepasst wird.

Ein Corporate Governance-Kodex muss aber auch schlank bleiben, wenn er etwas bewirken will. Je länger, unübersichtlicher und ausführlicher er ist, desto weniger findet er beim Management Beachtung. Bei der Anpassung des „Swiss Code" sollte man sich also davor hüten, ein differenziertes Regelwerk für alle möglichen Detailfragen und Fallkonstellationen schaffen zu wollen.[111] Ein Verhaltenskodex ist vor allem dort sinnvoll, wo er die staatlichen Regeln konkretisiert und bestehende Lücken mit bewährten, international anerkannten Leitlinien für den Verwaltungsrat ausfüllt, weil er den Unternehmen insoweit eine individuelle Regelsetzung und Transparenzkosten erspart.[112]

Der bisherige Regelungsansatz nach dem Schweizer „Müsli-Rezept", das übrigens in diesem Jahr sein hundertjähriges Bestehen feiert, hat sich dabei durchaus bewährt: In die weiche und flexible Grundmasse des „soft law" streue man die Rosinen und einige wenige harte Kernanforderungen ein, so dass das Ganze auch für Nichtjuristen leicht verdaulich bleibt.

---

[110] Ziff. 1 Abs. 3 SCBP.

[111] Diesem Anliegen wurde bei der letzten Änderung des „Swiss Code" (vgl. oben bei Fn. 13) zu wenig Rechnung getragen. Vgl. *Bühler* (Fn. 2), Rn. 1703 und 1788.

[112] So auch *Hopt*, GesRZ 2002, Sonderheft Corporate Governance, S. 4 ff., 9; *Bachmann*, AG 2011, 181, 192.

Rechtsfragen rund um den Deutschen Corporate Governance Kodex

PETER O. MÜLBERT

I. Einführung

Die von der Europäischen Kommission in ihrem Grünbuch Europäischer Corporate Governance-Rahmen[1] präsentierten Überlegungen zur weiteren Verbesserung der Corporate Governance sind in Deutschland bislang auf

---

[1] Grünbuch Europäischer Corporate Governance-Rahmen (KOM [2011] 164/3).

Zurückhaltung oder in Teilen sogar auf deutliche Kritik gestoßen.[2] Was den künftigen Stellenwert von Corporate Governance Kodizes anbelangt, ist sogar ein veritabler Gegensatz zu konstatieren: europäischer Kodex-Enthusiasmus trifft auf deutsche Kodex-Skepsis.

1. Europäischer Kodex-Enthusiasmus

Das Grünbuch bewertet das Instrument des Corporate Governance Kodex als Mechanismus zur Stärkung der Corporate Governance von (börsen-notierten) Gesellschaften uneingeschränkt positiv. Denn obwohl die recht-lichen Rahmenbedingungen für dieses Instrument in den einzelnen Mit-gliedstaaten erhebliche Unterschiede aufweisen und Reichweite, Dichte und Tiefe der nationalen Kodizes teils substantiell divergieren, sieht das Grünbuch unter Verweis auf eine Studie von RiskMetrics[3] das einzige Defizit des Kodex-Instruments bei der Handhabung des Grundsatzes „Mit-tragen oder Begründen" („comply or explain"). Zu dessen Stärkung sei zum einen geboten vorzusehen, dass Unternehmen nicht nur die Gründe für das Abweichen von einer bestimmten Empfehlung, sondern auch die stattdessen gewählte Lösung anzugeben haben; zum anderen sollten Über-wachungsbehörden nachprüfen können, ob die veröffentlichten Informa-tionen, insbesondere die Erläuterungen, ausreichend informativ sowie ver-ständlich sind, und für schwerste Fälle der Nichteinhaltung könnten sogar formelle Sanktionen vorzusehen sein. Eine derartige unionsrechtlich ver-anlasste Stärkung des Enforcement macht nur Sinn, wenn es sich beim Kodex um ein effektives und in den Mitgliedstaaten einigermaßen ein-heitlich wirkendes Regelungsinstrument handelt. Andernfalls würden be-stehende nationale Unterschiede eher noch verstärkt.

---

[2] *Bachmann*, WM 2011, 1301; *Jahn*, AG 2011, 454; *Peltzer*, NZG 2011, 961; *Theisen*, WPg Heft 13/2011, S. I; *Hennrichs*, GmbHR 2011, R257; *Buschmann*, NZG 2011, 87; *Bundesrechtsanwaltskammer*, NZG 2012, 96; *Institut für Gesellschaftsrecht der Universität zu Köln*, NZG 2011, 975; *Döring*, Börsen-Zeitung v. 16.4.2011, S. 8 („Der Brüsseler Regulierungseifer kennt keine Grenzen"); *v. Rosen*, Börsen-Zeitung v. 25.5.2011, S. 8 („Zwischen Selbstregulierung und Bevormundung"); ferner Börsen-Zeitung v. 19.5.2011, S. 10 („Bürokraten gegen Aktionäre"). Der Rechtsausschuss des Deutschen Bundestages teilt die Zielsetzung des Grünbuchs zwar im Grundsätzlichen, hegt aber dennoch grundlegende Bedenken gegen wesentliche Vorschläge der Kommis-sion, s. BT-Drucks. 17/6506, S. 1, 3 ff.

[3] „Study on Monitoring and Enforcement Practices in Corporate Governance in the Member States" (2009), abrufbar unter: <http://ec.europa.eu/internal_market/company/docs/ecgforum/studies/comply-or-explain-090923_en.pdf>.

2. Deutsche Kodex-Skepsis

Teile der deutschen Öffentlichkeit,[4] der Rechtswissenschaft[5] und sogar weite Teile der Wirtschaft[6] sehen den Deutschen Corporate Governance Kodex (DCGK) und insbesondere die Tätigkeit der Regierungskommission Deutscher Corporate Governance Kodex hingegen mit teils ausgeprägter Skepsis.[7] In Kreisen der börsennotierten Unternehmen sei sogar, so wird berichtet, ein Rückzug aus der Regierungskommission erwogen worden. Als eine Reaktion hierauf hat die Regierungskommission im Jahr 2011 davon abgesehen, Änderungen am Kodex vorzunehmen, sowie für das Jahr 2012 beabsichtigte Änderungen erstmals vorab zur Diskussion gestellt[8] und damit ein lebhaftes Echo interessierter Kreise ausgelöst.[9]

Die Gründe für die Skepsis gegenüber dem Deutschen Corporate Governance Kodex und, präziser, gegenüber dem Agieren der Regierungskommission bei der Weiterentwicklung des Kodex sind vielschichtig und wohl teils prinzipieller Natur. Regelmäßig angemahnt wurde neben einer

---

[4] *Jahn*, FAZ v. 11.7.2011, S. 9 („Missbrauchter Kodex"); *ders.*, FAZ v. 24.2.2011, S. 11 („Debatte um Auflösung der Kodex-Kommission"); *ders.*, FAZ v. 16.6.2010, S. 11 („Höchste Zeit für eine Kodex-Pause"); *Wilsing*, Börsen-Zeitung v. 3.3.2012, S. 13 („Kodex-Änderungen engen Kandidatenkreis für den Aufsichtsrat ein – Kritik an Corporate-Governance-Reformvorschlägen"); *Waclawik*, FAZ v. 15.6.2011, S. 23 („Die jährliche Kodex-Erklärung ist ein Auslaufmodell"); *Knop*, FAZ v. 11.10.2010, S. 13 („Kodex in der Krise"); ferner FAZ v. 15.11.2010, S. 19 („Vorbehalte gegen neue Kodex-Regeln"); *Jahn/Knop*, FAZ v. 12.10.2010, S. 17 („Widerstand gegen den Corporate Governance Kodex").

[5] S. etwa *Gebauer*, AG 2011, R3; *Gehling*, ZIP 2011, 1181; *Hoffmann-Becking*, ZIP 2011, 1173; *ders.*, FS Hüffer, 2010, S. 337; *Spindler*, NZG 2011, 1007.

[6] *Kremer*, ZIP 2011, 1177; *ders.*, DB 2011, Heft 31/Standpunkte, 55; s. ferner die aktuellen Umfrageergebnisse bei *v. Werder/Bartz*, DB 2012, 869; für eine vergleichsweise positive Bewertung des Kodex aus Investorenperspektive s. aber *Jahn/Rapp/ Strenger/Wolff*, ZCG 2011, 64.

[7] Positiver dagegen die Selbsteinschätzung der Kommission durch ihren Vorsitzenden *Müller*, Financial Times Deutschland v. 5.5.2011, S. 16; *ders.*, Pressemitteilung v. 19.2.2011 („Corporate Governance Kodex gut aufgestellt"), abrufbar unter <www. corporate-governance-code.de/ger/download/2011_01_19_Pressemitteilung.pdf>; ferner *v. Rosen*, Börsen-Zeitung v. 16.3.2011, S. B2; *Wadewitz*, Börsen-Zeitung v. 29.6.2011, S. 8; *Cromme*, Börsen-Zeitung v. 9.3.2012, S. B1 („Gute Corporate Governance ist heute wichtiger denn je"); tendenziell optimistisch auch *Hopt*, FAZ v. 15.2.2012, S. 19 („Weiterentwickeln statt abschaffen").

[8] S. hierzu schon die Pressemitteilung v. 4.5.2011, S. 2, abrufbar unter <www. corporate-governance-code.de/ger/download/Pressemitteilung_04_05_2011.pdf>; ferner *Hoffmann-Becking*, ZIP 2011, 1173, 1176; *Kremer*, ZIP 2011, 1777, 1180; *v. Werder*, DB 2011, Heft 31/Standpunkte, 49.

[9] S. etwa die Stellungnahme des Handelsrechtsausschusses des deutschen Anwaltsvereins zu den Änderungsvorschlägen der Regierungskommission v. 1.2.2012, abrufbar unter <http://anwaltverein.de/downloads/Stellungnahmen-11/2012-02-27-Stellungnahme fin.pdf>.

zu geringen Transparenz des Verfahrens für Kodexänderungen, welches
den betroffenen Unternehmen und interessierten Fachkreisen vor der
zumeist ohne inhaltliche Begründung erfolgenden Bekanntgabe neuer Regelungen nicht hinreichend Gelegenheit zur Stellungnahme biete,[10] vor
allem eine zu hohe Anpassungsfrequenz; mit Ausnahme der Jahre 2004
und 2011[11] hat die Regierungskommission bislang alljährlich zum Teil
tiefgreifende Änderungen vorgelegt.[12] In jüngerer Zeit gab zudem die
erstmals 2009 aufgenommene[13] und 2010 bestätigte[14] Empfehlung, bei der
Bestellung der Vorstandsmitglieder und der Zusammensetzung des Aufsichtsrats auf Vielfalt (Diversity) zu achten und eine angemessene Berücksichtigung von Frauen anzustreben,[15] unter dem Blickwinkel einer zunehmend als überzogen empfundenen Regulierung Anlass zu kritischer
rechtsdogmatischer Reflektion.[16]

Auf der grundsätzlichen Ebene ist jedenfalls für die deutsche Wirtschaft
eine nachhaltige Desillusionierung oder auch Enttäuschung hinsichtlich
des Kodex-Mechanismus zu konstatieren. Der erste Vorsitzende der Regierungskommission, *Gerhard Cromme*, pries die Einführung des Kodex im
Jahre 2002 mit den Worten, es werde der „deutsche[n] ... Unternehmenspraxis die Möglichkeit eröffnet, in einem Akt der Selbstorganisation einen
Kodex vorzuschlagen".[17] Jedoch währte die Hoffnung oder auch Illusion,
dass die Unternehmenspraxis zukünftig die über das zwingende Aktienrecht hinausgehenden Regeln für eine gute Corporate Governance nach

---

[10] Ausführlich *Hoffmann-Becking*, FS Hüffer, 2010, S. 337, 352 f.; *ders.*, ZIP 2011,
1173, 1176; mehr Transparenz anmahnend auch *Gehling*, DB 2011, Heft 31/Standpunkte,
51.
[11] Für 2011 s. nur FAZ v. 5.5.2011, S. 12 („Kodex-Verfasser wollen Firmen in Ruhe
lassen").
[12] Zur diesbezüglichen Kritik etwa *Hoffmann-Becking*, FS Hüffer, 2010, S. 337, 352;
Kremer, ZIP 2011, 1177, 1179; *Gehling*, ZIP 2011, 1181; s. auch *Mülbert*, ZHR 174
(2010), 375.
[13] Fassung des DCGK v. 18.6.2009, S. 10, 12, abrufbar unter <www.corporate-
governance-code.de/ger/download/kodex_2009/D_CorGov_Endfassung_Juni_2009_
markiert.pdf>.
[14] Fassung des DCGK v. 26.5.2010, S. 6, 9, 10, abrufbar unter <www.corporate-
governance-code.de/ger/download/kodex_2010/D_CorGov_Endfassung_Mai_2010.pdf>.
[15] Näher zu dieser Empfehlung und ihrer Umsetzung *Weber-Rey/Handt*, NZG 2011,
1; *Kocher/Löhner*, CCZ 2010, 183; *Sünner*, CCZ 2009, 185; *Hopt*, in: Hopt/
Wohlmannstetter (Hrsg.), Handbuch Corporate Governance von Banken, 2011, S. 8 f.;
Ringleb/Kremer/Lutter/v. Werder, NZG 2010, 1161, 1163; *Kocher*, BB 2010, 264; s.
auch *Bachmann*, in: Verhandlungen des 68. Deutschen Juristentages, Berlin 2010, Band
II/1, S. P13, P17 f.
[16] *Mülbert*, ZHR 174 (2010), 375, 382, 384; *Hoffmann-Becking*, ZIP 2011, 1173,
1176.
[17] Vorwort zum Deutschen Corporate Governance Kodex in der Fassung vom 7. November 2002, gültig bis 3. Juli 2003, abrufbar unter <www.corporate-governance-code.
de/ger/download/DCG_K_D20021107.pdf>.

eigenen Vorstellungen im Wege der Selbstregulierung würde gestalten können, nur wenige Jahre. Mittlerweile ist mit einiger Regelmäßigkeit zu beobachten, dass der Bundesgesetzgeber kurz nach der Veröffentlichung neuer Kodex-Empfehlungen durch die Regierungskommission mit der Ausarbeitung entsprechender – zwingender – Gesetzesvorschriften beginnt und den betroffenen Unternehmen auf diese Weise die Möglichkeit eines flexiblen Umgangs mit den Regelungsinhalten nimmt, sofern er die tatsächlich gelebte Implementierungspraxis für ungenügend erachtet.[18]

Dies trat erstmals im Jahr 2005 mit dem Vorstandsvergütungs-Offenlegungsgesetz (VorstOG)[19] und der Einführung von §§ 285 Nr. 9 Buchstabe a), 286 Abs. 4 HGB zu Tage, welche börsennotierte Aktiengesellschaften zu einer individualisierten Offenlegung der Vorstandsbezüge im Anhang ihres Jahresabschlusses verpflichten. Ausweislich der Begründung zum Regierungsentwurf suchte die Bundesregierung so dem offenbar inakzeptablen Umstand zu begegnen, dass „eine nicht unbeachtliche Zahl von Unternehmen" der seinerzeit bereits vorhandenen Kodex-Empfehlung gleichen Inhalts nicht freiwillig nachzukommen gedenke.[20] 2009 folgte das Gesetz zur Angemessenheit der Vorstandsvergütung (VorstAG),[21] welches unter Anknüpfung an den DCGK Vorgaben für den Aufsichtsrat hinsichtlich der Festsetzung angemessener Vorstandsbezüge (§ 87 Abs. 1, Abs. 2 AktG), einen zwingenden Selbstbehalt von 10% bei D&O-Versicherungen (§ 93 Abs. 2 Satz 3 AktG) und eine Zwei-Jahres-Sperre (Cooling-off-Periode) für den Wechsel eines Vorstandsmitglieds in den Aufsichtsrat (§ 100 Abs. 2 Satz 1 Nr. 4 AktG) vorsah.[22] Und auch bei den aktuellen Themen Diversity und angemessene Beteiligung von Frauen in Führungsgremien erscheint absehbar, dass der Gesetzgeber die Regierungskommission in naher Zukunft beispielsweise mit einer gesetzlichen Frauenquote ein- oder gar überholen könnte.[23]

---

[18] Zu diesem Befund s. auch *Kremer*, ZIP 2011, 1177, 1179; *Lieder*, in: Schneuwly (Hrsg.), Aktuelle Regulierungsformen an der Schnittstelle zwischen Wirtschaft und Recht, Tagungsband des 11. Graduiertentreffen im Internationalen Wirtschaftsrecht in Freiburg (Schweiz) 2010, S. 65, 73.

[19] BGBl. I 2005, S. 2267.

[20] Begr. RegE BR-Drucks. 398/05, S. 5.

[21] BGBl. I 2009, S. 2509.

[22] Zu den entsprechenden Inhalten im DCGK s. etwa *Hecker*, BB 2009, 1654, 1655 ff.; zum Verhältnis des VorstAG zum DCGK ferner die Gesetzesbegründung BT-Drucks. 16/12278, S. 5, 6; *Fleischer*, NZG 2009, 801, 803 f.; *Ringleb*: in: Ringleb/Kremer/Lutter/v. Werder, Kommentar zum DCGK, 4. Aufl., 2010, Rn. 722 ff.; *Handelsrechtsausschuss des deutschen Anwaltvereins*, NZG 2009, 612; *Wagner/Wittgens*, BB 2009, 906.

[23] Die Vorschläge für einen gesetzgeberischen Eingriff reichen von der Pflicht, eine unternehmensspezifische Quote selbst festzulegen („Flexiquote") bis zu starren gesetzlichen Quotenvorgaben; s. *Langenbucher*, JZ 2011, 1038; FAZ v. 31.1.2011, S. 1, 11

Hiervon abgesehen birgt der Umgang mit Empfehlungen des DCGK in der Unternehmenspraxis vor allem deshalb erhebliches Konfliktpotential, weil Hauptversammlungsbeschlüsse – jedenfalls solche über die Entlastung der Mitglieder des Vorstands und des Aufsichtsrats – seit einer Entscheidung des II. Zivilsenats des Bundesgerichtshofes (BGH) aus dem Jahre 2009 unter Umständen anfechtbar sind, sofern die Organe eine tatsächlich erfolgte Abweichung von Empfehlungen nicht oder fehlerhaft in der gemäß § 161 AktG abzugebenden Entsprechenserklärung kommuniziert haben.[24]

Vor diesem Hintergrund werden nachfolgend zunächst die Aufgaben, Zusammensetzung und Arbeitsweisen der Regierungskommission sowie die Struktur und wesentlichen Inhalte des DCGK im Überblick vorgestellt (II.). Anschließend werden die unmittelbaren Wirkungen der einzelnen Kodex-Regelungen beleuchtet (III.), ehe vertieft auf die Bedeutung und Abfassung der Entsprechenserklärung gemäß § 161 AktG (IV.) sowie die Rechtsfolgen einer fehlerhaften Entsprechenserklärung – eben insbesondere für die Kassation von Hauptversammlungsbeschlüssen – (V.) einzugehen ist. Abschließend werden die gerade in jüngerer Zeit wieder besonders heftig umstrittenen verfassungsrechtlichen Fragen erörtert, welche die deutschen Regelungen zur Corporate Governance als Gesamtsystem aufwerfen (VI.).

II. Der DCGK im Überblick

1. Die Regierungskommission und ihre Arbeitsweise

Unter dem Eindruck einer Reihe nationaler und internationaler Unternehmensskandale, die sich um die Jahrtausendwende ereignet hatten (Enron, Worldcom, Parmalat, Holzmann),[25] wurde die Regierungskom-

---

(„Von der Leyen kündigt Frauenquote an"); *K. Schröder*, Handelsblatt v. 28.1.2011, abrufbar unter <www.handelsblatt.com/meinung/gastbeitraege/frauen-in-fuehrungs positionen-ministerin-schroeder-will-flexiquote-einfuehren/3817962.html>; ferner die Gesetzesinitiativen BT-Drucks. 17/3296 (Bündnis 90/Die Grünen); BT-Drucks. 17/4683 (SPD); BT-Drucks. 17/2842 (Die Linke); BR-Drucks. 87/11 (Nordrhein-Westfalen); BR-Drucks. 94/11 (Bremen); *Künast*, ZRP 2011, 11; zum Ganzen auch *Kremer*, ZIP 2011, 1177, 1179; *Papier/Heidenbach*, ZGR 2011, 305; lediglich einstweilen möchte Bundeskanzlerin *Merkel* der Wirtschaft eine zweite Chance geben, den Frauenanteil selbst und ohne Zwang zu erhöhen, s. nur *Françoise-Poncet/Deilmann/Otte*, NZG 2011, 450, 453 m.w.N.

[24] BGHZ 180, 9 = WM 2009, 459 = NZG 2009, 342 (Kirch/Deutsche Bank).

[25] Zu diesen und anderen Hintergründen der jüngeren (inter-)nationalen Corporate Governance-Debatte etwa *Jahn/Rapp/Strenger/Wolff*, ZCG 2011, 64; *Tröger*, ZHR 175 (2011), 746, 752; *Kübler/Assmann*, Gesellschaftsrecht, 6. Aufl., 2006, § 14 II 3d, S. 175;

mission Deutscher Corporate Governance Kodex am 6. September 2001 auf der Grundlage eines vorbereitenden Berichts der sogenannten Baums-Kommission[26] durch die damalige Bundesjustizministerin *Herta Däubler-Gmelin* eingesetzt.[27] Nach der Präambel des Kodex ist es ihr erklärtes Ziel, „das deutsche Corporate Governance System transparent und nachvollziehbar zu machen" und „das Vertrauen der internationalen und nationalen Anleger, der Kunden, der Mitarbeiter und der Öffentlichkeit in die Leitung und Überwachung deutscher börsennotierter Gesellschaften" zu fördern (Kommunikationsfunktion).[28] Hinzu kommen die Aufstellung und Fortentwicklung von Verhaltensregeln für die Führung und Kontrolle von Unternehmen im Sinne eines Code of Best Practice auf der Basis des geltenden Rechts (Ordnungsfunktion).[29] Die erste Fassung des Kodex hat die Regierungskommission im Februar 2002 vorgelegt. Seither überprüft sie als Standing Commission[30] kontinuierlich die Inhalte des DCGK und beschließt in regelmäßigen Abständen über etwaige Modifikationen.

Die Regierungskommission besteht aus insgesamt zwölf Mitgliedern aus den Bereichen Wirtschaft, Wissenschaft und dem öffentlichen Leben, derzeit unter dem Vorsitz von *Klaus-Peter Müller*, dem Aufsichtsratsvorsitzenden der Commerzbank AG.[31] Nach welchen Kriterien die Mit-

---

Hopt, ZHR 175 (2011), 444, 447, 461 f.; allgemein zu den Auswirkungen von Corporate Governance-Skandalen auf die Fortentwicklung der Corporate Governance-Regeln auch *Hopt*, The American Journal of Comparative Law, Vol. 59 (2011), 1, 16 f.

[26] Näher zu den Vorarbeiten der Baums-Kommission *v. Werder*, in: Ringleb/Kremer/Lutter/v. Werder (Fn. 22), Rn. 7; *Hanfland*, Haftungsrisiken im Zusammenhang mit § 161 AktG und dem Deutschen Corporate Governance Kodex, 2007, S. 23 ff.; *Vogel*, Die Haftung von Gesellschaften, Vorständen und Aufsichtsräten im Zusammenhang mit der Entsprechenserklärung zum Deutschen Corporate Governance Kodex gemäß § 161 AktG, 2011, S. 2 ff.; *Littger*, Deutscher Corporate Governance Kodex – Funktion und Verwendungschancen, 2006, S. 51; *Bachmann*, AG 2011, 181 f.; *Wernsmann/Gatzka*, NZG 2011, 1001 f.; *Kremer*, ZIP 2011, 1177, 1177. Der Bericht der Baums-Kommission ist als BT-Drucks. 14/7517 v. 14.8.2001 veröffentlicht worden.

[27] *Seidel*, ZIP 2004, 285, 286; *v. Werder*, in: Ringleb/Kremer/Lutter/v. Werder (Fn. 22), Rn. 6 ff.; *Jahn/Rapp/Strenger/Wolff*, ZCG 2011, 64 ff.; *Hoffmann-Becking*, FS Hüffer, 2010, S. 337 f.; *Lieder*, in: Schneuwly (Fn. 18), S. 65, 70 f.

[28] Zur Informations- bzw. Kommunikationsfunktion von Corporate Governance Kodizes im Allgemeinen und dem DCGK im Besonderen *Hopt*, ZHR 175 (2011), 444, 456; *v. Werder*, in: Ringleb/Kremer/Lutter/v. Werder (Fn. 22), Rn. 83; *Wernsmann/Gatzka*, NZG 2011, 1001, 1002; *Sester*, in: Spindler/Stilz, AktG, 2. Aufl., 2010, § 161 Rn. 8; *Spindler*, in: K. Schmidt/Lutter, AktG, 2. Aufl., 2010, § 161 Rn. 6; *v. Werder*, DB 2011, Heft 31/Standpunkte, 49.

[29] Näher *Mülbert*, FS Konzen, 2006, S. 561, 562; *Kremer*, ZIP 2011, 1177 f.; *v. Werder*, in: Ringleb/Kremer/Lutter/v. Werder (Fn. 22), Rn. 84; *Vogel* (Fn. 26), S. 4 f.

[30] *Hoffmann-Becking*, FS Hüffer, 2010, S. 337, 337; *Kremer*, ZIP 2011, 1177, 1178; *Ringleb*, in: Ringleb/Kremer/Lutter/v. Werder (Fn. 22), Rn. 39 f.

[31] Die Liste der aktuellen Mitglieder ist abrufbar unter <www.corporate-governance-code.de/ger/mitglieder/index.html>.

glieder im Einzelnen ausgewählt und eingesetzt werden, welcher Verantwortung sie unterliegen und für welchen Zeitraum ein Mandat erteilt wird,
ist in keinem demokratisch legitimierten Rechtsakt festgelegt. Nicht
weniger fehlt es für das Verfahren der Regierungskommission selbst – insbesondere in puncto Transparenz und Öffentlichkeitsbeteiligung[32] – an
gesetzlichen Vorgaben.[33]

Die jeweils aktuelle Fassung des DCGK wird nach vorheriger Prüfung
durch das Bundesministerium der Justiz (BMJ) auf dessen Website[34]
veröffentlicht und im amtlichen Teil des elektronischen Bundesanzeigers[35]
bekannt gemacht.[36] Dabei ist die Prüfungskompetenz des BMJ offiziell auf
eine reine Rechtmäßigkeitskontrolle in prozeduraler wie materieller Hinsicht, namentlich einen Abgleich mit dem geltenden Verfassungs-, Aktien-,
Wertpapierhandels- und Übernahmerecht, beschränkt,[37] da die Mitglieder
der Regierungskommission ein politisch unabhängiges und weisungsfreies
Mandat wahrnehmen sollen.[38] Zudem besteht lediglich die Möglichkeit,
den Kodex insgesamt zu akzeptieren oder abzulehnen; auf die Fassung
einzelner Klauseln soll das BMJ keinen Einfluss nehmen können.[39]

Gleichwohl werden gelegentlich kritische Stimmen laut, die die Unabhängigkeit und Weisungsfreiheit der Regierungskommission in Zweifel
ziehen. Faktisch nehme das BMJ sehr wohl Einfluss auf Arbeit der Kommissionsmitglieder, etwa im Wege der Betreuung und Beratung durch den
zuständigen Referatsleiter, vor allem aber durch die vorliegend[40] bereits
erwähnte Ankündigung zwingender Gesetzesvorlagen für den Fall, dass
bestimmte Regelungsdesiderata keinen Eingang in die jeweils aktuelle
Kodexfassung finden.[41]

---

[32] Dazu schon einleitend oben unter I. 2.

[33] *Spindler*, NZG 2011, 1007, 1008 f.; zur selbständig entwickelten Arbeitsweise der
Regierungskommission näher *Ringleb*, in: Ringleb/Kremer/Lutter/v. Werder (Fn. 22), Rn.
23 ff.

[34] Aufrufbar unter <www.bmj.de>.

[35] Aufrufbar unter <www.ebundesanzeier.de>.

[36] Statt vieler *Wernsmann/Gatzka*, NZG 2011, 1001, 1002.

[37] S. *Ringleb*, in: Ringleb/Kremer/Lutter/v. Werder (Fn. 22), Rn. 37; *Seibert*, BB
2002, 581, 582; *Marsch-Barner*, in: Marsch-Barner/Schäfer (Hrsg.), Hdb. börsennotierte
AG, 2. Aufl., 2009, § 2 Rn. 45. In prozeduraler Hinsicht wird etwa überprüft, ob die
Regierungskommission den Kodex in einem „fairen Verfahren" erarbeitet hat.

[38] *Hoffmann-Becking*, FS Hüffer, 2010, S. 337 f., 341; *Kremer*, ZIP 2011, 1177 f.

[39] *Wernsmann/Gatzka*, NZG 2011, 1001, 1003; *Hohl*, Private Standardsetzung im
Gesellschafts- und Bilanzrecht, 2007, S. 32 ff., 48.

[40] S. oben unter I. 2.

[41] Zum Ganzen auch *Seidel*, ZIP 2004, 285, 287 f.; *Radke*, Die Entsprechenserklärung
zum Deutschen Corporate Governance Kodex nach § 161 AktG, 2004, S. 66; *Gehling*,
DB 2011, Heft 31/Standpunkte, 51; die Einflussnahme der Bundesregierung auf die
Regierungskommission thematisierte bisweilen auch die Tagespresse, s. etwa Handelsblatt v. 12.5.2003, S. 13 („Der Druck auf die Cromme-Kommission wächst"); *Jahn*, FAZ

2. Inhalte und Adressaten des DCGK

Der DCGK besteht aus einer Präambel und insgesamt sechs Kapiteln. Letztere tragen die Überschriften „Aktionäre und Hauptversammlung" (Ziffer 2. des Kodex), „Zusammenwirken von Vorstand und Aufsichtsrat" (Ziffer 3.), „Vorstand" (Ziffer 4.), „Aufsichtsrat" (Ziffer 5.), „Transparenz" (Ziffer 6.) sowie „Rechnungslegung und Prüfung" (Ziffer 7.).

Darüber hinaus lässt sich der Kodex auch seiner Regelungstechnik entsprechend in zwei Kategorien untergliedern. Im Sinne seiner Kommunikationsfunktion fasst er zum einen geltendes Aktienrecht mit seinen markanten Besonderheiten – dualistisches Modell mit Kollegialprinzip im Vorstand und unternehmerischer Mitbestimmung im Aufsichtsrat – in einem rechtsbeschreibenden Teil zusammen. Zum anderen enthält er Empfehlungen und Anregungen zur Verbesserung der Unternehmensführung und Kontrolle, um seinen Ordnungsauftrag zu erfüllen.[42] Diese reichen von eher unwichtigen Detailfragen bis hin zu politisch brisanten Thematiken; letztere betreffen etwa die oben bereits angesprochenen Regelungsgegenstände Vorstandsvergütung (Ziffer 4.2 des Kodex), Wechsel vom Vorstand in den Aufsichtsrat (Ziffer 5.4.4), Qualifikation der Aufsichtsratsmitglieder (Ziffer 5.4.1) sowie Diversity und Frauenbeteiligung (jeweils Ziffer 4.1.5 und 5.1.2).

Eine trennscharfe Abgrenzung der Kategorien fällt selbst dem geübten Rechtsanwender nicht immer leicht.[43] Dies liegt daran, dass der Kodex insoweit keine klare räumliche Aufteilung vorsieht, sondern ganz auf die sprachliche Unterscheidungskraft der jeweils verwendeten Verben und Modi vertraut. Beschreibungen des zwingenden Rechts sind typischerweise durch die Verwendung eines „ist", „darf", „muss" oder „hat" gekennzeichnet, Empfehlungen – als einzige für § 161 AktG relevante Kategorie, näher dazu sogleich[44] – durch ein „soll" und Anregungen durch ein „sollte" oder „kann".[45] Dabei liegt der Schwerpunkt eindeutig auf den rund 80 Emp-

---

v. 12.5.2003, S. 15; a.A. (eine Einflussnahme der Politik auf den Kodex negierend und seinen Charakter als Instrument der Selbstregulierung betonend) *Ringleb*, in: Ringleb/Kremer/Lutter/v. Werder (Fn. 22), Rn. 14, 52a; *Vogel* (Fn. 26), S. 43; *Zypries*, in: Cromme (Hrsg.), Corporate Governance Report 2003 – Vorträge und Diskussionen der 2. Konferenz Deutscher Corporate Governance Kodex, 2003, S. 5, 10; s. auch Börsen-Zeitung v. 26.6.2003 („Bundesjustizministerin Zypries unterstreicht die Unabhängigkeit der Kodex Kommission Corporate Governance").

[42] *Hoffmann-Becking*, FS Hüffer, 2010, 337, 344 f.; *Vogel* (Fn. 26), S. 6 f.; s. auch *Mülbert*, FS Konzen, 2006, S. 561, 562.

[43] So auch *Hoffmann-Becking*, ZIP 2011, 1173, 1174 f.

[44] S. unten unter IV.

[45] So schon die Präambel des DCGK; s. auch *v. Werder*, in: Ringleb/Kremer/Lutter/v. Werder (Fn. 22), Rn. 119 f.; *Marsch-Barner*, in: Marsch-Barner/Schäfer (Fn. 37), § 2 Rn. 43; *Hanfland* (Fn. 26), S. 26 f.; *Lutter*, in: Hommelhoff/Hopt/v. Werder (Hrsg.), Hdb. Corporate Governance, 2. Aufl., 2009, S. 123, 128.

fehlungen; sie nehmen deutlich mehr Raum in Anspruch als die Beschreibungen und die knapp 20 Anregungen.

Der Kodex adressiert ausweislich seiner Präambel in erster Linie
börsennotierte Gesellschaften, die ihren gesellschaftsrechtlichen Sitz[46] in
Deutschland haben. Gemäß § 3 Abs. 2 AktG sind börsennotierte Gesellschaften solche, deren Aktien zu einem Markt zugelassen sind, der von
staatlich anerkannten Stellen geregelt und überwacht wird, regelmäßig
stattfindet und für das Publikum mittelbar oder unmittelbar zugänglich ist.
Unter diese Definition fällt zunächst lediglich der Handel am regulierten
Markt im Sinne der §§ 32 ff. BörsG, nicht aber der Freiverkehr im Sinne
von § 48 BörsG.[47] Allerdings ist zu beachten, dass der 2009 durch das Bi-
lanzrechtsmodernisierungsgesetz (BilMoG)[48] eingefügte § 161 Abs. 1 Satz
2 AktG n.F. die Pflicht zur Abgabe einer Entsprechenserklärung auch auf
Vorstand und Aufsichtsrat einer Gesellschaft erstreckt, die ausschließlich
andere Wertpapiere als Aktien zum Handel an einem organisierten Markt
im Sinne von § 2 Abs. 5 WpHG ausgegeben hat und deren ausgegebene
Aktien auf eigene Veranlassung über ein multilaterales Handelssystem (§ 2
Abs. 3 Satz 1 Nr. 8 WpHG) gehandelt werden. Da letzteres in Deutschland
in der Regel im Freiverkehr erfolgt, dürfte der DCGK nunmehr unter den
übrigen genannten Voraussetzungen auch diejenigen Gesellschaften ansprechen, deren Anteile (lediglich) im Freiverkehr gehandelt werden, da
andernfalls die Pflicht zur Abgabe einer Entsprechenserklärung insoweit
wenig Sinn ergäbe und ein innerer Zusammenhang von Kodex und Entsprechenserklärung ganz grundsätzlich als gewollt unterstellt werden
darf.[49] Eine Börsennotierung kommt in Deutschland für die AG, die Kommanditgesellschaft auf Aktien (KGaA) und die Europäische Gesellschaft
(SE) in Betracht.[50]

Der DCGK hat primär die größeren, international agierenden Aktiengesellschaften im Blick, wie sie namentlich durch die im DAX 30 notierten
Unternehmen repräsentiert werden;[51] hier liegt auch die Befolgungsquote

---

[46] Zu diesem Erfordernis näher *v. Werder*, in: Ringleb/Kremer/Lutter/v. Werder
(Fn. 22), Rn. 128a.

[47] *Hölters*, in: Hölters, AktG, 2011, § 161 Rn. 9; *Hüffer*, AktG, 9. Aufl., 2010, § 3
Rn. 6; *Drescher*, in: Spindler/Stilz, AktG, 2. Aufl., 2010, § 3 Rn. 5.

[48] Gesetz zur Modernisierung des Bilanzrechts vom 25.5.2009, BGBl. I 2009,
S. 1102.

[49] Hierzu nur *v. Werder, in:* Ringleb/Kremer/Lutter/v. Werder (Fn. 22), Rn. 128
m.w.N.; *Vogel* (Fn. 26), S. 11.

[50] *v. Werder,* in: Ringleb/Kremer/Lutter/v. Werder (Fn. 22), Rn. 128b; *Vogel*
(Fn. 26), S. 9; für die KGaA ist die Anwendbarkeit des DCGK und des § 161 AktG
freilich umstritten, näher hierzu *Bachmann*, in: Spindler/Stilz (Fn. 28), § 278 Rn. 103;
Herfs, in: Gummert/Beuthien (Hrsg.), Münchener Hdb. des Gesellschaftsrechts, Bd. 4, 3.
Aufl., 2007, § 78 Rn. 78 m.w.N.

[51] Statt vieler *v. Werder*, in: Ringleb/Kremer/Lutter/v. Werder (Fn. 22), Rn. 129.

der Empfehlungen mit zuletzt 98,1% (MDAX: 95,5%) besonders hoch.[52] Um eine Überforderung mittelständischer Unternehmen – für die der Kodex im Falle der Börsennotierung nicht weniger gilt – zu vermeiden, reflektieren jedoch einige Regelungen deren durch geringere Personal- und Sachressourcen bedingte Besonderheiten und gestatten ein erhöhtes Maß an Flexibilität. Wichtiges Beispiel ist die Empfehlung in Ziffer 5.3.1 Satz 1, wonach der Aufsichtsrat „…abhängig von den spezifischen Gegebenheiten des Unternehmens und der Anzahl seiner Mitglieder…" fachlich qualifizierte Ausschüsse bilden soll.[53] Darüber hinaus wird auch nichtbörsennotierten Gesellschaften, namentlich geschlossenen AGs und GmbHs mit freiwillig eingerichtetem oder obligatorischem Aufsichtsrat, die Beachtung des DCGK in dessen Präambel zumindest nahe gelegt.[54]

III. Unmittelbare Wirkungen der Kodex-Regelungen

Dass die Differenzierung zwischen rechtsbeschreibenden Passagen, Empfehlungen und Anregungen aufgrund der unübersichtlichen Gestaltung des Kodex bisweilen Schwierigkeiten bereitet, erweist sich bereits dann als misslich, wenn man – zunächst noch ohne Berücksichtigung des § 161 AktG und der Entsprechenserklärung – die unmittelbaren Wirkungen der einzelnen Regelungskategorien analysieren möchte.

---

[52] S. die aktuelle Studie von *Rapp/Wolff*, Kodexakzeptanz 2012, Analyse der Entsprechenserklärungen zum Deutschen Corporate Governance Kodex, April 2012, S. 2, abrufbar unter <http://ssrn.com/abstract=2038411>. Nach einer Untersuchung aus dem Jahre 2010 lagen die Befolgungsquoten der DAX-Unternehmen noch etwas niedriger bei 96,3% (Empfehlungen) und 85,4% (Anregungen), während die Gesamtheit der börsennotierten Gesellschaften durchschnittlich sogar nur 85,8% der Empfehlungen und 63,5% der Anregungen des Kodex befolgte; s. *Hölters*, in: Hölters (Fn. 47), § 161 Rn. 7; *v. Werder/Talaulicar*, DB 2010, 853, 854; *Hoffmann-Becking*, ZIP 2011, 1173, 1174; *Vogel* (Fn. 26), S. 40; zur Akzeptanz des DCGK im Allgemeinen sowie einzelner Kodex-Regelungen im Besonderen s. die Umfrageergebnisse bei *v. Werder/Bartz*, DB 2012, 869; für eine ganz auf die Unternehmen des General Standard – wo die Ablehnungsquoten vergleichsweise am höchsten sind – fokussierte Studie s. *v. Werder/Pissarczyk/Böhme*, AG 2011, 492. Eine Analyse von Befolgungsquoten im internationalen Vergleich sowie des Zusammenhangs zwischen Kodexdisziplin und Unternehmenserfolg findet sich bei *Aguilera/Cuerva-Cazurra*, Corporate Governance: An International Review 17 (2009), 376, 382 ff.; fokussiert auf die Situation in Italien zudem die Studie der Associazione fra le Società Italiane per Azioni (Assonime), An analysis oft the compliance with the Italian corporate governance code (Year 2010), April 2011, abrufbar unter <www.assonime.it/AssonimeWeb2/dettaglio.jsp?id=229917>.

[53] Hierzu mit näheren Ausführungen zur Behandlung mittelständischer Unternehmen durch den Kodex *v. Werder*, in: Ringleb/Kremer/Lutter/v. Werder (Fn. 22), Rn. 129 ff.

[54] Näher zur Relevanz des DCGK für nicht-börsennotierte Gesellschaften *v. Werder*, in: Ringleb/Kremer/Lutter/v. Werder (Fn. 22), Rn. 134 ff.

Die zusammenfassenden rechtsbeschreibenden Regelungen sollen den Leser über die zwingenden Standards deutscher Corporate Governance informieren, stellen aber keine verbindliche Interpretationshilfe des Gesetzes dar. Letzteres ist schon deshalb ausgeschlossen, weil die Wiedergabe des Gesetzesrechts in einigen Punkten unzutreffend oder zumindest missverständlich ist. Ein wiederholt angeführtes Beispiel hierfür bietet Ziffer 3.7 Abs. 2 des DCGK.[55] Darin heißt es, dass der Vorstand nach Bekanntgabe eines Übernahmeangebots „keine Handlungen außerhalb des gewöhnlichen Geschäftsverkehrs vornehmen" dürfe, „durch die der Erfolg des Angebots verhindert werden könnte, wenn er dazu nicht von der Hauptversammlung ermächtigt ist oder der Aufsichtsrat dem zugestimmt hat". Demgegenüber gestattet § 33 Abs. 1 WpÜG Handlungen des Vorstands außerhalb des gewöhnlichen Geschäftsbetriebs gegebenenfalls auch ohne Vorratsbeschluss der Hauptversammlung oder besondere Zustimmung des Aufsichtsrats, wenn es sich um Maßnahmen handelt, die auch ein ordentlicher und gewissenhafter Geschäftsleiter einer Gesellschaft, die nicht von einem Übernahmeangebot betroffen ist, vorgenommen hätte.[56] Dass eine solchermaßen auffällige Diskrepanz mit Blick auf die Kommunikationsfunktion des Kodex nicht befriedigen kann, dürfte auf der Hand liegen.[57/58]

Für die Empfehlungen des DCGK ist bisweilen die Frage aufgeworfen worden, ob sie etwa eine Konkretisierung der in den §§ 93 Abs. 1 Satz 1, 116 Satz 1 AktG niedergelegten Sorgfaltsmaßstäbe darstellen könnten, und zwar zunächst dergestalt, dass ihre Befolgung eine Vermutung der Rechtmäßigkeit des jeweiligen Organhandelns für sich hätte und einer persönlichen Haftung insoweit entgegenstünde.[59] Ein vergleichbarer Mechanismus ist aus § 342 Abs. 2 HGB bekannt, wo die Beachtung der seitens des privaten DRSC (Deutsches Rechnungslegungs Standards Committee e.V.) erarbeiteten und durch das BMJ bekanntgemachten Empfehlungen zur Vermutung führt, dass die die Konzernrechnungslegung betreffenden Grund-

---

[55] S. nur *Hoffmann-Becking*, ZIP 2011, 1173, 1175; *ders.*, FS Hüffer, 2010, S. 337, 347 f.; allgemein auch *Kremer*, ZIP 2011, 1177, 1180; *Gehling*, ZIP 2011, 1181, 1182.

[56] Näher *Krause/Pötzsch*, in: Assmann/Pötzsch/U.H. Schneider, WpÜG, 2005, § 33 Rn. 145 f.; *Schlitt*, in: MünchKomm AktG, 2. Aufl., 2004, § 33 WpÜG Rn. 131 ff.

[57] A.A. aber *Ringleb*, in: Ringleb/Kremer/Lutter/v. Werder (Fn. 22), Rn. 449 f., der den Mangel als eine bloße Verkürzung der gesetzlichen Regelung relativieren möchte.

[58] Problematisch ist auch die in Ziffer 2.3.3 DCGK enthaltene Briefwahlempfehlung; s. dazu nur *Lönner/Kocher*, BB 2011, 907.

[59] In diesem Sinne eines „safe haven" wohl *Schüppen*, ZIP 2002, 1269, 1271 unter Verweis auf *Ulmer*, ZHR 2002 (166), 150, 166 f.; ferner *Seidel*, ZIP 2004, 285, 290; *Seibt*, AG 2002, 249, 251; nach *Hanfland* (Fn. 26), S. 92 ff., 104 soll bei Einhaltung der Kodex-Empfehlungen ein Beweis des ersten Anscheins dafür sprechen, dass die erforderliche Sorgfalt eingehalten (wenn nicht gar übererfüllt) wurde; näher zur Gesamtdiskussion auch *Borges*, ZGR 2003, 508, 515 ff.

sätze ordnungsmäßiger Buchführung eingehalten wurden.[60] Die herrschende Ansicht im Schrifttum lehnt dies jedoch ab; nach seiner Präambel
enthalte der DCGK zwar allgemein anerkannte Standards guter Unternehmensführung, die verbindliche Konkretisierung gesetzlicher Bestimmungen bleibe aber den Gerichten vorbehalten.[61] Konsequenterweise muss
dies auch für den umgekehrten Fall gelten, sodass bei Nichtbeachtung von
Empfehlungen ein Verstoß gegen die Sorgfaltspflichten keineswegs fest-
steht oder auch nur nahe liegt.[62] Für bloße Kodex-Anregungen gilt all dies
erst recht.

IV. Die Entsprechenserklärung nach § 161 AktG

Gemäß § 161 Abs. 1 Satz 1 AktG erklären Vorstand und Aufsichtsrat einer
börsennotierten Gesellschaft jährlich,[63] „dass den vom Bundesministerium
der Justiz im amtlichen Teil des elektronischen Bundesanzeigers bekannt
gemachten Empfehlungen der „Regierungskommission Deutscher Corporate Governance Kodex" entsprochen wurde und wird oder welche
Empfehlungen nicht angewendet wurden oder werden und warum nicht."
Die Entsprechenserklärung ist auf der Internetseite der Gesellschaft dauerhaft öffentlich zugänglich zu machen (§ 161 Abs. 2 AktG), womit sie den
Charakter einer Dauererklärung erhält.[64] Auf diese Weise wird der Grundsatz „comply or explain" in deutsches Recht umgesetzt.

---

[60] Hierzu *Merkt*, in: Baumbach/Hopt, HGB, 35. Aufl., 2012, § 342 Rn. 2 m.w.N.;
Hoffmann-Becking, FS Hüffer, 2010, 337, 342.

[61] *Hommelhoff/Schwab*, in: Hommelhoff/Hopt/v. Werder (Fn. 45), S. 51, 57; *Bachmann*, WM 2002, 2137, 2139; *Berg/Stöcker*, WM 2002, 1569, 1575 ff.; *Ettinger/
Grützediek*, AG 2003, 353, 355.

[62] Wie hier etwa *Hüffer* (Fn. 47), § 161 Rn. 26 f.; *Spindler*, in: K. Schmidt/Lutter
(Fn. 28), § 161 Rn. 68; *Sester*, in: Spindler/Stilz (Fn. 28), § 161 Rn. 60; a.A. *Kort*, FS
K. Schmidt, 2009, S. 945, 949, 959; *Schüppen*, ZIP 2002, 1269, 1271; *Lutter*, ZHR 166
(2002), 523, 540 ff.; *Fischer zu Cramburg*, in: Heidel (Hrsg.), Aktienrecht und Kapitalmarktrecht, 3. Aufl., 2011, Deutscher Corporate Governance Kodex Rn. 3.

[63] Was genau das Gesetz unter „jährlich" versteht, ist Gegenstand eines unübersichtlichen Meinungsstreits. Richtigerweise meint „jährlich" wohl „kalenderjährlich",
sodass zwischen zwei Erklärungen nicht mehr als etwa zwölf Monate liegen sollen; in
diesem Sinne wohl BGH WM 2010, 848 = NZG 2010, 618; ferner *Kiefner*, NZG 2011,
201 f.; im Ergebnis auch *Sester*, in: Spindler/Stilz (Fn. 28), § 161 Rn. 55; a.A. (mit
Unterschieden im Einzelnen) *Ringleb*, in: Ringleb/Kremer/Lutter/v. Werder (Fn. 22), Rn.
1582 ff.; *Ederle*, NZG 2010, 655, 658; *Vetter*, NZG 2009, 561, 562; *Rosengarten/
Schneider*, ZIP 2009, 1837; *Heckelmann*, WM 2008, 2146, 2147.

[64] S. nur BGHZ 180, 9, 19 = WM 2009, 459 = NZG 2009, 342 (Kirch/Deutsche
Bank).

Inhaltlicher Bezugspunkt der Entsprechenserklärung sind nur die Empfehlungen des Kodex, nicht auch dessen Anregungen.[65] Sie hat je nachdem zwei oder drei Elemente zu umfassen: Stets erforderlich sind eine retrospektive Wissenserklärung über die Befolgung der Kodex-Empfehlungen in der Vergangenheit sowie eine Wollenserklärung der Gesellschaftsorgane betreffend die (fehlende) Absicht der zukünftigen Einhaltung der Empfehlungen.[66] Wurde von Empfehlungen abgewichen oder soll künftig abgewichen werden, ist zudem die jeweilige Abweichung offen zu legen und zu begründen. Die mit dem BilMoG eingeführte Begründungspflicht geht auf die Vorgaben des Art. 46a Abs. 1 Buchstabe b) der europäischen Änderungsrichtlinie 2006/46/EG vom 14. Juni 2006[67] zurück.

Dabei stellt sich die im Detail noch immer nicht geklärte Frage nach der notwendigen Begründungstiefe. Weder § 161 Abs. 1 Satz 1 AktG noch die Gesetzesbegründung zum BilMoG enthalten hierfür Anhaltspunkte.[68] Unter Berücksichtigung von Sinn und Zweck der Regelung[69] wird man die Anforderungen jedenfalls nicht überspannen dürfen: da die Entsprechenserklärung in erster Linie der Information der Kapitalmarktteilnehmer – insbesondere der Anleger – dient und Transparenz schaffen will, wäre eine allzu umfangreiche, detaillierte oder komplizierte Begründung in vielen Fällen kontraproduktiv. Es ist auch nicht erforderlich, die Gründe für Abweichungen so umfassend darzulegen, dass ausnahmslos jeder Leser von ihrer Richtigkeit überzeugt ist[70] – dies wäre ohnehin kaum möglich. Anzuraten ist vielmehr Schnörkellosigkeit und Prägnanz, wobei die dargelegten Gründe zumindest schlüssig sein sollten. Zu pauschale oder gar widersprüchliche Formulierungen können nicht genügen.[71/72] Wird die Be-

---

[65] Statt vieler *Hüffer* (Fn. 47), § 161 Rn. 8; *Lutter*, in: Hommelhoff/Hopt/v. Werder (Fn. 45), S. 123, 132; a.A. *Lentfer/Weber*, DB 2006, 2357, 2360. Freilich legt der Kodex (unverbindlich) die Abgabe einer Erklärung auch über Anregungen im jährlichen sog. Corporate Governance Bericht nahe, s. Ziffer 3.10 DCGK.

[66] *Hommelhoff/Schwab*, in: Hommelhoff/Hopt/v. Werder (Fn. 45), S. 71, 86 f.; *Vogel* (Fn. 26), S. 18; *Kirschbaum*, in: Heidel (Fn. 62), § 161 Rn. 6 f.; *Spindler*, in: K. Schmidt/Lutter (Fn. 28), § 161 Rn. 28 f.; *Raiser/Veil*, Recht der Kapitalgesellschaften, 5. Aufl., 2010, § 13 Rn. 35.

[67] ABl. EU Nr. L 224 S. 1. Schon vorher empfahl Ziffer 3.10 Satz 2 DCGK freilich, Abweichungen vom Kodex zu erläutern, und die Nichtbeachtung dieser Empfehlung wiederum offen zu legen, was einer Begründungspflicht faktisch nahe kam; s. *Hüffer* (Fn. 47), § 161 Rn. 17a.

[68] S. auch *v. Werder*, in: Ringleb/Kremer/Lutter/v. Werder (Fn. 22), Rn. 547.

[69] Ausführlich hierzu *Hanfland* (Fn. 26), S. 112 ff.; *Tröger*, ZHR 175 (2011), 746, 761 ff.

[70] *Ringleb*, in: Ringleb/Kremer/Lutter/v. Werder (Fn. 22), Rn. 1568 f.

[71] S. zur Gestaltung von Abweichungsbegründungen auch *v. Werder*, in: Ringleb/Kremer/Lutter/v. Werder (Fn. 22), Rn. 547; ferner *Sester*, in: Spindler/Stilz (Fn. 28), § 161 Rn. 41, 63; nach *Goslar/v. der Linden*, DB 2009, 1691, 1695 sollen bloße Zweifel an der Plausibilität der Begründung unbeachtlich sein.

folgung der Kodex-Empfehlungen im Wege einer sog. Negativerklärung insgesamt abgelehnt, sind nicht etwa sämtliche hiermit verbundene Abweichungen im Einzelnen darzulegen und zu begründen, sondern es genügt eine pauschale Begründung der Abweichungsentscheidung.[73] Diese sollte dann freilich etwas ausführlicher ausfallen.

Die zukunftsgerichtete Wollenserklärung ist – auch und gerade mit Blick auf potentielle Beschlussmängelklagen[74] – besonders bedeutsam. Kodex-Empfehlungen, auf die sich dieser Erklärungsteil bezieht, sind von Vorstand und Aufsichtrat kontinuierlich zu beachten. Eine echte Selbstbindung geht damit jedoch nicht einher. Vielmehr bleiben die Organe in ihrer Entscheidung frei, „dem Kodex ganz oder teilweise die Gefolgschaft zu versagen".[75] Anders gewendet kann die Wollenserklärung jederzeit unterjährig aufgekündigt werden, was jedoch als Negativ- bzw. Änderungserklärung in einer der ursprünglichen Erklärung entsprechenden Weise veröffentlicht werden muss; andernfalls wird die als Dauererklärung konzipierte Entsprechenserklärung nachträglich fehlerhaft. Weder der DCGK noch § 161 AktG knüpfen eine Rücknahme oder Korrektur der ursprünglichen Erklärung an besondere Zulässigkeitsvoraussetzungen. Es können aber allgemeine rechtliche Gründe im Wege stehen, etwa eine auf die Erklärung hin erfolgte Änderung der Gesellschaftssatzung.[76] Eine Aktualisierungspflicht besteht im Übrigen auch dann, wenn die Entsprechenserklärung von Anfang an fehlerhaft ist.[77]

Dass die Erklärungspflicht nach § 161 Abs. 1 AktG Vorstand und Aufsichtsrat, nicht aber die Gesellschaft selbst trifft, begegnet keinen Bedenken. Zwar sind Gesellschaftsorgane – anders als rechtsfähige juristische Entitäten – grundsätzlich nicht selbst Träger von Rechten und Pflichten. Jedoch ist es dem Gesetzgeber unbenommen, auch die Organe statt des Organträges als Verpflichtungssubjekte zu adressieren (s. etwa §§

---

[72] Nicht ausreichen dürfte folgende Formulierung einer börsennotierten deutschen SE, wonach eine Abweichung von Ziffer 6.6 DCGK damit begründet wird, dass „die von uns vollumfänglich eingehaltenen Veröffentlichungspflichten nach unserer Auffassung genügen, um den Kapitalmarkt und insbesondere unsere Aktionäre ausreichend zu informieren." Dass die Einhaltung der gesetzlichen (Mindest-)Anforderungen als hinreichend angesehen wird, liefert keine spezifische Begründung für die Abweichung vom Kodex.

[73] *Hölters*, in: Hölters (Fn. 47), § 161 Rn. 26; *Sester*, in: Spindler/Stilz (Fn 28), § 161 Rn. 42; a.A. *Runte/Eckert*, in: Bürgers/Körber, AktG, § 161 Rn. 23.

[74] Dazu ausführlich unten unter V. 1.

[75] Allgemeine Ansicht, statt vieler *Lutter*, in: Ringleb/Kremer/Lutter/v. Werder (Fn. 22), Rn. 1629 m.w.N.; *Mülbert*, FS Konzen, 2006, S. 561, 563 f.; *Hommelhoff/ Schwab*, in: Hommelhoff/Hopt/v. Werder (Fn. 45), S. 71, 94 ff.

[76] *Semler*, in: MünchKomm AktG, 2. Aufl., 2003, § 161 Rn. 102; *Sester*, in: Spindler/ Stilz (Fn. 28), § 161 Rn. 46.

[77] *Sester*, in: Spindler/Stilz (Fn. 28), § 161 Rn. 49; *Ringleb*, in: Ringleb/Kremer/ Lutter/v. Werder (Fn. 22), Rn. 1571.

91 Abs. 2, 92 Abs. 1, 2 AktG).[78] Dabei hat § 161 Abs. 1 AktG die innergesellschaftliche Kompetenzverteilung freilich dergestalt zu reflektieren,
dass jedes Organ die Entscheidung über Abgabe, Nichtabgabe oder
eingeschränkte Abgabe der zukunftsgerichteten Wollenserklärung lediglich
für seinen Zuständigkeitsbereich treffen muss.[79] Dies ist schon deshalb
alternativlos, weil manche Kodex-Empfehlungen sich nur an den Vorstand,
andere nur an den Aufsichtsrat richten. Für die vergangenheitsbezogene
Wissenserklärung gilt das nicht; ihr kann jedes Organ unabhängig von
seinem Kompetenzbereich nachkommen, da sie sich auf bereits feststehende und nachweisbare Tatsachen bezieht.[80] Ebenso sind beide Organe
verantwortlich für eine nachträglich eintretende Unrichtigkeit der Erklärung aufgrund tatsächlich vollzogener Abweichung, welche eine unterjährige Negativ- bzw. Änderungserklärung erforderlich macht.[81]

Vor diesem Hintergrund kann es theoretisch dazu kommen, dass Vorstand und Aufsichtsrat jeweils eigene, divergierende Entsprechenserklärungen abgeben und veröffentlichen, was aus praktischen Gründen zwar
eher selten,[82] rechtlich aber ohne weiteres zulässig und gegebenenfalls
sogar geboten ist.[83] Eine Delegation der Beschlussfassung über den Inhalt
der abzugebenden Entsprechenserklärung(en) auf Ausschüsse ist nur begrenzt möglich[84] und eine Übertragung auf die Hauptversammlung ausgeschlossen.[85] Außerdem kann die Zustimmung eines ganz bestimmten
Organmitglieds erforderlich sein, sofern es individueller Adressat einer

---

[78] *Hüffer* (Fn. 47), § 161 AktG Rn. 6; *Spindler*, in: K. Schmidt/Lutter (Fn. 28), § 161
Rn. 18; *ders.*, NZG 2011, 1007, 1011; a.A. jüngst *Schürnbrand*, FS U.H. Schneider,
2011, S. 1197: Normadressat der Pflicht zur Abgabe einer Entsprechenserklärung ist die
Gesellschaft selbst, § 161 AktG benennt nur die Organe, die für die Gesellschaft zu
handeln berechtigt und verpflichtet seien.

[79] *Vetter*, in: Henssler/Strohn (Hrsg.), Gesellschaftsrecht, 2011, § 161 AktG Rn. 23;
Hommelhoff/Schwab, in: Hommelhoff/Hopt/v. Werder (Fn. 45), S. 71, 89 ff.; *Spindler*,
in: K. Schmidt/Lutter (Fn. 28), § 161 Rn. 20; zur umstrittenen Frage, ob und in welchem
Umfang eine kompetenzwidrig abgegebene Wollenserklärung das jeweils tatsächlich zuständige Organ „binden" kann s. *Sester*, in: Spindler/Stilz (Fn. 28), § 161 Rn. 15 m.w.N.

[80] *Sester*, in: Spindler/Stilz (Fn. 28), § 161 Rn. 14.

[81] S. BGHZ 180, 9, 23 f. = WM 2009, 459 = NZG 2009, 342 (Kirch/Deutsche Bank).

[82] *Spindler*, in: K. Schmidt/Lutter (Fn. 28), § 161 Rn. 23; *Krieger*, FS Ulmer, 2003,
S. 365, 370.

[83] *Hüffer* (Fn. 47), § 161 Rn. 11; *Krieger*, FS Ulmer, 2003, S. 365, 369 f.; a.A. *Radke*
(Fn. 41), S. 84 f.; ferner *Seibt*, AG 2002, 249, 253, der für einen Einigungszwang
plädiert, weil § 161 AktG eine gemeinsame Erklärung von Vorstand und Aufsichtsrat
verlange; in diesem Sinne auch *Hommelhoff/Schwab*, in: Hommelhoff/Hopt/v. Werder
(Fn. 45), S. 91.

[84] *Hölters*, in: Hölters (Fn. 47), § 161 Rn. 19; *Kirschbaum*, in: Heidel (Fn. 62), § 161
AktG Rn. 18; *Runte/Eckert*, in: Bürgers/Körber (Fn. 73), § 161 Rn. 9.

[85] *Semler*, in: MünchKomm AktG (Fn. 76), § 161 Rn. 94; *Spindler*, in: K. Schmidt/
Lutter (Fn. 28), § 161 Rn. 27.

Empfehlung ist;[86] so liegt es beispielsweise bei Ziffer 5.2 DCGK, der sich exklusiv an den Aufsichtsratsvorsitzenden richtet.

V. Die Rechtsfolgen fehlerhafter Entsprechenserklärungen

Das Gesetz enthält keine ausdrückliche Regelung zu den rechtlichen Konsequenzen eines Verstoßes gegen § 161 AktG. Von Interesse sind insoweit insbesondere zwei Punkte: Die Gesellschaftsorgane verstoßen gegen eine gesetzliche Pflicht, die sie bei der Leitung bzw. Überwachung der Geschäftsführung zu erfüllen haben, wenn sie keine oder eine fehlerhafte Entsprechenserklärung abgeben.[87] Die hierin liegende Gesetzesverletzung mag man unter § 243 Abs. 1 AktG subsumieren und zum Anknüpfungspunkt einer Beschlussanfechtungsklage machen; dies hat die höchstrichterliche Rechtsprechung bereits wiederholt beschäftigt (nachfolgend unter V.1.). Weniger geklärt sind zudem Fragen der Haftung im Innenverhältnis zwischen Organ(mitgliedern) und Gesellschaft sowie im Außenverhältnis zwischen Organ(mitgliedern) oder der Gesellschaft und außenstehenden Dritten (V.2).

1. Folgen für die Kassation von Hauptversammlungsbeschlüssen

Seit den Entscheidungen des BGH in Sachen Kirch/Deutsche Bank[88] und Axel Springer[89] aus dem Jahr 2009 steht für die Praxis fest, dass jedenfalls Hauptversammlungsbeschlüsse über die Entlastung der Mitglieder des Vorstands und des Aufsichtsrats (§ 120 AktG) anfechtbar sein können, wenn die Organe eine Entsprechenserklärung zwar abgegeben, jedoch entgegen ihrer insoweit nicht eingeschränkten Erklärung die von Ziffer 5.5.3 DCGK empfohlene Information der Hauptversammlung über aufgetretene Interessenskonflikte unterlassen haben, obwohl ihnen die daraus resultierende Unrichtigkeit der Erklärung bekannt war oder bekannt sein musste.[90]

Dieses Verdikt gibt nicht nur Anlass zur vertieften streitgegenstandsspezifischen Analyse der Auswirkungen fehlerhafter Entsprechenserklärungen auf Entlastungsbeschlüsse, sondern wirft die ins viel Grundsätz-

---

[86] *Spindler*, in: K. Schmidt/Lutter (Fn. 28), § 161 Rn. 24.

[87] *Hüffer* (Fn. 47), § 161 Rn. 31.

[88] BGHZ 180, 9 = WM 2009, 459 = NZG 2009, 342 (Kirch/Deutsche Bank).

[89] BGHZ 182, 272 = WM 2009, 2085 = NZG 2009, 1270 (auch als Umschreibungsstopp-Entscheidung bekannt).

[90] Auf dieser Linie auch OLG Frankfurt NZG 2011, 1029, 1030 f.; für Anfechtbarkeit des Entlastungsbeschlusses bei vollständigem Fehlen der Entsprechenserklärung OLG München WM 2008, 645 = NZG 2008, 337; NZG 2009, 592; LG München I ZIP 2008, 745 LS.

lichere weisende Frage auf, ob und wie sich die vielschichtigen Implikationen des § 161 AktG mit dem Rüstzeug der §§ 241 ff. AktG bewältigen lassen. Von besonderem Interesse ist, ob den Ausführungen des BGH für die Anfechtbarkeit von Wahlbeschlüssen zum Aufsichtsrat bei Verstößen gegen Besetzungsempfehlungen sowie, ganz allgemein gewendet, die Anfechtbarkeit von Beschlüssen beliebigen Inhalts wegen fehlerhafter Information über erfolgte Abweichungen ein Modellcharakter zukommt, was im Ergebnis wohl nur ganz eingeschränkt bejaht werden kann. Im Einzelnen:

a) Anfechtbarkeit von Entlastungsbeschlüssen

Nach § 120 Abs. 2 Satz 1 AktG billigt die Hauptversammlung durch einen Entlastungsbeschluss die Verwaltung der Gesellschaft durch die Mitglieder des Vorstands und des Aufsichtsrats als – so ist hinzuzufügen – im Wesentlichen gesetzes- und satzungskonform.[91] Seit der Macrotron-Entscheidung des BGH vom 25. November 2002 ist höchstrichterlich anerkannt, dass ein Entlastungsbeschluss der Anfechtbarkeit unterliegt, wenn er die Amtsführung der Organmitglieder trotz einer „gravierenden" Verletzung ihrer Pflichten billigt.[92] Unter diesen Bedingungen krankt der Entlastungsbeschluss an einem materiell-inhaltlichen Mangel und nicht (lediglich) an einem Verfahrensfehler,[93] da eine Entlastung der gravierend pflichtwidrig handelnden Verwaltung das Entlastungsermessen der Hauptversammlung überschreitet und mit der gesellschaftsrechtlichen Treuepflicht der den Beschluss tragenden Aktionärsmehrheit im Verhältnis zur überstimmten Minderheit unvereinbar – und also „falsch"[94] – ist.[95] Dies zu betonen er-

---

[91] BGHZ 153, 47, 50 = NJW 2003, 1032; *Hoffmann*, in: Spindler/Stilz (Fn. 47), § 120 Rn. 25 f.; *Kiefner*, NZG 2011, 201, 202.

[92] BGHZ 153, 47, 50 ff. = WM 2003, 533 = NZG 2003, 280; s. ferner BGHZ 160, 385, 388 = WM 2004, 2489 = NZG 2005, 77; BGH WM 2008, 540 = NZG 2008, 309 (Rn. 5); OLG Köln NZG 2009, 1110 f.; *Hüffer* (Fn. 47), § 120 Rn. 12 m.w.N.; *ders.*, in: Gesellschaftsrechtliche Vereinigung (Hrsg.), Gesellschaftsrecht in der Diskussion 2010, 2011, S. 63, 68 f., 72; a.A. (auch einer pflichtvergessenen Verwaltung, der erhebliche Gesetzes- oder Satzungsverstöße zur Last fallen, kann nach nahezu freiem Ermessen Entlastung erteilt werden, sodass eine Anfechtung nur bei Vorliegen von Verfahrensfehlern, insbesondere Informationsmängeln, oder ganz bestimmten Inhaltsmängeln in Betracht kommt) noch *Mülbert*, in: GroßKomm AktG, 4. Aufl., 2008, § 120 Rn. 76 m.w.N.

[93] Allgemein zur Einteilung der Beschlussmängel in Verfahrens- und Inhaltsfehler *Hüffer* (Fn. 47), § 243 Rn. 20; *Englisch*, in: Hölters (Fn. 47), § 243 Rn. 15.

[94] *Hüffer* (Fn. 47), § 243 Rn. 20.

[95] BGHZ 153, 47, 51 = WM 2003, 533 = NZG 2003, 280 (Macrotron) unter Verweis auf BGHZ 103, 184, 193 ff. (Linotype); BGHZ 160, 385, 388 = WM 2004, 2489 = NZG 2005, 77 (Thyssen/Krupp); s. auch *Tröger*, ZHR 175 (2011), 746, 776; *Goette*, FS Hüffer, 2010, S. 225, 231; *Litzenberger*, NZG 2010, 854, 855; *Graff*, AG 2008, 479, 481; *Henze*, BB 2005, 165, 168 f.

scheint wichtig, da die Bestimmung der Fehlerkategorie für das weitere Prüfungsprogramm eine Weichenstellung impliziert.[96]

Dies leitet über zu der Frage, wann ein Verstoß gegen § 161 AktG eine „gravierende" Pflichtverletzung im obigen Sinne darstellt. Nach Auffassung des BGH in Sachen Kirch/Deutsche Bank soll entscheidend sein, ob die Entsprechenserklärung in einem „nicht unwesentlichen Punkt nicht der tatsächlichen Praxis der Gesellschaft" entspricht.[97] Was „nicht unwesentlich" ist, hat das Gericht wenig später[98] unter Rückgriff auf die im Anwendungsbereich formeller (Verfahrens-)Fehler – und insbesondere für fehlerhafte Informationserteilung – entwickelte, in § 243 Abs. 4 Satz 1 AktG eingegangene Relevanztheorie[99] näher präzisiert. Hiernach ist eine fehlende oder fehlerhafte Information nur von Bedeutung, wenn ein objektiv urteilender Aktionär die Informationserteilung als Voraussetzung für die sachgerechte Wahrnehmung seines Teilnahme- und Mitgliedschaftsrechts in der Hauptversammlung ansähe.

Auf § 161 AktG übertragen soll ein entlastungshindernder Fehler daher nur dann vorliegen, wenn der Aktionär in dem Bewusstsein, über die im fraglichen Punkt tatsächlich geübte Corporate Governance nicht ausreichend unterrichtet zu sein, keine sachgerechte Entlastungsentscheidung für möglich gehalten hätte.[100] Hierbei sei zu berücksichtigen, welche Wichtigkeit der jeweiligen Kodex-Empfehlung im Einzelfall zukomme[101] und wie es sich mit dem aus sonstigen allgemeinen Quellen, etwa der Tagespresse, gespeisten Informationsstand des über die Entlastung abstimmenden Aktionariats verhalte.[102] Die Empfehlung in Ziffer 5.5.3 DCGK betreffe jedenfalls einen „nicht unwesentlichen" Punkt.

---

[96] Beispielsweise sind bloße Verfahrensfehler im Gegensatz zu sachlich-inhaltlichen Beschlussmängeln einer „Heilung" durch Bestätigungsbeschluss nach § 244 Satz 1 AktG zugänglich; hierauf hinweisend auch *Kiefner*, NZG 2011, 201, 202.

[97] BGHZ 180, 9, 19 (Rn. 19) = WM 2009, 459 = NZG 2009, 342 (Kirch/Deutsche Bank).

[98] BGHZ 182, 272, 281 f. = WM 2009, 2085 = NZG 2009, 1270 (Umschreibungsstopp).

[99] Hierzu BGHZ 149, 158, 164 = WM 2002, 179; 153, 32, 37 = WM 2003, 437 = NZG 2003, 216; 160, 385, 392 = WM 2004, 2489 = NZG 2005, 77; *Hüffer* (Fn. 47), § 243 Rn. 12 f.; *Schwab*, in: K. Schmidt/Lutter (Fn. 28), § 243 Rn. 30 ff.

[100] S. BGHZ 182, 272, 281 f. (Rn. 18) = WM 2009, 2085 = NZG 2009, 1270 (Umschreibungsstopp); *Goette*, FS Hüffer, 2010, S. 225, 233; *Hüffer*, in: Gesellschaftsrechtliche Vereinigung (Fn. 92), S. 63, 72.

[101] Insoweit kritisch *Spindler*, NZG 2011, 1007, 1011.

[102] BGHZ 182, 272, 281 f. (Rn. 18) = WM 2009, 2085 = NZG 2009, 1270 (Umschreibungsstopp); *Hüffer*, in: Gesellschaftsrechtliche Vereinigung (Fn. 92), S. 63, 72; in diesem Sinne auch schon LG Krefeld ZIP 2007, 730, 733, demzufolge trotz Fehlens der Entsprechenserklärung kein schwerwiegender Verstoß vorlag, weil die streitgegenständliche Abweichung von Kodex-Empfehlungen den Aktionären erkennbar war; zum Ganzen auch *Tröger*, ZHR 175 (2011), 746, 776 ff.

Auf den ersten Blick erweist sich der Rückgriff auf § 243 Abs. 4 Satz 1
AktG und die Relevanztheorie im Kontext des § 161 AktG durchaus als
naheliegend, geht es doch hier wie dort im Kern um eine Verletzung von
Informationspflichten. Bei näherem Zusehen erscheint dies jedoch aufgrund der jeweils unterschiedlich gewählten Bezugspunkte der „Relevanz"
als systemwidrig:[103] § 243 Abs. 4 Satz 1 AktG stellt auf die Bedeutung
eines bereits feststehenden Gesetzesverstoßes der trotz des Verfahrens-
fehlers zur Beschlussfassung schreitenden Hauptversammlung für die
sachgerechte Wahrnehmung der Teilnahme- und Mitgliedschaftsrechte des
einzelnen Aktionärs ab, um eine Kassation des Beschlusses gegebenenfalls
trotz seiner formellen Rechtswidrigkeit ausnahmsweise zu verhindern.
Insofern erweist sich das Relevanzkriterium – auch historisch betrachtet –
als ein um normative Zurechnungsaspekte ergänztes Kausalitätserfordernis, mittels dessen der notwendige Konnex zwischen Gesetzesverstoß und
Beschlussfassung nachgewiesen werden kann.[104] Im Kontrast hierzu geht
es bei Entlastungsbeschlüssen – sozusagen vorgelagert – um die Frage, ob
die in erster Linie lediglich Vorstand oder/und Aufsichtsrat zur Last
fallende Verletzung von § 161 AktG, die keinen unmittelbaren Bezug zur
Hauptversammlung oder ihrer Beschlussfassung aufweist, aufgrund ihrer
besonderen Relevanz einen „nicht unwesentlichen" Punkt berührt und
daher den Entscheidungsfreiraum der Hauptversammlung derart einengt,
dass eine gleichwohl vorgenommene Entlastung der Organmitglieder einen
Gesetzesverstoß in Gestalt einer Treuepflichtverletzung darstellt. Bejahendenfalls scheidet eine Kausalitätsprüfung im Sinne der Relevanztheorie
von vornherein aus, da materiell-inhaltliche Fehler den Hauptversammlungsbeschluss stets und ohne weiteres infizieren. Über diese jeweils ganz
unterschiedlichen Sachzusammenhänge geht der Rückgriff des BGH auf
§ 243 Abs. 4 Satz 1 AktG hinweg. Vorzugswürdig wäre es daher gewesen,
die im Ergebnis begrüßenswerten Einschränkungen unmittelbar aus den
spezifischen Wertungen des § 120 AktG zur Entlastung von Organmitgliedern zu entwickeln.

Hervorzuheben ist ferner, dass die Rechtsprechung nicht zwischen an-
fänglicher und nachträglicher, d.h. erst mangels unterjähriger Aktualisierung eingetretener Fehlerhaftigkeit der Entsprechenserklärung unterscheidet; letzterer Fall war etwa Gegenstand der Entscheidung in Sachen Kirch/
Deutsche Bank und wurde im Schrifttum sogar als „Haupteinfallstor" für
eine Anfechtbarkeit von Hauptversammlungsbeschlüssen bezeichnet.[105] Da

---

[103] Kritisch auch *Kiefner*, NZG 2011, 201, 202 f.; *Goslar/v. der Linden*, NZG 2009,
1337, 1338.

[104] Zur Entwicklung des Relevanzkriteriums als modifiziertes Kausalitätserfordernis
Hüffer (Fn. 47), § 243 Rn. 12 f.; *Heidel*, in: Heidel (Fn. 62), § 243 AktG Rn. 9 f.;
Schwab, in: K. Schmidt/Lutter (Fn. 28), § 243 Rn. 30 ff.

[105] *Kiefner*, NZG 2011, 201, 202.

die Berichtigung einer nachträglich eintretenden Unrichtigkeit von Wollenserklärungen in den gemeinsamen Verantwortungsbereich von Vorstand und Aufsichtsrat fällt,[106] ist nicht etwa nur die Entlastung der Mitglieder des die Kodex-Abweichung jeweils vollziehenden Organs anfechtbar, sondern auch die Entlastung der Mitglieder des jeweils anderen Organs, wenn diese die daraus resultierende Unrichtigkeit der Erklärung kannten oder kennen mussten und gleichwohl nicht für eine Richtigstellung gesorgt haben.[107]

Im Übrigen ist unklar, ob ein „nicht unwesentlicher" Punkt auch dann berührt sein kann, wenn die Abweichung von einer Kodex-Empfehlung zwar in der Erklärung offengelegt, nicht aber in der notwendigen Ausführlichkeit begründet wurde. Bejahendenfalls bestünde ein besonders hohes Anfechtungsrisiko, weil die Anforderungen an Begründungsumfang und -tiefe noch immer nicht im Detail geklärt sind.[108] Die damit verbundene Brisanz erhellt der Umstand, dass Entlastungsbeschlüsse trotz ihrer vergleichsweise geringen rechtlichen Bedeutung seit Jahren zu den häufigsten Anfechtungszielen notorischer Berufskläger gehören.[109]

b) Anfechtbarkeit von Wahlbeschlüssen zum Aufsichtsrat

Gegenstand besonders intensiver Kritik ist die instanzgerichtliche Judikatur zur Kassation von Aufsichtsratswahlbeschlüssen der Hauptversammlung aufgrund (vermeintlich) fehlerhafter Entsprechenserklärungen.

Über die Bestellung der Mitglieder des Aufsichtsrats beschließt die Hauptversammlung gemäß §§ 119 Abs. 1 Nr. 1, 101 Abs. 1 Satz 1 AktG, soweit diese nicht nach § 101 Abs. 2 AktG in den Aufsichtsrat zu entsenden oder als Arbeitnehmervertreter nach den Mitbestimmungsgesetzen zu wählen sind. Hierzu hat der Aufsichtsrat nach § 124 Abs. 3 Satz 1 AktG mit der Bekanntmachung der Tagesordnung einen Beschluss- bzw. Wahlvorschlag (Besetzungsempfehlung) zu unterbreiten. Fehlt dieser oder ist er wegen Rechtswidrigkeit unwirksam, liegt nach der Rechtsprechung des BGH[110] und dem wohl einhelligen Schrifttum[111] ein Verfahrensmangel für

---

[106] S. schon oben unter IV

[107] BGHZ 180, 9, 23 f. (Rn. 27) = WM 2009, 459 = NZG 2009, 342 (Kirch/Deutsche Bank).

[108] S. oben unter IV.

[109] *Tröger*, ZHR 175 (2011), 746, 780 f. (auch zu den Ursachen hierfür); *Baums/Vogel/Tacheva*, ZIP 2000, 1649, 1652; *Baums/Keinath/Gajek*, ZIP 2007, 1629, 1639; *Graff*, Die Anfechtbarkeit der Entlastung, 2007, S. 41 ff.

[110] BGHZ 153, 32, 37 = WM 2003, 437 = NZG 2003, 216 (HypoVereinsbank); BGHZ 149, 158, 165 = WM 2002, 179 (Sachsenmilch III).

[111] S. *Tröger*, ZHR 175 (2011), 746, 772 f.; *Rieckers*, in: Spindler/Stilz (Fn. 47), § 124 Rn. 45 ff.; *Reger*, in: Bürgers/Körber (Fn. 73), § 124 Rn. 28, 30; wohl auch *Drinhausen*, in: Hölters (Fn. 47), § 124 Rn. 19 f.

die Beschlussfassung durch die Hauptversammlung vor, der bei gegebener Fehlerrelevanz gemäß §§ 243, 251 AktG zur Anfechtung berechtigt.

Nach Auffassung des OLG München[112] und des LG Hannover[113] ist ein Wahlvorschlag jedenfalls dann rechtswidrig und nichtig, wenn der Aufsichtsrat mit seiner Abgabe von einer Kodex-Empfehlung abweicht, welcher er sich in seiner letzten, insoweit nicht zumindest zeitgleich mit dem Beschlussvorschlag berichtigten Entsprechenserklärung noch unterworfen hatte. In diesem Fall leide der Wahlvorschlag aufgrund eines korrelierenden Verstoßes gegen § 161 AktG an einem sachlich-inhaltlichen Mangel. Ausführungen zur Klassifizierung dieses Mangels als Verfahrensfehler des angefochtenen Wahlbeschlusses sowie zur notwendigen Fehlerrelevanz[114] sucht man in den Entscheidungsgründen des OLG München allerdings vergebens.[115] Dies mag darauf beruhen, dass bei Verstößen gegen Vorschriften über die Bekanntmachung der Tagesordnung nach ganz überwiegender Lesart eine Fehlerrelevanz allenfalls bei „marginalen" Mängeln ausscheidet und „jedenfalls in der Regel" zu bejahen ist,[116] wovon abzuweichen das Gericht in der streitgegenständlichen Konstellation wohl keinen Anlass sah.

Unabhängig davon irritiert am Ergebnis der Anfechtbarkeit von Wahlbeschlüssen zunächst, dass Verstöße gegen § 161 AktG bereits durch die Anfechtbarkeit von Entlastungsbeschlüssen[117] als hinreichend sanktioniert erscheinen.[118] Daneben überzeugt es in der Begründung nicht, eine Verletzung von § 161 AktG zu einem materiell-rechtlichen Fehler des Wahlvorschlags zu erklären. Denn die Verpflichtung aus § 161 AktG trifft den Aufsichtsrat außerhalb seines gremieninternen Beschlussverfahrens über die Besetzungsempfehlung, namentlich zum Zwecke einer formalisierten Information des Kapitalmarktes, und weist damit teleologisch in eine völlig andere Richtung.[119] Auch unter dem Blickwinkel der Perplexität oder eines gegen Treu und Glauben (§ 242 BGB) verstoßenden venire contra factum proprium lässt sich ein Inhaltsfehler richtigerweise nicht

---

[112] OLG München WM 2009, 658 = NZG 2009, 508 (MAN).

[113] LG Hannover NZG 2010, 744 (Continental/Schaeffler).

[114] Zur Relevanztheorie bereits ausführlich oben unter V. 1. a).

[115] Das LG Hannover thematisiert die Fehlerrelevanz hingegen, s. LG Hannover AG 2010, 459, 463 f.

[116] BGHZ 153, 32, 37 = WM 2003, 437 = NZG 2003, 216 (HypoVereinsbank); BGHZ 149, 158, 165 = WM 2002, 179 (Sachsenmilch III); OLG Frankfurt AG 2007, 374 = ZIP 2007, 232 und anschließend BGH DStR 2007, 1493 (Nichtzulassungsbeschwerde); LG Berlin ZIP 2003, 1352, 1353; *Hüffer* (Fn. 47), § 124 Rn. 18.

[117] Dazu ausführlich oben unter V. 1. a).

[118] Ähnlich *Bröcker*, Der Konzern 2011, 313, 316 („doppelte Sanktionierung").

[119] S. *Hüffer*, in: Gesellschaftsrechtliche Vereinigung (Fn. 92), S. 63, 76.

begründen.[120] Beides käme nämlich nur dann in Betracht, wenn der Beschlussvorschlag und die nachträglich fehlerhafte Entsprechenserklärung in einem einheitlichen Rechtsakt zusammenfielen, was aufgrund der völlig divergierenden prozeduralen Einbindungen ausgeschlossen erscheint. Ergänzend sei im Übrigen darauf hingewiesen, dass ein Verstoß gegen § 161 AktG auch keinen formellen Fehler des Wahlvorschlags darzustellen vermag. Dies wäre nur dann denkbar, wenn der Aufsichtsrat selbst Adressat der fehlerhaften Entsprechenserklärung wäre und infolge dieser eine Informationsverkürzung befürchten müsste.[121] Dies ist jedoch nicht der Fall. Zum einen ist der Aufsichtsrat ja gerade (Mit-)Urheber der Erklärung, und zum anderen dient § 161 AktG lediglich dem Informationsinteresse der Kapitalmarktteilnehmer, d.h. insbesondere der Anleger.[122]

Grundsätzlich erscheint es sodann zweifelhaft, ob eine nachträglich fehlerhafte Entsprechenserklärung überhaupt schon im Zeitpunkt des empfehlungswidrig abgegebenen Wahlvorschlags konstatiert werden kann. Geht man nämlich davon aus, dass die Berichtigung der Entsprechenserklärung je nach Konstellation nicht unbedingt Zulässigkeitsvoraussetzung für eine *künftige* Kodex-Abweichung ist, sondern auch Folgepflicht einer *bereits vorgenommenen* Kodex-Abweichung sein kann,[123] lässt sich ein Verstoß gegen § 161 AktG sinnvollerweise erst dann endgültig feststellen, wenn die Berichtigung nicht (unverzüglich) nach Veröffentlichung des die Kodex-Abweichung manifestierenden Wahlvorschlags erfolgt. Tendenziell bestätigt wird diese Sichtweise durch die Ausführungen des BGH in Sachen Kirch/Deutsche Bank, wonach den erklärungspflichtigen Organen im Falle einer unterjährigen Abweichung von ursprünglich sanktionierten Kodex-Empfehlungen nur dann ein Vorwurf gemacht werden kann, wenn sie die „Unrichtigkeit der Erklärung kannten oder kennen mussten und sie gleichwohl nicht für eine Richtigstellung gesorgt haben".[124] Kodex-Abweichung und Erklärungsaktualisierung können auch danach zwei – in dieser Reihenfolge – sukzessiv zu vollziehende Schritte

---

[120] Wie hier *Kiefner*, NZG 2011, 201, 203 f.; *Hüffer*, in: Gesellschaftsrechtliche Vereinigung (Fn. 92), S. 63, 76.

[121] So auch *Kiefner*, NZG 2011, 201, 203.

[122] S. oben unter IV.

[123] In diese Richtung tendenziell schon *Mülbert*, FS Konzen, 2006, S. 561, 564; zudem *Vetter*, NZG 2009, 561, 564; *Rieder*, NZG 2010, 737, 738; *Marsch-Barner*, FS K. Schmidt, 2009, S. 1109, 1112 f.; *Thümmel*, CCZ 2008, 141, 142 f.; *Goslar/von der Linden*, DB 2009, 1691, 1696; a.A. *Habersack*, FS Goette, 2011, S. 121, 123; wohl auch *Lutter*, in: Ringleb/Kremer/Lutter/v. Werder (Fn. 22), Rn. 1627 ff.

[124] BGHZ 180, 9, 23 f. (Rn. 27) = WM 2009, 459 = NZG 2009, 342 (Kirch/Deutsche Bank); für die Möglichkeit einer der Kodex-Abweichung zeitlich (unverzüglich) nachfolgenden Aktualisierung wohl auch *Kiem*, in: Habersack/Mülbert/Schlitt (Hrsg.), Hdb. der Kapitalmarktinformation, 2008, § 13 Rn. 80.

sein und müssen nicht notwendig in einem einheitlichen Akt zusammen-
fallen, womit nochmals zum Ausdruck kommt, dass der Wahlvorschlag
einerseits und der Verstoß gegen § 161 AktG andererseits völlig unterschiedliche Kategorien betreffen.[125] Jedenfalls vermag der nur für den
Folgezeitraum feststellbare Verstoß gegen § 161 AktG nicht ex post die
Unwirksamkeit des bereits zuvor existenten Wahlvorschlags zu begründen.[126]

Schließlich bliebe selbst dann, wenn man mit dem OLG München und
dem LG Hannover von einer Nichtigkeit des Wahlvorschlags und damit
von einem formellen Mangel des Hauptversammlungsbeschlusses ausgehen wollte, immer noch die Frage nach der Relevanz[127] dieses Fehlers
im Raum. Mag man auch mit der h.M. richtigerweise unterstellen, dass
eine Fehlerrelevanz bei fehlerhafter Bekanntmachung der Tagesordnung
„jedenfalls in der Regel" zu bejahen sei,[128] dürfte für Verstöße gegen § 161
AktG bisweilen etwas anderes gelten, da die Aktionäre den Wahlbeschluss
regelmäßig erst nach ausgiebigem Gebrauch ihres Fragerechts und umfassender Erörterung in der Hauptversammlung sowie unter medialer Be-
gleitung fassen werden, sodass ihre Informationslage durch eine fehlerhafte Entsprechenserklärung nicht wesentlich berührt wird.[129]

*c) Anfechtbarkeit sonstiger Beschlüsse wegen fehlender oder fehlerhafter
Information über erfolgte Abweichungen*

Über die vorstehend behandelten Sonderfälle hinaus stellt sich die im
Schrifttum freilich nur selten[130] behandelte Frage, ob ein Verstoß gegen
§ 161 AktG als Informationspflichtverletzung einen unmittelbaren formellen (Verfahrens-)Fehler von Hauptversammlungsbeschlüssen beliebigen Inhalts darstellen kann.

Hiergegen könnte zunächst streiten, dass die Entsprechenserklärung
grundsätzlich keinen Bezug zur Hauptversammlung aufweist, anders als
beispielsweise der Bericht des Aufsichtsrats, der Bericht zu den übernahmerechtlichen Angaben nach §§ 289 Abs. 4, 315 Abs. 4 HGB oder der
Bericht über einen Bezugsrechtsausschluss nach § 186 Abs. 4 AktG.[131]
Jedoch ist die Entsprechenserklärung in die Erklärung zur Unternehmensführung nach § 289a HGB einzubeziehen, welche wiederum als Teil

---

[125] So im Ergebnis auch *Spindler*, NZG 2011, 1007, 1011.
[126] A.A. – dem OLG München in Sachen MAN beipflichtend – *Habersack*, FS
Goette, 2011, S. 121, 123 f.
[127] Zur Relevanztheorie bereits ausführlich oben unter V. 1. a).
[128] Dazu nur *Hüffer* (Fn. 47), § 124 Rn. 15 m.w.N.
[129] So auch *Hüffer*, in: Gesellschaftsrechtliche Vereinigung (Fn. 92), S. 63, 78.
[130] S. aber *Kiefner*, NZG 2011, 201, 204 f.
[131] *Kiefner*, NZG 2011, 201, 204.

des Lageberichts sehr wohl eine Vorlage an die Hauptversammlung erfordert (s. §§ 176 Abs. 1, 175 Abs. 2 AktG).[132] Zudem gebietet § 161 Abs. 2 AktG, dass die Entsprechenserklärung den Aktionären „dauerhaft" zugänglich zu machen sei, d.h. prinzipiell auch während einer laufenden Hauptversammlung.

Aufgrund dieses partiellen Hauptversammlungsbezugs geht es auch nicht an, § 131 AktG dergestalt als lex specialis für informationelle Defizite des Aktionariats anzusehen, dass für ein darüber hinausgehendes Durchschlagen von § 161 AktG auf die Hauptversammlung kein Raum verbliebe. Hinzu kommt ein weiterer Aspekt: Selbst wenn man einer fehlerhaften Entsprechenserklärung im Grundsatz jegliche Bedeutung für die formelle Rechtmäßigkeit von Hauptversammlungsbeschlüssen absprechen wollte, könnte ein Aktionär diese Einschränkung ohne weiteres umgehen, indem er in der Hauptversammlung explizit die Frage danach stellt, ob die aktuelle Entsprechenserklärung der Verwaltung ursprünglich zutreffend war und noch immer zutreffend ist. Eine hierauf erteilte unrichtige Auskunft würde bei gegebener Fehlerrelevanz eine Anfechtungsklage begründen. Die Anfechtungsmöglichkeit im Falle einer fehlerhaften Entsprechenserklärung davon abhängig zu machen, ob ein Aktionär in der Hauptversammlung ausdrücklich nach deren Richtigkeit fragt, erschiene freilich übermäßig formal.

Geht man nach alledem von einer Anfechtbarkeit aus, ist eine generelle Lösung unter Berücksichtigung der in § 243 Abs. 4 Satz 1 AktG zum Ausdruck kommenden Einschränkungen[133] angezeigt. Wie bereits erörtert wird es bei Verstößen gegen § 161 AktG vielfach an der erforderlichen Fehlerrelevanz mangeln.[134]

2. Haftung

a) Haftung im Innenverhältnis

Ein Verstoß gegen § 161 AktG durch eine versäumte oder fehlerhafte Abgabe der Entsprechenserklärung stellt ein pflichtwidriges Verhalten der Organmitglieder dar, welches zu einer Haftung gegenüber der Gesellschaft nach §§ 93 Abs. 2 Satz 1, 116 Satz 1 AktG führen kann.[135] Dies setzt freilich voraus, dass der Gesellschaft infolge der Pflichtverletzung ein adäquat-kausaler, messbarer Schaden entsteht. Denkbar ist ein solcher vor

---

[132] Hierzu *Mutter*, ZGR 2009, 788, 797; *Kiefner*, NZG 2011, 201, 204; *Raiser/Veil* (Fn. 66), § 13 Rn. 42.

[133] Dazu schon ausführlich oben unter V. 1. a).

[134] S. oben unter V. 1. b).

[135] Näher *Vogel* (Fn. 26), S. 135 ff.; *Kiem*, in: Habersack/Mülbert/Schlitt (Fn. 124), § 13 Rn. 101 f.; *Kirschbaum*, in: Heidel (Fn. 62), § 161 Rn. 80; *Runte/Eckert*, in: Bürgers/Körber (Fn. 73), § 161 Rn. 50 ff.; *Hüffer* (Fn. 47), § 161 Rn. 25 ff.

allem in Gestalt verschlechterter Kapitalkosten, etwa indem eine beabsichtigte Emission der Gesellschaft am Kapitalmarkt wegen Kurseinbruch oder/und Reputationsverlust nicht oder nicht zu den andernfalls möglichen, besseren Konditionen platziert werden kann.[136] In vielen Fällen wird aber der Nachweis der Kausalität Schwierigkeit bereiten.

b) Haftung im Außenverhältnis

Im Außenverhältnis zu Dritten, insbesondere Anlegern, kommt eine Haftung der Organmitglieder nur in Ausnahmefällen in Betracht. Auf § 823 Abs. 1 BGB wird man nicht rekurrieren können, da etwa ein durch fehlerhafte Entsprechenserklärungen hervorgerufener geringerer Börsenkurs keine substantielle Beeinträchtigung der aktienrechtlichen Mitgliedschaft darstellt.[137] Auch ist § 161 AktG wohl kein Schutzgesetz im Sinne von § 823 Abs. 2 BGB, da die Norm nur dem Informationsbedürfnis der Kapitalmarktteilnehmer in ihrer Gesamtheit, nicht aber dem Individualschutz einzelner Anleger dient.[138] Sollte eine fehlerhafte Entsprechenserklärung ausnahmsweise eine verbotene Marktmanipulation darstellen, kommt § 20a WpHG jedenfalls kein Schutzgesetzcharakter zu.[139] § 400 Abs. 1 Nr. 1 AktG käme zwar als Schutzgesetz in Betracht,[140] doch wird die Entsprechenserklärung nicht im Sinne dieser Vorschrift „in der Hauptversammlung" abgegeben.

Darüber hinaus sind weder die Grundsätze der bürgerlich-rechtlichen Prospekthaftung noch die aus § 311 Abs. 3 Satz 2 BGB abzuleitende allgemeine kapitalmarktrechtliche Vertrauenshaftung[141] einschlägig. Zum

---

[136] *Kiethe*, NZG 2003, 559, 564; *Semler*, in: MünchKomm AktG (Fn. 76), § 161 Rn. 190; *Kiem*, in: Habersack/Mülbert/Schlitt (Fn. 124), § 13 Rn. 102; *Kirschbaum*, in: Heidel (Fn. 62), § 161 Rn. 82; *Tröger*, ZHR 175 (2011), 746, 767 f.; *Lutter*, FS U. Huber, 2006, S. 871, 881; *ders.*, FS Hopt, Bd. I, 2010, S. 1025, 1026.

[137] Statt vieler *Kiem*, in: Habersack/Mülbert/Schlitt (Fn. 124), § 13 Rn. 104 m.w.N.; *Kirschbaum*, in: Heidel (Fn. 62), § 161 Rn. 83; *Runte/Eckert*, in: Bürgers/Körber (Fn. 73), § 161 Rn. 57; *Hüffer* (Fn. 47), § 161 Rn. 28.

[138] So auch *Kiem*, in: Habersack/Mülbert/Schlitt (Fn. 124), § 13 Rn. 105; *Hüffer* (Fn. 47), § 161 Rn. 28; *Hölters*, in: Hölters (Fn. 47), § 161 Rn. 52; *Runte/Eckert*, in: Bürgers/Körber (Fn. 73), § 161 Rn. 57; *Körner*, NZG 2004, 1148, 1150; *Kollmann*, WM 2003 Sonderbeil. Nr. 1, S. 3, 15; *Raiser/Veil* (Fn. 66), § 13 Rn. 40; *Hommelhoff/Schwab*, in: Hommelhoff/Hopt/v. Werder (Fn. 45), S. 71, 98; a.A. *Holzborn/Foelsch*, NJW 2003, 932, 936.

[139] BGH WM 2012, 303 = NZG 2012, 263, 265 (IKB); *Mülbert/Steup*, in: Habersack/Mülbert/Schlitt (Hrsg.), Unternehmensfinanzierung am Kapitalmarkt, 2. Aufl., 2008, § 33 Rn. 257; *Vogel*, in: Assmann/U.H. Schneider, WpHG, 6. Aufl., 2012, § 20a Rn. 31; a.A. *Mock/Stoll/Eufinger*, in: KölnKomm WpHG, 2007, § 20a Rn. 427 ff. m.w.N.

[140] BGHZ 149, 10, 20 = WM 2001, 2062 = NZG 2002, 38 (Bremer Vulkan); BGHZ 160, 134, 140 = WM 2004, 1731 = NZG 2004, 816 (Infomatec); *Müller-Michaels*, in: Hölters (Fn. 47), § 400 Rn. 2.

[141] Zu dieser schon *Mülbert/Leuschner*, JZ 2009, 158.

einen erhebt nämlich die Entsprechenserklärung nicht den für Prospekte charakteristischen Anspruch, sämtliche für eine Anlageentscheidung wesentliche Informationen zu enthalten. Zum anderen wird mit der Abgabe einer positiven Entsprechenserklärung zwar möglicherweise ein aufgrund des Verstoßes gegen § 161 AktG unrichtiger Vertrauenstatbestand dahingehend geschaffen, dass die Unternehmensführung sorgfältig erfolgt. Allerdings liegt hierin lediglich die Inanspruchnahme und Enttäuschung abstrakten und nicht etwa konkreten, personenbezogenen Vertrauens, was eine Haftung nicht rechtfertigen kann.[142]

Demgegenüber mag sich eine Schadensersatzpflicht aus § 826 BGB begründen lassen, was freilich den schwierigen Nachweis von Vorsatz bei den Organmitgliedern bedingt.[143] Zudem ist die Entsprechenserklärung seit Einführung von § 289a Abs. 2 Nr. 1 HGB im Zuge des BilMoG Teil der Erklärung zur Unternehmensführung im Lagebericht der Gesellschaft, so dass eine Haftung nach § 823 Abs. 2 BGB in Verbindung mit § 331 Nr. 1 HGB[144] ebenso in Betracht kommt wie eine solche in Verbindung mit § 266 StGB.[145] In all diesen Konstellationen dürfte freilich wiederum die Darlegung eines ersatzfähigen, adäquat-kausal verursachten Schadens Schwierigkeiten bereiten.[146]

Haften die Organmitglieder selbst ausnahmsweise, z.B. nach § 826 BGB, ist fraglich und noch nicht hinreichend geklärt, ob eine Zurechnung ihrer Pflichtverletzung an die Gesellschaft analog § 31 BGB in Betracht kommt.[147] Jedenfalls verfehlt wäre eine direkte oder entsprechende Anwendung der speziellen Vorschriften über die kapitalmarktrechtliche Haftung für unrichtige Börsenprospekte (§§ 21 ff. WpPG n.F.[148]). Diese setzen das Vorliegen eines Prospekts mit spezifischer Vertriebsfunktion voraus, welcher Informationen zur angebotenen Anlage, zu derren wirtschaftlichen

---

[142] Wie hier *Kiem*, in: Habersack/Mülbert/Schlitt (Fn. 124), § 13 Rn. 111; *Semler*, in: MünchKomm AktG (Fn. 76), § 161 Rn. 225; *Spindler*, in: K. Schmidt/Lutter (Fn. 28), § 161 Rn. 77.

[143] Näher dazu *Kiem*, in: Habersack/Mülbert/Schlitt (Fn. 124), § 13 Rn. 108; *Hüffer* (Fn. 47), § 161 Rn. 29; *Runte/Eckert*, in: Bürgers/Körber (Fn. 73), § 161 Rn. 57.

[144] Zur Schutzgesetzeigenschaft des § 331 HGB bereits LG Bonn AG 2001, 486; *Mülbert/Steup*, in: Habersack/Mülbert/Schlitt (Fn. 139), § 33 Rn. 238.

[145] Hierzu nur *Hanfland* (Fn. 26), S. 211.

[146] Statt vieler *Tröger*, ZHR 175 (2011), 746, 770 f.

[147] Dagegen *Kirschbaum*, in: Heidel (Fn. 62), § 161 Rn. 86; *Hüffer* (Fn. 47), § 161 Rn. 29; dafür *Sester*, in: Spindler/Stilz (Fn. 28), § 161 Rn. 79; *Runte/Eckert*, in: Bürgers/ Körber (Fn. 73), § 161 Rn. 59.

[148] Nach Art. 2, 6 und 7, Art. 26 Abs. 3 des Gesetzes zur Novellierung des Finanzanlagenvermittler- und Vermögensanlagenrechts (VermAnlGEG) vom 6.12.2011 (BGBl. I S. 2481) haben die §§ 21–25 WpPG n.F. das Haftungsregime der bisherigen §§ 44 ff. BörsG mit Wirkung zum 1.6.2012 übernommen; s. zum Ganzen die Begründung des Regierungsentwurfs, BT-Drucks. 17/6051, S. 1, 36 ff., 46 f.; ferner *Weber*, ZHR 176 (2012) 184, 190 in Fn. 26 m.w.N.

und rechtlichen Verhältnissen sowie Renditeerwartungen enthält. Hiervon kann bei Entsprechenserklärungen nach § 161 AktG keine Rede sein; diese geben allenfalls Aufschluss über die Unternehmensverfassung.[149] Soweit die in Abweichung von der nicht oder fehlerhaften Entsprechenserklärung tatsächlich gelebte Corporate Governance-Praxis der Gesellschaft in besonders gelagerten Fällen zur Kursbeeinflussung geeignet ist und damit als Insiderinformation den Anwendungsbereich von § 15 WpHG berührt, lässt sich eine Außenhaftung aber unter Umständen auf §§ 37b, 37c WpHG stützen.[150]

VI. Verfassungskonformität

1. Überblick

Das vorliegend beschriebene deutsche Regelungsmodell zur Corporate Governance wird aus ganz unterschiedlichen Gründen kritisiert. Unter dem Eindruck vor allem des Anfechtungsrisikos bei Verstößen gegen § 161 AktG[151] sowie mit Blick auf den Umstand, dass die Regierungskommission das im Kodex abgearbeitete Regelungsspektrum kontinuierlich um politisch brisante Themen erweitert,[152] stellt sich die vielschichtige Frage nach seiner Verfassungskonformität mit besonderem Nachdruck.

Indem die Kodex-Empfehlungen von einem privatwirtschaftlichen Gremium erarbeitet werden, welches die Bundesregierung ohne ausdrückliche gesetzliche Ermächtigung mandatiert hat,[153] wirft dies zunächst die Frage nach hinreichender demokratischer Legitimation auf. Mögen die unmittelbaren Auswirkungen der Kodex-Empfehlungen eher moderat erscheinen,[154] erlangen sie durch ihre Einbindung in das Gesetzesrecht – insbesondere § 161 AktG – zudem eine gewisse quasi-normative Erheblichkeit.[155] Zwar steht es den Unternehmen frei, die Empfehlungen zu befolgen oder von ihnen abzuweichen. Mit einer eingeschränkten Entsprechens- oder gar Negativerklärung können jedoch nachteilige Signalwirkungen und ein zu Kursabschlägen führender Reputationsverlust auf dem Kapitalmarkt

---

[149] *Sester*, in: Spindler/Stilz (Fn. 28), § 161 Rn. 77; *Kiem*, in: Habersack/Mülbert/ Schlitt (Fn. 124), § 13 Rn. 110; *Runte/Eckert*, in: Bürgers/Körber (Fn. 73), § 161 Rn. 58; *Hüffer* (Fn. 47), § 161 Rn. 30; a.A. *Raiser/Veil* (Fn. 66), § 13 Rn. 41.

[150] S. hierzu schon *Mülbert*, FS Konzen, 2006, S. 561, 564 f.; ähnlich *Kiem*, in: Habersack/Mülbert/Schlitt (Fn. 124), § 13 Rn. 109; *Borges*, ZGR 2003, 508, 532 ff.; kritisch zu diesem Ansatz *Hüffer* (Fn. 47), § 161 Rn. 28.

[151] Ausführlich oben unter V.

[152] Oben unter I. und II. 2.

[153] S. oben unter II.

[154] Dazu ausführlich oben unter III.

[155] S. *Tröger*, ZHR 175 (2011), 746, 758 f.

einhergehen,[156] sodass sich manche Gesellschaft zur vollständigen Kodex-Befolgung nachgerade gezwungen sieht.[157] Hierin mag ein zumindest faktischer Eingriff in das Grundrecht aus Art. 12 Abs. 1 GG (Berufsfreiheit) liegen, dessen verfassungsrechtliche Rechtfertigung einer näheren Überprüfung bedarf.

Die im Schrifttum hierzu vertretenen Auffassungen könnten kaum weiter auseinander gehen. Auf der einen Seite wird bisweilen konstatiert, dass ein „verfassungsrechtliches Legitimationsdefizit auf der Hand" liege, da den Anforderungen des Demokratieprinzips (Art. 20 Abs. 1, Abs. 2 Satz 1 GG) nicht entsprochen werde.[158] Dagegen bestreitet die wohl immer noch überwiegende Ansicht ein Legitimationsdefizit im Besonderen und eine Verfassungswidrigkeit des Systems im Allgemeinen vor allem mit der Begründung, dem Kodex sei keinerlei rechtliche Bindungswirkung verliehen worden.[159]

2. Stellungnahme

Für die adäquate Beurteilung der Verfassungskonformität des deutschen Corporate Governance-Systems ist schon im Ausgangspunkt zwischen dem DCGK und seinen Regelungen einerseits (a.) und den Implikationen des § 161 AktG andererseits (b.) zu differenzieren.[160]

a) Verfassungsmäßigkeit des DCGK und seiner Regelungen

Die Vereinbarkeit des DCGK – und insbesondere seiner Empfehlungen – mit dem Grundgesetz hängt entscheidend davon ab, welche Rechtsqualität

---

[156] Ausführlich *Nowak/Rott/Mahr*, ZGR 2005, 253; s. auch *Hommelhoff/Schwab*, in: Hommelhoff/Hopt/v. Werder (Fn. 45), S. 71, 83; *Hölters*, in: Hölters (Fn. 47), § 161 Rn. 27; *Seibt*, AG 2002, 249, 255; *Claussen/Bröcker*, DB 2002, 1199, 1200; *Wernsmann/Gatzka*, NZG 2011, 1001, 1006 m.w.N.; kritisch zu diesem Argument *Bachmann*, AG 2011, 181, 192.

[157] Hierzu schon *Seidel*, ZIP 2004, 285, 290 m.w.N. Nach einer aktuellen Studie verspüren rund 41% der Kodex-Adressaten einen faktischen Befolgungsdruck, s. *v. Werder/Bartz*, DB 2012, 869, 871 f.; ferner Börsen-Zeitung v. 20.4.2012, S. 9 („Konzerne sehen sich vom Kodex unter Druck gesetzt")

[158] *Spindler*, in: K. Schmidt/Lutter (Fn. 28), § 161 Rn. 11; *Hüffer* (Fn. 47), § 161 Rn. 4; s. ferner *Ulmer*, ZHR 166 (2002), 150, 160 ff.; *Ettinger/Grützediek*, AG 2003, 353, 355; *Seibt*, AG 2002, 249, 250; *Wolf*, ZRP 2002, 59; kritisch auch *Hoffmann-Becking*, FS Hüffer, 2010, S. 337 ff.; *Harbarth*, in: KPMG (Hrsg.), Audit Committee Quarterly II/2011, S. 24 f., abrufbar unter <www.audit-committee-institute.de/docs/aci_quarterly _2011_2.pdf>.

[159] Statt vieler *Semler*, in: MünchKomm AktG (Fn. 76), § 161 Rn. 40 ff.; *Hanfland* (Fn. 26), S. 87 ff., 123 ff.; ähnlich *Lutter*, Börsen-Zeitung v. 9.3.2012, S. 8 („Der Kodex bedarf keiner demokratischen Legitimation"); wohl auch *Kremer*, ZIP 2011, 1177, 1180.

[160] Diesen Ansatz wählen auch *Wernsmann/Gatzka*, NZG 2011, 1001, 1002 ff. und *Hoffmann/Becking*, FS Hüffer, 2010, S. 337, 339 ff.

man ihm zuschreibt.[161] Unstreitig fügen sich Corporate Governance Kodizes nicht in die klassische Kaskade des Rechtsquellensystems – Verfassung, Parlamentsgesetz, Gewohnheitsrecht, exekutives Recht, d.h. Verordnungen, Satzungen und Verwaltungsvorschriften – ein.[162] Die fehlende Gesetzesqualität im Sinne von Art. 2 EGBGB[163] ist unter anderem der Grund dafür, dass Abweichungen von Kodex-Empfehlungen für sich genommen, das heißt losgelöst von § 161 AktG, weder hinsichtlich der Anfechtbarkeit von Hauptversammlungsbeschlüssen[164] noch der diversen Haftungsfragen im Innen- und Außenverhältnis[165] eine Rolle spielen. Auch eine Klassifizierung der Empfehlungen als Handelsbräuche im Sinne von § 346 HGB ist ausgeschlossen.[166]

Auf der anderen Seite würde es zu kurz greifen, den Kodex schlicht als ein rechtliches Novum[167] oder – ebenfalls wenig aussagekräftig – als soft law zu qualifizieren. Vielmehr ist der Kodex samt seiner Inhalte (auch) der staatlichen Sphäre und insoweit vor allem der Bundesregierung als eigentlicher Urheberin zuzurechnen.[168]

Der instanzgerichtlichen Rechtsprechung[169] und den zahlreichen Stimmen in der Literatur,[170] die den DCGK als rein privates Regelwerk verstehen, ist zwar zuzugestehen, dass der Kodex von einer Kommission erarbeitet wurde, deren Mitglieder als Vertreter der Privatwirtschaft und des

---

[161] Ausführlich zu dieser Frage etwa *Ringleb*, in: Ringleb/Kremer/Lutter/v. Werder (Fn. 22), Rn. 51 ff.

[162] Statt vieler *Heintzen*, ZIP 2004, 1933.

[163] BGHZ 180, 9 (Rn. 25, 26) = WM 2009, 459 = NZG 2009, 342 (Kirch/Deutsche Bank); OLG München WM 2009, 658 = NZG 2009, 508 (MAN); *Spindler*, in: K. Schmidt/Lutter (Fn. 28), § 161 Rn. 7; *Semler*, in: MünchKomm AktG (Fn. 76), § 161 Rn. 29; *Tröger*, ZHR 175 (2011), 746, 757; *Lutter*, FS Druey, 2002, S. 463, 468; *Seibt*, AG 2002, 249, 250; *Ulmer*, ZHR 166 (2002), 150, 159; *Claussen/Bröcker*, AG 2000, 481, 482; *Hanfland* (Fn. 26), S. 59.

[164] S. oben V. 1.

[165] Oben V. 2.

[166] *Spindler*, in: K. Schmidt/Lutter (Fn. 28), § 161 Rn. 8; *Hommelhoff/Schwab*, in: Hommelhoff/Hopt/v. Werder (Fn. 45), S. 71, 77; *Semler*, in: MünchKomm AktG (Fn. 76), § 161 Rn. 32 f.; *Seibt*, AG 2002, 249, 251; *Ulmer*, ZHR 166 (2002), 150, 159; *Berg/Stöcker*, WM 2002, 1569, 1571; *Borges*, ZGR 2003, 508, 515 ff.; *Claussen/Bröcker*, AG 2000, 481, 483.

[167] Dieser Begriff findet sich bei *Ulmer*, ZHR 166 (2002), 150, 152; *Spindler*, in: K. Schmidt/Lutter (Fn. 28), § 161 Rn. 6.

[168] Ausführlich hierzu schon *Seidel*, ZIP 2004, 285 ff.; *Heintzen*, ZIP 2004, 1933, 1934 ff.; für eine Einordnung des DCGK als staatlich-hoheitlichen Akt auch *Hommelhoff/Schwab*, in: Hommelhoff/Hopt/v. Werder (Fn. 45), S. 71, 85.

[169] OLG München, WM 2009, 658 = NZG 2009, 508 (MAN); LG München, WM 2008, 130 = NZG 2008, 150.

[170] *Hüffer* (Fn. 47), § 161 Rn. 3; *Semler*, in: MünchKomm AktG (Fn. 76), § 161 AktG Rn. 29; *Claussen/Böcker*, DB 2002, 1199; *Seibt*, AG 2002, 249, 250; *Seibert*, BB 2002, 581, 582; *Kirschbaum/Wittmann*, JuS 2005, 1063, 1064.

öffentlichen Lebens ein offiziell unabhängiges und politisch weisungsfreies Mandat wahrnehmen sollen.[171] Für die Zuordnung eines Aktes zur
staatlichen Sphäre kommt es jedoch maßgeblich darauf an, wer selbigen
bei wertender Betrachtung tatsächlich veranlasst hat.[172] Insoweit streiten
gleich mehrere Zurechnungsaspekte für eine Veranlassung durch die
Bundesregierung: Erstens übt das BMJ die Personalhoheit über die Kodex-
Kommission aus, indem es frei und völlig losgelöst von einfach-gesetz-
lichen Vorgaben über die Auswahl und Einsetzung ihrer Mitglieder entscheidet.[173] Zweitens unterzieht das BMJ den DCGK zumindest einer
Rechtmäßigkeitskontrolle, ehe dieser – wie in § 161 AktG beschrieben –
im amtlichen Teil des elektronischen Bundesanzeigers bekannt gemacht
wird.[174] Dass ein nach inhaltlicher Überprüfung „amtlich" bekannt ge-
machter Text in Wahrheit gänzlich privater Natur sein soll, erscheint
wenig plausibel.[175] Drittens ist in Erinnerung zu rufen, dass das BMJ den
Kodex auch auf seiner Website veröffentlicht,[176] womit es sich das Doku-
ment mangels ausdrücklicher, anders lautender Hinweise sowohl dem
Inhalt als auch der Art und Weise seines Zustandekommens nach zu eigen
macht.[177] Und schließlich darf nicht außer Acht bleiben, dass die Bundesregierung in der Vergangenheit faktisch wohl Einfluss auf einzelne Inhalte
des Kodex genommen hat.[178]

Ist der DCGK nach alledem primär ein hoheitlicher Akt der Bundesregierung, erweist sich die Frage nach einer mit Blick auf das Demokratieprinzip hinreichenden personellen Legitimation der den Kodex ausar-
beitenden Kommissionsmitglieder – etwa vermittelt durch die Einflussnahme der ihrerseits parlamentarisch verantwortlichen Bundesregierung
auf die personelle Zusammensetzung – als weniger entscheidend.[179] Vielmehr stellt sich die Frage, ob das BMJ die Erstellung eines Kodex zur
Corporate Governance insbesondere börsennotierter Unternehmen ohne
spezielle parlamentsgesetzliche Rechtsgrundlage überhaupt in Auftrag
geben und sich diesen sodann zu eigen machen darf.

---

[171] S. hierzu schon oben unter II. 1.
[172] Wie hier *Wernsmann/Gatzka*, NZG 2011, 1001, 1003; *Hohl* (Fn. 39), S. 44;
Dederer, Korporative Staatsgewalt, 2004, S 17 f., 261 f. (am Beispiel des „Bündnisses
für Arbeit").
[173] S. oben II. 1.
[174] S. ebenfalls oben unter II. 1.
[175] *Heintzen*, ZIP 2004, 1933, 1935.
[176] S. oben II. 1.
[177] So auch *Ringleb*, in: Ringleb/Kremer/Lutter/v. Werder (Fn. 22), Rn. 37.
[178] S. oben unter I. 2. und II. 1.
[179] Dies ebenfalls für weniger problematisch ansehend und eine hinreichende personelle Legitimation im Ergebnis bejahend *Wernsmann/Gatzka*, NZG 2001, 1001, 1005
f.; anders *Hoffmann-Becking*, FS Hüffer, 2010, S. 337, 341 f.; *Hommelhoff/Schwab*, in:
Hommelhoff/Hopt/v. Werder (Fn. 45), S. 71, 83 f.

Hierfür ist zunächst in Erinnerung zu rufen, dass die Bundesregierung, hätte sie den Kodex unter Verwendung eines ihrer klassischen Regulierungsinstrumente, namentlich einer Rechtsverordnung, zur Entstehung gebracht, an die verfassungsrechtlichen Vorgaben des Art. 80 GG gebunden gewesen wäre,[180] wonach eine Verordnung nur auf Grundlage eines ermächtigenden Parlamentsgesetzes erlassen werden darf, welches Inhalt, Zweck und Ausmaß der erteilten Ermächtigung hinreichend substantiiert bestimmt.[181] § 161 AktG käme als solches sicherlich nicht in Betracht, da diese Vorschrift die Aufstellung von Regeln zur Corporate Governance nicht legitimieren will, sondern lediglich an einen bereits vorhandenen Kodex anknüpft.

Dass die Bundesregierung den Weg eines Verordnungserlasses nicht eingeschlagen hat, mag unter Umgehungsgesichtspunkten bedenklich erscheinen, ist aber vorliegend als Faktum hinzunehmen. Die tatsächlich gewählte Handlungsform der Bundesregierung lässt sich wohl am ehesten als schlicht-hoheitliches Informationshandeln per Realakt klassifizieren.[182] Spätestens seit den beiden – im Schrifttum freilich heftig kritisierten[183] – Entscheidungen aus dem Jahr 2002 anerkennt das Bundesverfassungsgericht (BVerfG) die grundgesetzliche Zulässigkeit gubernativen Informationshandelns in ständiger Rechtsprechung.[184] Die Bundesregierung sei hierzu aufgrund ihrer in Art. 65 GG verankerten Kompetenz zur materiellen Staatsleitung auch ohne einfach-gesetzliche Ermächtigungsgrundlage befugt und dürfe infolgedessen beispielsweise öffentliche Warnungen vor als gefährlich eingestuften Jugendsekten oder vor mit Frostschutzmitteln verunreinigtem sog. „Glykol-Wein" aussprechen – und zwar selbst dann, wenn hiermit erhebliche (faktische) Grundrechtsbeeinträchtigungen der Betroffenen einhergehen. Insofern genießt sie einen denkbar weiten Handlungsspielraum. Dieser ist zunächst nur insoweit beschränkt, als die Regierung lediglich „inhaltlich zutreffende und unter Beachtung des Gebots der Sachlichkeit sowie mit angemessener Zurückhaltung formulierte

---

[180] *Wernsmann/Gatzka*, NZG 2011, 1001, 1007; *Harbarth*, in: KPMG (Fn. 158), S. 24, 25.

[181] S. nur *Maunz*, in: Maunz/Dürig, GG, Loseblattsammlung, Stand: 63. Ergänzungslieferung 2011, Art. 80 Rn. 27 ff.

[182] So auch *Wernsmann/Gatzka*, NZG 2011, 1001, 1004; *Hoffmann-Becking*, FS Hüffer, 2010, S. 337, 340 f.; *Heintzen*, ZIP 2004, 1933, 1934; kritisch hierzu, in der Begründung aber nicht sauber zwischen den Kodex-Regelungen einerseits und den Auswirkungen des § 161 AktG andererseits unterscheidend, *Seidel*, NZG 2004, 1095; gänzlich abweichend *Vogel* (Fn. 26), S. 38 ff.

[183] S. etwa *Huber*, JZ 2003, 290; *Schoch*, in: Isensee/Kirchhof (Hrsg.), Hdb. des Staatsrechts, Bd. III, 3. Aufl., 2005, § 37 Rn. 72 ff.

[184] BVerfGE 105, 252 = NJW 2002, 2621; BVerfGE 105, 279 = NJW 2002, 2626.

Informationen veröffentlichen" dürfe;[185] darüber hinaus mag allenfalls die in Art. 30 GG niedergelegte Kompetenzaufteilung zwischen Bund und Ländern eine Grenze ziehen.[186]

Die Publikation unverbindlicher Wohlverhaltensregeln für börsennotierte Unternehmen – etwa in einem Corporate Governance Kodex – lässt sich gewissermaßen als das Gegenstück zur Veröffentlichung von der Gefahrenabwehr dienenden staatlichen Warnungen begreifen. Dass die vorhandenen Empfehlungen und Anregungen des DCGK den Vorgaben und Beschränkungen der verfassungsgerichtlichen Judikatur genügen und jedenfalls insoweit vor dem Grundgesetz Bestand haben, ist bislang – soweit ersichtlich – nicht in Zweifel gezogen worden.[187] Problematisch ist allenfalls der rechtsbeschreibende Teil des Kodex, soweit dieser das geltende Recht unvollständig oder gar fehlerhaft wiedergibt.[188]

b) Verfassungswidrigkeit des § 161 AktG

Für die verfassungsrechtliche Würdigung des § 161 AktG ist zunächst hervorzuheben, dass die Pflicht zur Abgabe einer Entsprechenserklärung eine berufsregelnde Tendenz aufweist und damit als klassischer Eingriff in die Berufsfreiheit (Art. 12 Abs. 1 GG) der Organmitglieder, mittelbar aber auch der Unternehmen – die sich gemäß Art. 19 Abs. 3 GG ebenfalls auf dieses Grundrecht berufen können – darstellt.[189] Dieser erscheint freilich für sich genommen als nicht allzu schwerwiegend, steht es den Normadressaten doch immerhin frei, den Empfehlungen des Kodex ganz oder teilweise die Gefolgschaft zu versagen.[190] Berücksichtigt man indes den für viele Unternehmen spürbaren faktischen Befolgungszwang,[191] wird die wahre Intensität der Beeinträchtigung greifbar.[192]

Nun muss freilich jeder Grundrechtseingriff – je intensiver, desto dringlicher – wegen des aus dem Rechtsstaatsprinzip (Art. 20 Abs. 1 GG) abzuleitenden Vorbehalts des Gesetzes und der damit korrelierenden Wesentlichkeitstheorie[193] auf ein hinreichend bestimmtes Parlamentsgesetz

---

[185] BVerfGE 105, 252, 272; BVerfGE 105, 279, 295; *Wernsmann/Gatzka*, NZG 2011, 1001, 1004.

[186] Im Einzelnen sehr str., s. hierzu etwa *März*, in: v. Mangoldt/Klein/Starck (Hrsg.), Kommentar zum Grundgesetz, Bd. 2, 6. Aufl., 2010, Art. 30 Rn. 46 f.; *Kloepfer*, Verfassungsrecht, Bd. I, 2011, § 22 Rn. 13.

[187] So auch *Wernsmann/Gatzka*, NZG 2011, 1001, 1004 f.

[188] Dazu oben unter III.

[189] *Wernsmann/Gatzka*, NZG 2011, 1001, 1006.

[190] S. oben unter IV.

[191] S. oben unter VI. 1.

[192] S. hierzu auch *Wernsmann/Gatzka*, NZG 2011, 1001, 1006.

[193] Hierzu etwa *Herzog/Grzeszick*, in: Maunz/Dürig (Fn. 181), Art. 20 Rn. 105 m.w.N.; *Hüffer* (Fn. 47), § 161 Rn. 4.

zurückführbar sein, welches die wesentlichen Voraussetzungen und Bedingungen des jeweiligen Eingriffs festschreibt.[194]

Ob § 161 AktG diesen Vorgaben genügt, ist aufgrund seiner dynamischen Verweisung[195] auf die jeweils aktuelle Fassung des DCGK zweifelhaft. Dynamische Verweisungen sind nämlich nach Ansicht des BVerfG – wiederum mit Blick auf die Wesentlichkeitstheorie – nur zulässig, sofern der Bundesgesetzgeber die wesentlichen Entscheidungen selbst getroffen und sie nicht außenstehenden Stellen übertragen hat.[196]

Beim DCGK verhält es sich jedoch so, dass das Parlament auf die Auswahl der durch die Regierungskommission aufgegriffenen Inhalte, welche in der nach § 161 AktG erforderlichen Entsprechenserklärung abzuarbeiten sind, jedenfalls offiziell[197] keinerlei Einfluss nehmen kann. Der Gesetzgeber scheint dies nicht für erforderlich zu halten, da er wohl unterstellt, dass die Handlungsspielräume der Regierungskommission – und damit sämtliche denkbaren Empfehlungsinhalte – durch deren Arbeitsauftrag („Verbesserung des deutschen Corporate-Governance-Systems"[198]) hinreichend umschrieben und zugleich eingegrenzt seien.

Dabei wird aber übersehen, dass der Begriff „Corporate Governance" hochgradig unbestimmt ist und eine sachlich-inhaltliche Konkretisierung bzw. Eingrenzung kaum zu leisten vermag. Nach einer verbreiteten Lesart bezeichnet er die qualitativen Grundsätze ordnungsgemäßer Unternehmensführung, wozu insbesondere Kompetenzen, Kompetenzschranken und materielle Verhaltensregeln zählen sollen. Dies ist freilich bereits deshalb wenig aussagekräftig, weil die Corporate Governance der börsennotierten AG von derjenigen der nicht-börsennotierten AG, der KGaA oder gar der GmbH – denen der DCGK ausweislich seiner Präambel die Befolgung seiner Empfehlungen ebenfalls nahe legt[199] – sowie der im Insolvenzverfahren angezeigten teils substantiell divergiert.[200] Zudem werden unter dem Stichwort in jüngerer Zeit auch zunehmend spezialisierte Governance-Regimes für Familienunternehmen, Staatsunternehmen, Stiftungen, Non-

---

[194] S. auch *Wernsmann/Gatzka*, NZG 2011, 1001, 1007.

[195] Zu Unrecht gegen die Annahme einer „echten" dynamischen Verweisung und für die verfassungsrechtliche Zulässigkeit der in § 161 AktG gebrauchten Regelungstechnik *Vogel* (Fn. 26), S. 55 ff.; im Ergebnis auch *Hanfland* (Fn. 26), S. 123 ff.; wie hier *Wernsmann/Gatzka*, NZG 2011, 1001, 1007.

[196] BVerfGE 26, 338, 366 f. = NJW 1970, 29; s. auch *Wernsmann/Gatzka*, NZG 2011, 1001, 1007; für eine generelle Verfassungswidrigkeit dynamischer Verweisungen *Ossenbühl*, DVBl. 1967, 401, 403 f.

[197] Zur rein faktischen Möglichkeit der Einflussnahme auf die Kodex-Kommission s. oben unter I. 2. und II. 1.

[198] S. BT-Drucks. 14/8769, S. 10 (RegE TransPuG).

[199] S. schon oben unter II. 2.

[200] Hierzu nur *K. Schmidt*, AG 2006, 597, 601.

Profit-Organisationen, Banken oder Finanzintermediäre diskutiert.[201] Vor allem aber findet sich seit jeher auch ein sehr viel umfassenderes Verständnis von Corporate Governance: die innere und die externe Corporate Governance bzw., im Detail, die innere Organisation und Machtstruktur im Unternehmen, die Arbeitsweise des Leitungsorgans im one-tier- und im two-tier-System, die Eigentümerstruktur des Unternehmens und die Beziehungen zwischen Unternehmensleitung, Aktionären und anderen am Unternehmen Beteiligten (stakeholders), insbesondere Arbeitnehmern und Gläubigern.[202]

Dass sich die Idee der Corporate Governance geradezu ins Konturenlose weiten lässt, tritt schon beim Thema Diversity klar zu Tage. Dieses vereint mehrere Disziplinen sowie Bedeutungsebenen in sich und wird maßgeblich durch die Sozial- und Wirtschaftswissenschaften überlagert. Vor diesem interdisziplinären Hintergrund lässt sich beispielsweise die Frage stellen, ob hierzu auch Aspekte wie etwaige Migrationshintergründe oder die sexuelle Orientierung potentieller Mitglieder des Vorstands und Aufsichtsrats börsennotierter Gesellschaften zählen können – oder gar müssen.[203] Auch spezifiziert das Gesetz nicht, welche Leitideen bei der Interpretation und konkreten Umsetzung des Begriffs Diversity als Bezugspunkt heranzuziehen sind; aus aktienrechtlicher Sicht bietet sich vor allem das Unternehmensinteresse an,[204] doch werden insoweit auch Art. 3 Abs. 3 GG oder § 1 AGG als Maßstäbe diskutiert.[205] Perspektivisch betrachtet wäre auch von Interesse, ob die Regierungskommission ganz konkrete Quoten, insbesondere Frauenquoten,[206] in ihre Empfehlungen aufnehmen darf oder ob ökologische Nachhaltigkeit als Unternehmensziel im Sinne einer umfassend verstandenen Corporate Social Responsibility (CSR)[207] in den Kodex Eingang finden kann.

Auf all diese Fragen bietet § 161 AktG nicht einmal ansatzweise eine Antwort.[208] Erforderlich wäre zumindest, dass der Gesetzgeber selbst in

---

[201] Zur so verstandenen Relativität des Corporate-Governance-Begriffs etwa *Hopt*, ZHR 175 (2011), 444, 452 f.; *Mülbert*, ZHR 173 (2009), 1 ff.

[202] So die Antwort von *Hopt*, ZHR 2000, 779, 782 auf die Frage „Was ist nun Corporate Governance?"; s. auch *ders*., ZHR 175 (2011), 444, 450.

[203] Zu den vielfältigen Auslegungsproblemen des Begriffs Diversity auch *Kocher*, BB 2010, 264 ff.

[204] *Schubert/Jacobsen*, WM 2011, 726, 728.

[205] S. *Kocher*, BB 2010, 264 f.

[206] Zu diesem politisch brisanten Thema s. bereits eingangs unter I. 2.; ferner *Schladebach/Stefanopoulou*, BB 2010, 1042; *Bachmann*, ZIP 2011, 1131; *Spindler/Brandt*, NZG 2011, 401; *Ossenbühl*, NJW 2012, 417.

[207] Zu diesem Thema ausführlich *Mülbert*, AG 2009, 766.

[208] Für eine Verfassungswidrigkeit des § 161 AktG wegen Verstoßes gegen das Demokratieprinzip im Ergebnis auch *Hommelhoff/Schwab*, in: Hommelhoff/Hopt/v. Werder (Fn. 45), S. 71, 83 ff. m.w.N.

aussagekräftiger Weise definiert, was unter dem Begriff Corporate Governance eigentlich zu verstehen sei bzw. welche politischen Themen hiermit zulässigerweise verknüpft werden können.[209] Es kann rechtsstaatlich-demokratisch nicht angehen, dass die stark interdisziplinäre internationale Diskussion[210] über das (Rang-)Verhältnis von Corporate Governance und Corporate Social Responsibility entscheidet, ob sich die Entsprechenserklärung zukünftig gegebenenfalls auch auf Empfehlungen zu einer ökologisch nachhaltigen Unternehmensführung oder anderweitige CSR-Aspekte beziehen muss oder nicht.

VII. Ausblick

Im Februar 2012 „feierte" der Deutsche Corporate Governance Kodex sein zehnjähriges Bestehen – Grund genug für eine kritische Gesamtwürdigung des bislang Erreichten, die der vorliegende Beitrag vor allem aus rechtsdogmatischer Sicht anzustellen suchte.

Ungeachtet aller im Detail vorgetragenen Kritik wird das Thema Corporate Governance angesichts der von der Europäischen Kommission nachhaltig vorangetriebenen Rechtsentwicklung[211] sicherlich im Blickfeld der Öffentlichkeit bleiben. Eine unionsrechtlich veranlasste Stärkung des Enforcement[212] wird überdies die Frage aufwerfen, ob das bisherige Sanktionsinstrumentarium des deutschen Rechts für Verstöße gegen § 161 AktG – Anfechtung nur von Entlastungsbeschlüssen, hohe faktische und rechtliche Hürden für eine Schadensersatzhaftung sowohl im Innen- als auch im Außenverhältnis – den künftigen Vorgaben des sekundären und primären Unionsrechts genügt.

Auf längere Sicht kann die im US-amerikanischen Gesellschafts- und Kapitalmarktrecht unbekannte europäische Kombination von Corporate Governance Kodex und comply or explain-Mechanismus[213] freilich nur bei

---

[209] Einer aktuellen Studie zufolge hält eine relative Mehrheit von 48,8% – gegenüber einer Minderheit von 34,8% – der Kodex-Adressaten eine stärkere verfassungsrechtliche Legitimation der Regierungskommission durch einfach-gesetzliche Verfahrensregelung bzw. Institutionalisierung ihrer Tätigkeit für erforderlich, s. *v. Werder/Bartz*, DB 2012, 869, 872; weitergehend sogar eine ersatzlose Streichung des § 161 AktG fordernd *Timm*, ZIP 2010, 2125, 2133; dies zumindest erwägend *Waclawik*, ZIP 2011, 885, 891 f.; kritisch hierzu aber *Hoffmann-Becking*, ZIP 2011, 1173, 1176; *Kremer*, ZIP 2011, 1177, 1180 f.; *Hüffer* (Fn. 47), § 161 Rn. 5a.

[210] S. nur *Fassin/Van Rossem*, Corporate Governance: An International Review 17 (2009), 573; *Jamali/Safieddine/Rabbath*, Corporate Governance: An International Review 16 (2008), 443.

[211] Dazu schon eingangs unter I. 1.

[212] S. oben unter I. 1.

[213] S. den rechtsvergleichenden Bericht von *Hopt*, ZHR 175 (2011), 444, 458 f.

einem allseitigen Bewusstseinswandel zur Erfolgsstory werden. Bislang dominiert die Fokussierung auf formale Befolgungsquoten;[214] geboten wäre eine Fixierung auf den materiellen Zusammenhang zwischen Kodex-empfehlungen und Unternehmenserfolg.[215] Diese Paradigmenwechsel impliziert eine erhöhte Toleranz von Abweichungen. Nicht die Befolgungs-quote, sondern die Qualität der hierfür von einer Gesellschaft gegebenen Begründung muss kapitalmarktrelevant werden.[216]

---

[214] Exemplarisch *v. Werder/Talaulicar*, DB 2010, 853.

[215] Dazu zuletzt *Jahn/Rapp/Strenger/Wolff*, ZCG 2011, 64; zuvor etwa *Nowak/Mahr/ Rott* ZGR 2005, 252; *Bassen/Kleinschmidt/Prigge/Zöllner*, Die Betriebswirtschaft (DBW) 2006, S. 375.

[216] Für eine Analyse von Begründungen für Kodex-Abweichungen s. jetzt etwa *Rapp/ Wolff* (Fn. 52), S. 7 f.

Diskussion

zu den Referaten von *Christoph B. Bühler, Alexander Schopper*
und *Peter Mülbert*

KLAUS ULRICH SCHMOLKE

Die Diskussion über die Referate von *Christoph Bühler, Alexander Schopper*[1] und *Peter Mülbert* über das Thema „Rechtsfragen rund um den Corporate Governance Kodex" leitete *Holger Fleischer*. Neben grundlegenden Fragen zu Funktion, Marktrelevanz, Rechtsqualität, Legitimation und Gegenstand der Corporate Governance Kodizes in Deutschland, Österreich und der Schweiz wurden auch Details und Einzelaspekte erörtert.

I.

Die Funktion des Corporate Goverance Kodex in den deutschsprachigen Ländern beleuchtete eine Diskussionsteilnehmerin aus Österreich zunächst aus rezeptionsgeschichtlicher Perspektive. Die Kodexidee stamme aus dem Vereinigten Königreich, dessen Corporate Governance Kodex als Vorbild gedient habe. Der Kodex sei dort vor dem Hintergrund liquider Kapitalmärkte und eines nur rudimentär vorhandenen Gesellschaftsorganisationsrechts entstanden. Ihm habe die allgemeine Ansicht zugrunde gelegen, dass es keine allgemeingültigen Organisationsregeln gebe, die für alle Unternehmen gleichermaßen angemessen seien. Nach Deutschland, Österreich und der Schweiz, wo das Gesetz bereits detaillierte Organisationsregeln bereithalte und teils nur eingeschränkt liquide Kapitalmärkte vorhanden seien, sei das Kodex-Instrument importiert worden, um den Bedürfnissen ausländischer, insbesondere U.S.-amerikanischer Investoren Rechnung zu tragen. Ursprünglich sei es allein darum gegangen, diese Anleger über die internen Governance-Regeln kapitalmarktorientierter Aktiengesellschaften deutscher, österreichischer oder schweizerischer Provenienz zu informieren. Inzwischen habe die Kodexidee insbesondere in Deutschland aller-

---

[1] Der Beitrag von Herrn Schopper fand leider keinen Eingang in den vorliegenden Tagungsband.

dings eine Eigendynamik entwickelt, die weit über diese Informationsfunktion hinausreiche. Dieser Einschätzung pflichteten Teilnehmer aus
Deutschland für den Deutschen Corporate Governance Kodex bei: Ursprünglich sei es allein um die Information ausländischer Investoren, insbesondere in Bezug auf das dualistische Verwaltungs- und Aufsichts-
system in der deutschen AG gegangen. Die Corporate Governance-Kommission habe den Kodex jedoch immer mehr als Instrument der „Fein-
steuerung" des Aktienrechts genutzt. In der Bewertung dieser Entwicklung
gingen die Meinungen auseinander: Während einige die verfassungsrechtliche Legitimation der Kodex-Kommission für das Aufstellen dieser die
Unternehmen „faktisch zwingenden" Regelungen bezweifelten, befürwor-
teten andere einen derart ambitionierten Kodex.

II.

Bedeutung und Wirkung der Corporate Governance Kodizes für die Kapitalmärkte erscheinen nach Ansicht der Diskussionsteilnehmer noch nicht
hinreichend klar. So wurde etwa auf die Schwierigkeit hingewiesen, von
der Compliance-Quote Ableitungen für die Bewertung der Kodexregeln zu
treffen. So verwies eine Diskussionsteilnehmerin aus Österreich auf eine
wirtschaftswissenschaftliche Untersuchung der 500 umsatzstärksten österreichischen Unternehmen, wonach insbesondere kleinere und weniger pro-
minente Unternehmen nur ausgewählte Kodexregeln übernähmen, und
zwar nur solche, welche die Unternehmensabläufe nicht weiter störten.
Dies wurde von einem deutschen Diskutanten als durchaus sachgerecht
angesehen, ziele doch jedenfalls der Deutsche Corporate Governance
Kodex in erster Linie auf die großen DAX-Unternehmen, so dass eine
niedrigere Compliance-Quote kleinerer Unternehmen legitim und wenig
überraschend sei. Für den Zusammenhang zwischen Kodex-Compliance
und Börsenwert des Unternehmens wurde auf eine deutsche Studie verwiesen [*Nowak/Rott/Mahr*, ZGR 2005, 252 ff.], nach der die Kodex-
Befolgung keinerlei Auswirkungen auf den Börsenkurs hatte. Nach Auskunft der Referenten *Bühler* und *Schopper* liegen vergleichbare empirische
Studien für die Schweiz und Österreich bislang nicht vor.

III.

Die im Referat von *Mülbert* aufgezeigte Entwicklung zu einer Verein-
nahmung der Kodexinhalte durch Gesetzgeber und Gerichte wurde insbesondere unter den deutschen Diskussionsteilnehmern kontrovers diskutiert.
So konstatierten einige ein zunehmendes Ausgreifen des Gesetzgebers auf
zunächst im Corporate Governance Kodex unverbindlich geregelte Gegenstände und bewerteten dies kritisch: Die Vorteile privater Rechtsetzung

gingen verloren. Statt des Staates sollten sich Private, wie etwa MSCI RiskMetrics oder die Börsen um gute Corporate Governance Kodizes kümmern; sie hätten die richtigen Anreize. Andere hielten das Nebeneinander von staatlichen Rechtsregeln und Kodexbestimmungen hingegen für unproblematisch. *Bühler* ergänzte hierzu für das schweizerische Recht, dass die Corporate Governance-Richtlinien der Börsen und der Kodex insofern eine Art „Regelungstandem" bilden, als die Börsenregeln vor allem Offenlegungs- und Transparenzpflichten zum Gegenstand hätten, während der Kodex organisationsrechtliche Aussagen treffe.

IV.

Was die rechtliche Qualität des Kodex betrifft, wurde dieser von Seiten eines deutschen Diskussionsteilnehmers als unverbindliches *soft law* eingestuft, das die Unternehmen daher auch nicht belaste. Hiergegen regte sich jedoch zahlreicher Widerspruch von deutscher, österreichischer und schweizerischer Seite: Von einer Unverbindlichkeit der Kodexregeln könne angesichts des großen Aufwands und der damit einhergehenden Kosten, die eine Abweichung von den Kodexregeln für die Unternehmen nach sich zögen, keine Rede sein. Insbesondere die Divergenzen zwischen den gesetzlichen Vorgaben und ihrer Umschreibung durch den Kodex generierten Rechtsunsicherheit und damit Kosten. Die Befolgung entsprechender Kodexregelungen könnten die Gerichte als Ausdruck des üblichen Sorgfaltsmaßstabs interpretieren. Auf diese Weise erhielten die Kodexregeln eine mittelbare Rechtswirksamkeit. Für Deutschland wurde daher teilweise gefordert, den Kodex wieder auf seine ursprüngliche Informationsfunktion für ausländische Anleger zu reduzieren. Für die Schweiz wurde hingegen angemerkt, dass es an einer vergleichbaren Frontstellung zwischen Kodex-Kommission und belasteten Unternehmen fehle, da der Swiss Code ein echtes Instrument der Selbstregulierung sei, der auf das Betreiben der *économie suisse* selbst zurückgehe.

V.

Mit dem Fragenkreis der Bindungswirkung des Corporate Governance Kodex für börsennotierte Unternehmen eng verknüpft ist das Thema der demokratischen Legitimation der Kodex-Kommission. Nach schweizerischem Verständnis ergibt sich hier freilich kein Problem, handelt es sich bei dem Schweizerischen Corporate Governance Code – wie erwähnt – um ein reines Selbstregulierungsinstrument. Die Verfassungsmäßigkeitsfrage stelle sich erst bei einer Rückbindung des Kodex an „hartes Recht", wie dies in § 161 dAktG geschehe. In der Schweiz gebe es dies bislang nicht. Für Österreich bestätigte ein aktuelles Mitglied des Österreichischen Ar-

beitskreises für Corporate Governance die informelle Rekrutierung seiner
Mitglieder. Der Arbeitskreis setze sich aus interessierten Rechtsanwälten,
Professoren und Unternehmensvertretern zusammen. Er selbst sei im
Anschluss an eine Anhörung vor dem Arbeitskreis zur Mitwirkung auf-
gefordert worden. Dieses informelle Verfahren sei allerdings verfassungsrechtlich solange unbedenklich, wie der Kodex den Charakter eines bloßen
Angebots an die österreichischen Unternehmen behalte. Denn ausweislich
des § 243b Unternehmensgesetzbuch (UGB) könnten die Unternehmen in
Österreich für sich auch einen anderen Kodex wählen. Dieser Einschätzung
pflichtete *Schopper* in seinen Schlussbemerkungen dahingehend bei, dass
in Österreich bislang keine „Verrechtlichung" des Kodex stattgefunden
habe, wie dies in Deutschland zu beobachten sei. Allerdings befürchte
auch er, dass die Gerichte an den Vorgaben des Kodex Maß nehmen, sie
gleichsam als „antizipiertes Sachverständigengutachten" nutzen könnten.
In diesem Fall werde die Frage der Verfassungsmäßigkeit des Kodex
relevant. Für die deutsche Diskussion positionierten sich zwei Diskussionsteilnehmer gegen den Standpunkt von *Mülbert*. Der DCGK sei – so
eine Argumentationslinie – nämlich kein dispositives Recht. Hierfür fehle
ihm die – auch faktische – Verbindlichkeit; es handele sich vielmehr um
eine bloße Anregung. Akzeptiere man aber diese Prämisse, dann stelle die
demokratische Legitimation der Kodex-Kommission kein Problem mehr
dar. Auch die Frage der Überregulierung durch den DCGK stelle sich nicht
mehr. Einer der beiden Diskutanten fügte hinzu: Die Informationspflicht
nach § 161 dAktG ändere diese Bewertung nicht. Auch sei die Anfechtbarkeit des Entlastungsbeschlusses bei einem Verstoß gegen diese Informationspflicht sachgerecht, handele es sich bei einem solchen Beschluss
doch um eine Vertrauensbekundung gegenüber dem Vorstand. Wer aber
nicht richtig informiere, dessen Vertrauenswürdigkeit könne mitunter lei-
den. Andere widersprachen dieser Sichtweise vehement: Die Zusammensetzung der Corporate Governance-Kommission habe – jedenfalls zu
Beginn – neben dem Paritätsgedanken rein praktischen Gründen gehorcht.
So sei für die Wahl des Vorsitzenden maßgeblich gewesen, dass dieser in
seinem Unternehmen über eine Rechtsabteilung verfügte, die den DCGK
auch ausarbeiten konnte. Gleichwohl hätten die Kommissionsmitglieder
sich zunehmend als Quasi-Gesetzgeber begriffen, die freilich nicht bereit
gewesen seien, beabsichtigte Änderungen des Kodex zur Diskussion zu
stellen. Vor diesem Hintergrund stelle sich sehr wohl die Verfassungsmäßigkeitsfrage. Das vom aktuellen Vorsitzenden *Müller* ausgerufene
Moratorium sollte genutzt werden, um diese Frage zu klären. *Mülbert*
ergänzte in seiner abschließenden Stellungnahme, dass es einer stärker
„materiellen Betrachtungsweise" bedürfe, um die Wirkungen des Kodex
richtig einzuschätzen. Zudem sei der richtige Anknüpfungspunkt für die

verfassungsrechtliche Prüfung das in der Veröffentlichung des Kodex durch das Bundesministerium der Justiz liegende schlichte Verwaltungshandeln.

VI.

Ausführlicher wurde ferner die Frage diskutiert, welche Inhalte ein Corporate Governance Kodex sinnvollerweise ansprechen sollte. Auch hier ließen sich die Wortmeldungen wiederum zwei Meinungslagern zuweisen: So zeigten sich die einen gegenüber der Aufnahme von Themen wie *Corporate Social Responsibility*, Vielfalt (*Diversity*) im Allgemeinen und einer Frauenquote im Besonderen in den Corporate Governance Kodex aufgeschlossen. Dieser Position lag das Vorverständnis zugrunde, dass der Kodex lediglich als unverbindliche Empfehlung wirke. Daher könne man solche thematischen „Testballons" durchaus einmal steigen lassen. Die Gegenposition wurde insbesondere von Vertretern aus Österreich, aber auch aus der Schweiz bezogen. Diese sprachen sich dafür aus, den Kodex nicht mit rein gesellschaftspolitischen Themen von zweifelhaftem Nutzen für das Unternehmen zu belasten. Jenseits dieser Einzelfrage bestand jedoch Einigkeit unter den Diskussionsteilnehmern, dass man angesichts der Finanzmarktkrise die bisherigen Schwerpunkte der Corporate Governance Kodizes auf den Prüfstand stellen und gegebenenfalls Akzentverschiebungen vornehmen müsse. Speziell in Bezug auf das Stimmverhalten institutioneller Investoren war man sich weitgehend einig, dass eine Kodexempfehlung zur Offenlegung der Abstimmungspolitik solcher Anleger sinnvoll sein könne.

VII.

Nur kurz gestreift wurde die Problematik einer ausgreifenden „Corporate Governance-Industrie". So wurde die Besorgnis geäußert, dass sich die immer stärker ausdifferenzierende Beratungsbranche vor allem als Kostentreiber ohne ausreichenden Nutzen erweise. Ferner ergäben sich nicht unerhebliche Interessenkonflikte bei den einzelnen Akteuren. Andererseits wurde auch darauf hingewiesen, dass mit einer solchen ausdifferenzierten Corporate Governance-Industrie Spezialisierungsvorteile, insbesondere in Form von Informationsvorteilen, einhergehen.

Entwicklungslinien des aktienrechtlichen Beschlussmängelrechts:

Rechtsvergleichung – Dogmengeschichte – Reformvorschläge

HOLGER FLEISCHER

I. Eine juristische Landkarte des Beschlussmängelrechts in Europa und der Welt

Das aktienrechtliche Beschlussmängelrecht gehört nicht zu jenen bevorzugten Höhenlagen, die von der Sonne der Rechtsvergleichung besonders verwöhnt werden. Es ist allenthalben fest in nationaler Hand und von der in- und ausländischen Komparatistengilde noch kaum erforscht.[1] Für eine

---

[1] Für eine knappe rechtsvergleichende Bemerkung aus italienischer Sicht *Portale*, Lezioni di Diritto Privato Comparato, 2. Aufl., 2007, S. 219, 232: „Il panorama comparatistico dimostra che, a livello europeo, esiste la massima ‚disharmonia‘ in materia di invalidità delle deliberazioni assembleari."; ferner der beiläufige Hinweis von *Lutter*, ZGR 2000, 1, 11, dass diese Fragen in Europa außerordentlich unterschiedlich geregelt seien; längst überholt, aber gleichwohl lesenswert *Hallstein*, Die Aktienrechte der

erste Kartierung des juristischen Geländes in Europa und der Welt empfiehlt es sich, Gruppen von Rechtsordnungen zusammenzufassen, die sich
durch Gemeinsamkeiten im konzeptionellen Zugriff oder durch gleich gerichtete Reformschritte auszeichnen.

1. Deutschland, Österreich, Schweiz

Begonnen sei mit einer vergleichenden Gegenüberstellung der Beschlussmängelregime in Deutschland, Österreich und der Schweiz, die – so viel
sei vorweggenommen – zahlreiche Gemeinsamkeiten und nur wenige Unterschiede aufweisen.

a) Deutschland

Schiebt man alle Einzelheiten beiseite, so zeichnen sich die §§ 241 ff.
AktG durch folgende Grundelemente aus:[2]
– *Zweispurigkeit von Anfechtungs- und Nichtigkeitsgründen:* Nur besonders schwere Mängel (§ 241 AktG) führen ohne Weiteres zur Nichtigkeit eines Hauptversammlungsbeschlusses, während jede andere Verletzung des Gesetzes oder der Satzung im Interesse der Rechtssicherheit nur
die Anfechtbarkeit begründet (§ 243 Abs. 1 AktG).[3]
– *Zuweisung des Anfechtungsrechts an die Aktionäre:* Die Entscheidung zur Erhebung einer Anfechtungsklage liegt in den Händen der Aktionäre und des Vorstands (§ 245 AktG), beschränkt sich also auf eine *privat*
veranlasste Rechtskontrolle. Eine breitflächige *staatliche* Überprüfung von
Hauptversammlungsbeschlüssen durch ein Aktienamt oder eine eigenständige Anfechtungsbefugnis der Aufsichtsbehörden ist dem deutschen Recht
fremd.[4] Es gibt lediglich eine beschränkte Überprüfungspflicht durch den

---

Gegenwart, 1931, S. 279 ff.; zur Notwendigkeit rechtsvergleichender Voruntersuchungen
für eine Grundsatzreform des Beschlussmängelrechts *Seibert/Florstedt*, ZIP 2008, 2145,
2152.

[2] Ähnlich mit Nuancierungen im Einzelnen *Baums*, Empfiehlt sich eine Neuregelung
des aktienrechtlichen Anfechtungs- und Organhaftungsrecht, insbesondere der Klage-
möglichkeiten von Aktionären?, Gutachten F zum 63. Deutschen Juristentag 2000, Bd. I,
F 41 ff.

[3] Grundlegend *A. Hueck*, Anfechtbarkeit und Nichtigkeit von Generalversammlungsbeschlüssen, 1924, S. 14 ff., 24 ff.; aus der neueren Literatur *Noack*, Fehlerhafte Beschlüsse in Gesellschaften und Vereinen, 1989, S. 10 f.; *Raiser/Veil*, Kapitalgesellschaftsrecht, 5. Aufl., 2010, § 16 Rn. 104; *K. Schmidt*, in: Großkomm AktG, 4. Aufl.,
1995, § 241 Rn. 2; *Weber/Kersjes*, Hauptversammlungsbeschlüsse vor Gericht, 2010, § 1
Rn. 1; *Wiedemann*, Gesellschaftsrecht, Bd. I, 1980, § 3 I 2 b, S. 192; *Windbichler*,
Gesellschaftsrecht, 23. Aufl., 2012, § 29 Rn. 39; *Zöllner*, in: Bayer/Habersack (Hrsg.),
Aktienrecht im Wandel, Bd. II, 2007, 10. Kap. Rn. 60, S. 492.

[4] Vgl. *Baums* (Fn. 2), F 41 f.; *Lutter*, ZGR 1978, 347, 349 f.; *Schatz*, Der Missbrauch
der Anfechtungsbefugnis durch den Aktionär und die Reform des aktienrechtlichen Beschlussmängelrechts, 2012, S. 15 f.; *Schwab*, Das Prozessrecht gesellschaftsinterner

Notar sowie bei eintragungsbedürftigen Hauptversammlungsbeschlüssen durch das Registergericht.[5]

– *Rechtmäßigkeits- und keine Zweckmäßigkeitskontrolle:* Gemäß § 243 Abs. 1 AktG erstreckt sich die gerichtliche Prüfung auf einen Verstoß des Hauptversammlungsbeschlusses gegen Gesetz oder Satzung. Hieraus folgt im Umkehrschluss, dass die Unzweckmäßigkeit eines Beschlusses – anders als nach § 115 Abs. 1 des Preußischen Allgemeinen Berggesetzes[6] – keinen Anfechtungsgrund darstellt.[7] Wohl aber gilt dies für einen Verstoß gegen Generalklauseln (Treuepflicht, Gleichbehandlungsgrundsatz), wie ihn die Gerichte im Rahmen einer materiellen Beschlusskontrolle untersuchen.[8]

– *Anfechtungsrecht als Individualrecht:* Zur Anfechtung ist grundsätzlich jeder in der Hauptversammlung erschienene Aktionär befugt (§ 245 Nr. 1 AktG), auch wenn er nur eine einzige Aktie im Nennwert von einem Euro (§ 8 Abs. 2 Satz 1 AktG) besitzt.[9] Systematisch gehört das Anfech-

---

Streitigkeiten, 2005, S. 289 ff.; *Zöllner*, in: Bayer/Habersack, Aktienrecht im Wandel, Bd. II, 2007Fn. , 10. Kap. Rn. 96, S. 509.

[5] Dazu BGHZ 84, 285; BayObLG NJW-RR 2000, 181; *Drescher*, in: Henssler/ Strohn, Gesellschaftsrecht, 2011, § 241 AktG Rn. 47 f.; *Würthwein*, in: Spindler/Stilz, AktG, 2. Aufl., 2010, § 241 Rn. 108 ff., 111 ff.

[6] Wörtlich lautete diese Vorschrift: „Binnen einer Präklusionsfrist von vier Wochen vom Ablaufe des Tages, an welchem ein Gewerkschaftsbeschluß gefaßt ist, kann jeder Gewerke die Entscheidung des ordentlichen Richters, in dessen Bezirk das Bergwerk liegt, darüber, ob der Beschluß zum Besten der Gewerkschaft gereiche, anrufen und gegen die Gewerkschaft auf Aufhebung des Beschlusses klagen."; dazu *Flechtheim*, FS Zitelmann, 1913, S. 1; *Zöllner*, Die Schranken mitgliedschaftlicher Stimmrechtsmacht bei den privatrechtlichen Personenverbänden, 1963, S. 323 f.

[7] Vgl. RG HoldheimsZ 13 (1904), 166: „Ganz unzulässig würde es sein, auf diese Bestimmung die Sondervorschrift des § 115 des Preußischen Allgemeinen Berggesetzes vom 24. Juni 1805 zu übertragen, wonach jeder Gewerke die gerichtliche Entscheidung darüber herbeiführen kann, ob ein Gewerkschaftsbeschluß zum Besten der Gewerkschaft gereiche."; *Flechtheim*, FS Zitelmann, 1913, S. 1; im Vorfeld der Aktienrechtsnovelle von 1884 bereits der Antrag Preußens betreffend die Reform der Aktiengesetzgebung vom 17.11.1876, Bundesrath, Session von 1876, N° 89, S. 18: „Vom juristischen Standpunkt aus läßt es sich vertheidigen, dass nach außen zwar neben den Rechten der Gesellschaft Individualrechte zwar überhaupt nicht existiren, im Innern der Gesellschaft aber, insbesondere in den Verhältnissen zu den Organen der Gesellschaft, jeder Aktionär für sich allein und ohne Rücksicht auf den Willen der Gesammtheit, die Rechtmäßigkeit und Zweckmäßigkeit aller Akte der Gesellschaft in Frage ziehen kann. Es scheint jedoch klar, dass diese äußerste Konsequenz, wenn sie auch für die in ihren Rechtsverhältnissen ähnlichen Gewerkschaften zugelassen ist (§ 115 des Berggesetzes vom 24. Juni 1865), mindestens für die handeltreibenden Aktiengesellschaften die denselben nöthige Kraft der Aktion aufs äußerste gefährden würde".

[8] Vgl. BGHZ 71, 40, 44 ff.; *Hüffer*, in: MünchKomm AktG, 3. Aufl., 2011, § 243 Rn. 17 und 47 ff.; monographisch *Wandrey*, Materielle Beschlusskontrolle im Aktienrecht, 2012, S. 9 ff., 89 ff. und passim.

[9] Vgl. *Langenbucher*, Aktien- und Kapitalmarktrecht, 2. Aufl., 2011, § 6 Rn. 286; *Raiser/Veil* (Fn. 3), § 16 Rn. 122.

tungsrecht damit zu den mitgliedschaftlichen Individualrechten.[10] Hierdurch unterscheidet es sich von verschiedenen anderen Klage- und Kontrollbefugnissen der Aktionäre, die an einen Mindestanteilsbesitz geknüpft sind.

– *Anfechtungsklage als Funktionärsklage:* Die Erhebung der Anfechtungsklage setzt keine persönliche Verletzung des Aktionärs in seinen Mitgliedschaftsrechten voraus.[11] Es genügt die Behauptung, ein Hauptversammlungsbeschluss verstoße gegen Gesetz oder Satzung, selbst wenn die Rechtsverletzung ausschließlich in die mitgliedschaftlichen Befugnisse eines anderen Aktionärs eingreift.[12] Man spricht daher von der institutionellen Funktion der Anfechtungsklage[13] und bezeichnet diese als „auf den Kreis der Aktionäre beschränkte Popularklage"[14] oder als „Funktionärsklage"[15].

– *Fristgebundenheit der Anfechtungsklage:* Die Anfechtungsklage muss innerhalb eines Monats nach der Beschlussfassung erhoben werden (§ 246 Abs. 1 AktG). Danach erwächst ein nicht angefochtener Hauptver-

---

[10] Vgl. *Hommelhoff*, ZGR 1990, 447, 451 ff.; *K. Schmidt*, in: Großkomm AktG (Fn. 3), § 245 AktG Rn. 11; ferner *Hüffer*, FS Brandner, 1996, S. 57, 59 mit dem Hinweis darauf, dass die ältere Lehre von einem „Sonderrecht" sprach.

[11] Vgl. BGHZ 43, 261, 265 f.; 107, 296, 308; BGH NJW 2009, 2301; *A. Hueck* (Fn. 3), S. 151; *Hüffer*, AktG, 10. Aufl., 2012, § 246 Rn. 9; *Langenbucher* (Fn. 9), § 6 Rn. 286; *Weber/Kersjes* (Fn. 3), § 1 Rn. 48; *Würthwein*, in: Spindler/Stilz (Fn. 5), § 243 AktG Rn. 41.

[12] Vgl. etwa RGZ 40, 80, 83: rechtswidrige Nichtzulassung des Vertreters eines anderen Aktionärs zur Hauptversammlung, der selbst keine Anfechtungsklage erhoben hatte; BGHZ 119, 1, 13: Nichtbeantwortung der von einem anderen Aktionär gestellten Frage durch den Vorstand; ferner OLG Jena ZIP 2006, 729: „Für das Rechtsschutzbedürfnis einer Anfechtungsklage genügt es grundsätzlich, dass die Beseitigung eines gesetz- oder satzungswidrigen Beschlusses erstrebt wird und die Klage damit auf die Herbeiführung eines rechtmäßigen Zustandes gerichtet ist. Nicht erforderlich ist, dass die Beseitigung des Beschlusses dem Kläger im Übrigen einen Nutzen bringt."; aus dem älteren Schrifttum bereits *A. Hueck* (Fn. 3), S. 151 f.; aus der jüngeren Literatur *Schwab*, in: Schmidt/Lutter, AktG, 2. Aufl., 2010, § 243 Rn. 2; *Weber/Kersjes* (Fn. 3), § 1 Rn. 48; abw. OLG München ZIP 1997, 1743, 1749.

[13] Vgl. *Lutter*, NJW 1969, 1873, 1877 f., *ders.*, ZGR 1978, 347, 349 f., 378 f.; *Martens*, AG 1988, 118, 123.

[14] Begriffsprägend *Horrwitz*, Das Recht der Generalversammlungen der Aktiengesellschaften und Kommanditgesellschaften auf Aktien, 1913, S. 88: „Legitimiert zur Anfechtung ist in erster Linie jeder Aktionär, gleichgültig ob er persönlich von dem Beschluss betroffen wird oder nicht. [...] Die Anfechtungsklage ist eine auf den Kreis der Aktionäre beschränkte Popularklage."; aus jüngster Zeit etwa *Langenbucher* (Fn. 9), § 6 Rn. 286; *Schwab*, in: Schmidt/Lutter (Fn. 12), § 243 AktG Rn. 2, aber auch § 245 AktG Rn. 1: „Seiner Struktur nach ähnelt das Anfechtungsverfahren danach einem abstrakten Normenkontrollverfahren".

[15] *K. Schmidt*, in: Großkomm AktG (Fn. 3), § 245 AktG Rn. 4.

sammlungsbeschluss in Bestandskraft.[16] Das Bedürfnis nach Rechtssicherheit wiegt dann nach der gesetzgeberischen Wertung schwerer als das Interesse an einer nachträglichen Beschlusskontrolle.[17]

– *Rückwirkende Gestaltungswirkung des Anfechtungsurteils:* Ein rechtskräftiges Anfechtungsurteil lässt die von der Hauptversammlung gewollten Rechtswirkungen eines Beschlusses entfallen (§ 241 Nr. 5 AktG), und zwar mit rückwirkender Kraft. Der Hauptversammlungsbeschluss ist also von Anfang an nichtig.[18]

– *Bindungswirkung des Anfechtungsurteils:* Soweit der Beschluss durch rechtskräftiges Urteil für nichtig erklärt ist, wirkt das Urteil für und gegen alle Aktionäre sowie die Mitglieder des Vorstands und des Aufsichtsrats, auch wenn sie nicht Partei sind (§ 248 Abs. 1 Satz 1 AktG). Diese Rechtskrafterstreckung dient der Rechtsklarheit und Rechtssicherheit.[19]

– *Beschränkung auf Hauptversammlungsbeschlüsse:* Die §§ 241 ff. AktG gelten nur für fehlerhafte Hauptversammlungsbeschlüsse. Eine „Anfechtung" anderer Organbeschlüsse, namentlich von Vorstands- oder Aufsichtsratsbeschlüssen, ist im Gesetz nicht vorgesehen.[20]

b) Österreich

Das österreichische Allgemeine Handelsgesetzbuch (AHGB) kannte bis weit in das 20. Jahrhundert hinein keine gesonderten Bestimmungen über rechtswidrige Hauptversammlungsbeschlüsse.[21] Zur Anwendung gelangten

---

[16] Vgl. mit Formulierungsunterschieden im Einzelnen *Noack* (Fn. 3), S. 10: „Der anfechtbare Beschluss ist demnach trotz seiner Fehlerhaftigkeit schwebend wirksam und er wird voll wirksam, wenn kein Anfechtungsbefugter fristgemäß Anfechtungsklage erhebt."; *K. Schmidt*, in: Großkomm AktG (Fn. 3), § 246 AktG Rn. 15: „Der bloß anfechtbare Beschluss bleibt, wenn die Anfechtungsfrist versäumt ist, mit Wirkung für und gegen jedermann wirksam."; *Zöllner*, in: Bayer/Habersack, Aktienrecht im Wandel, Bd. II, 2007, 10. Kap. Rn. 74, S. 498: „Wird der Beschluss nicht oder nicht rechtzeitig angefochten, so erlangt er mit Ablauf der Anfechtungsfrist im Prinzip volle Gültigkeit".

[17] Allgemein zu dem Spannungsverhältnis zwischen Beschlusskontrolle und Rechtssicherheit, Minderheitenschutz und Missbrauchsprävention *Langenbucher* (Fn. 9), § 6 Rn. 221; *Raiser/Veil* (Fn. 3), § 16 Rn. 104; *K. Schmidt*, in: Großkomm AktG (Fn. 3), § 241 AktG Rn. 2; *Windbichler* (Fn. 3), § 29 Rn. 39.

[18] Vgl. BGH ZIP 1993, 1228, 1229; OLG Köln AG 1999, 471, 472; OLG Zweibrücken AG 2005, 256, 257; *A. Hueck* (Fn. 3), S. 194 und 199; *Hüffer* (Fn. 11), § 248 AktG Rn. 7; *Raiser/Veil* (Fn. 3), § 16 Rn. 162; *K. Schmidt*, in: Großkomm AktG (Fn. 3), § 248 AktG Rn. 5.

[19] Vgl. *Dörr*, in: Spindler/Stilz, AktG, 2. Aufl., 2010, § 248 Rn. 1; *Hüffer* (Fn. 11), § 248 Rn. 1.

[20] Vgl. BGHZ 122, 342 (Aufsichtsratsbeschlüsse); OLG Frankfurt NZG 2003, 331 (Vorstandsbeschlüsse); *Drescher*, in: Henssler/Strohn (Fn. 5), § 241 AktG Rn. 7; *Würthwein*, in: Spindler/Stilz (Fn. 5), § 241 AktG Rn. 50.

[21] Dazu *Bondi*, in: Staub/Pisko, ADHGB, Ausgabe für Österreich, 3. Aufl., 1936-38, Art. 224 Rn. 81; *Pisko*, Lehrbuch des österreichischen Handelsrechtes, 1923, S. 395:

daher die allgemeinen zivilrechtlichen Grundsätze, nach denen jede Verletzung von Gesetz oder Satzung *ipso iure* zur Beschlussnichtigkeit führte.[22] Die Nichtigkeit wirkte von Anfang an und war in der Regel unheilbar.[23] Erst mit der Rezeption des deutschen Aktiengesetzes von 1937 im Jahre 1938[24] fanden Sondervorschriften über die Rechtsfolgen fehlerhafter Hauptversammlungsbeschlüsse Eingang in das österreichische Aktienrecht. An den damals eingeführten Grundelementen des Beschlussmängelrechts hat sich bis heute nichts Wesentliches geändert;[25] die Vorschriften wurden nur geringfügig umgruppiert:[26] An der Spitze stehen aus legistischen Gründen[27] die Vorschriften zur Anfechtbarkeit (§§ 195–198 öAktG), gefolgt von denen über die Nichtigkeit (§§ 199–202 öAktG). Ebenso wie in Deutschland gibt es keine amtswegige Aufsicht oder Kontrolle über die Rechtmäßigkeit von Hauptversammlungsbeschlüssen, sondern nur eine private Rechtskontrolle durch die Aktionäre.[28] Die Anfechtungsklage ist als Individualrecht des Aktionärs[29] und „Funktionärsklage"[30] konzipiert. Sie kann nach § 197 Abs. 2 öAktG nur innerhalb eines Monats nach Beschlussfassung erhoben werden. Das stattgebende Urteil wirkt gemäß § 198 Abs. 1 öAktG für und gegen alle Aktionäre und wandelt einen vorläufig gültigen in einen von Anfang an nichtigen Hauptversammlungsbeschluss um.[31] Zuletzt hat das Aktienrechts-Änderungsgesetz von 2009 die

---

„Das HGB. gedenkt – im Gegensatz zu den §§ 41 ff. GmbHG – nicht des Falles, dass ein von der GV. gefaßter Beschluß gegen das Gesetz oder gegen das Statut der Gesellschaft verstößt".

[22] Vgl. *Pisko* (Fn. 21), S. 395: „Gesetz- oder statutenwidrige Beschlüsse sind – ohne Rücksicht auf den Grad der Gesetz- oder Statutenwidrigkeit – ipso iure nichtig – nicht bloß anfechtbar; sie stellen bloß den äußeren Schein eines rechtlich nicht vorhandenen Gesellschaftswillens dar".

[23] Vgl. *Bondi*, in: Staub/Pisko (Fn. 21), Art. 224 ADHGB Rn. 79: „Der rechtswidrige Beschluß ist grundsätzlich von Anfang an ungültig".

[24] Allgemein dazu *Kalss/Burger/Eckert*, Die Entwicklung des österreichischen Aktienrechts, 2003, S. 328 ff.

[25] Näher dazu *Diregger*, in: MünchKomm AktG, 3. Aufl., 2011, § 241 Rn. 107; zu Reformfragen *Kalss*, in: Kalss/Schauer, Die Reform des österreichischen Kapitalgesellschaftsrechts, Gutachten zum 16. Österreichischen Juristentag 2006, Bd. II/1, S. 227: „Anders als im GmbH-Recht ergibt sich bei der aktienrechtlichen Anfechtung kein grundlegender Reformbedarf, wohl aber wird die Änderung einer ganzen Reihe von Einzelregelungen vorgeschlagen".

[26] Vgl. *Diregger*, in: Doralt/Nowotny/Kalss, AktG, 2. Aufl., 2012, § 195 Rn. 6.

[27] Vgl. EB zur RV 301 BlgNR 10. GP 74: „Da die Regelung der Nichtigkeitsklage mehrfach auf die für die Anfechtungsklage geltende Regelung Bezug nimmt (§ 201 Abs. 1), war die letztere voranzustellen".

[28] Vgl. *Diregger*, in: Doralt/Nowotny/Kalss (Fn. 26), vor § 195 AktG Rn. 3.

[29] Vgl. *Kalss*, in: Kalss/Nowotny/Schauer, Österreichisches Gesellschaftsrecht, 2008, Rn. 3/655: „das klassische Individualrecht des Aktionärs".

[30] *Diregger*, in: Doralt/Nowotny/Kalss (Fn. 26), vor § 195 AktG Rn. 3.

[31] Vgl. *Diregger*, in: Doralt/Nowotny/Kalss (Fn. 26), § 198 AktG Rn. 7.

Anfechtung von Informationsmängeln in § 195 Abs. 4 öAktG nach dem Vorbild des deutschen UMAG[32] neu geregelt.[33] Fehlerhafte Vorstands- und Aufsichtsratsbeschlüsse unterliegen nicht der Anfechtung; ihre Nichtigkeit kann nur im Wege der allgemeinen Feststellungsklage nach § 228 öZPO geltend gemacht werden.[34]

Einzelne Unterschiede zum deutschen Recht zeigen sich in der Behandlung missbräuchlicher Beschlussmängelklagen:[35] Gemäß § 198 Abs. 2 öAktG sind die Kläger der Gesellschaft aus unbegründeter Anfechtung verantwortlich, wenn ihnen Vorsatz oder grobe Fahrlässigkeit zur Last fällt. Zur Sicherung möglicher Ersatzansprüche hat das Prozessgericht nach § 197 Abs. 4 Satz 1 öAktG auf Antrag der Gesellschaft anzuordnen, dass der klagende Aktionär ihr angemessene Sicherheit leiste. Ferner kennt das österreichische Aktienrecht keine das Prozesskostenrisiko verringernde Streitwertspaltung.[36] Andererseits gibt es in Österreich kein Gegenstück zum hiesigen Freigabeverfahren nach § 246a AktG.[37] Weitere Differenzen in Detailfragen betreffen das fehlende Vorbesitzerfordernis im Rahmen der Anfechtungsbefugnis nach § 196 Abs. 1 öAktG[38] und den gesetzlich ungeregelten (aber gleichwohl anerkannten) Bestätigungsbeschluss.[39]

c) Schweiz

In der Schweiz wurde das Anfechtungsrecht schon sehr früh von einigen kantonalen Aktienrechtsordnungen anerkannt. Eine Vorreiterrolle übernahm das ebenso originelle wie eigenwillige Privatrechtliche Gesetzbuch des Kantons Zürich von 1854/55 aus der Feder von *Johann Caspar Bluntschli*, das dem einzelnen Aktionär in den §§ 38, 39 ein Anfechtungsrecht

---

[32] § 243 Abs. 4 AktG i.d.F. des UMAG, BGBl. I, S. 2802; dazu *Fleischer*, NJW 2005, 3525.

[33] Dazu *Bachner/Dokalik*, Das neue Recht der Hauptversammlung, 2010, § 195 AktG Rn. 2; *Diregger*, in: Doralt/Nowotny/Kalss (Fn. 26), § 195 AktG Rn. 89 ff.; zuvor hatte die Rechtsprechung die Kausalitätstheorie bei Informationsmängeln bereits zugunsten der Relevanztheorie aufgegeben; vgl. OGH GesRZ 2009, 103; GesRZ 2007, 48.

[34] Vgl. OGH SZ 58/32; OGH ecolex 1996, 25; *Kalss*, in: Doralt/Nowotny/Kalss, AktG, 2. Aufl., 2012, § 92 Rn. 112 ff.

[35] Monographisch *Hirner*, Die rechtsmissbräuchliche aktienrechtliche Anfechtungsklage in rechtsvergleichender Perspektive: Deutschland – Österreich, 2008; eingehend auch *Diregger*, in: Doralt/Nowotny/Kalss (Fn. 26), vor § 195 AktG Rn. 8 und § 196 AktG Rn. 65 ff.

[36] Vgl. *Diregger*, in: MünchKomm AktG (Fn. 25), § 247 Rn. 34; vgl. demgegenüber § 247 Abs. 2 AktG.

[37] Näher *Diregger*, in: MünchKomm AktG (Fn. 25), § 241 Rn. 112.

[38] Dazu *Diregger*, in: MünchKomm AktG (Fn. 25), § 243 Rn. 161; vgl. demgegenüber § 245 Nr. 1 AktG.

[39] Dazu OGH SZ 72/15 (GmbH); *Kalss*, in: Kalss/Nowotny/Schauer (Fn. 29), Rn. 3/653; *Strasser*, in: Jabornegg/Strasser, AktG, 5. Aufl., 2010, § 197 AktG Rn. 2; vgl. demgegenüber § 244 AktG.

gegenüber gesetz- und statutenwidrigen Generalversammlungsbeschlüssen gewährte.[40] Diese Regelung galt für sämtliche Korporationen des zürcherischen Rechts; sie erweist sich aus heutiger Sicht – nicht zuletzt mit ihrer Anfechtungsfrist von einem Monat – als ausgesprochen fortschrittlich. Demgegenüber hat das schweizerische Obligationenrecht von 1881, welches das kantonale Konzessionssystem für Aktiengesellschaften durch ein föderales Normativsystem ersetzte, das Anfechtungsrecht weder geregelt noch auch nur anerkannt, sondern schlichtweg ignoriert.[41] Es blieb daher dem Bundesgericht vorbehalten, ihm durch einen Entscheid aus dem Jahre 1894 zum Durchbruch zu verhelfen,[42] nachdem das zürcherische Handelsgericht diesen Schritt schon zehn Jahre zuvor vollzogen hatte.[43] Zur Begründung berief sich das Bundesgericht auf die allgemeinen Grundsätze des Aktienrechts, namentlich – den Göttinger Handelsrechtler *Heinrich Thöl* zitierend[44] – auf das Recht des einzelnen Aktionärs auf Einhaltung der Satzung durch die Gesellschaftsorgane:

„Der Einzelne verzichtet durch seinen Beitritt auf die Ausübung seines Einzelwillens zu Gunsten des durch die Gesellschaftsorgane zum Ausdruck kommenden Willens der Übrigen nur nach Maßgabe des Inhaltes der Statuten, und daher ist er auch nur insoweit an die Gesellschaftsbeschlüsse gebunden, als dieselben in der von den Statuten vorgeschriebenen Form und innerhalb der durch dieselben festgesetzten Kompetenzen gefaßt werden. Ein statutenwidriger Beschluß eines Gesellschaftsorgans bindet daher den Einzelaktionär nicht, sofern er nicht etwa selbst dazu mitgewirkt hat; er hat vielmehr in seiner

---

[40] Wörtlich lautete § 38: „Wohlerworbene Rechte einzelner Korporationsmitglieder dürfen denselben nicht willkürlich durch Mehrheitsbeschlüsse entzogen oder geschmälert werden." § 39 bestimmte: „Wahlen und Beschlüsse, welche auch ohne unter § 38 zu fallen, über den Bereich des Korporationszweckes hinausgehen oder denselben wesentlich gefährden, oder in gesetz- oder statutenwidriger Form geschehen, können von der Minderheit innert Monatsfrist durch Klage angefochten werden".

[41] Eingehend dazu *Ensslin*, Das Recht auf Anfechtung gesetz- oder statutenwidriger Generalversammlungs-Beschlüsse der Aktiengesellschaft, 1930, S. 8 mit der einleitenden Bemerkung: „Aus der Entstehungsgeschichte des OR ergibt sich mit größter Wahrscheinlichkeit, dass der Gesetzgeber des OR das aktienrechtliche Anfechtungsrecht bewusst nicht anerkannt hat".

[42] Vgl. BGE 20, 940 – Nordostbahn gegen Dr. Ryf und Konsorten.

[43] Vgl. HGE 3, 149 Erwägung 4: „Die Statuten bilden das Grundgesetz der AG, auf welchem die Personenvereinigung aufgebaut ist und welchem daher auch nicht nur die einzelnen Aktionäre, sondern ebenso die Willensorgane der AG unterworfen sind. Daraus folgt ohne weiteres, dass auch jedes Mitglied der AG ein wohlerworbenes Recht darauf hat, dass die Bestimmungen der Statuten genau respektiert und befolgt werden und dass ihm daher gegen einen statutenwidrigen Beschluß das Anfechtungsrecht zusteht, sofern er sein Einverständnis mit demselben nicht erklärt oder auf das Recht der Anfechtung nicht verzichtet hat".

[44] Vgl. *Thöl*, Das Handelsrecht, Erster Band, 6. Aufl., 1879, § 161, S. 495: „Die Unterwerfung jedes Actionärs unter den Willen der übrigen, der Verzicht auf den eigenen Willen, ist nicht schrankenlos: sie hat eine Grenze durch das Statut und durch Gesetz und durch offensichtlichen wenn auch nicht ausgesprochenen Willen jedes Actionärs".

Eigenschaft als Gesellschaftsmitglied ein Recht auf Innehaltung der Gesellschafts-
verfassung, ohne dass ihm dasselbe durch Gesetz oder Statuten noch besonders eingeräumt zu werden brauchte; dieses Recht folgt mit Notwendigkeit aus der Natur dieses
Rechtsinstitutes, und findet seinen Schutz in dem gesetzlichen Statutenzwang. Hierbei ist
ohne Bedeutung, dass die Statuten durch die Mehrheit abgeändert werden können; denn
dadurch wird das Recht auf Beobachtung derselben nicht berührt; dieses letztere unterliegt bloß dem Sonderwillen des Einzelaktionärs und bildet daher in der Tat ein
wohlerworbenes Recht dieses letztern. Auch der Umstand, dass das eidgenössische Gesetz für die Ausübung des Anfechtungsrechtes des Einzelaktionärs keine Bestimmungen
aufstellt, ist unwesentlich, denn wenn einmal dieses Recht besteht, versteht sich von
selbst, dass dasselbe des staatlichen Schutzes teilhaftig ist. Folgt sonach die Befugnis des
einzelnen Aktionärs, statutenwidrige Beschlüsse der Generalversammlung beim Richter
anzufechten, schon aus der Natur des Aktienrechtes selbst, so ergibt sich dasselbe im
vorliegenden Falle auch aus den Gesellschaftsstatuten."[45]

Ein Folgeentscheid aus dem Jahre 1897 erklärte nicht nur die statutenwidrigen, sondern auch die gesetzeswidrigen Beschlüsse für anfechtbar.[46]
Damit war das aktienrechtliche Anfechtungsrecht im Obligationenrecht anerkannt und entwickelte sich nach Einschätzung zeitgenössischer Beobachter sogar zu einem Gewohnheitsrecht.[47] Eine Kodifizierung der Anfechtungsklage in Art. 706 OR a.F. ließ allerdings bis zur Aktienrechtsreform
von 1936 auf sich warten.[48] Weiterhin ungeregelt blieb die Nichtigkeit von
Generalversammlungsbeschlüssen, so dass sich das Bundesgericht veranlasst sah, die Kategorie der Beschlussnichtigkeit durch Richterspruch ein-
zuführen sowie Anfechtungs- und Nichtigkeitsgründe in einer verschach-
telten Kasuistik voneinander abzugrenzen.[49] Erst die Revision des Aktienrechts von 1991 hat dann die Nichtigkeit von Generalversammlungsbeschlüssen in Art. 706b OR einer gesetzlichen Regelung zugeführt.

Heute gleicht der Grundriss des schweizerischen Beschlussmängelrechts
im Großen und Ganzen dem deutschen Recht. Nach Art. 706 Abs. 1 OR

---

[45] BGE 20, 940, 951 f. (Binnenzitate weggelassen).
[46] Vgl. BGE 23, 913, 923 f. – Kanton St. Gallen gegen Toggenburgerbahn.
[47] Dazu *Ensslin* (Fn. 41), S. 21 f. m.w.N.
[48] Der Wortlaut des Art. 706 OR lautete: „(1) Die Verwaltung und jeder Aktionär
können Beschlüsse der Generalversammlung, die gegen das Gesetz oder die Statuten verstoßen, beim Richter mit einer Klage gegen die Gesellschaft anfechten. […] (4) Das Anfechtungsrecht erlischt, wenn die Klage nicht spätestens zwei Monate nach der Generalversammlung angehoben wird. (5) Das Urteil, das einen Beschluss der Generalversammlung aufhebt, wirkt für und gegen alle Aktionäre".
[49] Vgl. zur Anfechtbarkeit BGE 80 II 271: „Generalversammlungsbeschlüsse, welche
unter Verletzung der Statuten, nachgiebiger Gesetzesbestimmungen oder zwingender,
aber lediglich den Schutz privater Interessen bezweckender Vorschriften gefasst werden,
sind anfechtbar und nicht nichtig."; zur Nichtigkeit BGE 93 II 30, 31: „Ein Generalversammlungsbeschluss einer juristischen Person ist nichtig, wenn er einen unmöglichen
oder gegen das Gesetz verstoßenden Inhalt hat, sowie wenn er gegen das Recht der Persönlichkeit verstößt; nichtig ist er ferner, wenn er unter Verletzung zwingender Vorschriften über die Beschlussfassung zustande gekommen ist".

kann jeder Aktionär Beschlüsse der Generalversammlung anfechten, die gegen das Gesetz oder die Statuten verstoßen. Hierfür genügt der Besitz einer einzigen Aktie;[50] das Anfechtungsrecht bildet ein „Individualschutzrecht"[51]. Als „droit fondamental de tout actionnaire ou associé"[52] ist es zudem unentziehbar und unverzichtbar.[53] Auf eine unmittelbare Betroffenheit oder ein personenspezifisches Interesse des Anfechtungsklägers kommt es nach ganz herrschender Lehre nicht an.[54] Vielmehr garantiert das Anfechtungsrecht – über den Schutz der Mitgliedschaftsrechte hinaus – die „Rechtmäßigkeit des korporativen Lebens"[55]. Ob sich das Bundesgericht von dieser traditionellen Sichtweise durch zwei neuere Entscheide zu lösen beginnt,[56] bleibt abzuwarten.[57] Durch die Verschränkung von subjektiver

---

[50] Vgl. *Böckli*, Schweizer Aktienrecht, 4. Aufl., 2009, § 16 Rn. 104; *Forstmoser/Meier-Hayoz/Nobel*, Schweizerisches Aktienrecht, 1996, § 25 Rn. 41; *Truffer/Dubs*, in: Baseler Kommentar zum Obligationenrecht, Bd. II, 3. Aufl., 2012, Art. 706 Rn. 3; für einen Beispielsfall aus der Rechtsprechung BGE 117 II 290, wo das Bundesgericht die Klage einer Vereinigung, die nur eine einzige Aktie besaß und diese noch dazu zum Zweck der Anfechtung erworben hatte, zugelassen hat.

[51] *Tanner*, in: Zürcher Kommentar, 2. Aufl., 2003, Art. 706 OR Rn. 6; ähnlich *Forstmoser/Meier-Hayoz/Nobel* (Fn. 50), § 25 Rn. 11.

[52] BGE 116 II 713, 716.

[53] Vgl. *Forstmoser/Meier-Hayoz/Nobel* (Fn. 50), § 25 Rn. 12; *Riemer*, Anfechtungs- und Nichtigkeitsklage im schweizerischen Gesellschaftsrecht (AG, GmbH, Verein, Stockwerkeigentümergesellschaft), 1998, Rn. 2.

[54] Vgl. *Böckli* (Fn. 50), § 16 Rn. 99: „Die Verletzung subjektiver Rechte war indessen nie und ist nicht eine Voraussetzung der Anfechtungsklage. Ähnlich wie bei der abstrakten Normenkontrolle des öffentlichen Rechts kann der anfechtende Aktionär vom Gericht verlangen, dass dieses sich, abgesehen von jedem subjektiven Rechtsschutzinteresse des Klägers, verbindlich darüber ausspricht, ob der fragliche Generalversammlungsbeschluss mit dem Gesetz oder den Statuten objektiv übereinstimmt."; ferner *Druey*, Gesellschafts- und Handelsrecht, 10. Aufl., 2010, § 12 Rn. 63; *Lehmann*, Missbrauch der aktienrechtlichen Anfechtungsklage, 2000, Rn. 285 ff.; *Schott*, Aktienrechtliche Anfechtbarkeit und Nichtigkeit von Generalversammlungsbeschlüssen wegen Verfahrensmängeln, 2009, § 16 Rn. 22; abw. *Knobloch*, Das System zur Durchsetzung von Aktionärsrechten, 2011, S. 125.

[55] So zum Vereinsrecht BGE 132 III 503, 506 f.: „Denn das im Gesetz vorgesehene Anfechtungsrecht schützt das einzelne Vereinsmitglied nicht nur gegen die unmittelbare Verletzung seiner Mitgliedschaftsrechte durch die Mehrheit, sondern garantiert ihm – darüber hinaus – die Rechtmäßigkeit des korporativen Lebens. Das Interesse an einer gerichtlichen Beurteilung ist somit weit gefasst und hier unabhängig von der individuellen Betroffenheit bzw. von einem Rechtsschutzinteresse zu bejahen."; zuvor bereits BGE 108 II 15, 18 (Vereinsrecht).

[56] Vgl. BGE 122 III 279, 283, wonach das Anfechtungsinteresse nur gegeben ist, wenn durch ein gutheißendes Urteil „die Rechtsstellung des anfechtenden Aktionärs berührt" wird; zuletzt auch BG vom 21.3.2011 – 4A_97/2011; dazu *Waldburger*, GesKR 2011, 416; sowie BGE 133 III 453, 456.

[57] Vgl. *Waldburger*, GesKR 2011, 416, 420: „Damit würde sich das Bundesgericht von der traditionellen Sichtweise lösen, die Anfechtungsklage biete im Kern eine Art aktienrechtlicher ,Popularbeschwerde', die es grundsätzlich allen Aktionären erlaubt, die

Interessenwahrnehmung und objektiver Legalitätskontrolle kann das Aktienrecht auf ein staatliches Aktienamt verzichten.[58] Anfechtbar sind allein Rechtsverletzungen; die Angemessenheit oder Zweckmäßigkeit eines Generalversammlungsbeschlusses ist dagegen nicht selbständig gerichtlich überprüfbar.[59] Außerdem sind nur Generalversammlungs-, nicht auch Verwaltungsratsbeschlüsse anfechtbar.[60] Das Anfechtungsurteil entfaltet nach Art. 706 Abs. 5 OR *erga-omnes*-Wirkung und hebt bei Gutheißung der Klage den Beschluss *ex tunc* auf.[61]

Nuancierend gegenüber der Monatsfrist des § 246 Abs. 1 AktG beträgt die Anfechtungsfrist in der Schweiz gemäß Art. 706a Abs. 1 OR zwei Monate.[62] Anders als nach § 245 Nr. 1 AktG sind auch Aktionäre anfechtungsberechtigt, die nicht an der Generalversammlung teilgenommen haben.[63] Nach der bundesgerichtlichen Rechtsprechung ist die Anfechtungsklage allerdings subsidiär gegenüber der Verantwortlichkeitsklage,[64] was in der Lehre freilich auf breite Ablehnung stößt.[65] Auch gibt es grundsätzlich keine Heilungsfrist für nichtige Beschlüsse,[66] wie sie Literaturstimmen *de lege ferenda* für erwägenswert halten.[67] Die ältere Spruch-

---

Einhaltung von Gesetz und Statuten im Interesse der Gesellschaft und der anderen Aktionäre zu erzwingen (institutionelle Funktion). Ob dieser Schritt tatsächlich in einem nicht zur Publikation als Leitentscheid vorgesehenen Urteil, welches kein einziges Literaturzitat und keine Auseinandersetzung mit der Lehre enthält, in Form eines *obiter dictums* angekündigt wird oder es sich nur um eine einmalige Nebenbemerkung handelt, wird die Zukunft weisen".

[58] So *Lehmann* (Fn. 54), Rn. 288.

[59] Vgl. BGE 100 II 384, 392 f.; 117 II 290, 308; *Truffer/Dubs*, in: Baseler Kommentar (Fn. 50), Art. 706 OR Rn. 8.

[60] Vgl. BGE 76 II 51, 61 ff.; 109 II 239, 243 f.; *Böckli* (Fn. 50), § 16 Rn. 100; *Druey* (Fn. 54), § 13 Rn. 68; *Forstmoser/Meier-Hayoz/Nobel* (Fn. 50), § 25 Rn. 9.

[61] Vgl. *Druey* (Fn. 54), § 12 Rn. 66; *Schott* (Fn. 54), § 5 Rn. 8.

[62] Für „sehr kurz bemessen" hält dies *Druey* (Fn. 54), § 12 Rn. 67.

[63] Vgl. BGE 99 II 55, 57; *Truffer/Dubs*, in: Baseler Kommentar (Fn. 50), Art. 706 OR Rn. 3.

[64] Vgl. BGE 81 II 462, 464 ff.; 92 II 243, 246 ff.; 100 II 384, 389.

[65] Kritisch etwa *Druey*, in: Druey/Forstmoser (Hrsg.), Rechtsfragen um die Generalversammlung, 1997, S. 131, 135; *Forstmoser/Meier-Hayoz/Nobel* (Fn. 50), § 25 Rn. 7; *Riemer* (Fn. 53), Rn. 330 ff.; *Tanner*, in: Zürcher Kommentar (Fn. 51), Art. 706 OR Rn. 31; *Truffer/Dubs*, in: Baseler Kommentar (Fn. 50), Art. 706 OR Rn. 1.

[66] Dazu *Böckli* (Fn. 50), § 16 Rn. 183: „Die Nichtigkeit ist nach der Rechtslehre unheilbar und unverjährbar."; *Forstmoser/Meier-Hayoz/Nobel* (Fn. 50), § 25 Rn. 135; *Tanner*, in: Zürcher Kommentar (Fn. 51), Art. 706b OR Rn. 180 ff.

[67] Vgl. *Böckli* (Fn. 50), § 16 Rn. 183: „Es wäre indessen zu erwägen, eine *letzte Frist* für die Geltendmachung einer ,Nichtigkeit' von Generalversammlungsbeschlüssen vorzusehen, z.B. eine Verwirkungsfrist von 10 Jahren."; ferner *Druey*, in: Druey/Forstmoser (Fn. 65), S. 131, 143: „Die Berufung auf die Nichtigkeit des Beschlusses ist zeitlich unbeschränkt möglich. (Ein kurzer Blick nach Norden zeigt aber, wie wenig selbstverständlich das ist: nach § 242 des deutschen Aktiengesetzes erwächst der eingetragene nichtige Beschluss nach drei Jahren in Rechtskraft.)".

praxis hat hiervon immerhin eine bemerkenswerte Ausnahme gemacht und das Vertrauen Dritter in einen jahrelang unangefochten bestehenden Handelsregistereintrag geschützt.[68] Zusätzlich zu der allgemeinen Anfechtungsklage sieht Art. 691 Abs. 3 OR eine spezielle Stimmrechtsklage vor, mit der jeder Aktionär rügen kann, dass nicht zur Teilnahme an der Generalversammlung befugte Personen bei einem Beschluss mitgewirkt haben. Systematisch handelt es sich um einen Unterfall der Anfechtungsklage.[69] Schließlich kann die Gesellschaft als Beklagte ihrerseits nicht über den strittigen Prozessgegenstand verfügen, also die Klage weder anerkennen noch durch Vergleich erledigen.[70] Zur Begründung wird darauf verwiesen, dass der Verwaltungsrat, der die Gesellschaft im Prozess vertritt, nicht durch Anerkennung oder Vergleich einen womöglich rechtsgültigen Beschluss der Generalversammlung beseitigen und seine eigene Entscheidung an die Stellung der Mehrheit der Aktionäre setzen können soll.[71]

d) Koda: Ausstrahlung auf Polen und die Türkei

Zur Abrundung sei hinzugefügt, dass sich das *polnische* Aktienrecht bei der Reform seines Beschlussmängelregimes im Jahre 2000 am *deutschen* Recht orientiert hat,[72] während sich das neue *türkische* Aktienrecht, das Anfang 2012 in Kraft getreten ist, bei der Kodifizierung der Nichtigkeitsgründe an die *schweizerische* Regelung anlehnt[73] – ausgerechnet an jenen Art. 706b OR, dem die helvetische Doktrin ein wenig schmeichelhaftes Zeugnis ausgestellt hat.[74]

---

[68] Vgl. BGE 78 III, 33, 44 ff. und 47; dazu *Druey*, in: Druey/Forstmoser (Fn. 65), S. 131, 143; *Tanner*, in: Zürcher Kommentar (Fn. 51), Art. 706b Rn. 188.

[69] Vgl. BGE 122 III 279, 281; *Truffer/Dubs*, in: Baseler Kommentar (Fn. 50), Art. 691 OR Rn. 12.

[70] Vgl. BGE 80 I 385, 389 ff.; BGE 122 III 279, 283.

[71] Vgl. *Böckli* (Fn. 50), § 16 Rn. 138; *Forstmoser/Meier-Hayoz/Nobel* (Fn. 50), § 25 Rn. 73; *Tanner*, in: Zürcher Kommentar (Fn. 51), Art. 706 OR Rn. 207.

[72] Vgl. Artt. 422–426 des polnischen Handelsgesellschaftengesetzbuchs vom 15.9. 2000, Gesetzblatt Nr. 94 Pos. 1037.

[73] Vgl. Art. 447 des türkischen Handelsgesetzbuchs vom 13.1.2011, Gesetz-Nr. 6102, der die langjährige Rechtsprechung des türkischen Kassationshofes zum türkischen Handelsgesetzbuch von 1956 kodifiziert und dabei ausweislich der Gesetzesbegründung am schweizerischen Recht Maß nimmt.

[74] Vgl. *Druey* (Fn. 54), § 12 Rn. 73: „In der Revision 1991 hatte das Parlament just etwas für die Rechtssicherheit tun wollen, indem es einen ausführlichen Katalog der Nichtigkeitsfälle in OR 706b aufnahm. Der Versuch ist aber recht gründlich missglückt, indem die Umschreibung dieser Tatbestände zu weit geraten ist".

2. Großbritannien und Vereinigte Staaten

Ein gänzlich anderes Bild bieten die angelsächsischen Aktienrechte. Systemunterschiede kündigen sich bereits in der Schwierigkeit an, englischsprachige Entsprechungen für das Begriffspaar Anfechtungs- und Nichtigkeitsklage zu finden. Im gescheiterten Entwurf der gemeinschaftsrechtlichen Strukturrichtlinie von 1983/1991, der aktienrechtliche Beschlussmängelvorschriften enthielt,[75] war von „proceedings for voidability" und „proceedings for nullity" die Rede; heute spricht man häufiger von einer „action to set aside the resolution" und einer „action for the declaration of nullity".[76]

a) Großbritannien

In der Sache ist dem englischen Recht ein allgemeines Recht jedes Aktionärs auf Überprüfung von Hauptversammlungsbeschlüssen fremd.[77] Eine besondere Beschlusskontrolle sieht der *Companies Act 2006* (CA 2006) nur für einzelne Situationen vor:[78] die Umwandlung einer Publikums- in eine Privatgesellschaft (sec. 98 CA 2006), die Beeinträchtigung von Gattungsrechten (sec. 633 CA 2006) sowie den Erwerb eigener Aktien (sec. 721 CA 2006). Außerdem können Einwendungen gegen die Stimmberechtigung eines Gesellschafters nach verbreiteter Satzungsgestaltung nur sehr eingeschränkt geltend gemacht werden (sec. 287 CA 2006).[79] Für den gebotenen Minderheitenschutz sorgen richterrechtliche Grundsätze bei Satzungsänderungen[80] und – vornehmlich für geschlossene Gesellschaften – das Verfahren wegen *unfair prejudice* (sec. 994–999 CA 2006). Zudem verfügt das englische Recht über einen umfangreichen Katalog an Direktorenpflichten (sec. 170–225 CA 2006), der ähnlich detailliert ausfällt wie

---

[75] Näher dazu unten V. 1.

[76] So etwa *Wirth/Arnold/Morshäuser/Greene*, Corporate Law in Germany, 2. Aufl., 2010, S. 153, 185; ähnlich *Schulz/Wasmeier*, The Law of Business Organizations, 2012, S. 52, 131: „action to set aside the resolution" und „action to seek an annulment of the resolution".

[77] Dazu aus deutscher Sicht *Ringe/Otte*, in: Triebel/Illmer/Ringe/Vogenauer/Ziegler (Hrsg.), Englisches Handels- und Wirtschaftsrecht, 3. Aufl., 2012, Kap. V, § 1 Rn. 17; *J. Schmidt*, „Deutsche" vs. „britische" Societas Europaea, 2006, S. 703 ff.

[78] Für eine vorherige Bestandsaufnahme Law Commission, Shareholder Remedies, Consultation Paper No. 142, 1996, Rn. 12.11 ff.

[79] Vgl. sec. 287 CA 2006 i.V.m. § 35 Model Articles for Public Companies: „(1) No objection may be raised to the qualification of any person voting at a general meeting except at the meeting or adjourned meeting at which the vote objected to is tendered, and every vote not disallowed at the meeting is valid. (2) Any such objection must be referred to the chairman of the meeting, whose decision is final."; dazu *Kosmin/Roberts*, Company Meetings – Law, Practice and Procedure, 2008, Rn. 22.60.

[80] Grundlegend *Allen v. Gold Reefs of West Africa Ltd* [1900] 1 Ch. 656; eingehend *Gower/Davies*, Principles of Modern Company Law, 9th ed., 2012, Rn. 19-11.

das hiesige Beschlussmängelrecht. Er hält die Direktoren in sec. 171 (a) CA 2006 an, „[to] act in accordance with the company's constitution". Zur „constitution" zählen gemäß sec. 17 CA 2006 nicht nur die Satzungsbestimmungen, sondern auch die Beschlüsse der Hauptversammlung.

Rechtsvergleicher haben die Abstinenz aktienrechtlicher Anfechtungsklagen in den angelsächsischen Aktienrechten schon früh registriert. So wies etwa *Julius Lehmann* in seinem Gutachten zum 34. Deutschen Juristentag 1926 in Köln darauf hin, dass „das englisch-amerikanische Recht eine Sonderregelung der Nichtigkeit und Anfechtbarkeit von Generalversammlungsbeschlüssen überhaupt nicht [enthält]",[81] ohne den Dingen allerdings auf den Grund zu gehen. Wer tiefer schürft, stößt im Ausgangspunkt durchaus auf verwandte dogmatische Strukturen:[82] Hierzulande hatte das ROHG das Anfechtungsrecht rechtsfortbildend aus einem Anspruch jedes einzelnen Aktionärs gegen seine Gesellschaft auf gesetzes- und satzungsmäßige Beschlussfassung hergeleitet.[83] Ein ähnliches Recht haben auch die englischen Gerichte in bestimmten Fallgestaltungen anerkannt: „[S]hareholders are entitled to have the affairs of a company conducted in the way laid down by the company's constitution.",[84] wie es *Romer LJ* im Jahre 1959 formuliert hat.[85] Insbesondere können Aktionäre vor Gericht auf Unterlassung der Durchführung von Hauptversammlungsbeschlüssen klagen, die vom Unternehmensgegenstand nicht mehr gedeckt sind[86] – ein

---

[81] *Lehmann*, Gutachten über die Frage: Soll bei einer zukünftigen Reform des Aktienrechts eine Annäherung an das anglo-amerikanische Recht in grundlegenden Fragen stattfinden?, Verhandlungen des 34. Deutschen Juristentages 1926, Bd. I, S. 258, 327; s. auch *Hallstein* (Fn. 1), S. 279.

[82] In diese Richtung auch die frühe Züricher Dissertation von *Bachmann*, Die Sonderrechte des Aktionärs, 1901, S. 129: „Die Praxis der englischen *courts of equity* ist auf der Grundlage der Unterscheidung von *ultra* und *intra vires* der einzelnen Gesellschaftsorgane und der Annahme eines Einzelrechtes auf verfassungsgemäße Verwaltung zu Ergebnissen gekommen, die auf die Rechtsprechung wie auf die Gesetzgebung des kontinentalen Aktienrechts von größtem Einfluß geworden sind. Die Anfechtungsklage gegen Generalversammlungsbeschlüsse wird von der englischen Praxis analog behandelt der Klage gegen die Direktoren, indem auch hier zwischen *ultra* und *intra vires act* eine strenge Scheidung aufrecht erhalten wird. Die Klage zielt nicht immer bloß darauf ab, zu entscheiden, ob der betreffende Beschluß verfassungsgemäß oder verfassungswidrig ist und demnach fortbestehen oder aufgehoben werden soll, sondern mit ihr wird vielfach eine Schadensersatzklage für allfällig aus der Beschlussfassung entstandenen Vermögensschaden verbunden".

[83] Vgl. ROHGE 14, 354, 356 ff.; 23, 273, 275; ausführlich dazu unten II. 1.

[84] *Re H.R. Harmer Ltd* [1959] 1 WLR 62, 87.

[85] Näher dazu *Mayson/French/Ryan*, Company Law, 28th ed., 2011, Rn. 18.4.8 unter der Zwischenüberschrift „Lawfulness of Decision-Making as the Basis of the Personal Right Exception"; ferner *Gower/Davies* (Fn. 80), Rn. 3-28.

[86] Vgl. *Mayson/French/Ryan* (Fn. 85), Rn. 18.4.6: „Any one member of a company may ask a court to restrain it from doing something that is *ultra vires*, in the sense of being beyond the company's restricted objects or contrary to the general law or the

altehrwürdiges Klagerecht des *common law*,[87] das hierzulande bereits im
Vorfeld der Aktienrechtsnovelle von 1884 Beachtung gefunden hatte.[88]
Außerdem bestimmt sec. 301 CA 2006, dass ein Hauptversammlungsbeschluss (nur) dann wirksam zustande gekommen ist, wenn Hauptversammlung und Beschlussvorschlag ordnungsgemäß angekündigt worden waren
und die Versammlung selbst gemäß den gesetzlichen und statutarischen
Vorschriften durchgeführt wurde.[89] Damit enden freilich die Gemeinsamkeiten zum deutschen Recht.

Ein uneingeschränktes Klagerecht einzelner Aktionäre zur Geltendmachung von Beschlussmängeln hat das *common law* nie ausgebildet.[90] Vielmehr gilt das sog. *internal management principle*, wonach sich die Gerichte grundsätzlich nicht in die internen Vorgänge der Gesellschaft einmi-
schen, sofern die Gesellschaft selbst keine Klage erhebt.[91] Die maßgebliche Leitentscheidung stammt bereits aus dem Jahre 1875:

Companies Act. (…) This is an example of the court permitting a claim in respect of a
member's interest in having the affairs of the company conducted constitutionally." (Binnenzitate weggelassen); ferner *Ferran*, Company Law and Corporate Finance, 1999,
S. 317 f.: „A shareholder may seek a declaration or an injunction against the company for
breach of the statutory contract".

[87] Vgl. *Simpson v. Westminster Palace Hotel Co* (HL 1860) 8 HL Cas 712; *Hutton v.
West Cork Railway Co* (1883) L.R. 23 Ch. D. 654; für eine zwischenzeitliche Kodifizierung sec. 35(2) des *Companies Act 1985*.

[88] Vgl. *Behrend*, in: Wiener/Goldschmidt/Behrend (Hrsg.), Zur Reform des Actien-
gesellschaftswesens. Drei Gutachten auf Veranlassung der Eisenacher Versammlung,
1873, S. 37, 77: „*Becker* verlangt a.a.O. noch außerdem die Möglichkeit richterlicher
Inhibitorien, um die Ausführung angefochtener Beschlüsse zu hintertreiben. Auch dies
Verlangen ist meines Erachtens durchaus gerechtfertigt; die englische Praxis namentlich
macht von solchen Inhibitorien, wenn der Beschluß der Gen. Vers., wie es dort heißt,
ultra vires geht, in sehr ausgedehntem Umgang Gebrauch."; ferner *Bachmann* (Fn. 82),
S. 130 f. mit Fn. 3: „Die englische Gerichtspraxis kennt die richterlichen Inhibitorien
gegen die Ausführung verfassungswidriger Generalversammlungsbeschlüsse ebenfalls in
ausgedehntem Maße für den Fall von *ultra vires acts*, in dem jeder Aktionär vom Gericht
eine sog. *injunction* (Einspruch) erwirken kann".

[89] Wörtlich heißt es: „A resolution of the members of a company is validly passed at
a general meeting if (a) notice of the meeting an of the resolution is given, and (b) the
meeting is held and conducted, in accordance with the provisions of this Chapter (and,
where relevant, Chapter 4) and the company's articles."; dazu auch *Ringe/Otte*, in:
Triebel u.a. (Fn. 77), Kap. V, § 7 Rn. 206: „Zwar folgt aus sec. 301 CA 2006 im
Umkehrschluss, dass ein Gesellschafterbeschluss grundsätzlich unwirksam ist, wenn er
gegen die Satzung oder die verfahrensrechtlichen Vorschriften der Hauptversammlung
verstößt".

[90] Vgl. *Ringe/Otte*, in: Triebel u.a. (Fn. 77), Kap. V, § 3 Rn. 72: „Jedoch ist der
Anspruch auf Einhaltung der Satzung inhaltlich zweifach begrenzt: […]. Der Grund für
diese Einschränkung ist mit dem Rechtsgedanken aus *Foss v. Harbottle* verknüpft: Verstöße, die zulasten der Gesellschaft gehen, sind von dieser (und nur von dieser) rechtlich
geltend zu machen".

[91] Vgl. *Mayson/French/Ryan* (Fn. 85), Rn. 18.4.4: „The internal management principle is that the court will not interfere with the internal management of companies acting

„I think it is of utmost importance in all these companies that the rule which is well known in this court as the rule in [...] Foss v Harbottle should be always adhered to; that is to say, that nothing connected with internal disputes between the shareholders is to be made the subject of a bill [= the equivalent of a claim form] by some one shareholder on behalf of himself and others, unless there be something illegal, oppressive, or fraudulent – unless there is something ultra vires on the part of the company qua company, or on the part of the majority of the company, so that they are not fit persons to determine it, but that every litigation must be in the name of the company, if the company really desire it.“[92]

Allerdings dürfen einzelne Aktionäre dann gegen einen Hauptversammlungsbeschluss vorgehen, wenn sie durch ihn in eigenen (Mitgliedschafts-) Rechten verletzt worden sind.[93] Wann ein solches *personal right* vorliegt, ist Gegenstand einer unübersichtlichen und nicht ganz widerspruchsfreien Rechtsprechung.[94] Vorschläge, diese persönlichen (Klage-)Rechte auszuweiten oder wenigstens einer gesetzlichen Definition zuzuführen,[95] haben im Rahmen der Gesellschaftsrechtsreform von 2006 keine Mehrheit gefunden.[96] Liegt eine persönliche Rechtsverletzung vor, sind für den klagenden Aktionär allerdings noch weitere Hürden zu überwinden. Hierzu gehört namentlich das sog. *irregularity principle*, wonach rein interne Unregelmäßigkeiten die Wirksamkeit eines Beschlusses unberührt lassen.[97] Zudem

---

within their powers. The proper claimant aspect of this principle is that the court will not determine a question concerning what it regards as the internal management of a company except in proceedings brought by the company itself“.

[92] *MacDougall v. Gardiner* (CA 1875) 1 Ch. D. 13, 20–21.

[93] Vgl. *Mayson/French/Ryan* (Fn. 85), Rn. 18.4.5.

[94] Für einen Überblick *Mayson/French/Ryan* (Fn. 85), Rn. 18.4.5.

[95] Vgl. Company Law Review Steering Group, Developing the Framework, March 2000, Rn. 4.91: „Should a member have a personal right to enforce *all* provisions in a company's constitution, eg to enforce outsider rights or provisions relating to the conduct of directors' meetings? Clearly not, in our view – this would infringe the proper plaintiff and majority rule principles. But nor would we support the rule that rights under a company's constitution can *never* be enforced by the individual member. [...] Since some, but not all, of the rights should be enforceable personally it follows that a definition of those which are is required“.

[96] Vgl. Company Law Steering Group, Final Report, July 2001, Rn. 7.34–7.37; ferner *Gower/Davies* (Fn. 80), Rn. 3-28: „However, the 2006 Act does not take up this proposal and so the uncertainties of the case law, discussed above, remain“.

[97] Vgl. *Mayson/French/Ryan* (Fn. 85), Rn. 18.5: „The court will reject a claim that a decision taken by the members (or directors) of a company is invalid if the only factor alleged to invalidate it is a mere informality or irregularity and the intention of the members (or directors) is clear.“; ähnlich *Ferran* (Fn. 86), S. 317: „Secondly, even a failure to comply with a provision of a memorandum and articles which does affect members in their capacity as members does not necessarily entitle an aggrieved party to seek a contractual remedy. The court will not act in vain and if the failure amounts simply to a procedural irregularity, the court will stand back and allow the company to take steps to remedy the position itself. What amounts to a procedural irregularity has to

werden bestimmte Mängel bereits von Gesetzes wegen als folgenlos eingestuft; beispielsweise bestimmt sec. 313 CA 2006, dass das versehentliche
Übergehen von Aktionären bei der Einberufung oder bei der Mitteilung
von Beschlussvorlagen für die Wirksamkeit des Gesellschafterbeschlusses
unschädlich ist.[98]

Die geringere Kontrolldichte von Hauptversammlungsbeschlüssen setzt
sich in materiellrechtlicher Hinsicht fort: Nach englischer Rechtstradition
steht die Ausübung des Stimmrechts grundsätzlich im Belieben des Gesellschafters, weil Aktien als reine Eigentumspositionen angesehen werden;[99]
außerdem erkennen die Gerichte Treuepflichten zwischen Mitgesellschaftern bis heute nicht an.[100] Vor diesem Hintergrund bleibt wenig Raum für
eine materielle Beschlusskontrolle, wie sie RG und BGH hierzulande aus-
geformt und stetig verfeinert haben.[101] Neben diesen tief greifenden Unterschieden im Grundverständnis der Gesellschafterstellung mag der geringere Stellenwert des Beschlussmängelrechts auch mit der andersartigen
Aktionärsstruktur englischer Gesellschaften zusammenhängen: Bei dem
dort vorherrschendem Streubesitz (*dispersed ownership*) spielt der Konflikt zwischen Anteilseignern und Verwaltung eine größere Rolle als der
zwischen Groß- und Kleinaktionär. Daher erscheint eine schlagkräftige
Direktorenhaftung wichtiger als ein schneidiges Beschlussmängelrecht.

b) Vereinigte Staaten

Auch in den Vereinigten Staaten muss man Vorschriften zur Beschlussmängelklage mit der Lupe suchen.[102] Ein dogmatisch durchgebildetes und

---

[98] Vgl. *Gower/Davies* (Fn. 80), Rn. 15-66.

be considered on a case-by-case basis as there is little consistency in the reported
decisions."; außerdem *Gower/Davies* (Fn. 80), Rn. 3-18.

[99] Vgl. *Caruth v. ICI Ltd* [1937] AC 707, 765: „When however, as in the present
case, neither course has been taken, it is difficult to see how the validity of the
resolutions (if duly passed) can be disputed; for the shareholder's vote is a right of
property, and prima facie may be exercised by a shareholder as he thinks fit in his own
interest."; außerdem *Gower/Davies* (Fn. 80), Rn. 19-9: „It has also been repeatedly laid
down that votes are proprietary rights, like other incidents of shares, which the holder
may exercise in his or her own selfish interests even if these are opposed to those of the
company. (…) Thus, it is wrong to see the voting powers of shareholders as being of a
fiduciary character".

[100] Vgl. *Northern Counties Securities Ltd v. Jackson & Steeple Ltd* [1974] 1 WLR
1133, 1144; *Davies*, Introduction to Company Law, 2d ed. 2010, S. 238: „British law has
never taken this step".

[101] Vgl. die Nachweise in Fn. 8.

[102] Rechtsvergleichend zum Verhältnis von *rescission suits* und *derivative suits*
jüngst *Gelter*, 37 Brook J. Int'l L. 843, 881 ff. (2012); aus deutscher Sicht *Becker*, Ver-
waltungskontrolle durch Gesellschafterrechte, 1997, S. 295 ff.; *Jarzembowski*, Fehlerhafte Organakte nach deutschem und amerikanischen Aktienrecht, 1982, S. 110 ff.;
Mack, Anfechtbarkeit von Hauptversammlungsbeschlüssen unter besonderer Berücksich-

von anderen Rechtsbehelfen systematisch abgeschiedenes Beschlussmängel (klage)recht nach dem Muster der §§ 241 ff. AktG ist den Gesellschafts- gesetzen der US-amerikanischen Gliedstaaten grundsätzlich fremd.[103] Sondervorschriften finden sich in den führenden Jurisdiktionen lediglich zur Überprüfung der Wirksamkeit gesellschaftsrechtlicher Wahlen,[104] etwa in § 225a des *Delaware General Corporation Law*, § 619 des *New York Business Corporation Law* oder § 709 des *California Corporations Code*. In der Rechtspraxis dominiert stattdessen das abgeleitete Einzelklagerecht des Aktionärs gegen Verwaltungsmitglieder, die sog. *derivative action*[105], von der man mit Recht sagt, sie entspreche gemessen an der Häufigkeit ihres Vorkommens der Beschlussanfechtungsklage im deutschen Recht.[106]

Die Unterschiede zwischen *derivative action* und Beschlussmängelklage stechen sofort ins Auge: Erstere richtet sich gegen Maßnahmen der Ver- waltung, letztere gegen Beschlüsse der Anteilseignerversammlung.[107] Blickt man dagegen nicht auf den Angriffsgegenstand, sondern auf das geschützte Aktionärsinteresse, so zeigen sich in den historischen Anfängen beider Rechtsfiguren durchaus Gemeinsamkeiten:[108] Ebenso wie das ROHG die Anerkennung der Anfechtungsklage im Jahre 1874 mit dem Anspruch jedes Aktionärs auf gesetzes- und satzungsmäßiges Gesellschaftshandeln begrün-

---

tigung des Verschmelzungsbeschlusses, dargestellt am deutschen und amerikanischen Recht, 1993; zusammenfassend *Baums* (Fn. 2), F 45 ff.

[103] Vgl. *Becker* (Fn. 102), S. 296: „Mit Ausnahme einiger Jurisdiktionen, die in ihren Korporationsgesetzen verselbständigte Rechtsbehelfe eingeführt haben, kennt das ameri- kanische Gesellschafts- und Prozeßrecht keine Sonderverfahren für die Anfechtung von Generalversammlungsbeschlüssen nach dem Vorbild der §§ 241 ff. AktG."; ähnlich *Baums* (Fn. 2), F 45; sowie *Mack* (Fn. 102), S. 294: „Das amerikanische corporation law stellt für die Geltendmachung von fehlerhaften Beschlüssen des shareholder meetings keine der Anfechtungsklage vergleichbare spezialgesetzlich geregelte Klagemöglichkeit zur Verfügung. Es ist vielmehr erforderlich, auf die allgemeinen gesellschaftsrechtlichen Klageformen der *derivative suit* und der *individual suit* zurückzugreifen".

[104] Näher dazu *Becker* (Fn. 102), S. 314 ff.

[105] Dazu etwa *Cox/Hazen*, Corporations, 2d ed., 2004, S. 415 ff.

[106] So *Becker* (Fn. 102), S. 83; zuletzt *Gelter*, 37 Brook. J. Int'l L. 843, 883 (2012): „Of course, suits to determine the validity of a shareholder resolution are possible in the United States as well. But given the large number of significant shareholder votes and the prevalence of concentrated ownership structures in Continental Europe, the suits address some of the issues that would be litigated in shareholder derivative suits or class actions in the United States, thus making the absence of such suits a much less significant con- cern".

[107] Dazu auch *Becker* (Fn. 102), S. 83 f.: „Im amerikanischen Recht ist der Rechts- behelf verwaltungsbezogen, im deutschen Recht war seine Stoßrichtung lange Zeit auf die Hauptversammlung gelenkt".

[108] So tendenziell auch *Becker* (Fn. 102), S. 83: „Nach dem zuletzt Gesagten liegen die Konzeptionen der Gesellschafterkontrollrechte in Deutschland und den USA sehr nah beieinander".

dete,[109] hatte der *US Supreme Court* im Jahre 1855 einem Aktionär die Befugnis zugebilligt, ersatzweise für die Gesellschaft ein gesetzes- und satzungskonformes Verhalten der Verwaltung (*board of directors*) zu erzwingen.[110] Wenig später entfernten sich die Gesellschafterklagesysteme dann voneinander: Der deutsche Reformgesetzgeber von 1884 konzentrierte den Rechtsschutz der Aktionäre in der stark formalisierten Anfechtungsklage und stand weiteren Individualrechten des Aktionärs höchst zurückhaltend gegenüber.[111] Dieser Vorrang der Anfechtungsklage vor anderen Rechtsbehelfen hat sich im Kern bis heute behauptet.[112] Demgegenüber vermied die US-amerikanische Spruchpraxis eine Fixierung auf rechtswidrige Gesellschafterbeschlüsse und entwickelte eine Fülle konkurrierender Rechtsbehelfe mit ganz verschiedenen Klagezielen: So kann ein Aktionär vorbeugenden Rechtsschutz gegen eine angekündigte Beschlussfassung in Anspruch nehmen, die Nichtigerklärung eines getroffenen Hauptversammlungsbeschlusses feststellen lassen oder dessen Ausführung durch die Verwaltung zu verhindern suchen.[113]

Unter diesem Blickwinkel haben Pfadabhängigkeiten zu den grundkonzeptionellen Unterschieden der Gesellschafterkontrollrechte beigetragen: Hierzulande hat die frühe Kodifikation des Anfechtungsrechts durch die Aktienrechtsnovelle von 1884 zu einer Kanalisierung des Rechtsschutzes auf die Beschlussmängelklage geführt, während die geschmeidigere *equity*-Rechtsprechung in den Vereinigten Staaten jede Verengung auf ein bestimmtes Angriffs- und Klageziel vermied. Hinzu gesellen sich zwei weitere Erklärungsfaktoren. Zum einen lässt sich die geringe Bedeutung der Beschlussmängelklagen jenseits des Atlantiks auch auf Unterschiede in der Aktionärsstruktur zurückführen:[114] In der *Berle-Means corporation* US-amerikanischen Zuschnitts kommt es vor allem auf eine wirkungsvolle

---

[109] Vgl. ROHGE 23, 273, 275 ff.; näher unten II. 1.

[110] Vgl. *Dodge v. Woolsey*, 1 U.S. 284, 292: „It is no longer doubted, either in England or the United States, that courts of equity, in both, have a jurisdiction over corporations, at the instance of one or more of their members; to apply preventive remedies by injunction, to restrain those who administer them from doing acts which would amount to a violation of charters (…). And the jurisdiction extends to inquire into, and to enjoin, as the case may require that to be done, any proceedings by individuals, in whatever character they may profess to act, if the subject of complaint is an imputed violation of a corporate franchise, or the denial of a right growing out of it, for which there is not an adequate remedy at law".

[111] Rückblickend *Hommelhoff*, in: Schubert/Hommelhoff (Hrsg.), Hundert Jahre modernes Aktienrecht, 1985, S. 53, 97; ausführlich dazu unten II. 1.

[112] Dazu *Baums* (Fn. 2), F 50; zum nur ganz ausnahmsweise statthaften einstweiligen Rechtsschutz vor einer Beschlussfassung der Hauptversammlung OLG München ZIP 2006, 2334, 2335; *Weber/Kersjes* (Fn. 3), § 4 Rn. 3; noch strenger *Hüffer*, in: Münch Komm AktG (Fn. 8), § 243 AktG Rn. 153.

[113] Vgl. *Baums* (Fn. 2), F 46 m.w.N.

[114] Ebenso *Baums* (Fn. 2), F 49; jüngst *Gelter*, 37 Brook. J. Int'l L. 843, 883 (2012).

Managementkontrolle durch Organhaftungsklagen an, während im hiesigen *blockholder*-System treuepflichtgestützte Anfechtungsklagen für den notwendigen Minderheitsschutz vor einem Missbrauch der Mehrheitsmacht sorgen. Zum anderen muss man berücksichtigen, dass die Zuständigkeiten der *shareholders* im US-amerikanischen Korporationsrecht deutlich hinter denen einer deutschen Hauptversammlung zurückbleiben:[115] Ihnen fehlt in den meisten Gesellschaftsangelegenheiten ein Initiativrecht,[116] und sie dürfen nur über einen begrenzten Kreis von Geschäften abstimmen. Kurzum: Die Verwaltung agiert, die Hauptversammlung reagiert.[117] Wo die Hauptversammlung ausnahmsweise über zentrale Kompetenzen verfügt, namentlich bei der Direktorenwahl, da stehen den Aktionären in den führenden Jurisdiktionen auch gesetzliche Wahlanfechtungsklagen zur Verfügung.[118] Schließlich sei noch einmal hervorgehoben, dass die vergleichende Gegenüberstellung von *derivative action* und Beschlussmängelklage nicht im Sinne einer funktionalen Vertauschbarkeit missverstanden werden darf. Vielmehr bedarf es für ein funktionierendes innerverbandliches Kontrollsystem *beider* Rechtsschutzformen.[119]

---

[115] Vgl. *Bainbridge*, Corporation Law and Economics, 2002, S. 441: „The vast majority of corporate decisions accordingly are made by the board of directors. [...] Shareholders have virtually no right to initiate corporate action and, moreover, are entitled to approve or disapprove only a very few board actions."; ähnlich *Gordon*, 60 U. Cin. L. Rev. 347, 351 (2003): „Thus for the large public corporation the pattern of delegation gives management virtually unbounded decisionmaking authority over business matters and agenda controlling over significant changes in the management-shareholder relationship."; rechtsvergleichend *Fleischer*, in: Bayer/Habersack (Hrsg.), Aktienrecht im Wandel, Bd. II, 2007, 10. Kap. Rn. 46 ff. und passim, S. 453 ff.; zuletzt *Gelter*, 37 Brook. J. Int'l L. 843, 881–882 (2012): „The rescission, or nullification, suit is of considerable significance in several Continental European countries given the frequency of shareholder votes. Shareholders generally need to vote on more issues than their American counterparts".

[116] Eingehend *Bebchuk*, 118 Harv. L. Rev. 833, 844 ff. (2005).

[117] Vgl. *Bainbridge*, 97 Nw. U. L. Rev. 547, 559 (2003): „The statutory decisionmaking model is thus one in which the board acts and the shareholders, at most, react".

[118] Vgl. den Text zu Fn. 104.

[119] Ebenso *Becker* (Fn. 102), S. 300: „Die praktische Notwendigkeit beider Rechtsschutzformen erhellt aus der Überlegung, dass es Geschäftsführungsakte gibt, die sich nicht auf einen Gesellschafterbeschluß zurückführen lassen und die in einer Rechtsordnung sanktionslos bleiben müßten, die Rechtsschutz ausschließlich gegen Beschlüsse bereitstellt. Umgekehrt existieren Beschlüsse von Gesellschaftern oder von anderen Gesellschaftsorganen, welche gar keines wieteren Vollzugsaktes von seiten der Verwaltung mehr bedürfen und deshalb Rechtsschutzlücken in einem System verursachen müßten, welches eine Geschäftsführungshandlung zum alleinigen Bezugspunkt eines Rechtsbehelfs macht".

3. Frankreich und Belgien

Frankreich und Belgien gehören beide zu den gesetzlichen „Spätstartern" im aktienrechtlichen Beschlussmängelrecht.

a) Frankreich

Das französische Kapitalgesellschaftsrecht kannte trotz vieler aktienrechtlicher Novellen lange Zeit kein gesetzlich geregeltes Anfechtungsrecht. Dies mag nicht zuletzt daran gelegen haben, dass die Rechtsprechung auch nach Einführung des Normativsystems im Jahre 1867 an dem streng vertraglichen Charakter der Statuten festgehalten und jeden nicht mit Zustimmung aller Aktionäre gefassten Statutenänderungsbeschluss als schlechthin nichtige Vertragsverletzung angesehen hatte.[120] Erst mit Einführung des Mehrheitsprinzips für sämtliche Hauptversammlungsbeschlüsse im Jahre 1913 stellte sich das Anfechtungsproblem in voller Schärfe. Die Spruchpraxis hatte schon im Vorgang das Anfechtungsrecht vorsichtig-tastend anerkannt,[121] wenn auch mit terminologischen Unschärfen: Sie sprach teils von einer *annulabilité* (*action en annulation*), teils von einer *nullité* (*action en nullité*).[122] Für eine Verkürzung der Klagefrist im Interesse der Rechtssicherheit sahen Gesetzgebung und Spruchpraxis – anders als im deutschen Recht – dagegen keine Veranlassung:

„Nous avons déjà dit que, – si les Allemands ont enfermé cette action dans un délai très court d'un mois, en excluant en outre les actionnaires presents et non immédiatement

---

[120] So die Deutung bei *Ensslin* (Fn. 41), S. 25.

[121] Vgl. Cass. req., 20.6.1898, Rec. Sirey, 1899, 1, 257 mit Anm. *Wahl*; Cass. civ., 4.7.1911, D. 1911, 1, 449 mit Anm. *Percerou*. Für eine frühe rechtsvergleichende Standortbestimmung aus dem Jahre 1901 *Bachmann* (Fn. 82), S. 129: „Das französische Recht kennt so wenig wie das englische eine gesetzliche Normierung des Anfechtungsrechts verfassungswidriger Generalversammlungsbeschlüsse. Die französische Rechtspraxis gibt jedoch im Falle eines *excès de pouvoir* der Generalversammlung in gleicher Weise wie gegen die Kompetenzüberschreitung eines andern Gesellschaftsorgans eine *action individuelle*, die dem Einzelaktionär wie auch dem Dritten zusteht, der ein vermögensrechtliches Interesse geltend zu machen vermag. […] Daneben finden sich bereits Anfänge in der französischen Praxis zu der *action individuelle en nullité de la délibération*, eine Anfechtungsklage, die eine Entscheidung darüber anstrebt, ob der betreffende Generalversammlungsbeschluss rechtskräftig oder ungültig ist".

[122] Dazu *Thaller/Percerou*, Traité élémentaire de droit commercial, 8° éd., 1931, n° 686 bis: „Mais, dès l'instant que la mesure est irrégulière soit dans la forme, soit dans le fond, chaque intéressé peut provoquer l'annulation de la délibération et plaider à cet effet contre la société prise en la personne de ses gérants et administrateurs."; ferner *Hamel/Lagarde*, Traité de droit commercial, Tome 1, 1954, n° 693: „Les irrégularités de forme ou de fond ont pour sanction la nullité de tout ou partie des délibérations. Elles présentent les caractères des nullités de sociétés édictées par la loi de 1867 et, comme elles, peuvent être couvertes tant qu'il n'a pas été statué au fond; comme elles, elles sont prescrites par cinq ans".

protestataires, du pouvoir de l'exercer – rien ne limite dans notre propre droit l'action en nullité (si ce n'est la réparation du vice et la prescription de dix ans, par analogie des règles établies en 1893 à l'égard de l'action en nullité de la société elle-même)."[123]

Die heutige Regelung geht zurück auf die Artt. 360 ff. des Gesetzes vom 24. Juli 1966 über die Handelsgesellschaften, die im Jahre 2000 in nur leicht veränderter Form in den Artt. L. 235-1 bis L. 235-14 des konsolidierten *Code de commerce* aufgegangen sind. Verglichen mit den deutschsprachigen Aktienrechten fällt sie durch eine Reihe von Besonderheiten aus dem Rahmen:

– *Erstens* enthält der *Code de commerce* kein eigenständiges Beschlussmängelrecht, sondern fasst in Art. L. 235-1 C. com. drei verschiedene Fehlertatbestände für alle Handelsgesellschaften zusammen: Mängel des Gründungsaktes, Mängel bei Satzungsänderungen und Mängel von sonstigen Rechtsakten oder Gesellschafterbeschlüssen. Gewöhnliche Gesellschafterbeschlüsse sind nach Art. L. 235-1 al. 2 C. com. angreifbar, wenn sie eine zwingende Vorschrift aus dem Zweiten Buch des *Code de commerce* oder aus Gesetzen über das Vertragsrecht verletzen.[124] Auch ohne gesetzliche Grundlage lässt die Spruchpraxis einen Missbrauch der Mehrheitsmacht (*abus de majorité*) als Klagegrund zu.[125]

– *Zweitens* unterscheiden die Beschlussmängelvorschriften nicht zwischen Anfechtbarkeit, Nichtigkeit und Unwirksamkeit, sondern verwenden durchweg den Einheitsbegriff der *nullité*, der schwer zu übersetzen ist:[126] Die *nullité* eines Gesellschafterbeschlusses tritt jedenfalls nicht automatisch ein, sondern muss vom Richter ausdrücklich festgestellt und verkündet werden, entfaltet dann aber Rückwirkung.

– *Drittens* differenzieren Rechtsprechung und Doktrin im Rahmen der Anfechtungsbefugnis zwischen *nullité absolue* und *nullité relative*[127]: Im zweiten Fall kann die *nullité* nur von jenen Personen geltend gemacht werden, die das Gesetz schützen will.[128] Dies führt zur Einschränkung der Kla-

---

[123] *Thaller/Percerou* (Fn. 122), n° 686 bis.

[124] Näher dazu *Ripert/Roblot/Germain*, Les sociétés commerciales, 19° éd., 2009, Rn. 1585.

[125] Vgl. *Ripert/Roblot/Germain* (Fn. 124), Rn. 1586.

[126] Vgl. auch die rechtsvergleichende Bemerkung von *Böckli* (Fn. 50), § 16 Rn. 216. „Jedes europäische Land hat da seine eigene Tradition – so erwärmen die Franzosen sich seit je (und weiterhin) für die Rechtsfolge der ‚nullité' auch von Akten der Leitungsorgane".

[127] Dazu *Le Cannu/Donderot*, Droit des sociétés, 3° éd., 2009, Rn. 468: „Parmi les nullités des actes et des délibérations des organes sociaux, la jurisprudence distingue celles qui sanctionnent 'un vice de portée générale' et celles qui ont pour objet 'la protection d'intérêts particuliers'. Les premières, nullités absolues, peuvent être invoquées par toute personne. Les autres, nullités relatives, peuvent être invoquées par la ou les personnes que la loi a entendu protéger".

[128] Vgl. *Cozian/Viandier/Deboissy*, Droit des sociétés, 23° éd., 2010, Rn. 426.

gebefugnis von Nichtgesellschaftern; Gesellschafter sind dagegen grundsätzlich klagebefugt und besitzen auch ein Rechtsschutzbedürfnis, weil sie ein Interesse an der Einhaltung der Gesellschaftsgesetze haben.[129]

– *Viertens* gewährt das Gesetz dem Richter in bestimmten Fällen einen Ermessensspielraum bei der Erklärung der *nullité*: Er muss dann anhand der Umstände des Einzelfalls beurteilen, ob es zweckmäßig ist, den fehlerhaften Gesellschafterbeschluss für nichtig zu erklären.[130]

– *Fünftens* sieht Art. L. 235-9 C. com. für Beschlussmängelklagen bis heute[131] eine vergleichsweise lange Verjährungsfrist vor: Sie beträgt grundsätzlich drei Jahre (al. 1), ist aber in jüngerer Zeit für Verschmelzungs- und Spaltungsbeschlüsse auf sechs Monate (al. 2) sowie für Kapitalerhöhungsbeschlüsse auf drei Monate (al. 3) verkürzt worden.[132]

Insgesamt stellt das heutige Schrifttum dem französischen Beschlussmängelrecht kein sehr günstiges Zeugnis aus: Die einschlägigen Vorschriften, die für Personengesellschaften noch durch Art. 1844-10 al. 3 des *Code civil* ergänzt werden, gelten als lückenhaft und wenig klar:

„Il faut dire que l'articulation du Code civil et du Code de commerce laisse en la matière quelque peu à désirer et que les textes, particulièrement sibyllins, ne brillent pas par leur clarté."[133]

Auch die Spruchpraxis wartet immer wieder mit überraschenden, wenig nachvollziehbaren Einzelentscheidungen auf.[134]

---

[129] Vgl. *Le Cannu/Donderot* (Fn. 127), Rn. 469; aus der Rechtsprechung Cass. 3ième, 21.10.1998, Bull. Joly 1999, 107, § 24, wonach sich jeder Gesellschafter auf das Fehlen der Einladung eines anderen Gesellschafters berufen kann.

[130] Vgl. *Cozian/Viandier/Deboissy* (Fn. 128), Rn. 426: „pouvoir d'appréciation des juges"; *Ripert/Roblot/Germain* (Fn. 124), Rn. 1327: „Dans certains cas, la loi reconnaît expressément au juge saisi un pouvoir d'appréciation; ainsi, lorsque la nullité est encourue pour défaut de communications des documents sociaux (art. L. 223-26, al. 2) ou convocation irrégulière d'une assemblée. Déjà, la tendance de la jurisprudence était de ne prononcer la nullité pour vice de forme que si l'irrégularité avait faussé le résultat du vote".

[131] Vgl. bereits oben den Text zu Fn. 123.

[132] Vgl. *Le Cannu/Donderot* (Fn. 127), Rn. 471: „Le législateur moderne a tendance à créer des prescriptions spéciales plus brèves; c'est le cas pour les fusions et les scissions (six mois à compter de la dernière publicité) et des augmentations de capital des sociétés par actions (trois mois à partir de l'assemblée générale suivant la décision d'augmentation)".

[133] Vgl. *Cozian/Viandier/Deboissy* (Fn. 128), Rn. 417.

[134] Jüngst etwa Cass. com., 30.5.2012, D. 2012, 1581 mit Anm. *Dondero* = Droit des Sociétés 2012, n° 140 m. Anm. *Rousille*: „N'est-il pas surprenant que celui qui détient seulement un peu plus de la majorité des droits de vote (51%) puisse adopter seul des décisions extraordinaires en violation complète des règles de majorité, et ce d'autant plus lorsqu'elles conduisent à un coup d'accordéon? C'est pourtant ce qu'admet la Cour de cassation dans un arrêt, honoré d'une publication au Bulletin. La solution paraît bien contestable, tant en opportunité qu'en droit".

b) Belgien

In Belgien ist das Beschlussmängelrecht für alle Kapitalgesellschaften gleichermaßen erst im Jahre 1993 im *Code des sociétés* festgeschrieben worden mit dem Ziel, „[de] réduire la relative insécurité juridique existant en matière d'annulation des décisions de l'assemblée générale".[135] Wie das französische Recht unterscheidet der *Code des sociétés* in Art. 64 nicht zwischen Anfechtbarkeit und Nichtigkeit, sondern verwendet den Einheitsbegriff der *nullité*. Als Gründe für eine *nullité* nennt er: (1) Formverstöße, die Einfluss auf die Beschlussfassung haben konnten, (2) absichtliche Missachtung der Tagesordnung oder der Regeln zur Durchführung der Hauptversammlung, (3) Überschreitung oder Missbrauch von Mehrheitsbefugnissen, (4) Ausübung ruhender Stimmrechte, (5) alle anderen im *Code des sociétés* vorgesehenen Gründe.[136] Ebenso wie in Frankreich unterscheidet die herrschende Lehre zwischen *nullité absolue* und *nullité relative*.[137]

Klagebefugt ist nach Art. 178 *Code des société* jeder Betroffene (*tout intéressé*), wofür nach der Legaldefinition in Art. 17 und 18 *Code Judiciaire* ein berechtigtes persönliches Interesse im Zeitpunkt der Klageerhebung vorliegen muss. Unter dieser Voraussetzung können auch Nichtaktionäre, etwa Gläubiger[138] oder Arbeitnehmer, klagen.[139] Für Aktionäre reicht nach herrschender Lehre das Interesse an einem gesetz- und satzungsmäßigen Hauptversammlungsbeschluss allein nicht aus:

„L'affirmation, que l'on retrouve sous la plume des meilleurs auteurs, selon laquelle ‚tous les actionnaires ont droit au respect des règles de fonctionnement de l'institution' doit donc être nuancée ou, à tout le moins, replacée dans son contexte: L'actionnaire ne peut se plaindre de la violation d'une règle que si celle-ci est destinée à le protéger ou si elle est d'ordre public."[140]

---

[135] Doc. Parl., Ch. 1989/90, 1214/1, p. 33; dazu auch *Pottier/Coibion*, in: Commentaire Systématique du Code des Sociétés, Loseblatt, Stand: 2002, unter I: „L'article 64 du C. soc. est, en partie, une reformulation de l'article 190*bis* des LCSC, lui-même introduit par la loi du 29 juin 1993 promulguant un régime de nullité applicable à toute décision d'assemblée générale. [...] Le régime des nullités introduit par cette loi de 1993 s'est largement inspiré des principes et des règles qu'appliquaient la doctrine el la jurisprudence jusqu'alors".

[136] Näher *Malherbe/de Cordt/Lambrecht/Malherbe*, Droit des sociétés, 4° éd., 2011, S. 771 ff.; *Willermain*, in: Nicaise (Hrsg.), Actualités en droit des sociétés, 2006, S. 57, 60 ff.

[137] Vgl. *Willermain*, in: Nicaise (Fn. 136), S. 57, 94 f.

[138] Vgl. Comm. Mons (réf.), 14 juillet 2000, T.R.V., 2000, p. 389 mit Anm. *Tas*.

[139] Vgl. *Malherbe/de Cordt/Lambrecht/Malherbe* (Fn. 136), S. 785: „Après avoir déclaré recevable une action en nullité introduite, pour cause de détournement de pouvoir, par un créancier ou un travailleur, voire un consommateur [...]".

[140] *Willermain*, in: Nicaise (Fn. 136), S. 57, 95.

Zudem ist ein Aktionär, der für den Beschluss gestimmt hat, nach Art. 178 *Code des sociétés* nicht mehr klagebefugt. Gleiches gilt für denjenigen, der ausdrücklich oder konkludent auf sein Klagerecht verzichtet hat, es sei denn, es wurde eine Vorschrift der öffentlichen Ordnung verletzt. Die Anfechtungsfrist beträgt nach Art. 198 Abs. 2 *Code des sociétés* sechs Monate ab Beschlussfassung bzw. Kenntnisnahme des Aktionärs von der Beschlussfassung.[141] Die Anfechtungsklage entfaltet keine aufschiebende Wirkung; nach § 179 Abs. 1 *Code des sociétés* muss ein Aktionär vielmehr einen gerichtlichen Antrag auf vorläufige Aussetzung der Beschlussausführung stellen.[142] Die vorgestellten Beschlussmängelvorschriften werden entsprechend auf die Entscheidungen anderer Gesellschaftsorgane angewandt.[143]

4. Italien, Griechenland, Spanien

Die Regeln des Beschlussmängelrechts in Italien, Griechenland und Spanien bewegen sich grundsätzlich in konventionellen Bahnen. In Einzelfragen haben alle drei Rechtsordnungen aber innovative Reformmaßnahmen ergriffen. Den Anfang machte Italien mit seiner Kapitalgesellschaftsrechtsreform von 2003, die zu einem „Rückbau von Gesellschafterrechten bei der Beschlussanfechtung"[144] geführt und im Schrifttum ein enormes Echo gefunden hat.[145]

a) Italien

Ursprünglich hatte sich der *Codice di commercio* von 1842, der im Jahre 1865 in ganz Italien Gesetz wurde, über das Bestehen eines aktienrechtlichen Anfechtungsrechts ausgeschwiegen. Gestützt auf Art. 149 *Codice di commercio* (heute: Art. 2377 (1) *Codice civile*), wonach ein im Rahmen der gesetzlichen und statutarischen Bestimmungen gefasster Hauptversammlungsbeschluss für alle Aktionäre bindend ist, auch wenn sie an der Hauptversammlung nicht teilgenommen oder dem Beschluss nicht zugestimmt haben, erkannte die Spruchpraxis im Umkehrschluss die Anfecht-

---

[141] Für zu kurz halten dies *Malherbe/de Cordt/Lambrecht/Malherbe* (Fn. 136), S. 787: „La brièveté de ce délai fait primer, sans doute de manière excessive, la sécurité juridique par rapport aux intérêts particuliers".

[142] Eingehend dazu *Willermain*, in: Nicaise (Fn. 136), S. 57, 90 ff.

[143] Näher *Willermain*, in: Nicaise (Fn. 136), S. 83 f.

[144] So die Zwischenüberschrift des rechtsvergleichenden Beitrags von *Kindler*, ZEuP 2012, 72, 80.

[145] Dazu *d'Alcontres*, in: Abbadessa/Portale (Hrsg.), Il nuovo diritto delle società, Liber amicorum Gian Franco Campobasso, Vol. 2, 2006, S. 169: „La nuova disciplina dell'invalidità delle deliberazioni dell'assemblea di s.p.a., già prima dell'entrata in vigore, nel suo testo definitivo, della Riforma del 2003, ha formato oggetto di ampio dibattito fra gli studiosi." Umfangreiche Nachweise ebenda, S. 169–171.

barkeit rechtswidriger Beschlüsse an.[146] Der *Codice di commercio* von 1882 goss das aktienrechtliche Anfechtungsrecht dann in Gesetzesform, beließ es aber in Art. 163 (2)[147] bei einer sehr knappen Regelung.[148] Ein ausdifferenziertes Beschlussmängelregime brachte erst der *Codice civile* von 1942, der in Art. 2377 die Anfechtbarkeit von Hauptversammlungsbeschlüssen innerhalb einer dreimonatigen Klagefrist, in Art. 2378 das Anfechtungsverfahren und in Art. 2379 die Beschlussnichtigkeit durch Verweis auf die Nichtigkeit von Verträgen regelte. Er verfolgte mit dieser Neuregelung vor allem das Ziel, für mehr Rechtssicherheit im Beschlussmängelrecht zu sorgen,[149] doch durchkreuzte die Spruchpraxis seine Pläne, indem sie neben anfechtbaren und nichtigen Beschlüssen eine ungeschriebene dritte Fehlerkategorie einführte: die *delibere inesistenti*, die stets zur Beschlussnichtigkeit führen. Im Ergebnis führte dies zu einem kaum mehr entwirrbaren Durcheinander.[150]

Im Zuge der in Fachkreisen als „Riforma Vietti" bekannten großen Kapitalgesellschaftsrechtsreform von 2003 griff der Gesetzgeber tief in das aktienrechtliche Beschlussmängelregime ein, ohne allerdings den Standort der Vorschriften in Artt. 2377 ff. c.c. zu ändern. Folgende Punkte verdienen Hervorhebung:[151]

– *Einführung eines Anfechtungsquorums:* Nach Art. 2377 Abs. 3 Satz 1 c.c. kann die Anfechtung seither (nur) von Aktionären ausgeübt werden, die bei börsennotierten Gesellschaften ein Tausendstel und bei anderen Gesellschaften fünf Prozent des Grundkapitals vertreten.[152] Damit ist das

---

[146] Vgl. *Soprano*, L'assemblea generale degli azionisti, 1914, n° 105.

[147] Wörtlich lautete die Vorschrift: „Alle deliberazioni manifestamente contrarie all'atto costitutivo, allo statuto od alla legge, può essere fatta opposizione da ogni socio, e il presidente del tribunale di commercio, sentiti gli amministratori ed i sindaci, può sospendere l'esecuzione mediante provvedimento da notificarsi agli amministratori".

[148] Dazu *Soprano*, Trattato teorico-pratico delle società commerciali, 1934, Volume Primo, n° 595: „La regolamentazione dell'azione d'impugnitiva del socio non è nemmeno abbozzata dal nostro legislatore." In der dazu gehörigen Fußnote 3 heißt es unter Hinweis auf das deutsche Aktienrecht in der Form des HGB von 1897: „Il codice tedesco nei §§ 271–273 l'ha invece sufficientemente disciplinata".

[149] Dazu *Campobasso*, Diritto delle societá, 8° ed., 2012, S. 352: „Il codice del 1942 indubbiamente privilegiava le esigenze di certezza e stabilità delle delibere assembleari".

[150] Vgl. *Campobasso* (Fn. 149), S. 353: „Il risultato era che ad un sistema legislativo ispirato alla certezza del diritto si era sostituito un sistema giurisprudenziale in cui l'incertezza regnava sovrana".

[151] Näher *d'Alcontres* (Fn. 145), S. 169, 173 ff.; rechtsvergleichend *Hirte*, ZIP 2004, 1091.

[152] Vgl. *Campobasso* (Fn. 149), S. 354: „Inoltre, al fine di evitare azioni pretestuose o di mero disturbo il diritto di impugnativa non è più riconosciuto ad ogni socio con diritto di voto, come in passato".

Anfechtungsrecht von einem Individual- zu einem Minderheitenrecht, einem „diritto della minoranza"[153], herabgestuft worden.

– *Eingeschränkte Satzungsautonomie:* Die neue gesetzliche Regelung lässt einen gewissen Spielraum für privatautonome Gestaltungen; gemäß Art. 2377 Abs. 3 Satz 2 c.c. kann die Satzung das Anfechtungsquorum herabsetzen oder ganz beseitigen.

– *Schadensersatzanspruch nicht anfechtungsberechtigter Aktionäre:* Die nach Art. 2377 Abs. 3 Satz 1 c.c. von der Anfechtung ausgeschlossenen Aktionäre bleiben allerdings nicht schutzlos, zumal dies – ähnlich wie in Deutschland – gegen die Eigentumsgarantie in Art. 42 der italienischen Verfassung verstieße.[154] Gemäß Art. 2377 Abs. 4 c.c. haben sie vielmehr Anspruch auf den Ersatz des Schadens, der ihnen wegen der mangelnden Übereinstimmung des Beschlusses mit dem Gesetz oder der Satzung entstanden ist. Dieser Anspruch muss nach Art. 2377 Abs. 6 c.c. innerhalb einer Frist von 90 Tagen geltend gemacht werden. Konzeptionell hat der italienische Gesetzgeber damit einen Paradigmenwechsel von einem kassatorischen zu einem kompensatorischen Aktionärsschutz vollzogen.[155] Zur Begründung verweist er auf die Notwendigkeit zur Bekämpfung erpresserischer Anfechtungsklagen, ohne dies allerdings mit statistischen Daten zu untermauern.[156] Vorläufer für diesen schadensersatzrechtlichen Schutz („Dulde und liquidiere"[157]) fanden sich bereits zuvor im Verschmelzungs-[158] und Spaltungsrecht[159], die ihrerseits von den §§ 352a, 355, 356 AktG a.F. inspiriert waren.[160]

– *Umkehrung der Angriffslast bei erhobener Anfechtungsklage:* Die Erhebung einer Anfechtungsklage nach Maßgabe des Art. 2378 Abs. 1 c.c. hat keine aufschiebende Wirkung.[161] Vielmehr kann und muss der Anfechtende nach Art. 2378 Abs. 3 c.c. die Aussetzung der Ausführung des Be-

---

[153] *Portale* (Fn. 1), S. 219, 228.

[154] Vgl. *Portale* (Fn. 1), S. 219, 228.

[155] Vgl. den Aufsatztitel von *Nigro*, Tutela demolitoria e tutela risarcitoria nel nuovo diritto societario, Riv. soc. 2004, 881.

[156] Dazu *Portale* (Fn. 1), S. 219, 228: „La ratio del limite al diritto ad impugnare ex art. 2377, comma 4, c.c. è sempre indicata nella necessità di ovviare 'all'inconveniente manifestatosi nell'esperienza [a differenza di quanto è accaduto in Germania durante i lavori preparatori dell'UMAG, nessun dato statistico è stato fornito, soprattutto con riguardo agli ultimi anni (…)] di impugnative meramente ricattatorie'".

[157] *Kindler*, ZEuP 2012, 72, 80.

[158] Vgl. Art. 2504-*quater* c.c.

[159] Vgl. Art. 2506-*ter* Abs. 5 c.c.

[160] Dazu *Portale* (Fn. 1), S. 219, 221: „ispirato dal trattamento ricevuto nel diritto azionario tedesco (§§ 352a, 355, 356 AktG) dalla fusione prima ancora dell'emanazione dell'Umwandlungsgesetz (UmwG) del 1994 (§§ 14, 16 e 20)".

[161] Vgl. *Campobasso* (Fn. 149), S. 356; *Ferri*, Manuale di diritto commerciale, 12° ed., 2006, S. 335.

schlusses mit einem Einspruch beantragen. Hierüber entscheidet gemäß Art. 2378 Abs. 4 Satz 1 c.c. das mit der Behandlung des Rechtsstreits in der Hauptsache befasste Gericht: Es wägt nach Anhörung der Verwaltungsmitglieder den Nachteil, den die Gesellschaft durch die Durchführung des Beschlusses und denjenigen, den die Gesellschaft durch die Aussetzung seiner Durchführung erleiden würde, gegeneinander ab. Nach Art. 2378 Abs. 4 Satz 2 c.c. kann es jederzeit anordnen, dass die anfechtenden Gesellschafter eine geeignete Sicherheit für einen gegebenenfalls zu ersetzenden Schaden zu hinterlegen haben. Bei der Verhandlung hat das Gericht, wenn es dies für nützlich erachtet, gemäß Art. 2378 Abs. 4 Satz 3 c.c. einen Schlichtungsversuch zu unternehmen, wobei es gegebenenfalls vorzunehmende Änderungen des angefochtenen Beschlusses anregt, und wenn eine solche Lösung Aussicht auf Erfolg hat, die Verhandlung angemessen vertagt.

– *Sonderregelung für die Anfechtbarkeit von Beschlüssen der Verwaltung:* Nach Art. 2388 Abs. 4 Satz 1 c.c. können gesetzes- oder satzungswidrige Beschlüsse der Verwaltung innerhalb von 90 Tagen von abwesenden oder widersprechenden Organmitgliedern angefochten werden. Gemäß Art. 2388 Abs. 4 Satz 2 c.c. sind auch die Aktionäre anfechtungsberechtigt, sofern der Beschluss ihre Rechte verletzt; in diesem Fall gelten die Vorschriften über die Anfechtung von Hauptversammlungsbeschlüssen nach Artt. 2377, 2378 c.c. entsprechend.

Insgesamt hat der italienische Reformgesetzgeber mit der Einführung eines Anfechtungsquorums und der schadensersatzrechtlichen Lösung für nicht anfechtungsberechtigte Aktionäre in Art. 2377 Abs. 4 c.c. in Europa Neuland betreten.[162] Es handelt sich um die „novità più rilevante introdotta dalla riforma Vietti, in tema di disciplina delle delibere assembleari annullabili".[163] Sie hängt unmittelbar mit dem gewandelten Rollenverständnis eines Kleinaktionärs als bloßem Kapitalanleger zusammen.[164]

---

[162] So auch das Resümee von *Portale* (Fn. 1), S. 219, 223: „[...] la soluzione da esso prescelta non trova corrispondenza in nessuno di tali paesi. [...] A parte questa eccezione, negli altri sistemi europei, non esistono *quorum* tesi alla limitazione del diritto di impugnativa".

[163] *D'Alcontres* (Fn. 145), S. 167, 186.

[164] Dazu *d'Alcontres* (Fn. 145), S. 167, 187: „L'idea di confinare all'ambito risarcitorio la tutela di soci non legittimati a far valer l'invalidità delle delibere assembleari è direttamenta collegata a quella della configurazione della partecipazione del socio di minoranza come una mera partecipazione finanziaria".

b) Griechenland

Unter ausdrücklicher Berufung auf das italienische Regelungsvorbild[165] hat Griechenland sein Beschlussmängelrecht im Jahre 2007 grundlegend reformiert. Ursprünglich kannte das auf französischen Einflüssen[166] beruhende griechische Aktiengesetz von 1920[167] keine eigenen Vorschriften über fehlerhafte Hauptversammlungsbeschlüsse;[168] zur Lückenfüllung griff man auf die allgemeinen Vorschriften des griechischen Zivilgesetzbuchs zurück. Dies änderte sich erst mit der Aktienrechtsreform von 1962,[169] die sich stark an den deutschen Regierungsentwurf zum AktG 1965 anlehnte, aber gerade im Beschlussmängelrecht auch eigene Wege beschritt: Zum einen stellte die Beschlussnichtigkeit nach damaliger Rechtslage die Regel und die Anfechtbarkeit die Ausnahme dar;[170] zum anderen konzipierte Art. 35c Abs. 1 a) grAktG 1962 das Anfechtungsrecht nicht als ein Individual-, sondern als ein Minderheitenrecht, dessen Wahrnehmung an ein Quorum von fünf Prozent geknüpft war.[171]

Die Reform von 2007[172] hat das Regel/Ausnahme-Verhältnis von Nichtigkeit und Anfechtbarkeit in sein Gegenteil verkehrt. Zudem hat sie das Anfechtungsquorum grundsätzlich abgesenkt, hiervon aber für Informationspflichtverletzungen abgesehen: Nach Art. 35a Abs. 3 Satz 1 grAktG ist ein Aktionär anfechtungsberechtigt, wenn er einen Anteil von mindestens zwei Prozent des Grundkapitals hält; im Falle einer Informationspflichtverletzung beträgt das Quorum nach Art. 35 Abs. 3 Satz 4 grAktG unverändert fünf Prozent.[173] Nicht anfechtungsberechtigte Aktionäre haben

---

[165] Dazu *Koumpouras*, Materiellrechtliche Fragen des deutschen und griechischen aktienrechtlichen Anfechtungsrechts, 2012, S. 129; *N. Rokas*, FS Hopt, Bd. II, 2010, S. 3291, 3295.

[166] Zur Übernahme des *Code de commerce* in Griechenland *K. Rokas*, ZHR 125 (1962) 24.

[167] Gesetz Nr. 2190/1920.

[168] Dazu *Simitis*, AcP 162 (1963), 264, 284 f.: „Das bisherige Aktienrecht sah weder eine Nichtigkeit noch eine Anfechtbarkeit von Hauptversammlungsbeschlüssen vor. Die Gerichte hatten jedoch mehrfach Hauptversammlungsbeschlüsse für nichtig erklärt, wenn sie gegen Gesetz oder Satzung verstießen oder bei ihrem Zustandekommen sonst Unregelmäßigkeiten vorgekommen waren. Die neu eingeführten Vorschriften stellen nach der Gesetzesbegründung keine abschließende Regelung dar. Es gelten weiterhin die Vorschriften des bürgerlichen Rechts".

[169] Gesetz Nr. 4237/1962.

[170] Näher *Koumpouras* (Fn. 165), S. 127.

[171] Auch dazu *Koumpouras* (Fn. 165), S. 163; kritisch *Simitis*, AcP 162 (1963), 264, 287: „Darüber hinaus ist nicht einzusehen, warum bei Verletzung des Gesetzes oder der Satzung nicht jedem Aktionär, sondern allein Aktionären, deren Anteile den zwanzigsten Teil des Grundkapitals erreichen, ein Anfechtungsrecht zustehen soll".

[172] Gesetz Nr. 3604/2007.

[173] Zur Diskussion um ein Für und Wider des Quorums im griechischen Schrifttum *Koumpouras* (Fn. 165), S. 176 ff.

nach italienischem Vorbild einen Schadensersatzanspruch gegen die Gesellschaft. In der Übersetzung des neu geschaffenen Art. 35 Abs. 4 Satz 1 grAktG: „Aktionäre, welche die Anfechtung nicht verlangen können, weil sie den nach Abs. 3 verlangten Aktienanteil nicht innehaben, können einen Anspruch auf Ersatz des Schadens, der ihnen durch die mangelnde Übereinstimmung des Hauptversammlungsbeschlusses mit Gesetz oder Satzung, durch den Missbrauch der Mehrheitsherrschaft, die nicht ordnungsgemäße Einberufung oder Zusammensetzung der Hauptversammlung oder durch die Nichterteilung der geforderten Auskünfte entstanden ist, gegen die Gesellschaft geltend machen."

Neu eingefügt worden ist auch eine Bestimmung über den vorläufigen Rechtsschutz bei anfechtbaren und angefochtenen Hauptversammlungsbeschlüssen: Nach Art. 35 Abs. 10 Satz 1 grAktG kann das Gericht auch vor Klageerhebung eine einstweilige Verfügung anordnen. In diesem Fall muss die Klage innerhalb von fünfzehn Tagen nach Verkündung des Urteils, das die einstweilige Verfügung angeordnet hat, erhoben werden, spätestens aber innerhalb der dreimonatigen Anfechtungsfrist des Art. 35 Abs. 7 grAktG. Gemäß Art. 35 Abs. 10 Satz 3 grAktG kann das Gericht auch die vorläufige Aussetzung der Wirksamkeit des Beschlusses anordnen. Nach Abwägung zwischen dem Schutzbedürfnis der Antragsteller an einer Aussetzung und dem Schaden der Gesellschaft, der durch eine Aussetzung eintreten kann, kann das Gericht nach Art. 35 Abs. 10 Satz 4 grAktG die Antragsteller zu einer Sicherheitsleistung verpflichten.

c) Spanien

Das spanische Aktienrecht ist heute im „Gesetz über die Kapitalgesellschaften" (*Ley de Sociedades de Capital* – LSC) von 2010[174] geregelt. Was die Beschlussmängel anbelangt, so werden nichtige (*acuerdos nulos*) und aufhebbare Hauptversammlungsbeschlüsse (*acuerdos anulables*) unterschieden.[175] Aufhebbare Beschlüsse müssen innerhalb von vierzig Tagen angefochten werden (Art. 205(2) LSC); Klagen gegen einen nichtigen Beschluss verfristen nach Ablauf eines Jahres (Art. 205(1)(1) LSC), es sei denn, dieser verstößt aufgrund seines Beweggrundes oder Inhalts gegen die öffentliche Ordnung (Art. 205(1)(2) LSC). Rechtstatsächlich spielen Beschlussmängelklagen in geschlossenen Kapitalgesellschaften eine weitaus größere Rolle als in börsennotierten Gesellschaften.[176] Unter einem rechts-

---

[174] Königliche Gesetzgebende Verordnung 1/2010 vom 2.7.2010.

[175] Monographisch *Alcalá*, El derecho de impugnación del socio en la sociedad anónima cotizada, 2006; *Espinós*, Impugnación de acuerdos sociales, 2007.

[176] Dazu und zu den Gründen *Sánchez Calero*, in: Rodríguez Artigas/Farrando Miguel/éz Castilla/Tena Arregui (Hrsg.), La Junta General de las sociedades de capital,

vergleichenden Blickwinkel verdienen vier Eigenheiten des spanischen Beschlussmängelregimes besondere Hervorhebung:

– *Gemeinsames Beschlussmängelregime für alle Kapitalgesellschaften:* Die Anfechtbarkeit von Gesellschafterbeschlüssen ist für AG und GmbH rechtsformübergreifend in den Art. 204 bis 208 LSC geregelt. Sie entsprechen den Art. 115 bis 122 des früheren Aktiengesetzes (*Ley de Sociedades Anónimas*), die nach Art. 56 des vormaligen GmbH-Gesetzes (*Ley de Sociedades de Responsabilidad Limitada*) auch für die GmbH galten. Diese Vorschriften wiederum ähnelten weitgehend den einschlägigen Bestimmungen des Aktiengesetzes von 1951.

– *Spezielle Klagebefugnis der Bank- und Kapitalmarktaufsicht:* Neben Aktionären und Verwaltungsratsmitgliedern sind in bestimmten Fällen auch staatliche Aufsichtsbehörden klagebefugt. So kann die spanische Nationalbank (*Banco de España*) Hauptversammlungsbeschlüsse anfechten, wenn ein Aktionär die ihm obliegende Mitteilungspflicht einer bedeutenden Beteiligung nicht erfüllt hat.[177] Über eine ähnliche Klagebefugnis verfügt die spanische Kapitalmarktaufsicht (*Comisión Nacional del Mercado de Valores*) bei Finanzdienstleistungsunternehmen und im Übernahmerecht.[178] Anders als den Aktionären stehen den Aufsichtsbehörden aber keine Maßnahmen des einstweiligen Rechtsschutzes zu Gebote.[179]

– *Verfahren des einstweiligen Rechtsschutzes und Antragsquorum:* Die Erhebung einer Anfechtungsklage gegen einen Hauptversammlungsbeschluss hat keine aufschiebende Wirkung, so dass die Verwaltungsmitglieder ihn noch ausführen können und müssen.[180] Der Anfechtungskläger muss daher zusätzlich eine Aussetzung des angefochtenen Beschlusses im Wege des einstweiligen Rechtsschutzes nach Art. 727 Nr. 10 des Zivilprozessgesetzes (*Ley de Enjuiciamiento Civil* – LEC) beantragen.[181] Während das Anfechtungsrecht im Hauptsacheverfahren gemäß Art. 93(c) und 206(2) LSC ein Individualrecht darstellt,[182] knüpft der Gesetzgeber die Antragsbefugnis im Verfahren des einstweiligen Rechtsschutzes an ein Quorum: Die Aussetzung angefochtener Gesellschafterbeschlüsse kann nach Art. 727 Nr. 10 LEC nur beantragen, wer mindestens ein Prozent der

---

2009, S. 395, 402, 409, 415 ff.; ferner *Candelario*, La tutela de la minoría en la sociedad cotizada en bolsa, 2007, S. 299.

[177] Vgl. Art. 59 des Gesetzes 26/1988 vom 29.7.1988; dazu *Bustillo*, in: Libro homenjae a Fernando Sánchez Calero, Bd. II, 2002, S. 1859, 1861 ff.; *Rojo*, in: Rojo/Beltrán, Commentario de la Ley de Sociedades de Capital, Bd. I, 2011, S. 1460.

[178] Vgl. Art. 69(8) des Wertpapierhandelsgesetzes (*Ley del Mercado de Valores* – LMV) von 1988; dazu *Bustillo* (Fn. 177), S. 1904 ff.; *Rojo*, in: Rojo/Beltrán (Fn. 177), S. 1460.

[179] Vgl. *Rojo*, in: Rojo/Beltrán (Fn. 177), S. 1460.

[180] Vgl. *Espinós* (Fn. 175), S. 456.

[181] Vgl. *Espinós* (Fn. 175), S. 456.

[182] Vgl. *Espinós* (Fn. 175), S. 391; *Rojo*, in: Rojo/Beltrán (Fn. 177), S. 1455.

Anteile einer börsennotierten Gesellschaft bzw. fünf Prozent der Anteile einer sonstigen Gesellschaft besitzt. Im Schrifttum wird diese Einschränkung mit den drohenden Nachteilen einer Aussetzung für die Gesellschaft und möglichen Missbrauchsgefahren begründet;[183] es gibt aber auch kritische Stimmen, die durch das Antragsquorum das verfassungsrechtliche Gebot effektiven Rechtsschutzes verletzt sehen.[184]

– *Anfechtung von Verwaltungsratsbeschlüssen:* Die Regeln über die Anfechtbarkeit von Hauptversammlungsbeschlüssen gelten nach Art. 251(2) LSC auch für die Anfechtbarkeit von Verwaltungsratsbeschlüssen. Anfechtbar sind allerdings nur Beschlüsse, nicht hingegen bloße Handlungen des Verwaltungsrats, die keinen Beschluss darstellen oder einen Beschluss des Verwaltungsrats oder der Hauptversammlung ausführen.[185] Anfechtungsberechtigt sind gemäß Art. 251(1) LSC alle Verwaltungsratsmitglieder sowie Gesellschafter, die mindestens fünf Prozent des Grundkapitals besitzen.

5. *Japan*

Ein höchst interessantes Kombinationsmodell aus Bausteinen verschiedener Rechtsordnungen findet sich im japanischen Aktienrecht, das durch das Gesellschaftsgesetz von 2005 (GesG)[186] zuletzt neu geordnet worden ist.[187] Die Rechtsbehelfe der Aktionäre, namentlich die Anfechtungs- und Nichtigkeitsklage sowie die Aktionärsklage, finden sich dort unter der Überschrift „Klagen" in den Art. 828 bis 867 GesG.[188] Historisch haben die Vorschriften über Beschlussmängelklagen am deutschen Aktiengesetz von 1884 Maß genommen, während diejenigen über die Aktionärsklage (*derivative action*) in der Besatzungszeit nach dem Zweiten Weltkrieg aus dem US-amerikanischen Recht übernommen wurden. In der Rechtspraxis ist die Zahl der Aktionärsklagen seit den neunziger Jahren geradezu explodiert.[189] Beschlussmängelklagen spielen demgegenüber eine geringere Rolle; die wenigen einschlägigen Gerichtsentscheidungen betreffen hauptsächlich

---

[183] So *Espinós* (Fn. 175), S. 456 f.

[184] Vgl. *Garnica*, in: Presencia/Crespo (Hrsg.), La impugnación de acuerdos sociales y del Consejo de Administración, 2007, S. 53, 76 ff.

[185] Vgl. *Sánchez Calero*, Los administradores en las sociedades de capital, 2. Aufl., 2007, S. 708 f.

[186] *Kaisha-hô*, Gesetz Nr. 86/2005 i.d.F. des Gesetzes Nr. 74/2009; englische Übersetzung abrufbar unter <www.japaneselawtranslation.go.jp/law/>.

[187] Einführend *Kansaku/Bälz*, in: Baum/Bälz (Hrsg.), Handbuch Japanisches Handels- und Wirtschaftsrecht, 2011, § 3 Rn. 40 ff.

[188] Vgl. *Baum/Takahashi*, ZJapanR 2011, 153, 162 ff.

[189] Ausführlich jüngst der Sammelband von *Puchniak/Baum/Ewing-Cho* (eds.), The Derivative Action in Asia: A Comparative and Functional Approach, 2012; ferner *Kliesow*, Aktionärsrechte und Aktionärsklage in Japan, 2001.

Auseinandersetzungen in geschlossenen Gesellschaften.[190] Dieser Befund korrespondiert mit der geringen Bedeutung der Hauptversammlung in der Rechtswirklichkeit, die lange Zeit durchschnittlich weniger als dreißig Minuten dauerte und zu einer „funktionslosen Zeremonie"[191] degeneriert war. Zudem halten die meisten börsennotierten Gesellschaften ihre Hauptversammlungen an ein und demselben Tag im Juni ab, um die Teilnahme erpresserischer Aktionäre (*sôkai-ya*) zu erschweren.[192] Erst seit einigen Jahren hat eine spürbare Belebung der Hauptversammlungen mancher japanischer Gesellschaften eingesetzt.[193]

Konzeptionell folgt das japanische Beschlussmängelrecht der deutschen Systematik: Es unterscheidet anfechtbare (Art. 831 GesG), nichtige (Art. 830 Abs. 2 GesG) und nichtexistente Beschlüsse (Art. 830 Abs. 1 GesG).[194] Die Anfechtungsklage (*kabunushi sôkai ketsugi torikeshi no uttae*) ist als Individualrecht ausgestaltet und muss innerhalb von drei Monaten nach der Beschlussfassung erhoben werden. Auf eine Verletzung eigener Rechte kommt es nicht an: So kann ein Aktionär, der selbst zur Hauptversammlung ordnungsgemäß geladen wurde, im Klagewege geltend machen, dass andere Aktionäre ihre Einladung nicht oder nicht rechtzeitig erhalten haben.[195] Hierzulande längst ausgemustert, aber in Japan nach wie vor in Kraft sind zwei institutionelle Vorkehrungen gegen missbräuchliche Anfechtungsklagen aus dem Normenbestand des deutschen Aktiengesetzes von 1884: die mögliche Anordnung einer Sicherheitsleistung durch das Gericht, wenn die Gesellschaft glaubhaft machen kann, dass die Klage böswillig erhoben wurde (Art. 836 Abs. 1 und 3 GesG), und eine Schadensersatzpflicht des Aktionärs für den Fall, dass die Anfechtungsklage böswillig oder grob fahrlässig erhoben wurde (Art. 846 GesG).[196] Eine genuin japanische Rechtsschöpfung bildet demgegenüber das Institut der „Klageabweisung aufgrund richterlichen Ermessens" (Art. 831 Abs. 2 GesG), das durch die Handelsrechtsreform von 1928 eingeführt wurde. Danach kann das Gericht eine Anfechtungsklage gegen einen nachweislich fehlerhaften Beschluss gleichwohl abweisen, wenn die Beschlussnichtigkeit schwerwiegende Folgen hätte und der Beschlussmangel als geringfügig anzusehen ist.[197]

---

[190] Näher *Baum/Takahashi*, ZJapanR 2011, 153, 158 m.w.N.
[191] *Kawamoto*, in: Baum/Drobnig (Hrsg.), Japanisches Handels- und Wirtschaftsrecht, 1994, S. 45, 86; ferner der Bericht von *Meckel*, Die Corporate Governance im neuen japanischen Gesellschaftsrecht, 2010, S. 167.
[192] Vgl. *Baum/Takahashi*, ZJapanR 2011, 153, 157.
[193] Vgl. *Kansaku/Bälz*, in: Baum/Bälz (Fn. 187), § 3 Rn. 129.
[194] Dazu *Baum/Takahashi*, ZJapanR 2011, 153, 162.
[195] Näher *Baum/Takahashi*, ZJapanR 2011, 153, 165 m.w.N.
[196] Zu beidem *Baum/Takahasi*, ZJapanR 2011, 153, 169 f.
[197] Ausführlich *Baum/Takahashi*, ZJapanR 2011, 153, 172 ff. m.w.N.

II. Entwicklungslinien und Bedeutung des deutschen Beschlussmängelrechts

1. Das Anfechtungsrecht als Figur richterlicher Rechtsfortbildung (1873)

Das Allgemeine Deutsche Handelsgesetzbuch von 1861 enthielt keine eigenen Vorschriften über Beschlussmängelklagen. Es blieb daher Spruchpraxis[198] und Wissenschaft vorbehalten, die Grundlagen des Anfechtungsrechts rechtsfortbildend zu entfalten.[199] Als dogmatische Ableitungsbasis diente ihnen ein (gesellschafts-)vertraglicher *Anspruch jedes einzelnen Aktionärs gegen seine Gesellschaft auf gesetz- und satzungsmäßiges Verhalten*, wie ihn nach frühen Vorarbeiten von *Pöhls*[200] und *Jolly*[201] vor allem *Renaud*[202] (auch unter Hinweis auf §§ 38, 39 des Privatrechtlichen Gesetzbuchs von Zürich[203]) und *Bekker*[204] vorgedacht hatten.[205] Gestützt auf diese beiden Kronzeugen bejahte das ROHG in zwei Urteilen aus dem Jahre 1873 die Befugnis eines Aktionärs, die Unwirksamkeit eines rechts-

---

[198] Für einen ersten Vorläufer Oberappellationsgericht Berlin Busch's Archiv 20 (1871), 344, 346, wo die Frage aber nicht entscheidungserheblich war.

[199] Für eine eingehende Analyse *M. Emmerich*, Die historische Entwicklung von Beschlußverfahren und Beschlußkontrolle im Gesellschaftsrecht der Neuzeit unter besonderer Berücksichtigung des Aktienrechts, 2000, S. 105 ff.; ausführlich jüngst auch *Fehrenbach*, Der fehlerhafte Gesellschafterbeschluss in der GmbH, 2011, S. 17 ff.

[200] Vgl. *Pöhls*, Das Recht der Actiengesellschaften mit besonderer Berücksichtigung auf Eisenbahngesellschaften, 1842, S. 198: „ […] daß Nichts durch Stimmenmehrheit beschlossen werden kann, was dem ursprünglichen Zwecke oder der Verfassung der Gesellschaft entgegen läuft.", S. 203: „In diesen und ähnlichen Fällen wird der, durch Majorität gefaßte, Beschluß als nicht existirend angesehen werde müssen. Daraus folgt, daß der Dissentierende befugt ist, zu verlangen, daß der Betrieb der Gesellschaft in bisheriger Weise fortgesetzt werde, und daß es gewiß unrichtig, ihn nun zum Austritte verpflichten zu wollen".

[201] Vgl. *Jolly*, ZDR 11 (1847), 317, 400 ff.

[202] Vgl. *Renaud*, Das Recht der Actiengesellschaften, 1. Aufl., 1863, S. 576, 577, 586; 2. Aufl., 1875, S. 523.

[203] Dazu *Renaud* (Fn. 202), 2. Aufl., 1875, S. 523 mit Fn. 81; näher zum Züricher Privatrechtlichen Gesetzbuch oben I. 1. c.

[204] Vgl. *Bekker*, ZHR 17 (1879), 379, 428 f.: „Jeder Beschluß, der gegen die Normen des HGBs. gefaßt ist, muß, soweit anderes nicht ausdrücklich verordnet wäre, als nichtig betrachtet werden; desgleichen jeder Beschluß, dessen Zustandekommen den Vorschriften den konkreten Statuts zuwiderliefe".

[205] Vgl. über die genannten Literaturstimmen hinaus auch *Endemann*, Das Deutsche Handelsrecht, 2. Aufl., 1868, S. 332; *ders.*, Handbuch des Deutschen Handels-, See- und Wechselrechts, Erster Band, 1881, S. 567; *Thöl*, Das Handelsrecht, Erster Band, 4. Aufl., 1862, S. 285; Erster Band, 6. Aufl., 1879, S. 495. Zur späten Wiederentdeckung dieses fundamentalen Rechts *Mestmäcker*, Verwaltung, Konzerngewalt und Rechte der Aktionäre, 1958, S. 7 ff.; *Knobbe-Keuk*, FS Ballerstedt, 1975, S. 239; kritisch *Zöllner*, ZGR 1988, 392, 421 ff.

widrigen Hauptversammlungsbeschlusses geltend zu machen.[206] Ein Jahr später bekräftigte das Gericht die *kontraktualistische Basis* dieses Anspruchs[207] und stützte sich zur Begründung eines Klagerechts auf den berühmten § 89 Einl. ALR[208]: „Wem die Gesetze ein Recht geben, dem bewilligen sie auch die Mittel, ohne welche dasselbe nicht ausgeübt werden kann." Im Jahre 1877 konnte das ROHG dann bereits über einen konsolidierten Meinungsstand berichten:

„Das Recht, in Verfolgung dessen Kläger auftreten, ist vielmehr das Recht des Actionärs, um der Gesellschaft und seiner Mitgliedschaft willen zu verlangen, daß der Gesellschaftswille sich entsprechend den Gesetzen und den statutarischen Bestimmungen bethätige. Dieses Recht des Einzelactionärs, gemeinhin gegenüber geschehenen gesetz- oder statutenwidrigen Beschlüssen Anfechtungsrecht genannt, kann im Princip als bestehend anerkannt werden."[209]

Das Reichsgericht, das seine Tätigkeit im Oktober 1879 aufgenommen hatte, führte diese Rechtsprechungslinie in seiner berühmten Leitentscheidung zum rumänischen Eisenbahnfall aus dem Jahre 1881 fort.[210] Nuancierend verlangte es allerdings *keine Betroffenheit des Aktionärs in eigenen Vermögensangelegenheiten*, wie dies bis dato in der Rechtsprechung des ROHG[211] und im zeitgenössischen Schrifttum[212] angeklungen war. Statt-

---

[206] Vgl. ROHGE 9, 273 f. (wo es aber an der Aktionärsstellung des Klägers fehlte); ROHGE 11, 118, 122 f.: „Eine Berücksichtigung des Inhalts des unter den hier streitenden Parteien maßgebenden Gesellschaftsvertrages führt darauf hin, daß dem durch statutenwidrige Bestimmung der Dividende verkürzten Aktionär die Anfechtung dieser Feststellung und der Anspruch auf den vollen ihm gebührenden Betrag nicht versagt werden kann".

[207] Vgl. ROHGE 14, 354, 356: „Den Gegensatz zu dieser Kategorie von Rechten bilden die gesetzlichen und statutarischen Befugnisse des *einzelnen* Actionärs, welche aus dem durch das Statut begründeten, vertraglichen Verhältnisse originiren und in Bezug auf welche daher dem einzelnen Actionär die *Gesellschaft selbst* als das contractlich verpflichtete Subject (Art. 213) gegenübersteht".

[208] ROHGE 14, 354, 357 f.: „Die Befugniß des einzelnen Actionärs in allen diesen Fällen, gegen die Gesellschaft klagend aufzutreten, läßt sich, wenigstens nach Preußischem Rechte – § 89 der Einleit. zum Allg. Landr., § 1 der Einleit. zur Allg. Ger.-Ordg. – nicht bezweifeln".

[209] ROHGE 23, 273, 275.

[210] Vgl. RGZ 3, 123, 126: „[…]; dagegen hat der einzelne Aktionär ein Recht darauf, daß von den Gesellschaftsorganen den gesetzlichen Bestimmungen gemäß verfahren werde, und kann zur Realisierung dieses Rechts die richterliche Hilfe anrufen."; s. ein Jahr später auch RGZ 7, 32, 37.

[211] Vgl. ROHGE 25, 307, 310, wonach dem Einzelaktionär „mindestens bei vorhandenem vermögensrechtlichem Interesse das Recht [zusteht], daß die Gesellschaft die gesetzlichen und statutarischen Vorschriften zur Geltung bringe und befolge".

[212] Vgl. *Renaud*, Busch's Archiv 45 (1884), 1, 51: „Es muß also der anzufechtende Beschluß ein Sonderrecht des auftretenden Aktionärs, aber mit anderen Worten ein ihm kraft Gesetzes oder Statuts als Vereinsmitglieds gegenüber der Gesellschaft zugesichertes Vermögensrecht unmittelbar oder mittelbar verletzen."; *Hergenhahn*, Berufung und

dessen sollte es nur auf die Rechtswidrigkeit des Generalversammlungsbeschlusses ankommen:

> „In Betracht kommen hierbei nur die Rechtsnormen, nicht das Interesse der Gesellschaft.
> Wie einerseits bei gesetzmäßigem Verhalten der Organe der Gesellschaft der einzelne
> Aktionär nicht geltend machen kann, daß der gefaßte oder ausgeführte Beschluß den
> Interessen der Gesellschaft zuwiderlaufe, so kann andererseits bei rechtswidrigem Vor-
> gehen der Gesellschaftsorgane dem Anfechtungsrecht des einzelnen Aktionärs der Ein-
> wand nicht wirksam entgegengestellt werden, daß der rechtswidrig gefaßte Beschluß den
> Interessen der Gesellschaft förderlich gewesen sei.“[213]

2. Kodifizierung des Beschlussmängelrechts in vier Schritten (1884, 1897, 1937, 1965)

Die gesetzliche Festschreibung und tatbestandliche Präzisierung des rich-
terrechtlich herausgebildeten Beschlussmängelrechts erfolgte sodann in
vier Etappen: durch die Aktienrechtsnovelle von 1884, das Handelsgesetzbuch von 1897 und die Aktienrechtsreformen von 1937 und 1965.

a) Aktienrechtsnovelle von 1884

Die Aktienrechtsreform von 1884 bildete eine Reaktion auf den Grün-
dungsschwindel und die Krisenerscheinungen der sog. Gründerjahre, die
sich mit dem Wiener Börsenkrach vom Mai 1873 und dem Ende der *Quis-
torpschen Bank* im Oktober 1873 angekündigt hatten.[214] Noch im selben
Jahr leitete die Ministerialbürokratie einen umfangreichen Reformprozess
ein und beauftragte das ROHG mit der Erstattung eines Gutachtens. Das
im März 1877 vorgelegte „Gutachten über die geeignetsten Mittel zur Ab-
hülfe der nach den Erfahrungen des Reichs-Oberhandelsgerichts bei der
Gründung, der Verwaltung und dem geschäftlichen Betriebe von Aktien-
unternehmen hervorgetretenen Uebelstände“[215] nahm auch zum aktienrechtlichen Anfechtungsrecht Stellung: Dieses Recht könne dem Einzelaktionär schon nach geltendem Recht nicht bestritten werden, hieß es dort,

---

Thätigkeit der Generalversammlung der Aktiengesellschaften, 1888, S. 145: „Indes war
nach früherem Rechte und auch nach der Rechtsprechung für die Zulässigkeit der Anfechtung neben der Gesetz- oder Statutenwidrigkeit des Beschlusses maßgebend, daß
durch den gefaßten Beschluß ein vermögensrechtliches Interesse des Aktionärs beeinträchtigt werde.“; *Bachmann* (Fn. 82), S. 131: „In der Regel hat aber das Reichsober-
handelsgericht nur dann dem Aktionär ein solches Anfechtungsrecht zugestanden, wenn
der Generalversammlungsbeschluß ein ihm kraft Gesetz oder Statut gegen die Aktiengesellschaft zustehendes Vermögensrecht mittelbar oder unmittelbar verletzt hat“.

[213] RGZ 3, 123, 126.

[214] Eingehend dazu und zur Einordnung der Aktienrechtsnovelle von 1884 als krisen-
induziertes Reformgesetz *Fleischer*, FS Priester, 2007, S. 75, 76 f.

[215] Gutachten des ROHG vom 31. März 1877, auszugsweise abgedruckt bei *Schubert/
Hommelhoff*, Hundert Jahre modernes Aktienrecht, 1985, S. 157 ff.

aber es fehle an „Bestimmungen behufs Vermeidung einer Vervielfältigung solcher Anfechtungsprozesse mit etwa verschiedenen Ergebnissen, der Festsetzung einer Frist, innerhalb welcher die Anfechtung allein zulässig, überhaupt an einer organischen Ausbildung der ganzen Materie".[216] Infolgedessen empfahl das vom Präsidenten des ROHG *Heinrich Eduard von Pape* unterschriebene Gutachten die Einführung einer näher vorgezeichneten Anfechtungsklage, mit deren Erhebung zugleich beantragt werden könne, „daß die Ausführung des angefochtenen Beschlusses vorläufig bis zur Entscheidung über dessen Gültigkeit unterbleibe".[217]

In die gleiche Richtung wiesen die Beschlussempfehlungen zweier früher Juristentage.[218] Auf dem 11. Deutschen Juristentag 1873 in Hannover schlug der Referent *Isaac Wolffson* die Kodifizierung eines Anfechtungsrechts vor[219] und versammelte für seinen Antrag, „auch dem einzelnen Actionär, soweit es sein Interesse erheischt, ein Klagerecht auf Innehaltung der gesetzlichen und statutarischen Vorschriften über die Geschäftsführung, Bilanzen und Gewinnvertheilung zu gewähren", die Mehrheit der Teilnehmer hinter sich.[220] Hieran anknüpfend beantragte der Referent des 15. Deutschen Juristentages 1880 in Leipzig, *Heinrich Jaques*, die Anwesenden mögen beschließen, dass jeder Aktionär berechtigt sei, „Beschlüsse der Generalversammlung wegen Verletzung wesentlicher Förmlichkeiten oder Ueberschreitung der der Generalversammlung durch Gesetz oder Gesellschaftsvertrag ertheilten Befugnisse im Wege der Klage gegen die Gesellschaft anzufechten".[221] Auch dieser Antrag, der bemerkenswerte Parallelen zu den Vorschlägen des ROHG aufwies,[222] wurde trotz vereinzelter Kritik[223] mit großer Mehrheit angenommen.[224]

---

[216] Gutachten des ROHG (Fn. 215), S. 146 = *Schubert/Hommelhoff* (Fn. 215), S. 157, 255.

[217] Gutachten des ROHG (Fn. 215), S. 148 = *Schubert/Hommelhoff* (Fn. 215), S. 157, 257.

[218] Eingehend dazu im Rückblick *Lieder*, in: Bayer (Hrsg.), Gesellschafts- und Kapitalmarktrecht in den Beratungen des Deutschen Juristentages, 2010, S. 59, 90 ff.

[219] Vgl. *Wolffson*, in: Verhandlungen des 11. Deutschen Juristentages 1873, Bd. II, S. 87 ff.

[220] Vgl. Abstimmung, Verhandlungen des 11. Deutschen Juristentages 1873, Bd. II, S. 136: „Ziffer 5 des *Wolffson'schen* Antrags: „auch dem einzelnen Actionär, soweit es sein Interesse erheischt, ein Klagerecht auf Innehaltung der gesetzlichen und statutarischen Vorschriften über die Geschäftsführung, Bilanzen und Gewinnvertheilung zu gewähren" wird unverändert angenommen".

[221] *Jaques*, in: Verhandlungen des 15. Deutschen Juristentages 1880, Bd. II, S. 154.

[222] Dazu *Lieder*, in: Bayer (Fn. 218), S. 59, 92.

[223] Kritisch etwa *Makower*, in: Verhandlungen des 15. Deutschen Juristentages 1880, Bd. II, S. 171: „Wird die Gesammtheit der gestellten Anträge angenommen, so möchte es fraglich werden, ob mit denselben eine Actiengesellschaft noch bestehen kann. Es würden zwar die Sonderrechte der Actionäre bestehen, aber die Actiengesellschaft nicht. Es wird ein solches Ueberwuchern des Sonderrechts Platz greifen, daß bei einer Gesell-

Zahlreiche weitere Stimmen in Rechtslehre und Rechtspolitik befür-
worteten ebenfalls eine Kodifizierung des Anfechtungsrechts,[225] betonten
aber zugleich die Notwendigkeit enger tatbestandlicher Schranken.[226] So
ließ sich etwa *Wilhelm Oechelhäuser*, nationalliberaler Reichstagsabge-
ordneter, Industrieller und geistiger Vater des GmbH-Gesetzes, dahin vernehmen, dass ein Klagerecht des Aktionärs ein zweischneidiges Schwert
sei, das mit großer Vorsicht gehandhabt sein wolle.[227] Jedenfalls müsse ein
solches Recht auf ganz bestimmte Fälle der formellen oder materiellen
Verletzung statutarischer oder gesetzlicher Bestimmungen eingeschränkt
und innerhalb einer sehr kurzen Frist geltend gemacht werden. Ähnlich
ambivalent äußerte sich der Reformgesetzgeber in der Allgemeinen Begründung der Aktienrechtsnovelle von 1884: Eine Befugnis des einzelnen
Aktionärs, gesetz- oder statutenwidrige Beschlüsse der Generalversammlung als ungültig anzufechten, müsse schon jetzt als bestehendes Recht
angesehen werden.[228] Seine Anfechtungsbefugnis bestehe ohne Rücksicht
darauf, ob er in der Generalversammlung zugegen war oder nicht, ob der
Beschluss schon ausgeführt sei oder nicht, und ob die Ausführung tatsächlich noch rückgängig gemacht werden könne. Eine Zeitgrenze für die Anfechtung oder sonstige Schranken seien nicht gesetzt. In solcher Unbe-
schränktheit erscheine das Anfechtungsrecht höchst bedenklich.[229] Die
fortdauernde Ungewissheit über die Gültigkeit eines Beschlusses der Ge-

---

schaft, deren Mitglieder oft nach Tausenden zählen, der Bestand gefährdet erscheint. Bei
einer so großen Gesellschaft muß sich der Einzelne unterordnen und in sehr erheblichem
Maße binden; er kann nicht verlangen, daß er annähernd dieselben Rechte haben soll wie
bei einer offenen Gesellschaft, die aus wenigen Mitgliedern besteht, und bei welcher er
mit seinem ganzen Vermögen betheiligt ist".

[224] Vgl. Abstimmung, Verhandlung des 15. Deutschen Juristentages 1880, Bd. II,
S. 211 f.: „Jedem Actionär soll das Recht zustehen, Beschlüsse der Generalversammlung
wegen Verletzung wesentlicher Förmlichkeiten oder Ueberschreitung der der Generalversammlung durch Gesetz oder Gesellschaftsvertrag ertheilten Befugnisse im Wege der
Klage gegen die Gesellschaft anzufechten".

[225] Vgl. *Behrend*, in: Wiener/Goldschmidt/Behrend (Fn. 88), S. 37, 76: „Es ist das
Bedürfnis vorhanden, ein Verfahren herzustellen, mittels dessen Beschlüsse der Gen.
Vers. durch richterlichen Ausspruch kassiert werden können."; dem im Wesentlichen
zustimmend *Strombeck*, Ein Votum zur Reform der Deutschen Aktiengesetzgebung,
1874, S. 67 f.

[226] Vgl. *Bähr*, Zum neuen Aktiengesetz, 1884, S. 32: „Daß der Entwurf das in
Art. 222 und 190a gewährte Recht der Anfechtung, auch wenn dasselbe, wie hier vertreten wird, auf Beschlüsse des Vorstandes ausgedehnt wird, an enge Schranken knüpft,
ist gewiß nur zu billigen".

[227] Vgl. *Oechelhäuser*, Die Nachtheile des Aktienwesens und die Reform der Aktiengesetzgebung, 1878, S. 77.

[228] Vgl. Allgemeine Begründung zum Entwurf eines Gesetzes, betreffend die KGaA
und AG, 1884, abgedruckt bei *Schubert/Hommelhoff* (Fn. 215), S. 407, 467.

[229] So Allgemeine Begründung (Fn. 228) = *Schubert/Hommelhoff* (Fn. 215), S. 407,
467.

neralversammlung müsse notwendig zu einer Abschwächung der Verwaltung, könne sogar zu einem Stillstand derselben und einer völligen Zerset-
zung der Organisation führen. Das Recht eines jeden Aktionärs zur Anfechtung sei ein zweischneidiges Mittel, welches Schikanen und Erpressungen Tür und Tor öffne.[230] Daher müsse es sich der Gesetzesentwurf zur
Aufgabe machen, das Anfechtungsrecht gleichzeitig auf einen festen Boden zu stellen und in einer dem allgemeinen Interesse entsprechenden
Weise zu begrenzen.[231] Dieser doppelten Aufgabe dienten die neu eingeführten Artt. 190a, 190b und 222 ADHGB, die gemäß der damaligen Verbreitung der Gesellschaftsformen zuerst das Anfechtungsregime der Kommanditgesellschaft auf Aktien regelten und hierauf im Folgenden für die
Aktiengesellschaft Bezug nahmen:

Art. 190a HGB

(1) Ein Beschluß der Generalversammlung kann wegen Verletzung des Gesetzes oder
des Gesellschaftsvertrages als ungültig im Wege der Klage angefochten werden. Dieselbe
findet nur binnen der Frist von einem Monat statt. Zur Anfechtung befugt ist außer persönlich haftenden Gesellschaftern jeder in der Generalversammlung erschienene Kommanditist, sofern er gegen den Beschluß Widerspruch zu Protokoll erklärt hat, und jeder
nicht erschienene Kommanditist, sofern er die Anfechtung darauf gründet, daß die Berufung der Generalversammlung oder die Ankündigung des Gegenstandes der Beschlußfassung nicht gehörig erfüllt war.

(2) Die Klage ist gegen die persönlich haftenden Gesellschafter, soweit sie nicht
selbst klagen, und gegen den Aufsichtsrath zu richten. Zuständig für die Klage ist ausschließlich das Landgericht, in dessen Bezirke die Gesellschaft ihren Sitz hat. Die mündliche Verhandlung erfolgt nicht vor Ablauf der im ersten Absatze bezeichneten Frist.
Mehrere Anfechtungsprozesse sind zur gleichzeitigen Verhandlung und Entscheidung zu
verbinden.

(3) Ein klagender Kommanditist hat seine Aktien gerichtlich zu hinterlegen und auf
Verlangen der Gesellschaft wegen der ihr drohenden Nachtheile eine nach freiem Ermessen des Gerichts zu bestimmende Sicherheit zu leisten. Das Verlangen ist als prozeßhin-
dernde Einrede geltend zu machen. Wird die Sicherheit binnen der vom Gerichte gestellten Frist nicht geleistet, so ist die Klage auf Antrag für zurückgenommen zu erklären.

(4) Die persönlich haftenden Gesellschafter haben die Erhebung einer jeden Klage
sowie den Termin zur mündlichen Verhandlung ohne Verzug in den für die Bekanntmachungen der Gesellschaft bestimmten Blättern zu veröffentlichen.

(5) Soweit durch ein Urtheil rechtskräftig der Beschluß für ungültig erklärt ist, wirkt
es auch gegenüber den Kommanditisten, welche nicht Partei sind. Dasselbe ist von den
persönlich haftenden Gesellschaftern ohne Verzug zu dem Handelsregister einzureichen.
War der Beschluß in dasselbe einzutragen, so ist auch das Urtheil einzutragen und in
gleicher Weise wie der Beschluß zu veröffentlichen (Art. 177, 179).

---

[230] So wörtlich Allgemeine Begründung (Fn. 228) = *Schubert/Hommelhoff* (Fn. 215),
S. 407, 467.

[231] Vgl. Allgemeine Begründung (Fn. 228) = *Schubert/Hommelhoff* (Fn. 215), S. 407,
467.

Art. 190b HGB

Für einen durch unbegründete Anfechtung des Beschlusses (Art.190a) der Gesellschaft entstandenen Schaden haften ihr solidarisch die Kläger, welchen bei Erhebung der Klage eine bösliche Handlungsweise zur Last fällt.

Art. 222 HGB

Die Vorschriften im Artikel 190a, 190b über die Anfechtung eines Beschlusses der Generalversammlung finden mit der Maßgabe Anwendung, daß an die Stelle der persönlich haftenden Gesellschafter der Vorstand tritt.

Als Zwischenergebnis lässt sich damit festhalten, dass die Aktienrechtsnovelle von 1884 das Anfechtungsrecht erstmals kodifizierte und ihm in vielerlei Hinsicht bereits seine heutige Gestalt gab.[232] Als Kodifikation *à droit constant* lag ihr praktisches Gewicht allerdings nicht in der *Begründung*, sondern in der *Begrenzung* des Anfechtungsrechts.[233] Eine begrenzende Wirkung entfalteten das Anwesenheits-[234] und Widerspruchserfordernis[235] in der Generalversammlung, die Notwendigkeit zur gerichtlichen Hinterle-

---

[232] So auch *M. Emmerich* (Fn. 199), S. 135; *Hommelhoff*, in: Schubert/Hommelhoff (Fn. 111), S. 53, 97; *Lieder*, in: Bayer (Fn. 218), S. 59, 97; ferner *Fleischer*, BB 2005, 2025, 2029; relativierend *Fehrenbach* (Fn. 199), S. 31: „Wiewohl wesentliche Bausteine der heutigen §§ 241 ff. AktG auf die Aktienrechtsnovelle von 1884 zurückgehen, kann man dennoch kaum behaupten, dass damit das Anfechtungsrecht in seiner heutigen Form in den Grundzügen bereits festgelegt war".

[233] Aus der zeitgenössischen Literatur *v. Gierke*, Genossenschaftstheorie, 1887, S. 287 f. mit Fn. 2; *Hergenhahn* (Fn. 212), S. 184; *Ring*, Busch's Archiv 45 (1884), 72, 129; rückblickend *M. Emmerich* (Fn. 199), S. 132 ff.; *Fehrenbach* (Fn. 199), S. 28; *Huber*, FS Coing, 1977, S. 167, 168: „Das praktische Gewicht lag – da das Anfechtungsrecht bereits gesicherter Bestand der Rechtsprechung war – in der Begrenzung, nicht in der Bestätigung des Anfechtungsrechts".

[234] Kritisch dazu *Bähr* (Fn. 226), S. 32: „Ungerechtfertigt aber dürfte es sein, wenn der Entwurf so weit geht, daß er auch allen abwesenden Aktionären das Recht der Anfechtung entziehen will. Auch der Abwesende darf erwarten, daß die Generalversammlung in den Schranken von Gesetz und Statut sich bewegt. Seine Abwesenheit kann nicht als eventuelle Einwilligung in alle möglichen Beschlüsse aufgefaßt werden. Ihm darf daher das Recht der Anfechtung nicht ohne weiteres versagt werden. Wohl könnte man auch ihm gegenüber eine strenge Schranke dadurch schaffen, daß man ihm auferlegte, nach Kundgebung des Beschlusses binnen einer kurzen Frist (14 Tagen) seinen Widerspruch gegen den Beschluß anzumelden. Ihn von vornherein aber von jeder Anfechtung auszuschließen, dürfte nicht gerecht sein."; ablehnend auch *Ring*, Busch's Archiv 45 (1884), 72, 130.

[235] In verallgemeinernder Anlehnung an die Entscheidung des Oberappellationsgerichts Berlin Busch's Archiv 20 (1871), 344, 346; dazu Allgemeine Begründung (Fn. 228) = *Schubert/Hommelhoff* (Fn. 215), S. 407, 467: „Das Recht eines Jeden zur Anfechtung ist ein zweischneidiges Mittel, welches Chikanen und Erpressungen Thür und Thor öffnet. Die Praxis sucht sich zu helfen; sie versagt die Anfechtung wenigstens einem erschienenen Aktionär, welcher nicht sofort protestirt hatte, ‚da es ihm nicht gestattet sein könne, die Verstöße ungerügt hingehen zu lassen, um gelegentlich in späterer Zeit alle damit im Zusammenhang stehenden, ihm mißliebigen Akte der Gesellschaftsbehörden als ungültig anzufechten'".

gung der Aktien und die knappe Klagefrist, die im Vorentwurf noch groß-
züger auf drei Monate bemessen war[236] und nach scharfer Kritik im
Schrifttum[237] auf einen Monat gekürzt wurde. Weitere Belastungen bildeten die mögliche Anordnung einer Sicherheitsleistung durch das Gericht
und die drohende Schadensersatzhaftung des unterlegenen Anfechtungsklägers bei böslicher Handlungsweise.

Eine konzeptionelle Erweiterung wird man allerdings darin erkennen
können, dass die Anfechtungsbefugnis des Aktionärs fortan nicht mehr von
der Verletzung eines Vermögensrechts abhing,[238] sondern ihm bei Geset-
zes- oder Satzungsverstößen schlechthin zustand.[239] Damit einher ging ein
partieller Gestaltwandel der Anfechtungsklage von einem subjektiven Ab-
wehrrecht zu einem Instrument objektiver Rechtskontrolle.[240] In den vielzi-
tierten Worten von *Julius Flechtheim*: „Der Einzelaktionär ist gewissermaßen der geborene Anwalt der beleidigten Interessen aller und jedes einzelnen Aktionärs."[241] Vor diesem Hintergrund bejahte das Reichsgericht später sogar die Anfechtungsbefugnis eines Aktionärs, der sich durch den von
ihm angefochtenen Generalversammlungsbeschluss nicht in seinen Rechten beeinträchtigt fühlte, sondern nur klagte, um die höchstrichterliche
Klärung einer Rechtsfrage herbeizuführen:

„Denn die Klage nach § 271 fordert von dem als Kläger auftretenden Aktionär nicht den
Nachweis eines besonderen rechtlichen Interesses; sie ist nicht von den Voraussetzungen
des § 256 ZPO abhängig, sondern ist eine Klage eigener Art, die unter den im Gesetz
bezeichneten Voraussetzungen jedem Aktionär auch dann zusteht, wenn er kein persönliches Interesse an der Streitfrage hat. (…) Ob ein Aktionär, der Widerspruch erhoben hat,
hierbei die gleiche Ansicht hat wie der Vorstand und der Aufsichtsrat, oder die entgegengesetzte, ist gleichgültig. In allen Fällen kann dem Aktionär, der ordnungsmäßig Widerspruch zu Protokoll erklärt, gegen den Beschluß gestimmt und die Klage rechtzeitig erhoben hat, die Befugnis zur Erhebung der Anfechtungsklagen nicht abgesprochen werden, denn das Gesetz hat unter den erwähnten Voraussetzungen die Anfechtungsklage
uneingeschränkt gewährt."[242]

---

[236] Vgl. den ersten Entwurf des Art. 190a Abs. 1 ADHGB von 1883; abgedruckt in
Busch's Archiv 44 (1883), 1 ff.; dazu auch *Renaud*, Busch's Archiv 45 (1884), 1, 53 f.
[237] Vgl. *Ring*, Busch's Archiv 45 (1884), 72, 130: „Bedenklich erscheint aber weiter
die Ausdehnung der Frist auf drei Monate. Die Möglichkeit ist dadurch gegeben, daß ein
Kommanditist bzw. Aktionär die Gesellschaft während dieses erheblichen Zeitraumes
mittels Klageandrohung in Schach hält und ohne jede ernste Absicht der Klageerhebung
Erpressung versucht und verübt. Eine Frist von vielleicht drei Wochen wird hier ausreichend sein".
[238] Vgl. den Text zu und die Nachweise in Fn. 211 bis 213.
[239] Vgl. *M. Emmerich* (Fn. 199), S. 134 m.w.N.
[240] Ganz ähnlich *Fehrenbach* (Fn. 199), S. 31; s. auch *E. R. Huber*, Verw. Arch. 37
(1932), 1, 22.
[241] *Flechtheim*, FS Zitelmann, 1913, S. 1, 5.
[242] RGZ 77, 255, 257 f.

b) Handelsgesetzbuch von 1897

Das HGB von 10. Mai 1897 übernahm die aktienrechtlichen Vorschriften des ADHGB in den §§ 178–319 ohne tiefgreifende materielle Veränderungen, aber mit einigen sprachlichen und systematischen Neuerungen. An der Spitze des Zweiten Buches „Aktiengesellschaft" standen fortan nicht mehr Vorschriften über die Kommanditgesellschaft auf Aktien, sondern diejenigen über die AG. Zu den wenigen inhaltlichen Änderungen des Beschlussmängelrechts gehörten: (a) die Erstreckung der Anfechtungsbefugnis auf Aktionäre, die unberechtigter Weise nicht zu der Generalversammlung zugelassen worden sind; (b) die Ausdehnung der Anfechtungsbefugnis auf einzelne Vorstands- und Aufsichtsratsmitglieder, sofern sie sich durch die Beschlussausführung strafbar oder den Gläubigern der Gesellschaft haftbar machen würden; (c) die Benennung der Gesellschaft – statt des Vorstands und Aufsichtsrats – als passivlegitimiert; (d) die Streichung der Pflicht des Anfechtungsklägers zur gerichtlichen Hinterlegung seiner Aktien. Wörtlich lauteten die §§ 271–273 HGB 1897:

§ 271
(1) Ein Beschluß der Generalversammlung kann wegen Verletzung des Gesetzes oder des Gesellschaftsvertrages im Wege der Klage angefochten werden.

(2) Die Klage muß binnen einem Monat erhoben werden.

(3) Zur Anfechtung befugt ist jeder in der Generalversammlung erschienene Aktionär, sofern er gegen den Beschluß Widerspruch zum Protokoll erklärt hat, und jeder nicht erschienene Aktionär, sofern er zu der Generalversammlung unberechtigter Weise nicht zugelassen worden ist oder sofern er die Anfechtung darauf gründet, daß die Berufung der Versammlung oder die Ankündigung des Gegenstandes der Beschlußfassung nicht gehörig erfolgt sei. Eine Anfechtung, die darauf gegründet wird, daß durch den Beschluß Abschreibungen der Rücklagen über das nach dem Gesellschaftsvertrage statthafte Maß hinaus angeordnet seien, ist nur zulässig, wenn die Antheile des Aktionärs oder der Aktionäre, welche die Anfechtungsklage erheben, den zwanzigsten Theil des Grundkapitals erreichen.

(4) Außerdem ist der Vorstand, und sofern der Beschluß eine Maßregel zum Gegenstande hat, durch deren Ausführung sich die Mitglieder des Vorstandes und des Aufsichtsraths strafbar oder den Gläubigern der Gesellschaft haftbar machen würden, jedes Mitglied des Vorstandes und des Aufsichtsraths zur Anfechtung befugt.

§ 272
(1) Die Klage ist gegen die Gesellschaft zu richten. Die Gesellschaft wird durch den Vorstand, sofern dieser nicht selbst klagt, und durch den Aufsichtsrath vertreten.

(2) Zuständig für die Klage ist ausschließlich das Landgericht, in dessen Bezirke die Gesellschaft ihren Sitz hat. Die mündliche Verhandlung erfolgt nicht vor dem Ablaufe der im §. 271 Abs. 2 bezeichneten Frist. Mehrere Anfechtungsprozesse sind zur gleichzeitigen Verhandlung und Entscheidung zu verbinden.

(3) Das Gericht kann auf Verlangen anordnen, daß der Gesellschaft wegen der sonst drohenden Nachtheile von dem klagenden Aktionär Sicherheit zu leisten ist. Art und Höhe der Sicherheit bestimmt das Gericht nach freiem Ermessen. Die Vorschriften der

Civilprozeßordnung über die Festsetzung einer Frist zur Sicherheitsleistung und über die Folgen der Versäumung der Frist finden Anwendung.

(4) Die Erhebung der Klage und der Termin zur mündlichen Verhandlung sind unverzüglich von dem Vorstand in den Gesellschaftsblättern bekannt zu machen.

§ 273

(1) Soweit der Beschluß durch rechtskräftiges Urteil für nichtig erklärt ist, wirkt das Urteil auch für und gegen die Aktionäre, die nicht Partei sind. Das Urteil ist von dem Vorstand unverzüglich zum Handelsregister einzureichen. War der Beschluß in das Handelsregister eingetragen, so ist auch das Urteil einzutragen; die Eintragung des Urtheils ist in gleicher Weise wie die des Beschlusses zu veröffentlichen.

(2) Für einen durch unbegründete Anfechtung des Beschlusses der Gesellschaft entstehenden Schaden haften ihr die Kläger, welchen eine bösliche Handlungsweise zur Last fällt, als Gesammtschuldner.

Bemerkenswerter als die tatsächlichen Änderungen erscheint ein im Ersten Entwurf des Reichsjustizamtes von 1895 (RJA-E I) enthaltener Reformvorschlag, der in den Kommissionsberatungen keine Mehrheit fand. Es handelte sich um die in § 228 RJA-E I vorgesehene Möglichkeit für den Staatsanwalt, einen Beschluss der Generalversammlung anzufechten, „der durch seinen Inhalt eine nicht nur im Interesse der vorhandenen Aktionäre, sondern im öffentlichen Interesse gegebene Vorschrift des Gesetzes verletzt".[243] Die Denkschrift begründete diesen Reformvorschlag mit der Erwägung, dass die den Registergerichten obliegende Prüfung nicht in allen Fällen genüge, um die Eintragung von Beschlüssen zu verhindern, „welche mit gesetzlichen Vorschriften zwingenden Karakters im Widerspruch stehen".[244] Hiergegen erhob sich indes lautstarker Protest in Wirtschaft und Rechtspolitik: Der Deutsche Handelstag sprach sich dezidiert gegen ein Anfechtungsrecht des Staatsanwalts aus, das „ein Moment der Unsicherheit und Bevormundung für das Aktienwesen [darstellt], welches im Interesse des gesammten Handels für bedenklich erachtet werden muß".[245] Baden machte während der Beratungen im Bundesrat geltend, dass ein Anfechtungsrecht der Staatsbehörde „leicht zu frivolen Denunziationen seitens gewissenloser Konkurrenten Anlass gebe";[246] Sachsen-Altenburg wandte ein, dass die „Beschaffung eines geeigneten staatlichen Aufsichts-

---

[243] Ausführlich zu Folgendem auch *Pahlow*, in: Bayer/Habersack (Hrsg.), Aktienrecht im Wandel, Bd. I, 2007, 12. Kap. Rn. 29 ff.

[244] Begründung zu dem Entwurf eines Handelsgesetzbuchs für das Deutsche Reich von 1895 (Denkschrift zum RJA-E I), abgedruckt bei *Schubert/Schmiedel/Krampe* (Hrsg.), Quellen zum Handelsgesetzbuch von 1897, Bd. I, 1986, S. 1, 135.

[245] Verhandlungen des 23. Deutschen Handelstages am 15. und 16. Oktober 1896, abgedruckt in *Schubert/Schmiedel/Krampe* (Fn. 244), S. 567, 619.

[246] Zusammenstellung der Äußerungen der Bundesregierungen zu dem Entwurf eines Handelsgesetzbuchs und eines Einführungsgesetzes, abgedruckt bei *Schubert/Schmiedel/Krampe* (Fn. 244), S. 745, 802 (Baden).

organs in den kleineren Bundesstaaten mit Schwierigkeiten verbunden"[247] sei, und Preußen vermisste schließlich ein „dringliches Bedürfniß [dafür], daß der Staat sich mit dieser Prüfung der Nichtigkeit der gefaßten Beschlüsse eine Verantwortlichkeit auferlege, der er nur schwer genügen könne".[248] Im Reichtstagsplenum fand das Interventionsrecht einer Staatsbehörde zwar bei einzelnen Fraktionen Unterstützung,[249] doch sprach sich die Mehrheit mit deutlichen Worten dagegen aus.[250] Das HGB von 1897 beließ es daher bei dem Anfechtungsrecht jedes einzelnen Aktionärs.

c) Aktienrechtsreform von 1937

Während der ersten drei Jahrzehnte des 20. Jahrhunderts kämpfte das aktienrechtliche Beschlussmängelrecht in der Praxis mit zwei Hauptproblemen: der Konturierung der gesetzlich ungeregelten Nichtigkeit von Generalversammlungsbeschlüssen[251] und dem erpresserischen Missbrauch des Anfechtungsrechts.[252]

---

[247] Zusammenstellung der Äußerungen der Bundesregierungen zu dem Entwurf eines Handelsgesetzbuchs und eines Einführungsgesetzes, abgedruckt bei *Schubert/Schmiedel/Krampe* (Fn. 244), S. 745, 802 (Sachsen-Altenburg).

[248] Sitzung des Preußischen Staatsministeriums vom 24. Oktober 1896, abgedruckt bei *Schubert/Schmiedel/Krampe* (Fn. 244), S. 715, 733.

[249] Vgl. etwa den Wortbeitrag von *von Strombeck* in der Ersten Lesung im Reichstag, wiedergegeben in Materialien zum Handelsgesetzbuche für das Deutsche Reich, 1897, S. 181, 184: „Es ist doch ein allgemeiner Grundsatz: wenn das öffentliche Interesse verletzt wird, dann schreitet der Staat ein; weshalb soll er es hier nicht thun können? Nun bin ich überzeugt, in der Praxis würde dieser Paragraph, wenn er aufgenommen würde, nur äußerst selten zur Anwendung kommen; aber, meine Herren, die bloße Existenz eines solchen Paragraphen wird von manchen Gesetzesverletzungen abhalten. Darin würde ich den wohlthätigen Einfluß des Paragraphen sehen; er schreckt unredliche Vorstands- oder Aufsichtsrathsmitglieder ab, derartige Gesetzesverletzungen zu veranlassen".

[250] Vgl. etwa den Wortbeitrag von *Bassermann* in der Ersten Lesung im Reichstag, wiedergegeben in den Materialien (Fn. 249), S. 185, 191: „Ich glaube, daß für eine derartige Bevormundung keine hinreichenden Gründe vorliegen. Einzelne Missstände, krasse Schlaglichter bei einzelnen Zusammenbrüchen werden immer vorkommen; die werden auch nicht beseitigt werden dann, wenn wir einen Staatskommissar in das Aktienwesen hineinsetzen. Eins ist doch zu bedenken: wir wollen doch alle gewiß nicht, daß der Anschein im Publikum erweckt wird, daß, sei es für den Gründungsvorgang, sei es für die Geschäftsführung einer Aktiengesellschaft, der Staat gewissermaßen verantwortlich ist, daß, wenn diese Klagen nicht erhoben werden, die Präsumtion besteht, daß dann alles in Ordnung ist".

[251] Vgl. dazu etwa *A. Hueck*, Das Recht der Generalversammlungsbeschlüsse und die Aktienrechtsreform, 1933, S. 32: „Die Unterscheidung zwischen Anfechtbarkeit und Nichtigkeit von Generalversammlungsbeschlüssen hat im geltenden Recht am meisten Schwierigkeiten gemacht, sie ist zugleich praktisch besonders wichtig, und so ist sie zum Kernproblem des Rechts der Generalversammlungsbeschlüsse geworden."; *Ludewig*, Hauptprobleme der Reform des Aktienrechts, 1929, S. 152: „Es ist außerordentlich streitig, wann eine Anfechtbarkeit und wann eine Nichtigkeit der Generalversamm-

Was zunächst die Beschlussnichtigkeit anbelangt, so ließ sich das Reichsgericht durch eine fehlende Spezialregelung nicht davon abhalten, neben der Anfechtbarkeit auch die Nichtigkeit im Sinne einer *ex tunc* bestehenden Ungültigkeit des Beschlusses anzuerkennen.[253] Hierfür griff es auf die allgemeinen Generalklauseln der §§ 138, 826 BGB zurück. Allerdings bereitete ihm eine trennscharfe Grenzziehung zwischen anfechtbaren und nichtigen Generalversammlungsbeschlüssen beträchtliche Schwierigkeiten.[254] In der Literatur hatte es vor allem *Alfred Hueck* übernommen, das reichhaltige Fallmaterial zu sichten und aus ihm brauchbare Abgrenzungskriterien herauszupräparieren,[255] doch vermochte auch die von ihm entwickelte Formel nicht jedermann zu überzeugen.[256] Vor diesem Hintergrund verwundert es nicht, dass *Julius Lehmann* und *Albert Pinner* auf dem 34. Deutschen Juristentag 1926 in Köln nachdrücklich dafür eintraten, die Nichtigkeit von Generalversammlungsbeschlüssen und ihre Folgen gesetzlich zu regeln.[257] Die vom Juristentag eingesetzte hochkarätige Re-

---

lungsbeschlüsse vorliegt. Die Klarstellung dieser Streitfrage ist von der größten Bedeutung für das ganze Leben der Aktiengesellschaft".

[252] Dazu etwa *Pinner*, LZ 1914, 226, 229: „Weil nun die Fallstricke des Gesetzes viele sind, so hat sich allmählich die Vertretung der Minoritätsrechte als Beruf herausgebildet. […] Selbstverständlich gibt es unter diesen Minoritäts-Vertretern auch uneigennützige Männer und solche, die wirklich sich des gekränkten Rechtes annehmen; vielfach aber, besonders bei den gewerbsmäßigen Generalversammlungs-Vertretern, nährt das Handwerk den Mann".

[253] Vgl. im Jahre 1888 bereits RGZ 21, 148, 159 unter Berufung auf das „Wesen der Aktiengesellschaft".

[254] Ausführliche Analyse bei *A. Hueck*, Festgabe Reichsgericht, Bd. IV, 1929, S. 167, 168: „Deshalb ist dringend zu wünschen, daß für die Anwendung des allgemeinen Prinzipes der §§ 138, 826 BGB auf Generalversammlungsbeschlüsse möglichst bald scharfe Grenzlinien aufgestellt werden […]. Eine vollständige Lösung dieses Problems ist allerdings nicht möglich; es wäre das geradezu die Quadratur des Zirkels".

[255] Vgl. *A. Hueck* (Fn. 3), S. 80: „Zusammenfassend kann man hiernach folgende Regeln aufstellen: 1. Gesetzesverletzung hat nur dann die Nichtigkeit eines Beschlusses zur Folge, wenn der Beschluß durch seinen Inhalt und nicht lediglich durch die Art seines Zustandekommens gegen zwingende Vorschriften verstößt. 2. Ein derartiger Beschluß ist stets nichtig, sofern die Vorschrift nicht ausschließlich die Interessen der zur Zeit vorhandenen Aktionäre betrifft. 3. Ist letzteres der Fall, so ist der Beschluß im allgemeinen nur anfechtbar. Nichtigkeit tritt aber ein, wenn die Aktionäre auf die Innehaltung der betreffenden Vorschrift auch im Einzelfall nicht gültig verzichten können".

[256] Vgl. *Wolff*, ZBH 5 (1930), 325: „Die Frage, wann ein Generalversammlungsbeschluss nichtig, wann nur anfechtbar sei, ist streitiger als je; weder die *Hueck'sche* noch die *Brodmann'sche* noch sonst eine Formel ist zum Siege gelangt."; dazu auch *Brodmann*, JW 1931, 775: „[…] und wenn *Wolff* sagt, daß weder die *Hueck'sche* Formel noch die meinige noch eine sonstige zum Sieg gelangt sei, so ist das an sich wohl richtig […]".

[257] Vgl. *Lehmann* (Fn. 81), S. 327 f.; *Pinner*, in: Verhandlungen des 34. Deutschen Juristentages 1926, Bd. II, S. 676; rückblickend *J. Schmidt*, in: Bayer (Hrsg.), Gesell-

formkommission[258] forderte in ihrem Generalbericht von 1928 ebenfalls eine Klärung der „streitigen Frage [...], inwieweit Generalversammlungsbeschlüsse nichtig oder nur anfechtbar sind"[259] und betonte, es sei „wirtschaftlich unerträglich", wenn wichtige Beschlüsse, etwa über Kapitalerhöhungen, noch „nach langen Jahren für nichtig erklärt werden".[260] Zwei Jahre später legte das Reichsjustizministerium einen Reformentwurf vor, der erstmals eine ausdrückliche Regelung der Nichtigkeitstatbestände (§ 135 AktG-E 1930) und der Nichtigkeitsklage (§ 141 AktG-E 1930) enthielt,[261] aber im Schrifttum gleichwohl auf ein gemischtes Echo stieß. Bemängelt wurden vor allem die Grundkonzeption der Nichtigkeitsgründe[262] und das Fehlen einer Heilungsmöglichkeit.[263] Als Reaktion hierauf zählte der Gesetzgeber in § 195 AktG 1937 sämtliche Nichtigkeitsgründe abschließend auf und führte mit § 196 AktG 1937 eine eigenständige Heilungsvorschrift ein[264] – zwei Bauelemente des aktienrechtlichen Beschlussmängelrechts, die im Kern bis heute Bestand haben.[265]

Daneben griffen schon um 1910 missbräuchliche Anfechtungsklagen durch räuberische Aktionäre immer weiter um sich und gaben Anlass zu

---

schafts- und Kapitalmarktrecht in den Beratungen des Deutschen Juristentages, 2010, S. 260, 308 f.

[258] Der Kommission gehörten unter anderem an: *Hachenburg* (Vorsitzender), *Flechtheim, Geiler, Julius Lehmann, Pinner, Schmalenbach, Solmssen*.

[259] Ständige Deputation des Deutschen Juristentages (Hrsg.), Bericht der durch den 34. Juristentag zur Prüfung einer Reform des Aktienrechts eingesetzten Kommission, 1928, S. 31.

[260] Ständige Deputation des Deutschen Juristentages (Fn. 259), S. 31 f.

[261] Entwurf eines Gesetzes über AG und KGaA, veröffentlicht durch das Reichsjustizministerium, 1930, S. 35 f. (Vorschriften) und S. 105 ff. (Begründung).

[262] Kritisch etwa *Brodmann*, JW 1931, 775 ff.; *Göppert*, Bank-Archiv 30 (1930/31), 25, 28 f.; *Horrwitz*, ZBH 8 (1933), 86, 87 ff.; *Wolff*, ZBH 5 (1930), 325, 326 ff.

[263] Kritisch etwa *Göppert*, Bank-Archiv 30 (1930/31), 25, 27 ff.; *Wolff*, ZBH 5 (1930), 325, 329 f.

[264] Dazu die Amtl. Begr. vor §§ 195–202 AktG 1937, abgedruckt bei *Klausing*, Gesetz über Aktiengesellschaften und Kommanditgesellschaften auf Aktien nebst Einführungsgesetz und „Amtlicher Begründung", 1937, S. 172: „Die Möglichkeit, die Nichtigkeit zeitlich unbeschränkt geltend zu machen, führte in Verbindung mit der Tatsache, daß die Grenze zwischen Nichtigkeit und Anfechtbarkeit nur sehr schwer zu ziehen war und auch die Rechtsprechung bei ihrer Feststellung zunächst sehr schwankte, zu einer Unsicherheit in den wirtschaftlichen Verhältnissen der Aktiengesellschaften, die auf die Dauer im Interesse einer sicheren Grundlage für das Wirtschaftsleben nicht gestattet werden konnte".

[265] Ähnlich *J. Schmidt*, in: Bayer (Fn. 257), S. 260, 310: „wichtiger Grundstein für die Konzeption der heutigen §§ 241 ff. AktG"; ferner *Bayer/Engelke*, in: Bayer/ Habersack (Hrsg.), Aktienrecht im Wandel, Bd. I, 2007, 14. Kap. Rn. 89: „großer Fortschritt"; sowie *Raiser*, in: Bayer/Habersack (Hrsg.), Aktienrecht im Wandel, Bd. II, 2007, 14. Kap. Rn. 40.

einer rechtspolitischen Diskussion,[266] die auf dem 34. Deutschen Juristentag in einen heftigen Schlagabtausch der beiden Berichterstatter mün-
dete:[267] Der Berliner Rechtsanwalt *Albert Pinner* betonte in seinem Referat, dass die „gewerbsmäßige Anfechtung" zu einem „Geschäft geworden
[ist], das […] seinen Mann ernährt".[268] Um das „in der Anfechtung liegende Erpressertum" zu unterbinden, forderte er die Einführung eines
Quorums von 5% des Grundkapitals und eine Erweiterung der Haftung für
unbegründete Klagen.[269] Dem entgegnete der Berliner Professor *Ernst
Heymann* entrüstet, dass „nicht jeder, der anficht, […] ein Erpresser" sei
und dass ein solches Quorum nicht nur das Vertrauen der Aktionäre
erschüttern, sondern letztlich auch einer Staatskontrolle Vorschub leisten
würde.[270] Auch die schon erwähnte Reformkommission sprach sich einstimmig gegen eine Abkehr vom Anfechtungsrecht als Individualrecht
aus.[271] Der Reformgesetzgeber von 1937 beließ es daher bei zwei anderweitigen Maßnahmen, „um eine schärfere Handhabe gegen verantwor-
tungslos erhobene Anfechtungsklagen zu haben":[272] einer Erweiterung der
Schadensersatzhaftung bei unbegründeter Anfechtung auf Fälle grober
Fahrlässigkeit (§ 200 Abs. 2 AktG 1937) und einer neuen Streitwertrege-
lung, nach der sich der Streitwert nicht mehr allein nach dem Interesse des
Klägers, sondern nach den gesamten Verhältnissen unter Berücksichtigung
des Interesses der Gesellschaft an der Aufrechterhaltung des angefochte-

---

[266] Vgl. bereits *Simon*, in: Verhandlungen des 31. Deutschen Juristentages 1912, Bd.
III, S. 445: „Nach meiner Erfahrung wird das Recht der Anfechtung von Beschlüssen der
Generalversammlung in einer sehr großen Zahl der Fälle dazu benutzt, um erpresserisch
oder sonst wie in unlauterer Weise gegen Aktiengesellschaften oder deren Verwaltung
vorzugehen. Wenn Sie die Zahl derjenigen deutschen Generalversammlungen verglei-
chen, in denen ein Aktionär Protest erhoben hat, und derjenigen, in denen der Protest
durch Klage weiterverfolgt wurde, so ist die Differenz eine außerordentlich große. Sie
können annehmen, daß in der überwiegenden Zahl derartiger Fälle die Zwischenzeit von
dem betreffenden Aktionär mit oder ohne Erfolg dazu benutzt worden ist, um sich die
Klage abkaufen zu lassen. Aber auch im Laufe der Prozesse geht dieser Schacher mit
Individualrechten weiter. Mir sind Fälle bekannt, wo sich selbst Juristen für einige
tausend Mark eine Anfechtungsklage haben abkaufen lassen".
[267] Rückblickend auch *J. Schmidt*, in: Bayer (Fn. 257), S. 260, 304 ff.
[268] *Pinner* (Fn. 257), S. 629.
[269] Vgl. *Pinner* (Fn. 257), S. 629.
[270] Vgl. *Heymann*, in: Verhandlungen des 34. Deutschen Juristentages 1926, Bd. II,
S. 753.
[271] Vgl. Ständige Deputation des Deutschen Juristentages (Fn. 259), S. 31: „Die
Kommission hat sich dann weiter mit der Frage der Anfechtung und der Nichtigkeit von
Generalversammlungsbeschlüssen befaßt. Man ging hierbei einmütig von der Auffassung
aus, daß an der freien Anfechtbarkeit durch jeden Aktionär, wie sie § 271 vorschreibt,
nichts geändert werden könne".
[272] Amtl. Begr. zu § 200 AktG 1937, abgedruckt bei *Klausing* (Fn. 264), S. 178.

nen Beschlusses bemessen sollte, um so der wahren Bedeutung der Anfechtungsklage gerecht zu werden (§ 199 Abs. 6 AktG 1937).[273]

Insgesamt erhielt das aktienrechtliche Beschlussmängelrecht damit folgendes Gesicht:

§ 195
Nichtigkeitsgründe

Ein Beschluß der Hauptversammlung ist außer in den Fällen des § 135 Abs. 1, § 159 Abs. 4, § 181 Abs. 2, § 188 Abs. 3, § 189 Abs. 2 und unbeschadet der Nichtigkeit auf Grund eines auf Anfechtungsklage ergangenen rechtskräftigen Urteils nur dann nichtig, wenn

1. die Hauptversammlung nicht nach § 105 Abs. 1 und 2 einberufen ist, es sei denn, daß alle Aktionäre erschienen oder vertreten sind,

2. er nicht nach § 111 Abs. 1, 2 und 4 beurkundet ist,

3. er mit dem Wesen der Aktiengesellschaft unvereinbar ist oder durch seinen Inhalt Vorschriften verletzt, die ausschließlich oder überwiegend zum Schutze der Gläubiger der Gesellschaft oder sonst im öffentlichen Interesse gegeben sind,

4. er durch seinen Inhalt gegen die guten Sitten verstößt,

5. er nach § 144 Abs. 2 des Gesetzes über die Angelegenheiten der freiwilligen Gerichtsbarkeit auf Grund rechtskräftiger Entscheidung als nichtig gelöscht worden ist.

§ 196
Heilung der Nichtigkeit

(1) Die Nichtigkeit eines Hauptversammlungsbeschlusses, der entgegen § 11 Abs. 1, 2 und 4 nicht oder nicht gehörig beurkundet worden ist, kann nicht mehr geltend gemacht werden, wenn der Beschluß in das Handelsregister eingetragen ist.

(2) Ist ein Hauptversammlungsbeschluß nach § 195 Nr. 1, 3 oder 4 nichtig, so kann die Nichtigkeit nicht mehr geltend gemacht werden, wenn der Beschluß in das Handelsregister eingetragen worden ist und seitdem drei Jahre verstrichen sind. Eine Löschung des Beschlusses von Amts wegen nach § 144 Abs. 2 des Gesetzes über die Angelegenheiten der freiwilligen Gerichtsbarkeit wird durch den Zeitablauf nicht ausgeschlossen.

§ 197
Anfechtungsgründe

(1) Ein Beschluß der Hauptversammlung kann wegen Verletzung des Gesetzes oder der Satzung durch Klage angefochten werden.

(2) Die Anfechtung kann auch darauf gestützt werden, daß ein Aktionär mit der Stimmrechtsausübung vorsätzlich für sich oder einen Dritten gesellschaftsfremde Sondervorteile zum Schaden der Gesellschaft oder ihrer Aktionäre zu erlangen suchte und der Beschluß geeignet ist, diesem Zweck zu dienen. § 101 Abs. 3 gilt sinngemäß.

(3) Stellt die Hauptversammlung den Jahresabschluß fest, so kann eine Anfechtung auf eine Verletzung der Vorschriften über die Gliederung des Jahresabschlusses nicht

---

[273] Dazu auch Amtl. Begr. zu § 199 AktG 1937, abgedruckt bei *Klausing* (Fn. 264), S. 177 f.: „Damit wird für die Anfechtungsklage ein Streitwert geschaffen, der allein ihrer wahren Bedeutung gerecht wird, und es wird dem Unwesen gesteuert, dass für derartige, für das Leben der Gesellschaft einschneidende Klagen der Streitwert sich nach dem Wert einer Aktie eines oft vorgeschobenen Aktionärs richtet".

gestützt werden, wenn Klarheit und Übersichtlichkeit des Jahresabschlusses nur unwesentlich beeinträchtigt sind.

§ 198
Anfechtungsbefugnis

(1) Zur Anfechtung ist befugt:

1. jeder in der Hauptversammlung erschienene Aktionär, wenn er gegen den Beschluß Widerspruch zur Niederschrift erklärt hat;

2. jeder in der Hauptversammlung nicht erschienene Aktionär, wenn er zu der Hauptversammlung zu Unrecht nicht zugelassen worden ist oder die Versammlung nicht gehörig berufen oder der Gegenstand der Beschlußfassung nicht gehörig angekündigt worden ist;

3. im Fall des § 197 Abs. 2 jeder Aktionär;

4. der Vorstand;

5. jedes Mitglied des Vorstands und des Aufsichtsrats, wenn sich die Mitglieder des Vorstands und des Aufsichtsrats durch die Ausführung des Beschlusses strafbar der ersatzpflichtig machen würden.

(2) Aktionäre sind zu einer Anfechtung, die darauf gestützt wird, daß durch den Beschluß Abschreibungen, Wertberichtigungen, Rücklagen oder Rückstellungen über das nach Gesetz oder Satzung statthafte Maß hinaus vorgenommen seien, nur befugt, wenn ihre Anteile zusammen den zwanzigsten Teil des Grundkapitals erreichen.

§ 199
Anfechtungsklage

1. Die Klage muß innerhalb eines Monats nach der Beschlußfassung erhoben werden.

2. Die Klage ist gegen die Gesellschaft zu richten. Die Gesellschaft wird durch Vorstand und Aufsichtsrat und, wenn der Vorstand klagt, durch den Aufsichtsrat vertreten.

3. Zuständig für die Klage ist ausschließlich das Landgericht, in dessen Bezirk die Gesellschaft ihren Sitz hat. Die mündliche Verhandlung findet nicht vor Ablauf der Monatsfrist des Abs. 1 statt. Mehrere Anfechtungsprozesse sind zur gleichzeitigen Verhandlung und Entscheidung zu verbinden.

4. Macht die Gesellschaft glaubhaft, daß ihr nach § 200 Abs. 2 oder nach Vorschriften des bürgerlichen Rechts gegen den klagenden Aktionär ein Ersatzanspruch zusteht oder erwachsen kann, so kann das Prozeßgericht auf ihren Antrag anordnen, daß der klagende Aktionär Sicherheit leiste. Art und Höhe der Sicherheit bestimmt es nach freiem Ermessen. Die Vorschriften der Zivilprozeßordnung über die Festsetzung einer Frist zur Sicherheitsleitung und über die Folgen der Versäumung der Frist sind anzuwenden.

5. Der Vorstand hat die Erhebung der Klage und den Termin zur mündlichen Verhandlung unverzüglich in den Gesellschaftsblättern bekanntzumachen.

6. Den Streitwert bestimmt das Prozeßgericht nach den gesamten im einzelnen Fall gegebenen Verhältnissen unter Berücksichtigung des Interesses der Gesellschaft an der Aufrechterhaltung des angefochtenen Beschlusses nach freiem Ermessen.

§ 200
Urteilswirkung

(1) Soweit der Beschluß durch rechtskräftiges Urteil für nichtig erklärt ist, wirkt das Urteil für und gegen alle Aktionäre sowie die Mitglieder des Vorstands und des Aufsichtsrats, auch wenn sie nicht Partei sind. Der Vorstand hat das Urteil unverzüglich zum Handelsregister einzureichen. War der Beschluß in das Handelsregister eingetragen, so

ist auch das Urteil einzutragen; die Eintragung des Urteils ist in gleicher Weise wie die des Beschlusses bekanntzumachen.

(2) Für einen Schaden aus unbegründeter Anfechtung sind der Gesellschaft die Kläger, denen Vorsatz oder grobe Fahrlässigkeit zur Last fällt, als Gesamtschuldner verantwortlich.

§ 201
Nichtigkeitsklage

(1) Erhebt ein Aktionär, der Vorstand oder ein Mitglied des Vorstands oder des Aufsichtsrats Klage auf Feststellung der Nichtigkeit eines Hauptversammlungsbeschlusses gegen die Gesellschaft, so gelten § 199 Abs. 2, Abs. 3 Satz 1, Abs. 4 bis 6, § 200 sinngemäß. Es ist nicht ausgeschlossen, die Nichtigkeit auf andere Weise als durch Erhebung der Klage geltend zu machen.

(2) Mehrere Nichtigkeitsprozesse sind zur gleichzeitigen Verhandlung und Entscheidung zu verbinden. Nichtigkeits- und Anfechtungsprozesse können verbunden werden.

§ 202
Nichtigkeit des vom Vorstand festgestellten Jahresabschlusses
[...]

Ob die Aktienrechtsreform von 1937 konzeptionell geeignet war, die beiden oben[274] erwähnten Hauptprobleme des Beschlussmängelrechts zu lösen, lässt sich historisch kaum erhärten: Der herannahende Krieg und die mit ihm einhergehenden Eingriffe in die privatrechtliche Wirtschaftsordnung verhinderten einstweilen eine praktische Erprobung der neuen Vorschriften.[275] In der frühen Nachkriegsliteratur wurden die Neuerungen der §§ 195 ff. AktG 1937 im Allgemeinen positiv bewertet.[276] Die Zahl der Anfechtungsklagen, insbesondere durch Kleinaktionäre, blieb allerdings gering, was viele Beobachter auf die Erhöhung des Streitwerts und die Verschärfung der Schadensersatzhaftung für unbegründete Klagen zurückführten.[277]

---

[274] Vgl. den Text zu Fn. 251 und 252.

[275] So im Rückblick auch *Fehrenbach* (Fn. 199), S. 66; allgemein bereits Allg. Begr. RegE AktG 1965 bei *Kropff*, AktG, 1965, S. 13 f.: „Eine eigentliche Bewährungsprobe [...] ist dem Gesetz glücklicherweise bisher erspart geblieben".

[276] Vgl. etwa *v. Gierke*, Handelsrecht und Schiffahrtsrecht, 8. Aufl., 1958, § 43 IV 7, S. 317: „Das Aktienrecht hat hier eingegriffen. Es hat eine klare Grenze zwischen Anfechtung und Nichtigkeit gezogen und eine Heilung der Nichtigkeit vorgesehen (§§ 195 ff.)."; ferner *Würdinger*, Aktienrecht, 1959, § 25 I 2, S. 161.

[277] Vgl. Begr. RegE AktG 1965 zu § 247 AktG bei *Kropff* (Fn. 275), S. 334: „Nach geltendem Recht (§ 199 Abs. 6 AktG 1937) hat das Gericht den Streitwert nach den gesamten im einzelnen Fall gegebenen Verhältnissen unter Berücksichtigung des Interesses der Gesellschaft an der Aufrechterhaltung des angefochtenen Beschlusses nach freiem Ermessen zu bestimmen. Diese Regelung hat dazu geführt, daß praktisch von Kleinaktionären kaum Anfechtungsklagen erhoben werden."; ferner *F. Schäfer*, Nichtigkeit und Anfechtbarkeit von Hauptversammlungsbeschlüssen der Aktiengesellschaft unter Ausschluß der Beschlüsse über die Bilanzfeststellung und Gewinnverwendung, 1969, S. 134; rückblickend auch *Baums*, FS Lutter, 2000, S. 283, 294.

d) *Aktienrechtsreform von 1965*

Mit der Aktienrechtsreform von 1965 wuchs die Materie auf insgesamt 17 Vorschriften an (§§ 241 bis 257 AktG). Dabei schlug das rechtspolitische Pendel wieder in die entgegengesetzte Richtung aus:[278] Nicht die Eindämmung missbräuchlicher Anfechtungsklagen stand auf der Reformagenda, sondern die Verbesserung der „Rechtsstellung von einzelnen Aktionären und Aktionärsminderheiten".[279] Daher hat der Reformgesetzgeber davon abgesehen, das Anfechtungsrecht des Aktionärs zu erschweren:

> „Dieses Recht ist die wirksamste Waffe des Aktionärs. Wirklich mißbräuchliche Anfechtungsklagen sind in den letzten Jahren nicht bekanntgeworden."[280]

„Damit von dem Anfechtungsrecht auch Gebrauch gemacht werden kann",[281] führte das Aktiengesetz von 1965 eine Reihe von Erleichterungen für klagende Aktionäre ein: (1) Das Erfordernis einer Sicherheitsleistung gemäß § 199 Abs. 4 AktG 1937 wurde mit der Begründung gestrichen, dass diese Pflicht in anderen bürgerlichen Rechtsstreitigkeiten unbekannt sei.[282] (2) Aus ähnlichen Gründen wurde die Schadensersatzhaftung wegen unbegründeter Anfechtungsklagen nach § 200 Abs. 2 AktG 1937 nicht mehr in das neue Recht übernommen.[283] (3) Vor allem aber wurde die Streitwertvorschrift des § 199 Abs. 6 AktG 1937 durch eine Neuregelung in § 247 AktG ersetzt, „durch die das Kostenwagnis der Nichtigkeits- und Anfechtungsklage auf ein erträgliches Maß gesenkt werden soll".[284]

Im Übrigen haben die §§ 241 ff. AktG das überkommene Beschlussmängelrecht kaum verändert. Erwähnenswert erscheinen noch die Einführung eines Bestätigungsbeschlusses bei anfechtbaren Hauptversammlungs-

---

[278] Allgemein zum Leitbild des Aktiengesetzes von 1965 *Fleischer*, ZIP 2006, 451 f.

[279] Allg. Begr. RegE AktG 1965 bei *Kropff* (Fn. 275), S. 15.

[280] Begr. RegE AktG 1965 zu § 245 bei *Kropff* (Fn. 275), S. 332 f.

[281] Allg. Begr. RegE AktG 1965 bei *Kropff* (Fn. 275), S. 16.

[282] Dazu Begr. RegE AktG 1965 zu § 246 AktG bei *Kropff* (Fn. 275), S. 333: „Dem klagenden Aktionär wird damit eine Pflicht auferlegt, die in anderen bürgerlichen Rechtsstreitigkeiten unbekannt ist, obgleich auch dort dem Beklagten auf Grund der Klage ein Ersatzanspruch gegen den Kläger erwachsen kann. Für diese ungleiche Behandlung besteht kein ausreichender Anlaß".

[283] Vgl. Begr. RegE AktG 1965 zu § 248 bei *Kropff* (Fn. 275), S. 335: „Der Entwurf übernimmt diese Vorschrift nicht. Sie enthält eine ungerechtfertigte Benachteiligung des Anfechtungsklägers. Auch bei anderen gerichtlichen Verfahren kann es vorkommen, daß der Kläger durch die Klageerhebung dem Beklagten schuldhaft einen Schaden zufügt. Für diese Fälle ist nirgends im Gesetz eine besondere Haftung vorgesehen, auch dort nicht, wo zwischen den Parteien gesellschaftsrechtliche Beziehungen bestehen. Für die Schadensersatzpflicht gelten vielmehr die allgemeinen Vorschriften über unerlaubte Handlungen, namentlich § 826 BGB. Es besteht kein sachlicher Grund, den Anfechtungskläger anders zu behandeln und ihn strenger als nach diesen Vorschriften haften zu lassen".

[284] Begr. RegE AktG 1965 Vorbemerkung zu §§ 241 ff. bei *Kropff* (Fn. 275), S. 327.

beschlüssen (§ 244 AktG) in enger Anlehnung an die Vorschriften des bürgerlichen Rechts über die Bestätigung anfechtbarer Rechtsgeschäfte (§ 144 BGB), die Modifizierung der Anfechtung wegen Verfolgung gesellschaftsfremder Sondervorteile (§ 243 Abs. 2 AktG) und die Erleichterung einer Anfechtung wegen Auskunftsverweigerung, für die es fortan unerheblich war, dass die Hauptversammlung oder Aktionäre erklärt haben oder erklären, die Verweigerung der Auskunft habe ihre Beschlussfassung nicht beeinflusst (§ 243 Abs. 4 AktG in der Fassung von 1965).

3. Missbrauchsinduzierte Teilreformen (1994, 2005, 2009, 2012)

In der Folgezeit bewegte sich das Beschlussmängelrecht in ruhigem Fahrwasser, bis seit Mitte der achtziger Jahre eine Flut missbräuchlicher Anfechtungsklagen über die Aktiengesellschaften hereinbrach.[285] Dabei machten sich die „räuberischen" Aktionäre das Erpressungspotential zunutze, das sich bei eintragungsbedürftigen Beschlüssen aus der sog. Registersperre ergibt.[286] Eine *gesetzliche Registersperre* besteht für Umwandlungsvorgänge (§ 16 Abs. 2 UmwG), Eingliederungen (§ 319 Abs. 5 AktG) und den Ausschluss von Minderheitsaktionären (§ 327e Abs. 2 AktG): Deren konstitutive Eintragung in das Handelsregister darf nicht erfolgen, solange eine Beschlussmängelklage anhängig ist oder noch erhoben werden kann. Für Kapitalmaßnahmen (§§ 182 ff. AktG) und Unternehmensverträge (§§ 291 ff. AktG) sieht das Gesetz zwar keine zwingende Registersperre vor. Gleichwohl übt das Registergericht das ihm nach §§ 381, 21 Abs. 1 FamFG (früher: § 127 FGG) zustehende Ermessen[287] in der Regel dahin aus, deren konstitutive Eintragung bis zur rechtskräftigen Abweisung von Beschlussmängelklagen auszusetzen.[288] Im Schrifttum spricht man insoweit von einer *faktischen Registersperre*.[289]

Die Rechtsprechung stemmte sich nach Kräften gegen diese Fehlentwicklung, indem sie den Einwand eines individuellen Rechtsmissbrauchs gegen missbräuchliche Anfechtungsklagen zuließ[290] und die Eintragung

---

[285] Dokumentation der Fälle bei *Bison*, Missbrauch der Anfechtungsklage durch den Aktionär, 1996, Anhang II, S. 343 ff.; *Diekgräf*, Sonderzahlungen an opponierende Kleinaktionäre im Rahmen von Anfechtungs- und Spruchstellenverfahren unter besonderer Berücksichtigung einer Zahlungsbefugnis der betroffenen AG, 1990, S. 10 ff.

[286] Eingehend zuletzt *Schatz* (Fn. 4), S. 19 ff.

[287] Vgl. *Maass*, in: Prütting/Helms, FamFG, 2009, § 381 Rn. 2; *Müther*, in: Bork/Jacoby/Schwab, FamFG, 2009, § 381 Rn. 6.

[288] Dazu etwa *Geißler*, GmbHR 2008, 128, 129; *Schulte*, ZIP 2010, 1166, 1167; beide unter Hinweis darauf, dass das Spruchrichterprivileg nach § 839 Abs. 2 BGB nicht für das registergerichtliche Verfahren gilt.

[289] Vgl. *Assmann*, AG 2008, 208; *Baums/Drinhausen*, ZIP 2008, 145, 150; *Poelzig/Meixner*, AG 2008, 196, 197 f.; *Schatz* (Fn. 4), S. 21 ff.

[290] Grundlegend BGHZ 107, 296, 309 ff. – Kochs Adler.

eines Verschmelzungsbeschlusses durch das Registergericht trotz Registersperre erlaubte, wenn die Klage „von vornherein unschlüssig oder unbegründet" war.[291] Mehr als punktuelle Korrekturen vermochte sie damit aber
nicht zu erreichen, weil die Berufskläger zunehmend geschickter vorgin-
gen:[292] Statt unverhohlen exorbitante Abfindungs- und Ausgleichszahlun-
gen zu fordern, strebten sie in jüngerer Zeit eine „Entlohnung" im Rahmen
einer vergleichsweisen Vereinbarung zur Kostentragungspflicht an.[293] Daher sah sich der Gesetzgeber in immer kürzeren Zeitabständen zu einer
Reihe missbrauchsinduzierter Teilreformen veranlasst:[294]

a) Umwandlungsgesetz (UmwG) von 1994

Ein erster Reformschritt erfolgte im Jahre 1994 nach Vorarbeiten im
Schrifttum[295] durch die gesetzliche Normierung des sog. Freigabeverfahrens in §§ 16 Abs. 3 UmwG, 319 Abs. 6 AktG. Mit seiner Hilfe konnte
fortan die rechtliche Registersperre nach einer summarischen gerichtlichen
Prüfung überwunden werden. Wörtlich lautete § 16 Abs. 3 Satz 2 UmwG
1994:

„Der [Freigabe-]Beschluß nach Satz 1 darf nur ergehen, wenn die Klage gegen die Wirksamkeit des Verschmelzungsbeschlusses unzulässig oder offensichtlich unbegründet ist
oder wenn das alsbaldige Wirksamwerden der Verschmelzung nach freier Überzeugung
des Gerichts unter Berücksichtigung der Schwere der mit der Klage geltend gemachten
Rechtsverletzung zur Abwendung der vom Antragsteller dargelegten wesentlichen Nachteile für die an der Verschmelzung beteiligten Rechtsträger und ihrer Anteilsinhaber vorrangig erscheint."

Erweist sich die Beschlussmängelklage später als begründet, so ist die
Gesellschaft nach § 16 Abs. 3 Satz 6 Halbs. 1 UmwG verpflichtet, dem
Antragsgegner den Schaden zu ersetzen, der ihm aus einer auf dem Be-
schluss beruhenden Eintragung der Verschmelzung entstanden ist; die Be-
seitigung der Wirkungen der Eintragung kann gemäß § 16 Abs. 3 Satz 6
Halbs. 2 UmwG nicht als Schadensersatz verlangt werden.

---

[291] Grundlegend BGHZ 112, 9, 23 ff. – Hypothekenbank-Schwestern.

[292] Dazu *Baums* (Fn. 2), F 149; *Schiessl*, AG 1999, 442, 445.

[293] Vgl. *Baums/Keinath/Gajek*, ZIP 2007, 1629, 1645 ff.; *Waclawik*, DStR 2006, 2177, 2182.

[294] Vorzügliche Darstellungen dieser jüngeren Entwicklung in unterschiedlicher Ausführlichkeit bei *Fehrenbach* (Fn. 199), S. 82 ff.; *Fiebelkorn*, in: Bayer (Hrsg.), Gesell-
schafts- und Kapitalmarktrecht in den Beratungen des Deutschen Juristentages, 2010,
S. 525, 535 ff.; *Habersack/Schürnbrand*, in: Bayer/Habersack (Hrsg.), Aktienrecht im
Wandel, Bd. I, 2007, 17. Kap. Rn. 48 ff.

[295] Vgl. Arbeitskreis Umwandlungsrecht, ZGR 1993, 321, 324; DAV-Handelsrechtsausschuss, WM 1993, Sonderbeilage Nr. 2, S. 3, 11 ff.

*b) Gesetz zur Unternehmensintegrität und Verbesserung des
Anfechtungsrechts (UMAG) von 2005*

Weitere Impulse erhielt die rechtspolitische Diskussion durch den 63. Deutschen Juristentag 2000 in Leipzig, der sich in seiner wirtschaftsrechtlichen Abteilung eingehend mit der Reform des Beschlussmängelrechts beschäftigte.[296] Auf der Grundlage eines Gutachtens von *Theodor Baums*[297] beschloss der Juristentag einstimmig, dass die Rechtmäßigkeitskontrolle von Hauptversammlungsbeschlüssen durch Anfechtungsklage des Aktionärs auch weiterhin unverzichtbar sei, mahnte aber gleichwohl weitere Modifikationen an.[298] Dem trug der Gesetzgeber im Jahre 2005 durch das UMAG Rechnung. Er machte sich allerdings nicht den verschiedentlich unterbreiteten Vorschlag zu Eigen, die Anfechtungsbefugnis von einem Mindestanteilsbesitz abhängig zu machen, sondern ließ es bei weniger einschneidenden Schutzvorkehrungen bewenden:[299]

– *Wesentlichkeit von Informationsmängeln:* Nach dem neu gefassten § 243 Abs. 4 Satz 1 AktG kann wegen unrichtiger, unvollständiger oder verweigerter Erteilung von Information nur angefochten werden, wenn ein objektiv urteilender Aktionär die Erteilung der Information als wesentliche Voraussetzung für die sachgerechte Wahrnehmung seiner Teilnahme- und Mitgliedschaftsrechte angesehen hätte. Damit knüpfte der Reformgesetzgeber an die bisherige Relevanz-Rechtsprechung des BGH[300] an, änderte aber durch Hinzufügen des Wesentlichkeitserfordernisses die Nuancen: Ausweislich der Regierungsbegründung muss der fragliche Umstand ein so wesentliches Element darstellen, dass der Aktionär ohne die vorherige ordnungsgemäße Erteilung der Information der Beschlussvorlage nicht zugestimmt hätte.[301] Darauf kam es nach bisheriger Spruchpraxis nicht an.

– *Spruchverfahren für bewertungsbezogene Informationsmängel:* Gemäß § 243 Abs. 4 Satz 2 AktG kann eine Anfechtungsklage nicht auf Informationspflichtverletzungen in der Hauptversammlung über die Ermittlung, Höhe oder Angemessenheit von Ausgleich, Abfindung, Zuzahlung oder über sonstige Kompensationen gestützt werden, wenn das Gesetz für Bewertungsrügen ein Spruchverfahren vorsieht. Damit hat der Reformgesetzgeber die jüngere Judikatur zum Anfechtungsausschluss bei bewertungsbezogenen Informationsmängeln im Zusammenhang mit formwech-

---

[296] Rückblickend dazu *Fiebelkorn*, in: Bayer (Fn. 294), S. 525, 527 ff.
[297] Vgl. Fn. 2.
[298] Vgl. Beschlüsse des 63. Deutschen Juristentages 2000, Bd. II/2, O 220.
[299] Zum folgenden *Fleischer*, NJW 2005, 3525, 3529.
[300] Grundlegend BGHZ 149, 158, 164; bestätigt in BGHZ 160, 385 – ThyssenKrupp.
[301] Vgl. Begr. RegE UMAG, BT-Drucks. 15/5092, S. 26; wissenschaftlich vorbereitet durch *Decher*, in: GroßKomm AktG, 4. Aufl., 2001, § 131 AktG Rn. 389 in Anlehnung an das US-amerikanische „materiality"-Erfordernis; kritisch dazu *Spindler*, NZG 2005, 825, 829; *Veil*, AG 2005, 567, 569; *Weißhaupt*, WM 2004, 705, 710.

selnden Umwandlungen[302] aufgegriffen und sie auf eine breitere Grundlage gestellt: Ausgeschlossen sind danach Anfechtungsklagen wegen bewertungsbezogener Informationsmängel in den Fällen der §§ 14 Abs. 2, 15, 29, 32, 125, 176–181, 184, 186, 196, 207, 210 UmwG, 304 Abs. 3 Satz 3, 305 Abs. 4 Satz 1 und 2, 327 f AktG.[303] Entgegen dem Referentenentwurf erstreckt sich der Anfechtungsausschluss dagegen nicht mehr auf wertbezogene Informations- und Berichtspflichtverletzungen im Vorfeld der Hauptversammlung.[304] Ebenso wenig kommt er bei „Totalverweigerungen von Informationen"[305] zum Tragen.

– *Vorbesitzzeit:* Gemäß § 245 Nr. 1 und 3 AktG steht den Aktionären die Anfechtungsbefugnis nur zu, wenn sie die Aktien schon vor der Bekanntmachung der Tagesordnung erworben haben. Wer danach Aktien kauft, weiß, welche Beschlüsse zu erwarten sind und erscheint dem Reformgesetzgeber daher weniger schutzbedürftig.[306]

– *Erweiterung des Freigabeverfahrens:* Nach dem Vorbild der §§ 319 Abs. 6 AktG, 16 Abs. 3 UmwG hat der Reformgesetzgeber das Freigabeverfahren in § 246a Abs. 1 AktG auch auf Kapitalmaßnahmen und Unternehmensverträge erstreckt. § 246a Abs. 3 Satz 4 Halbs. 2 AktG stattet den rechtskräftigen Beschluss des Prozessgerichts mit Bestandskraft aus,[307] und § 246a Abs. 4 Satz 2 AktG ergänzt, dass nach der Eintragung Mängel des Beschlusses seine Durchführung unberührt lassen. Die Rückgängigmachung der Eintragungsfolgen kann auch nicht als Schadensersatz verlangt werden. Im Übrigen gewährt § 246a Abs. 4 Satz 1 AktG dem erfolgreichen Anfechtungskläger einen verschuldensunabhängigen Schadensersatzanspruch gegen die Gesellschaft. Anders als die bereits bestehenden Freigabeverfahren sieht die UMAG-Regelung keine Registersperre vor, so dass § 246a Abs. 3 Satz 4 Halbs. 1 AktG zusätzlich anordnen musste, dass der rechtskräftige Freigabebeschluss des Prozessgerichts das Registergericht bindet.[308]

– *Erläuterung der Freigabevoraussetzungen:* Die in § 246a Abs. 2 AktG spezifizierten Freigabekriterien entsprachen den Voraussetzungen der §§ 319 Abs. 6 Satz 2 AktG, 16 Abs. 3 Satz 2 UmwG, zu deren nachträglich-authentischer Interpretation sich die Regierungsbegründung im Sinne einer einheitlichen Handhabung veranlasst sah: Danach ist eine An-

---

[302] Vgl. BGHZ 146, 179, 182 f. – MEZ; BGH NJW 2001, 1428 – Aqua Butzke.

[303] Vgl. Begr. RegE UMAG, BT-Drucks. 15/5092, S. 26.

[304] Vgl. Begr. RegE UMAG, BT-Drucks. 15/5092, S. 26; zustimmend *Wilsing*, DB 2005, 35, 36; ablehnend *Veil*, AG 2005, 567, 570.

[305] Begr. RegE UMAG, BT-Drucks. 15/5092, S. 26.

[306] Vgl. Begr. RegE UMAG, BT-Drucks. 15/5092, S. 27.

[307] Zu dem Bedürfnis für eine bestandskräftige Freigabe *Veil*, AG 2005, 567, 571 f.

[308] Dazu und zur Restprüfungskompetenz des Registergerichts Begr. RegE UMAG, BT-Drucks. 15/5092, S. 27; *Spindler*, NZG 2005, 825, 830.

fechtungsklage „offensichtlich unbegründet", wenn sich ihre Unbegründetheit mit hoher Sicherheit vorhersagen lässt; auf den für die Prognose erforderlichen Prüfungsaufwand soll es nicht ankommen.[309] Nach der Interessenabwägungsklausel soll eine Eintragung auch dann möglich sein, wenn bei wahrscheinlich begründeter Anfechtungsklage die der Gesellschaft durch eine Verweigerung der Eintragung drohenden Nachteile den Schaden überwiegen, der dem Anfechtungskläger durch Eintragung und Durchführung des rechtswidrigen Hauptversammlungsbeschlusses entsteht.[310] Eine andere Gewichtung sei bei einem sehr geringen ökonomischen Interesse eines klagenden Kleinaktionärs nur bei „massiver Verletzung elementarer Aktionärsrechte" möglich.[311] Zur zeitlichen Dauer des Freigabeverfahrens führte § 246a Abs. 3 Satz 4 AktG in Anlehnung an § 36 Abs. 3 AsylVFG erstmals eine Sollvorgabe von drei Monaten ein.[312]

– *Bekanntmachungen zur Anfechtungsklage:* Wird der Anfechtungsprozess beendet, hat die börsennotierte Gesellschaft die Verfahrensbeendigung nach § 248a Satz 1 AktG unverzüglich in den Gesellschaftsblättern bekannt zu machen. Über die Verweisungsvorschrift des § 248a Satz 2 AktG gilt zudem § 149 Abs. 2 AktG, wonach die Bekanntmachung der Verfahrensbeendigung deren Art, alle mit ihr in Zusammenhang stehenden Vereinbarungen und Nebenabreden im vollständigen Wortlaut sowie die Namen der Beteiligten enthalten muss. Die vollständige Bekanntmachung ist Wirksamkeitsvoraussetzung für alle Leistungspflichten; trotz Unwirksamkeit bewirkte Leistungen können (und müssen) zurückgefordert werden. Mit dieser Neuregelung wollte der Reformgesetzgeber Sonderzahlungen an opponierende Kleinaktionäre im Rahmen von Anfechtungsverfahren eindämmen, die eine verbotene Einlagenrückgewähr darstellen.

c) Gesetz zur Umsetzung der Aktionärsrechterichtlinie (ARUG) von 2009

Zwei Jahre nach Inkrafttreten des UMAG zeigte eine empirische Studie, dass die gerade referierten Einzelmaßnahmen nicht den erhofften Erfolg gegen „räuberische" Aktionäre gezeitigt hatten.[313] Vor diesem Hintergrund sprach sich der 67. Deutsche Juristentag 2008 in Erfurt mehrheitlich für

---

[309] Vgl. Begr. RegE UMAG, BT-Drucks. 15/5092, S. 29; zustimmend *Veil*, AG 2005, 567, 573 f.

[310] Vgl. Begr. RegE UMAG, BT-Drucks. 15/5092, S. 29; grundsätzlich zustimmend *Veil*, AG 2005, 567, 574; ablehnend *Spindler*, NZG 2005, 825, 830.

[311] Vgl. Begr. RegE UMAG, BT-Drucks. 15/5092, S. 29.

[312] Näher zur Schaffung dieses sanktionslosen „Leitbildes" Begr. RegE UMAG, BT-Drucks. 15/5092, S. 28.

[313] Vgl. *Baums/Gajek/Keinath*, ZIP 2007, 1629; dazu auch Begr. RegE ARUG, BT-Drucks. 16/11642, S. 20 und S. 40: „In Anbetracht nach wie vor auftretender Missbrauchsfälle und eines sogar zahlenmäßig noch größer gewordenen Klägerfeldes besteht jedoch weiterer Reformbedarf".

eine noch stärkere Begrenzung von Beschlussmängelklagen aus.[314] Ein Jahr später zeigte sich auch der Reformgesetzgeber entschlossen, die „Bekämpfung missbräuchlicher Anfechtungsklagen"[315] im Rahmen des ARUG fortzusetzen. Hervorhebung verdienen vor allem drei Neuerungen, die das Freigabeverfahren wesentlich umgestaltet haben:

– *Einführung eines Bagatellquorums:* Gemäß § 246a Abs. 2 Nr. 2 AktG ergeht ein Freigabebeschluss, wenn der Kläger nicht binnen einer Woche nach Zustellung des Antrags urkundlich nachgewiesen hat, dass er seit Bekanntmachung der Einberufung einen anteiligen Betrag von mindestens 1.000 Euro hält. Dieses Quorum schneidet ausweislich des Regierungsentwurfs nicht die Klagebefugnis der Aktionäre ab, sondern „beschränkt lediglich die Möglichkeit des Kleinstaktionärs, eine Freigabe zu verhindern".[316] Die Höhe des Quorums ist auf Empfehlung des Rechtsausschusses des Deutschen Bundestages von ursprünglich 100 auf 1.000 Euro angehoben worden.[317] Bei normalen Börsenwerten ergibt diese Schwelle „im Mittelmaß und ohne Berücksichtigung von Extremfällen" ein Anlagevolumen von 10.000 bis 20.000 Euro.[318]

– *Änderung der Interessenabwägungsklausel:* Nach der neugefassten Interessenabwägungsklausel in § 246a Abs. 2 Nr. 3 AktG ergeht ein Freigabebeschluss, wenn das alsbaldige Wirksamwerden des Hauptversammlungsbeschlusses vorrangig erscheint, weil die vom Antragsteller dargelegten wesentlichen Nachteile für die Gesellschaft und ihre Aktionäre nach freier Überzeugung des Gerichts die Nachteile für den Antragsteller überwiegen, es sei denn, es liegt eine besondere Schwere des Rechtsverstoßes vor. Ausweislich der Gesetzesmaterialien hat das Gericht im Rahmen der Interessenabwägung nur das wirtschaftliche Interesse des klagenden Aktionärs – nicht das der Aktionärsgesamtheit – gegen die Unternehmensnachteile und die Nachteile der anderen Aktionäre abzuwägen.[319] Da diese Abwägung bei Aktionären mit geringer Beteiligung schwerlich zu ihren Gunsten ausgehen wird, sieht § 246 Abs. 2 Nr. 3 AktG eine letzte Rechts-

---

[314] Vgl. Beschlüsse des 67. Deutschen Juristentages 2008, Bd. II/1, N 241.

[315] Begr. RegE ARUG, BT-Drucks. 16/11642, S. 20.

[316] Begr. RegE ARUG, BT-Drucks. 16/11642, S. 41.

[317] Vgl. Beschlussempfehlung und Bericht des Rechtsausschusses zum ARUG, BT-Drucks. 16/13098, S. 41: „Der Ausschuss hat dabei berücksichtigt, dass dieses Quorum nicht dazu dienen soll, das Problem missbräuchlicher Aktionärsklagen durch professionelle Opponenten im Kern zu beantworten. Es geht lediglich darum, worauf auch die amtliche Begründung hinweist, das Aufspringen von Trittbrettfahrern zu erschweren, die sich mit sehr geringem Aktienbesitz (oft nur eine Aktie) ohne eigenständigen Vortrag an andere Kläger anschließen [...]".

[318] So Beschlussempfehlung und Bericht des Rechtsausschusses zum ARUG, BT-Drucks. 16/13098, S. 41.

[319] So Beschlussempfehlung und Bericht des Rechtsausschusses zum ARUG, BT-Drucks. 16/13098, S. 42.

schutzmöglichkeit vor: die Geltendmachung eines besonders schweren Rechtsverstoßes, bei deren Annahme das Gericht die Freigabe ohne wirtschaftliche Abwägung versagt.[320] Nach den Vorstellungen der Gesetzesverfasser muss es sich dabei um einen „ganz gravierenden Rechtsverstoß" handeln: Keineswegs genüge schon jeder Fall der Beschlussnichtigkeit; vielmehr gehe es nur um Fälle, in denen es für die Rechtsordnung „unerträglich" wäre, den Beschluss ohne vertiefte Prüfung im Hauptsacheverfahren eintragen und umsetzen zu lassen.[321] Dies komme etwa in Betracht bei einer „Verletzung elementarer Aktionärsrechte", die durch Schadensersatz nicht angemessen zu kompensieren wäre.[322]

– *Verkürzung des Instanzenzuges:* Gemäß § 246a Abs. 1 Satz 3, Abs. 3 Satz 1 und 4 AktG findet das Freigabeverfahren in erster und letzter Instanz vor dem OLG statt. Hiervon erhofft sich der Rechtsausschuss eine weitere Verfahrensbeschleunigung.[323]

Im Schrifttum sind die Reaktionen auf diese neuerlichen Reformen gemischt ausgefallen. Die Eingangszuständigkeit des OLG findet überwiegend Beifall.[324] Dagegen hat die Einführung des Bagatellquorums in § 246a Abs. 2 Nr. 2 AktG neben Zustimmung[325] auch scharfe Kritik erfahren, weil sie durch die Hintertür des Freigabeverfahrens einen verkappten Ausschluss des Anfechtungsrechts vorsehe.[326] Gegen die Neufassung der Interessenabwägungsklausel wird vorgebracht, dass sie mit der objektiven Kontrollfunktion der Beschlussmängelklage kaum mehr vereinbar sei, weil sie die Schutzinteressen Dritter oder das öffentliche Interesse von vornherein ausblende.[327] Insgesamt betonen Kritiker und Befürworter gleichermaßen, dass das ARUG das aktienrechtliche Beschlussmängelrecht so grund-

---

[320] Vgl. Beschlussempfehlung und Bericht des Rechtsausschusses zum ARUG, BT-Drucks. 16/13098, S. 42.

[321] In diesem Sinne Beschlussempfehlung und Bericht des Rechtsausschusses zum ARUG, BT-Drucks. 16/13098, S. 42.

[322] So Beschlussempfehlung und Bericht des Rechtsausschusses zum ARUG, BT-Drucks. 16/13098, S. 41.

[323] Vgl. Beschlussempfehlung und Bericht des Rechtsausschusses zum ARUG, BT-Drucks. 16/13098, S. 41.

[324] Vgl. *Hüffer* (Fn. 11), § 246a AktG Rn. 3; *Rothley*, GWR 2009, 312; *Verse*, NZG 2009, 1127, 1128.

[325] Vgl. *Poelzig*, DStR 2008, 1538, 1540; *Schatz* (Fn. 4), S. 187; *Waclawik*, ZIP 2008, 1141, 1143.

[326] Vgl. *Habersack/Stilz*, ZGR 2010, 710, 714; *Hüffer* (Fn. 11), § 246a Rn. 23; *Noack*, NZG 2008, 441, 446; *Schall/Habbe/Wiegand*, NJW 2010, 1789, 1792; *Sauter*, ZIP 2008, 1706, 1712; *Verse*, NZG 2009, 1127, 1130.

[327] Vgl. *Fehrenbach* (Fn. 199), S. 93 f.; *Mülbert*, Referat für den 67. Deutschen Juristentag 2008, Bd. II/1, N 69; *Verse*, NZG 2009, 1129, 1130.

legend verändert habe, wie keine andere Reform seit der Aktienrechtsnovelle von 1884.[328]

d) Aktienrechtsnovelle von 2012

Die Aktienrechtsnovelle 2012 will das Beschlussmängelrecht in einem vorläufig letzten Punkt fortentwickeln,[329] um dem Phänomen der nachgeschobenen Nichtigkeitsklage zu begegnen.[330] Dabei geht es um Fälle, in denen die Erhebung von Nichtigkeitsklagen bewusst zweckwidrig hinausgezögert wird, um den Lästigkeitswert von Beschlussmängelklagen zu erhöhen, oder einfach, um einen ungerechtfertigten Kostenvorteil zu erlangen.[331] Solchen Fällen soll die geplante Neuregelung in § 249 Abs. 3 RegE-AktG[332] Rechnung tragen: Sie sieht zwar keine generelle Befristung der allgemeinen aktienrechtlichen Nichtigkeitsklage vor,[333] wie dies von Praktikern in Anlehnung an § 14 Abs. 1 UmwG verschiedentlich gefordert wurde,[334] wohl aber eine „relative Befristung"[335] von einem Monat in den Fällen, in denen ein bestimmter Hauptversammlungsbeschluss ohnehin mit einer Ausgangsklage angegriffen und diese Klage gemäß § 246 Abs. 4 Satz 1 AktG bekannt gemacht wird. Mit dieser punktuellen Ergänzung ist „das Konzept des ARUG abgeschlossen".[336]

---

[328] Vgl. von den Kritikern *Fehrenbach* (Fn. 199), S. 89 f. m.w.N.; von den Befürwortern *Florstedt*, AG 2009, 465, 473: „Es wäre unrecht, im ARUG nur eine Aneinanderreihung kleinerer Nachkorrekturen zu sehen – in Wahrheit ist es (auch) Grundlegung für die erste große konsolidierende Beschlussmängelrechtsnovelle seit 1937".

[329] Dazu *Seibert/Böttcher*, ZIP 2012, 12, 14: „Es handelt sich hier um eine Restante aus der letzten Wahlperiode, weil dieses Detail damals im Rahmen des ARUG nicht mehr erledigt werden konnte".

[330] Zum praktischen Hintergrund *Bungert/Wettich*, ZIP 2011, 160, 162; *Diekmann/Nolting*, NZG 2011, 6, 8 f.

[331] So Begr. RegE Aktienrechtsnovelle 2012, BR-Drucks. 852/11, S. 22.

[332] Dem § 249 soll folgender Absatz angefügt werden: „(3) Ist die Erhebung einer Klage gegen einen Beschluss der Hauptversammlung gemäß § 246 Abs. 4 Satz 1 bekannt gemacht, so kann ein Aktionär Nichtigkeitsklage gegen diesen Beschluss nur innerhalb eines Monats nach der Bekanntmachung erheben".

[333] Dazu Begr. RegE Aktienrechtsnovelle 2012, BR-Drucks. 852/11, S. 21: „Eine generelle Befristung der aktienrechtlichen Nichtigkeitsklage würde allerdings die Klagebefugnis der Aktionäre und die prozessuale Beschlussmängelklage in einem Umfang einschränken, der sachlich nicht gerechtfertigt wäre."; ferner *Seibert/Böttcher*, ZIP 2012, 12, 14 f.

[334] Vgl. *Bungert/Wettich*, ZIP 2011, 160, 163; *dies.*, ZIP 2012, 297, 300 f.; DAV-Handelsrechtsausschuss, NZG 2011, 217, 220 f.

[335] Begr. RegE Aktienrechtsnovelle 2012, BR-Drucks. 852/11, S. 2; dazu auch *Diekmann/Nolting*, NZG 2011, 6, 9: „[...]; ‚relativ' insoweit, als die Nichtigkeitsklage nur dann der Befristung unterliegt, wenn gegen den entsprechenden Beschluss ohnehin Anfechtungs- oder Nichtigkeitsklage erhoben worden ist".

[336] *Seibert/Böttcher*, ZIP 2012, 12, 15.

4. Praktische Bedeutung der Beschlussmängelklagen

Die praktische Bedeutung des Beschlussmängelrechts in Deutschland lässt sich durch Urteilsstatistiken nur unvollkommen abbilden, doch ermöglichen sie immerhin eine erste Grundorientierung. Zu diesem Zweck wurden in einer eigenen Auswertung alle veröffentlichten Gerichtsentscheidungen zum Beschlussmängelrecht für den Zeitraum der vergangenen fünf Jahre (2006 bis 2010) ausgewertet.[337] Das Datenmaterial belegt zunächst die enorme Bedeutung dieses Rechtsbehelfs im Kapitalgesellschaftsrecht, der im Jahre 2008 vorerst seinen zahlenmäßigen Höchststand erreicht hat: Im Jahre 2006 wurden 21 einschlägige Entscheidungen publiziert, 2007 waren es 31, 2008 sogar 48, 2009 25 und 2010 21. Hinzu kommen die gesondert ausgewerteten Freigabeverfahren. Die Erfolgsquote der Klagen schwankt je nach angegriffenem *Beschlussgegenstand* und geltend gemachtem *Beschlussmangel*; sie liegt im Durchschnitt bei 20%. Mit Abstand am häufigsten angegriffen werden Beschlüsse über die Entlastung der Verwaltung (75), gefolgt von Hauptversammlungsbeschlüssen betreffend Kapitalmaßnahmen (29), Wahlen des Abschlussprüfers (28) und Wahlen von Aufsichtsratsmitgliedern (24). Was die gerügten Beschlussmängel anbelangt, rangieren in der Gruppe der Einberufungsmängel Fehler bei der Bekanntmachung der Tagesordnung (20) vor solchen bei den Teilnahme- und Stimmausübungsbedingungen (13). Bei der Durchführung der Hauptversammlung nehmen Rügen im Hinblick auf das Frage- und Auskunftsrecht (56) einen absoluten Spitzenplatz ein, gefolgt von Fehlern bei der Ermittlung des Abstimmungsergebnisses (33) und der Verletzung von Berichtspflichten (23).

Einen noch tieferen Einblick in die Praxis des Beschlussmängelrechts gewähren zwei aufwendige empirische Untersuchungen aus neuester Zeit. Die Studie von *Baums/Drinhausen/Keinath* hat insgesamt 186 Beschlussmängelprozesse ausgewertet, die zwischen dem 1. Juli 2007 und dem 31. Juli 2011 begonnen und beendet wurden.[338] Erfasst wurden ausschließlich Prozesse gegen börsennotierte Unternehmen. Bis einschließlich 2008 verzeichnet die Studie einen stetigen Anstieg von Anfechtungs- und Nichtigkeitsklagen. Mit dem Jahr 2009 ging die Zahl der Beschlussmängelklagen signifikant zurück – ein Trend, der sich im Jahre 2011 weiter fortgesetzt hat.[339] Die am häufigsten angegriffenen Beschlüsse waren ausweislich dieser Untersuchung Entlastungsbeschlüsse für Vorstand und Aufsichtsrat,

---

[337] Die Auswertung dient nur internen Zwecken und ist nicht zur Veröffentlichung vorgesehen. Von einer noch ausführlicheren und statistisch besser abgesicherten Erhebung wurde im Hinblick auf die sogleich in Fn. 338 und 344 genannten Studien abgesehen.

[338] Vgl. *Baums/Drinhausen/Keinath*, ZIP 2011, 2329, 2330.

[339] Vgl. *Baums/Drinhausen/Keinath*, ZIP 2011, 2329, 2332.

Kapitalmaßnahmen, sonstige Satzungsänderungen und Aufsichtsratswahlen.[340] Was die Anfechtungsgründe anbelangt, rangierten Informationspflichtverletzungen vor Verstößen gegen Mitteilungspflichten gemäß § 28 WpHG und falschen Erklärungen nach § 161 AktG.[341] Insgesamt konstatiert die Studie seit Inkrafttreten des ARUG im Jahre 2009 einen deutlichen Rückgang der Beschlussmängelklagen und Freigabeverfahren. Allerdings habe sich die Zahl der Berufskläger von 32 Personen im Jahre 2007 auf inzwischen 49 vergrößert.[342] Trotz der erkennbaren Wirkungen des ARUG seien daher weitere Reformen des Beschlussmängelrechts geboten.[343]

Eine zweite Untersuchung von *Bayer/Hoffmann/Sawada* hat alle Anfechtungs- und Nichtigkeitsklagen gegen Aktiengesellschaften (einschließlich KGaA und SE) ausgewertet, über deren Erhebung – der gesetzlichen Verpflichtung gemäß § 246 Abs. 4 Satz 1, 25 Satz 1 AktG folgend – im elektronischen Bundesanzeiger im Zeitraum vom 1. Januar 2007 bis zum 30. September 2011 informiert wurde.[344] Auch sie gelangt zu dem Ergebnis, dass die Zahl der Anfechtungs- und Nichtigkeitsklagen, die Zahl der entsprechend beklagten Gesellschaften und die Zahl angegriffener Hauptversammlungsbeschlüsse seit dem Jahr 2009 massiv zurückgegangen seien.[345] Die Rückgänge lägen jeweils über 50%. Eine Trendumkehr dieser Entwicklungen sei nicht ersichtlich. Aus Sicht der Praxis sei das ARUG somit ein Erfolg.[346] Allerdings habe man für diesen Fortschritt bei der Bekämpfung rechtsmissbräuchlicher Klagen einen hohen Preis gezahlt: Das Beschlussmängelrecht sei dogmatisch in sich nicht mehr stimmig. Daher sollte der Gesetzgeber eine große Reform des Beschlussmängelrechts in Angriff nehmen, wenn wohl überlegte Vorschläge auf dem Tisch lägen.[347]

III. Reformüberlegungen zum deutschen Beschlussmängelrecht

Eine Reform des Beschlussmängelrechts wird hierzulande beinahe so lange gefordert, wie es Anfechtungsklagen gibt. Wie eingehend dargelegt, hatte man schon auf dem 34. Deutschen Juristentag 1926 in Köln lebhaft über gegenläufige Verbesserungsvorschläge gestritten.[348] Heute herrscht in

---

[340] Vgl. *Baums/Drinhausen/Keinath*, ZIP 2011, 2329, 2337.
[341] Vgl. *Baums/Drinhausen/Keinath*, ZIP 2011, 2329, 2340.
[342] Vgl. *Baums/Drinhausen/Keinath*, ZIP 2011, 2329, 2336.
[343] Vgl. *Baums/Drinhausen/Keinath*, ZIP 2011, 2329, 2352.
[344] Vgl. *Bayer/Hoffmann/Sawada*, ZIP 2012, 897, 899.
[345] Vgl. *Bayer/Hoffmann/Sawada*, ZIP 2012, 897, 899 f.
[346] Vgl. *Bayer/Hoffmann/Sawada*, ZIP 2012, 897, 910.
[347] Vgl. *Bayer/Hoffmann/Sawada*, ZIP 2012, 897, 910.
[348] Vgl. den Text zu Fn. 267 bis 270.

Rechtswissenschaft, Rechtspolitik[349] und Bundesjustizministerium[350] Einvernehmen darüber, dass die Materie einer Grundsatzreform an Haupt und Gliedern bedarf.[351] Über das „Wie" einer Neujustierung gehen die Auffassungen allerdings weit auseinander. Viele Vorschläge verfolgen ausschließlich das (begrüßenswerte) Ziel, missbräuchlichen Anfechtungsklagen den „Garaus" zu machen. Darüber geraten grundkonzeptionelle Fragen häufig ins Hintertreffen.[352] Der folgende Streifzug durch Geschichte und Gegenwart bietet nur einen stichwortartigen – und keineswegs vollständigen[353] – Überblick über ausgewählte Reformvorschläge.[354]

1. Einführung eines Quorums

Ein in zeitlichen Wellen wiederkehrender Vorschlag wirbt für die Einführung eines gesetzlichen Quorums. Zu seinen frühen Befürwortern zählten so klangvolle Namen wie *Geiler*[355], *Hachenburg*[356] und *Pinner*[357]; in jünge-

---

[349] Vgl. Beschlussempfehlung und Bericht des Rechtsausschusses zum ARUG, BT-Drucks. 16/13098, S. 35; dazu auch *Florstedt*, AG 2009, 465, 473 mit Fn. 88: „Es ist schon ein Gewinn, wenn sich der Wille zu einer Grundsatzreform des Beschlussmängelrechts auch in der Politik gebildet zu haben scheint".

[350] Vgl. *Seibert/Florstedt*, ZIP 2008, 2145, 2151: „Das Beschlussmängelrecht des Aktiengesetzes fordert eine Grundsatzreform."; relativierend zuletzt aber *Seibert/ Böttcher*, ZIP 2012, 12, 15: „Eine Totalreform des Beschlussmängelrechts drängt sich angesichts dessen wohl nicht mehr auf".

[351] Vgl. Arbeitskreis Beschlussmängelrecht, AG 2008, 617, 619: „Es besteht weitgehend Einigkeit, dass das Beschlussmängelrecht in seiner gegenwärtigen Ausgestaltung zu reformieren ist."; *Baums/Drinhausen/Keinath*, ZIP 2011, 2329, 2352; *Bayer/ Hoffmann/Sawada*, ZIP 2012, 897, 910; ferner der Beschluss des 67. Deutschen Juristentages 2008, Bd. II/2, N 241: „16. a) Das Beschlussmängelrecht ist im Grundsätzlichen zu reformieren. *Angenommen: 65:3:10*."; zuletzt auch 69. Deutscher Juristentag 2012, Abteilung Wirtschaftsrecht, Beschluss Nr. 21: „Die Debatte um die Rechtsfolgen fehlerhafter Entsprechenserklärungen zeigt, dass das Beschlussmängelrecht in hohem Maße reformbedürftig ist. Angenommen: 66:6:6".

[352] Kritisch dazu auch *Bayer/Hoffmann/Sawada*, ZIP 2012, 897, 910; *K. Schmidt*, AG 2009, 248, 258.

[353] Nicht behandelt werden hier etwa Fragen der Kausalität oder Relevanz von Verfahrensfehlern, der Prozesskostenverteilung, der Schiedsfähigkeit von Beschlussmängelklagen, der Anfechtungsbefugnis von Organmitgliedern und der Klagen gegen andere Organbeschlüsse, namentlich Vorstands- und Aufsichtsratsbeschlüsse. Auch auf rechtsökonomische Argumente wird weitgehend verzichtet; zu Teilaspekten *Sauerbruch*, Das Freigabeverfahren gemäß § 246a Aktiengesetz. Eine rechtsökonomische Untersuchung, 2008; *Weiler*, Aktienrechtliches Anfechtungsrecht und Rechtsmissbrauch – Eine juristisch-ökonomische Betrachtung unter besonderer Berücksichtigung der Beschlusskontrolle des neuen UmwG, 1996.

[354] Eingehender die umfassende Untersuchung von *Fleischer* (Hrsg.), Das Beschlussmängelrecht der Kapitalgesellschaften: Rechtsvergleichung – Rechtsdogmatik – Rechtspolitik, in Vorbereitung für 2013.

[355] Vgl. *Geiler*, in: Verhandlungen und Berichte des Unterausschusses für allgemeine Wirtschaftsstruktur, 1928, S. 77 f.

rer Zeit ist die Zahl der Quorums-Befürworter noch einmal sprunghaft angestiegen.[358] Hiervon verspricht man sich einen verantwortungsbewussteren Umgang mit dem Recht zur Beschlussanfechtung,[359] eine wesentliche Eindämmung missbräuchlicher Anfechtungsklagen[360] und eine willkommene Entlastung der Gerichte.[361] Im konkreten Zugriff werden ganz unterschiedliche Schwellenwerte vorgeschlagen, die von 1[362] über 2[363], 5[364] und 10 bis hin zu 20%[365] reichen. Gelegentlich ertönt auch der Ruf nach Satzungsautonomie hinsichtlich der näheren Ausgestaltung des Quorums.[366] Nicht minder stark präsentieren sich freiwillig die Reihen der Quorums-Gegner, früher angeführt von *Heymann*[367] und *Ludewig*[368] und heute unterstützt von zahlreichen Stimmen in Theorie und Praxis.[369] Sie ziehen die praktische Tauglichkeit eines Quorums zur Eindämmung missbräuchlicher Anfechtungsklagen in Zweifel,[370] verweisen auf verfassungsrechtliche Be-

---

[356] Vgl. *Hachenburg*, in: Verhandlungen und Berichte des Unterausschusses für allgemeine Wirtschaftsstruktur, 1928, S. 50.

[357] Vgl. Fn. 257; zuvor bereits *ders.*, LZ 1914, 226, 229.

[358] Vgl. *Assmann*, AG 2008, 208, 211 f.; *Boujong*, FS Kellermann, 1991, S. 1, 14; *Grunewald*, NZG 2009, 967, 969 f.; *Hirschberger/Weiler*, DB 2004, 1137, 1139; *Hüffer*, FS Brandner, 1996, S. 57, 60 ff.; *Krieger*, ZHR 163 (1999), 343, 361; *Saenger*, AG 2002, 536, 541 f.; *Schatz* (Fn. 4), S. 274 ff.; *Schiessl*, AG 1999, 442, 446; *Schlaus*, AG 1988, 113, 117; *J. Vetter*, AG 2008, 177, 185; *Waclawik*, DStR 2006, 2177, 2183; *Zöllner*, FS Westermann, 2008, S. 1631, 1645.

[359] So *Hüffer*, FS Brandner, 1996, S. 57, 60 ff.

[360] So *Boujong*, FS Kellermann, 1991, S. 1, 14.

[361] So *Grunewald*, NZG 2009, 967, 968; *Schlaus*, AG 1988, 113, 117 („knappe Ressource Recht").

[362] Vgl. etwa *J. Vetter*, AG 2008, 177, 188.

[363] So etwa *Heuer*, WM 1989, 1401, 1408; *Schlaus*, AG 1988, 113, 117.

[364] So etwa *Hirschberger/Weiler*, DB 2004, 1137, 1139; *Richter*, ZHR 172 (2008), 419, 453 mit Fn. 221; *Schiessl*, AG 1999, 442, 446.

[365] Vgl. *Assmann*, AG 2008, 208, 212 für ein bei der Registersperre ansetzendes Modell.

[366] Vgl. *Grunewald*, NZG 2009, 967, 968 f.; *Hüffer*, FS Brandner, 1996, S. 57, 66 f.; *Schatz* (Fn. 4), S. 333 ff.; *Wallenhorst*, Schranken der Anfechtungsbefugnis von Aktionären, 1996, S. 135 ff.; ablehnend *Habersack/Stilz*, ZGR 2010, 710, 725; *Helm/Manthey*, NZG 2010, 415, 417.

[367] Siehe Fn. 270.

[368] Vgl. *Ludewig* (Fn. 251), S. 151 f.

[369] Vgl. *Baums* (Fn. 2), F 102 ff.; *Baums/Drinhausen*, ZIP 2008, 145, 148; *Bayer*, NJW 2000, 2609, 2626; *Bork*, ZGR 1993, 343, 360; *Habersack/Stilz*, ZGR 2010, 710, 725; *Heidel*, BB 2007, 2526; *Helm/Manthey*, NZG 2010, 415, 417; *Hemeling*, ZHR 172 (2008), 379, 383; *Hommelhoff*, ZGR 1990, 447, 451 ff.; *Lutter*, JZ 2000, 837, 838; *Mack* (Fn. 102), S. 171 ff.; *Niemeier*, ZIP 2008, 1148, 1149; *Sauter*, ZIP 2008, 1706, 1712; *K. Schmidt*, AG 2009, 248, 255 f.; *D. Schwintowski*, DB 2007, 2695 f.; *Zöllner* (Fn. 6), S. 390.

[370] Vgl. *Habersack/Stilz*, ZGR 2010, 710, 724.

denken unter den Gesichtspunkten der Eigentumsgarantie[371] und des Justizgewährleistungsanspruchs[372] und befürchten schließlich eine Überreaktion des Gesetzgebers, die auch jene Aktionäre treffe, welche einen gerechtfertigten Anlass zur Klageerhebung hätten.[373] Der 63. Deutsche Juristentag 2000 hatte ein Mindestquorum abgelehnt,[374] der 67. Deutsche Juristentag 2008 hat sich hingegen für ein solches Quorum ausgesprochen, das nicht unter 1% des Nennkapitals bzw. 100.000 Euro liegen soll.[375]

2. Individuelle Rechtsverletzung

Verschiedene Literaturstimmen wenden sich gegen die Anfechtungsbefugnis eines jeden Aktionärs ohne Rücksicht auf seine persönliche Betroffenheit.[376] Sie wollen die Anfechtungsbefugnis stattdessen an eine individuelle Rechtsverletzung des klagenden Aktionärs koppeln. Einer Gesetzesänderung bedürfe es hierfür nicht, die Rechtsprechung könnte § 243 Abs. 1 AktG, seinem Sinn und Zweck entsprechend, einschränkend auslegen.[377] Der 63. Deutsche Juristentag 2000 ist dieser Empfehlung gefolgt.[378]

3. Anfechtungsbefugnis für Aktionärsvereinigungen

Andere Autoren schlagen eine Anfechtungsbefugnis für „seriöse" Aktionärsvereinigungen vor[379] und sehen hierin teilweise einen Ausgleich für ein gesetzliches Quorum.[380] Gegenstimmen argwöhnen, dass auch Verbände „klagewütig" sein könnten,[381] und halten eine Verbandsklage für eine „Scheinlösung", die das Grundproblem, handhabbare Kriterien für den Missbrauchstatbestand zu finden, nicht beseitige.[382]

---

[371] Vgl. *Baums/Drinhausen*, ZIP 2008, 145, 148 f.; *Heidel*, BB 2007, 2526 f.; dagegen aber *Assmann*, AG 2008, 208, 211; *Hess/Leser*, FS Schneider, 2011, S. 519, 527; *J. Vetter*, AG 2008, 177, 188.

[372] Vgl. *Bork*, ZGR 1993, 343, 360.

[373] Vgl. *K. Schmidt*, AG 2009, 248, 255.

[374] Vgl. Beschlüsse des 63. Deutschen Juristentages 2000, Bd. II/2, O 220 f.

[375] Vgl. Beschlüsse des 67. Deutschen Juristentags 2008, Bd. II/2, N 241.

[376] Vgl. *Baums* (Fn. 2), F 99 ff.; noch weitergehend *Sünner*, in: Verhandlungen des 63. Deutschen Juristentages 2000, Bd. II/2, O 143, der eine zusätzliche Einschränkung durch den Grundsatz „minima non curat praetor" fordert; relativierend *K. Schmidt*, AG 2009, 248, 256 mit dem Hinweis, dass dies lediglich bei Informations- und Verfahrensverstößen eine Einschränkung bewirken könne.

[377] So *Baums* (Fn. 2), F 102.

[378] Vgl. Beschlüsse des 63. Deutschen Juristentages 2000, Bd. II/2, O 220 f.

[379] Vgl. *Hirte*, BB 1988, 1469, 1476; *Wallenhorst* (Fn. 366), S. 144 ff.

[380] In diesem Sinne *Krieger*, ZHR 163 (1999), 343, 361.

[381] Vgl. *Bison* (Fn. 285), S. 270 f.; zustimmend *Baums* (Fn. 2), F 34 f.

[382] Vgl. *Mack* (Fn. 102), S. 165 f.

4. Staatliche Vorabkontrolle durch ein Aktienamt

Vereinzelt flackert auch der Gedanke auf, der BaFin eine größere Rolle bei der Beschlussmängelkontrolle einzuräumen.[383] So hat man vorgeschlagen, die gerichtliche *ex-post*-Kontrolle des Hauptversammlungsbeschlusses durch eine *ex-ante*-Kontrolle der Aufsichtsbehörden zu *ersetzen* oder um eine behördliche Anfechtungsbefugnis zu *ergänzen*.[384] Die überwiegende Meinung ist dem jedoch in den zwanziger Jahren des vergangenen Jahrhunderts ebenso vehement entgegengetreten[385] wie in der jüngeren Reformdiskussion,[386] nahezu einstimmig etwa auf dem 63. Deutschen Juristentag 2000.[387] Eine private Legalitätskontrolle durch den einzelnen Aktionär sei nicht nur „ausgeprägt liberal", sondern unter volkswirtschaftlichen Aspekten auch „beeindruckend billig".[388]

5. Schadensersatz bei Klagemissbrauch

Eine größer werdende Autorenschar fordert die Wiedereinführung einer gesetzlichen Schadensersatzpflicht bei missbräuchlicher Beschlussanfechtung,[389] wie sie von 1884 bis 1965 bereits im Aktiengesetz enthalten war.

---

[383] Sehr früh im konzernrechtlichen Kontext schon *Rasch*, Sind auf dem Gebiet des Konzernrechts gesetzgeberische Maßnahmen gesellschaftsrechtlicher Art erforderlich?, Gutachten für den 42. Deutschen Juristentag 1957, Bd. I, S. 35 f. und 52; hiervon abrückend dann aber *ders.*, in: Verhandungen des 42. Deutschen Juristentages 1957, Bd. II, F 36.

[384] Vorsichtig in diese Richtung *Schiessl*, in: VGR (Hrsg.), Gesellschaftsrecht in der Diskussion 1999, 2000, S. 57, 68 ff.; ähnlich *ders.*, AG 1999, 446, 448; Sympathien für eine präventive staatliche Kontrolle auch bei *J. Vetter*, AG 2008, 176, 182 f.; ferner *Götz*, Referat für den 63. Deutschen Juristentag 2000, Bd. II/1, O 52 f., These 10: „Eine dritte wesentliche Voraussetzung ist der Einstieg in den Aufbau und dann auch den Ausbau eines effizienten behördlichen Überwachungssystems für den Kapitalmarkt nach dem Vorbild der US-amerikanischen SEC. Auf ein solches Überwachungssystem kann keinesfalls verzichtet werden, wenn der Gesetzgeber daran geht, Anfechtungsklagen von Minderheiten gegen rechtswidriges Vorgehen von Mehrheiten noch weiter zu erschweren. Es versteht sich dazu von selbst, dass die Machtfülle einer Organisation wie der SEC nicht durch den deutschen Registerrichter zu ersetzen ist".

[385] Vgl. etwa *Heymann* (Fn. 270), S. 742, 753; *Pinner* (Fn. 257), S. 611, 631 ff.; ferner *Ludewig* (Fn. 251), S. 151 f.

[386] Ablehnend etwa Arbeitskreis Beschlussmängelrecht, AG 2008, 617, 619; *Baums* (Fn. 2), F 32 ff. und F 59 ff.; *Bayer*, NJW 2000, 2609, 2617; *Götz*, DB 1989, 261, 266; *Habersack/Stilz*, ZGR 2010, 710, 724; *Waclawik*, DStR 2006, 2177, 2182.

[387] Vgl. Beschlüsse des 63. Deutschen Juristentages 2000, Bd. II/2, O 221.

[388] *Hommelhoff/Timm*, AG 1989, 168.

[389] Vgl. *Bayer*, in: VGR (Hrsg.), Gesellschaftsrecht in der Diskussion 1999, 2000, S. 35, 44 f.; *Heuer*, WM 1989, 1401, 1408; *Martens/Martens*, FS K. Schmidt, 2009, S. 1129, 1147; *dies.*, AG 2009, 173, 178; *Poelzig*, DStR 2009, 1151, 1153 f.; *Poelzig/Meixner*, AG 2008, 196, 206; *Verse*, NZG 2009, 1127, 1132.

Sie verspricht sich hiervon eine größere Abschreckungswirkung als von einer allgemein-bürgerlichrechtlichen Haftung.[390]

6. Umkehrung des Freigabeverfahrens

Verschiedene Literaturstimmen regen an, das Freigabeverfahren „umzudrehen" und klagewilligen Aktionären die Initiativ- und Darlegungslast im Verfahren des einstweiligen Rechtsschutzes aufzubürden.[391] Andere versprechen sich davon keinen wesentlichen Fortschritt.[392] Der 63. Deutsche Juristentag 2000 hatte das Modell abgelehnt,[393] der 67. Deutsche Juristentag 2008 hat es demgegenüber befürwortet.[394]

7. Flexibilisierung der Beschlussmängelfolgen

Weiter ausgreifend hat ein prominent besetzter Arbeitskreis Beschlussmängelrecht[395] im Jahre 2008 einen ausgefeilten Gesetzesvorschlag vorgelegt, der drei Mängelkategorien mit einem abgestuften Rechtsfolgenprogramm unterscheidet: (a) *Nichtigkeitsmängel*, die – wie bisher – zur Beschlussnichtigkeit führen, (b) *besonders schwere sonstige Mängel*, die eine rückwirkende Vernichtung des Beschlusses zur Folge haben, und (c) *minderschwere Mängel*, bei denen das Gericht nach seinem Ermessen neben der Feststellung des Beschlussfehlers die Aufhebung der Beschlusswirkungen für die Zukunft, die Verhängung eines Rügegeldes und/oder die Veröffentlichung des Entscheidungstenors in den Gesellschaftsblättern anordnen kann.[396] Verschiedene Mitglieder des Arbeitskreises haben diesen Vorschlag in der Literatur weiter erläutert[397] und darauf hingewiesen, dass das tradierte Einheitskonzept der kassatorischen Beschlussanfechtung eine Art Verlegenheitslösung darstelle, die auf überkommenen rechtsge-

---

[390] So *Martens/Martens*, FS K. Schmidt, 2009, S. 1129, 1147; dagegen aber *Baums* (Fn. 2), F 185 ff.; *Bison* (Fn. 285), S. 280; *Schatz* (Fn. 4), S. 263 f.

[391] Vgl. *Baums* (Fn. 2), F 169 ff., F 195; *Hüffer* (Fn. 11), § 246a AktG Rn. 3; *K. Schmidt*, Referat für den 63. Deutschen Juristentag 2000, Bd. II/1 O 21 f.; *ders.*, AG 2009, 248, 256 ff.; *Niemeier*, in: Verhandlungen des 63. Deutschen Juristentages 2000, Bd. II/2, N 190 f.; *ders.*, ZIP 2008, 1148, 1150.

[392] So *Krieger*, in: Verhandlungen des 67. Deutschen Juristentages 2008, Bd. II/2, N 235, der erwartet, dass der Registerrichter auch in diesem Fall nicht eintragen, sondern abwarten werde; ferner *Mülbert*, in: Verhandlungen des 67. Deutschen Juristentages 2008, Bd. II/2, N 211, der befürchtet, dass der Registerrichter dadurch „zum Vollzugsautomaten degradiert" werde; kritisch auch *Habersack/Stilz*, ZGR 2010, 710, 723.

[393] Vgl. Beschlüsse des 63. Deutschen Juristentages 2000, Bd. II/2, O 224.

[394] Vgl. Beschlüsse des 67. Deutschen Juristentages 2008, Bd. II/2, N 235.

[395] Zu den Mitgliedern gehörten *Butzke, Habersack, Hemeling, Kiem, Mülbert, Noack, Schäfer, Stilz* und *J. Vetter*.

[396] Vgl. Arbeitskreis Beschlussmängelrecht, AG 2008, 617 ff.

[397] Vgl. *Habersack/Stilz*, ZGR 2010, 710, 716 ff.; *Hemeling*, ZHR 172 (2008), 379, 386 f.; *Schäfer*, NJW 2008, 2536, 2543.

schäftlichen Kategorien beruhe.[398] Im Schrifttum ist der Grundgedanke eines differenzierten flexiblen Rechtsfolgenprogramms vereinzelt auf Kritik,[399] aber ganz überwiegend auf Zuspruch[400] gestoßen. Der 67. Deutsche Juristentag 2008 hat ihm ausdrücklich zugestimmt.[401]

8. Anfechtungsfrist

Andere Stimmen vornehmlich aus dem älteren Schrifttum verlangen in verschiedener Richtung *Erleichterungen* für Anfechtungskläger. Einen Hauptkritikpunkt bildet die kurze Anfechtungsfrist des § 246 Abs. 1 AktG, die Minderheitsaktionäre in unangemessener Weise benachteilige.[402] Die Reformvorschläge variieren: Manche fordern eine verlängerte Anfechtungsfrist, wie sie der Entwurf einer Aktienrechtsnovelle von 1882 ursprünglich vorgesehen hatte;[403] andere wollen bei Fristablauf mit einer Wiedereinsetzung in den vorigen Stand entsprechend § 233 ZPO helfen;[404] wieder andere befürworten eine Berücksichtigung später bekannt werdender Anfechtungsgründe außerhalb der Anfechtungsfrist.[405] Schließlich wird vorgeschlagen, wenigstens den nichtbörsennotierten Aktiengesellschaften freizustellen, durch Satzungsvorschrift von der festen Frist des § 246 Abs. 1 AktG abzuweichen.[406]

9. Widerspruchserfordernis

Rechtspolitische Kritik hat sich zu allen Zeiten auch an dem Erfordernis der Widerspruchseinlegung nach § 245 Nr. 1 AktG entzündet.[407] Man ver-

---

[398] So *Mülbert* (Fn. 392), N 70.

[399] Kritisch *Grunewald*, NZG 2009, 967, 968: „Wer kann schon sagen, ob die ‚besondere Schwere der Rechtsverletzung' die rückwirkende Vernichtung des Beschlussergebnisses ‚gebietet'?"; ferner *Nitsch*, in: Verhandlungen des 67. Deutschen Juristentages 2008, Bd. II/2, N 155, der einwendet, dass sich eine Rechtsordnung, die Rechtsfolgen danach differenziert, ob Mängel – mit anderen Worten Rechtsverstöße – besonders schwer sind oder nicht, sich selbst diskreditiere.

[400] Vgl. *Goll/Schwörer*, ZRP 2008, 245, 246 f.; DAV-Handelsrechtsausschuss, NZG 2008, 534, 543; *Schatz* (Fn. 4), S. 230 ff.; Sympathien auch bei *K. Schmidt*, AG 2009, 248, 258.

[401] Vgl. Beschlüsse des 67. Deutschen Juristentages 2008, Bd. II/2, N 241.

[402] In diesem Sinne *Becker* (Fn. 102), S. 459 ff.; *Wiedemann* (Fn. 3), § 3 I 2 b, S. 152 und § 8 IV 2 b, S. 467; *Zöllner* (Fn. 6), S. 386 f.; früher schon *Horrwitz*, ZBH 8 (1933), 86, 90; *A. Hueck* (Fn. 251), S. 47; *Wieland*, Handelsrecht, Bd. II, 1931, S. 209 mit Fn. 15.

[403] Vgl. oben Fn. 236.

[404] So *Lüke*, NJW 1966, 838, 840; ferner OLG Frankfurt NJW 1966, 838: Analogie zu § 203 Abs. 2 BGB.

[405] So *Zöllner*, in: KölnKomm AktG, 1976, § 246 AktG Rn. 18; grundlegend bereits *A. Hueck* (Fn. 254), S. 167, 185; *ders.* (Fn. 251), S. 47.

[406] So *Baums* (Fn. 2), F 72.

[407] Vgl. *Becker* (Fn. 102), S. 445 ff.; *Horrwitz*, ZBH 8 (1933), 86, 90 f.; *A. Hueck* (Fn. 251), S. 47; *Wiedemann* (Fn. 3), § 8 IV 2 b, S. 467; *Zöllner* (Fn. 6), S. 387 f.

weist auf die eigentümliche Entstehungsgeschichte dieses Tatbestands-
merkmals,[408] betont seine Tücken gerade für unerfahrene Aktionäre,[409]
erhebt unter dem Gesichtspunkt des Art. 3 Abs. 1 GG Bedenken gegen
seine Verfassungsmäßigkeit, weil für Verwaltungsmitglieder kein Widerspruchserfordernis gilt,[410] und zweifelt daran, ob die hierin liegende Beschränkung der Anfechtungsmöglichkeit praktisch wirklich notwendig
sei.[411] Die Reformvorschläge reichen von seiner ersatzlosen Streichung[412]
bis hin zu einer Öffnung für abweichende Satzungsklauseln bei nichtbörsennotierten Aktiengesellschaften.[413]

IV. Reformüberlegungen im Spiegel der Rechtsvergleichung

Zu alledem wohlbegründet Stellung zu nehmen, ist an dieser Stelle ausgeschlossen.[414] Stattdessen beschränken sich die folgenden Erwägungen darauf, die vorgestellten Reformvorschläge zum deutschen Beschlussmängelrecht mit dem Erfahrungsschatz ausländischer Aktienrechte abzugleichen.

1. Einführung eines Quorums

Rechtsvergleichenden Rückhalt für ein „echtes" Quorum findet man bisher
nur in Italien und Griechenland. Hinsichtlich des Schwellenwertes erscheint die italienische Lösung, die zwischen börsennotierten (0,1%) und
nicht börsennotierten Gesellschaften (5%) differenziert, stimmiger als die
griechische Einheitslösung (2%). Eine dem Bagatellquorum des § 246a
Abs. 2 Nr. 2 AktG vergleichbare Regelung hatte zuvor bereits das spanische Recht eingeführt, das bei der Höhe des Quorums zwischen börsennotierten (1%) und nicht börsennotierten (2%) Gesellschaften unterscheidet.
Im schweizerischen Schrifttum ist eine ähnliche Lösung für das Handelsregisterverfahren schon früh von *Peter Böckli* vorgedacht worden,[415] doch

---

[408] Dazu oben Fn. 226.

[409] Vgl. *Zöllner*, in: KölnKomm AktG (Fn. 405), § 245 AktG Rn. 44, wonach es sich
um eine gesetzliche Regelung handle, „die in der Wirkung ungeschickte, vertrauensselige
und schlecht informierte Aktionäre der Anfechtungsmöglichkeit beraubt".

[410] Vgl. *Becker* (Fn. 102), S. 447 f.

[411] Vgl. *Zöllner* (Fn. 6), S. 387.

[412] So *Horrwitz*, ZBH 8 (1933), 86, 90 f.; *A. Hueck* (Fn. 251), S. 47.

[413] So *Baums* (Fn. 2), F 76.

[414] Eingehender die umfassende Untersuchung von *Fleischer* (Hrsg.), Das Beschlussmängelrecht der Kapitalgesellschaften: Rechtsvergleichung – Rechtsdogmatik – Rechtspolitik, in Vorbereitung für 2013.

[415] Vgl. *Böckli*, Schweizer Aktienrecht, 2. Aufl., 1996, Rn. 296a; 3. Aufl., 2004, § 16
Rn. 135; 4. Aufl., 2009, § 16 Rn. 136: „Ein Vorschlag könnte – in analoger Anwendung
der vom Gesetzgeber für das Verfahren einer Sonderuntersuchung getroffenen Güter-

hat der Gesetzgeber sie bisher nicht aufgegriffen. Die meisten Rechtsordnungen halten dagegen unverändert an einem Individualklagerecht des Aktionärs fest. Polen hat die Einführung eines gesetzlichen Quorums bei börsennotierten Gesellschaften wieder rückgängig gemacht, nachdem der polnische Verfassungsgerichtshof hierin eine Verletzung des Grundrechts der Kleinaktionäre auf rechtliches Gehör, des Gleichheitsgrundsatzes und des Rechtsstaatsprinzips gesehen hatte.[416] Raum für Satzungsautonomie hinsichtlich des Anfechtungsquorums lässt nur der italienische Gesetzgeber. Die Praxis hat hiervon bisher allerdings keinen Gebrauch gemacht.[417]

Wenn man dem Gedanken eines gesetzlichen Quorums überhaupt näher treten will (was hier dahinstehen soll), dann sprechen gute Gründe für seine Begrenzung auf börsennotierte Gesellschaften[418]: *Rechtstatsächlich* sind missbräuchliche Anfechtungsklagen und Massenverfahren ein Phänomen der Publikumsgesellschaften.[419] *Rechtskonzeptionell* sind Kleinaktionäre typischerweise als Kapitalanleger und weniger als Verbandsmitglieder betroffen. *Rechtsökonomisch* wirkt ein Anfechtungsrecht ohne Freigabeverfahren in der Hand einzelner Aktionäre wie eine *property rule*, während die Substituierung des Anfechtungsrechts durch Schadensersatzansprüche einer *liability rule* ähnelt.[420] Nach dem klassischen Konzept von *Calabresi* und *Melamed*[421] sprechen hohe Transaktionskosten und ein vergleichsweise geringer Aufwand bei der Schadensermittlung – wie sie bei börsennotierten Gesellschaften begegnen – für eine *liability rule*, geringe Transaktionskosten und große Schwierigkeiten bei der Schadensschätzung – wie sie bei kapitalmarktfernen Gesellschaften vorliegen – für eine *property rule*.[422]

---

abwägung – zur Regel führen, dass es auf Einspruch hin zu einer Blockierung nur kommen darf, wenn die Einsprecher die für ein Begehren um Durchführung einer Sonderuntersuchung geforderte Mindestbeteiligung auf sich zu vereinen vermögen."; zustimmend *von der Crone*, ZBJV 133 (1997), 73, 163.

[416] Vgl. Urteil des polnischen Verfassungsgerichtshofs vom 8.3.2004, Sign. SK 23/03, veröffentlicht in Dz.U Nr. 43, Pos. 412.

[417] Auskunft von Prof. *Marco Maugeri*, Rom.

[418] So aus deutscher Sicht auch *Bayer*, Empfehlen sich besondere Regelungen für börsennotierte und für nichtbörsennotierte Gesellschaften?, Gutachten E für den 67. Deutschen Juristentag 2008, Bd. I, E 102 f., 107; *Krieger*, Referat für den 67. Deutschen Juristentag 2008, Bd. II/1, N 41, N 47; *Poelzner/Meixner*, AG 2008, 177, 200; *Richter*, ZHR 172 (2008), 419, 453; *Schiessl*, AG 1999, 442, 445.

[419] Zur geringen Rolle missbräuchlicher Beschlussmängelklagen in der GmbH *Fleischer*, DB 2011, 2132, 2135 m.w.N.

[420] Eingehend *Sauerbruch* (Fn. 353), S. 172 ff.

[421] *Calabresi/Melamed*, 85 Harv. L. Rev. 1089 (1972) unter der Überschrift „Property Rules, Liability Rules and Inalienability: One View of the Cathedral".

[422] Für eine gesellschaftsrechtliche Adaption *Fleischer*, ZHR 168 (2004), 673, 701 f.

2. Individuelle Rechtsverletzung

Aus komparativer Sicht wohl vertraut klingt der Vorschlag, die Klagebefugnis des Aktionärs von seiner individuellen Rechtsverletzung abhängig zu machen. Er liegt etwa dem französischen Konzept der *nullité relative* zugrunde,[423] das allerdings nicht vollständig durchgehalten wird,[424] und kommt auch im belgischen Recht in der Formel des *tout intéressé* zum Vorschein.[425] Noch stärker präsent ist er im *personal right*-Erfordernis des britischen[426] und in der *special injury*-Voraussetzung des US-amerikanischen Rechts.[427] In der Schweiz bahnt sich womöglich ein Paradigmenwechsel an: Während es nach herrschender Lehre nach wie vor nicht auf die Verletzung subjektiver Rechte ankommt,[428] hat das Bundesgericht in zwei jüngeren Entscheiden ausgeführt, dass ein Anfechtungsinteresse nur dann gegeben sei, wenn durch ein gutheissendes Urteil „die Rechtsstellung des anfechtenden Aktionärs berührt"[429] werde.[430] Eine bemerkenswerte Differenzierung enthält das italienische Recht: Die Anfechtungsklage gegen Hauptversammlungsbeschlüsse steht grundsätzlich jedem Aktionär ohne Rücksicht auf eine individuelle Rechtsverletzung offen; Beschlüsse der Verwaltung kann er dagegen nach der Sonderregelung in Art. 2388 Abs. 4 Satz 1 c.c. nur dann anfechten, wenn er durch sie in seinen Rechten verletzt wird. Andere Rechtsordnungen wie Österreich, Griechenland oder

---

[423] Vgl. den Text zu Fn. 128; rechtsvergleichend *Planck*, Aktionärsklagen im französischen und deutschen Recht unter Einbeziehung der neueren Rechtsentwicklung in Belgien, 1995, S. 168; *Borgmann*, Der Organstreit im Kapitalgesellschaftsrecht, 1996, S. 131, 132.

[424] Vgl. den Text zu Fn. 129; aus der Rechtsprechung Cass. 3ième, 21.10.1998, Bull. Joly 1999, 107, § 24, wonach sich jeder Gesellschafter auf das Fehlen der Einladung eines anderen Gesellschafters berufen kann; kritisch dazu *Le Cannu/Donderot* (Fn. 127), Rn. 469 mit Fn. 76; vorsichtiger CA Versailles, 29.6.2000, JCP, éd. E, 2000, 1359.

[425] Vgl. den Text zu Fn. 140.

[426] Vgl. Fn. 94.

[427] Vgl. *Moran v. Household Int'l, Inc.*, 490 A.2d 1059, 1070 (Del. Ch. 1985); aff'd 500 A.2d 1346 (Del. 1985); s. auch *American Law Institute*, Principles of Corporate Governance, 1994, § 7.01(b); zur Aufgabe dieses Tests durch den *Delaware Supreme Court* aber *Tooley v. Donaldson, Lufkin & Jenrette, Inc.*, 845 A.2d 1031, 1035 (Del. Sup. 2004): „The analysis must be based solely on the following questions: Who suffered the alleged harm – the corporation or the suing stockholder individually – and who would receive the benefit of the recovery or other remedy? This simple analysis is well embedded in our jurisprudence, but some cases have complicated it by injection of the amorphous and confusing concept of 'special injury'".

[428] Vgl. den Text zu Fn. 54 bis 55.

[429] Nachweise in Fn. 56.

[430] Dazu auch *Waldburger*, GesKR 2011, 416, 422: „Der Entscheid zeigt, dass die Luft für aktienrechtliche Anfechtungskläger eher dünner wird. Sowohl das Anfechtungsinteresse als auch das Argument des Rechtsmissbrauchs werden vom Bundesgericht streng geprüft. Bei der Beratung von klagewilligen Aktionären ist diesen Gegebenheiten Rechnung zu tragen".

Japan halten dagegen an der klassischen Konzeption der Anfechtungsklage als einer auf den Kreis der Aktionäre beschränkten Popularklage fest.

3. Anfechtungsbefugnis für Aktionärsvereinigungen und andere Personen

Eine Ausdehnung der Anfechtungsbefugnis auf Nichtaktionäre findet man in verschiedenen Varianten in manchen ausländischen Aktienrechten. Was zunächst die Aktionärsvereinigungen anbelangt, so billigt ihnen die französische Rechtsprechung im Allgemeinen eine Klagebefugnis zu.[431] Demgegenüber hat sie ein Klagerecht des Betriebsrats verneint.[432] Das belgische Recht, das in Art. 178 *Code des sociétés* jedem Betroffenen (*tout intéressé*) eine Klagebefugnis zuerkennt, bezieht auch Nichtaktionäre, etwa Gläubiger, in den Kreis der Anfechtungsberechtigten ein.[433] Das norwegische Aktienrecht erstreckt die Anfechtungsbefugnis in § 5-22 des Aktiengesetzes ausdrücklich auf die Mehrheit der Arbeitnehmer sowie auf Gewerkschaften, die zwei Drittel der Belegschaft vertreten.[434] Anschauungsmaterial zur Anfechtungsbefugnis von Inhabern hybrider Finanzierungsinstrumente bietet das schweizerische Aktienrecht: Anfechtungsberechtigt sind dort aufgrund ihrer grundsätzlichen Gleichstellung mit den Aktionären gemäß Art. 656 a Abs. 2 OR die Partizipanten, eine Art stimmrechtslose Aktionäre, obwohl sie nicht am Zustandekommen des Beschlusses beteiligt waren;[435] dagegen sind die Inhaber von Genussscheinen nach herrschender Meinung nur dann anfechtungsberechtigt, wenn ihnen dieses Recht in den Statuten zugewiesen wird;[436] Gläubiger sind schließlich nicht zur Anfechtung berechtigt.[437]

---

[431] Vgl. Cass. 1re civ., 18.9.2008, D. 2008, 2437 mit Anm. *Delpech*; aus dem Schrifttum *Le Cannu/Dondorot* (Fn. 127), Rn. 470: „Plus largement, la jurisprudence admet le droit d'agir d'une association ayant pour objet la defense *collective* des intérêts *individuels* de ses membres, puisque tel est son objet."; zurückhaltender aber CA Paris, 23.9.1994, Dr. sociétés, déc. 1994, n° 198 mit Anm. *Bonneau*.

[432] Vgl. Cass. soc., 15.10.2002, Bull civ. V, n° 313, p. 301; *Le Cannu/Dondorot* (Fn. 127), Rn. 468.

[433] Näher oben Fn. 138 und 139.

[434] Rechtsvergleichend *Mörsdorf*, RIW 2012, 211, 218.

[435] Vgl. *Böckli* (Fn. 50), § 16 Rn. 104; *Tanner*, in: Zürcher Kommentar (Fn. 51), Art. 706 OR Rn. 44; *Truffer/Dubs*, in: Baseler Kommentar (Fn. 50), Art. 706 OR Rn. 4.

[436] Vgl. *Forstmoser/Meier-Hayoz/Nobel* (Fn. 50), § 47 Rn. 33; *Truffer/Dubs*, in: Baseler Kommentar (Fn. 50), Art. 706 OR Rn. 4; gegen eine Anfechtungsbefugnis BGE 115 II 468, 473: „Im Gegensatz zur bloßen Anfechtbarkeit kann die Nichtigkeit durch jedermann geltend gemacht werden, der an der Feststellung der Nichtigkeit ein rechtliches Interesse hat, also auch von Nichtaktionären wie Genussscheininhabern und Gläubigern."; *Tanner*, in: Zürcher Kommentar (Fn. 51), Art. 706 OR Rn. 44 f.; abw. *Böckli* (Fn. 50), § 16 Rn. 106, wenn Genussscheininhaber von den gesetz- oder statutenwidrigen Beschlüssen als Beteiligte betroffen sind.

[437] Vgl. *Truffer/Dubs*, in: Baseler Kommentar (Fn. 50), Art. 706 OR Rn. 4.

4. Klage- oder Kontrollbefugnisse der Kapitalmarktaufsicht

Für ein allgemeines Anfechtungsrecht der Aufsichtsbehörden als Alternative zu einer privaten Beschlusskontrolle gibt es international kein Regelungsvorbild. Etwaige Klagebefugnisse staatlicher Stellen sind stets eng begrenzt: So können die spanische Nationalbank und die spanische Kapitalmarktaufsicht Hauptversammlungsbeschlüsse nur dann anfechten, wenn Aktionäre ihre kapitalmarktrechtlichen Mitteilungspflichten verletzt haben.[438] Ähnliche Regeln finden sich bei Stimmrechtssuspendierungen im italienischen Kapitalmarktrecht.[439] Zusätzlich ist die italienische Kapitalmarktaufsicht befugt, den Gewinnfeststellungsbeschluss der Hauptversammlung einer börsennotierten AG anzufechten, wenn dieser gegen Vorschriften für seine Aufstellung verstößt.[440] Das österreichische Recht billigt einem in Kreditinstituten eingesetzten Staatskommissär nach § 76 Abs. 5 Satz 1 BWG das Recht zu, Einspruch gegen Hauptversammlungsbeschlüsse zu erheben und der Finanzmarktaufsicht hiervon zu berichten. Durch den Einspruch wird die Wirksamkeit des Beschlusses gemäß § 76 Abs. 5 Satz 3 BWG bis zur aufsichtsbehördlichen Entscheidung aufgeschoben.[441] Selbst die *Securities Exchange Commission* in den Vereinigten Staaten ist entgegen mancher Darstellungen kein Aktienamt mit umfassender Kassationskompetenz: Sie kann nach § 14(a) SEA 1934 und der hierzu ergangenen *Rule 14a-9* gerichtlich nur gegen solche Hauptversammlungsbeschlüsse vorgehen, die auf der Grundlage unrichtiger *proxy*-Materialien ergehen sollen oder ergangen sind.[442] An versteckter Stelle, nämlich in § 45 Abs. 5 Satz 3 und § 46 Abs. 1 Satz 6 KWG, kennt im Übrigen auch das deutsche Recht Spezialvorschriften für Hauptversammlungsbeschlüsse: Danach sind Gewinnausschüttungsbeschlüsse von Kreditinstituten sogar nichtig, wenn sie gegen entsprechende Anordnungen der BaFin verstoßen.

5. Schadensersatz bei Klagemissbrauch und Sicherheitsleistung

Das Problem missbräuchlicher Anfechtungsklagen scheint eine „deutsche Krankheit" zu sein. Decouvrierend ist eine neuere Entscheidung des Finanzgerichts Berlin-Brandenburg, wonach ein Aktionär, der aus seiner Beteiligung an zahllosen Aktiengesellschaften durch Einlegung von Rechtsmitteln Kapital schlägt, auf die ihm vereinnahmten Vergleichssum-

---

[438] Vgl. den Text zu Fn. 181 bis 183.

[439] Vgl. Artt. 14, 16 und 120 D. Lgs. N 58 del 1998 („TUF"); dazu *Ferri* (Fn. 161), S. 335.

[440] Vgl. Art. 157 Abs. 2 D. Lg. N. 58 del 1998 („TUF").

[441] Vgl. *Oppitz*, in: Chini/Oppitz, BWG, 2011, § 76 Rn. 11 („Rute im Fenster").

[442] Dazu etwa *Hazen*, The Law of Securities Regulation, Vol. III, 6th ed., 2009, § 10.3.[6], S. 97: „In addition to an action for damages, Rule 14a-9 will support a claim for injunctive relief in actions by private parties or the SEC".

men Umsatzsteuer entrichten muss, weil er insoweit Unternehmer i.S.d.
§ 2 Abs. 1 UStG – weniger vornehm ausgedrückt: Berufskläger – ist.[443]

In Österreich ist das Phänomen räuberischer Aktionäre bisher kaum
verbreitet.[444] Eine Schrifttumsstimme hat dies besonders charmant mit
einer anderen „Streitkultur" in Wien begründet.[445] Tatsächlich dürften vor
allem die weniger klägerfreundlichen Anfechtungsregeln eine wesentliche
Rolle spielen:[446] Das beginnt mit dem höheren Kostenrisiko, weil das
österreichische Recht keine dem § 247 Abs. 2 AktG vergleichbare Streitwertspaltung kennt. Hinzu kommt eine klägerfeindliche Schadensersatzhaftung für die Erhebung unbegründeter Anfechtungsklagen. Und schließlich fällt die Gefahr einer Registersperre im österreichischen Firmenbuchverfahren aus verschiedenen Gründen geringer aus als im hiesigen Handelsregisterverfahren.[447] Insgesamt sind die österreichischen Regeln damit
missbrauchsresistenter als das deutsche Recht. Ob diese Schutzvorkehrungen Berufskläger auch in Zukunft abzuschrecken vermögen, bleibt abzuwarten.[448]

Im schweizerischen Schrifttum wird der Klagemissbrauch gelegentlich
thematisiert,[449] und es gibt auch einzelne Bundesgerichtsentscheide zu

---

[443] Vgl. FG Berlin-Brandenburg ZIP 2011, 1149 Leitsatz 1: „Ein Aktionär, der durch
die Erhebung von Anfechtungsklagen versucht, finanzielle Vorteile zu erzielen, erbringt
steuerbare und steuerpflichtige Umsätze, wenn er sich in diesem Zusammenhang verpflichtet, eine erhobene Klage gegen eine Geldleistung zurückzunehmen".

[444] Vgl. *Hirner* (Fn. 35), S. 105 f.: „Österreich ist von Berufsopponenten bisher
weitestgehend verschont geblieben. Das Problem existiert in dieser Form gar nicht […].";
Diregger, in: Doralt/Nowotny/Kalss (Fn. 26), vor § 195 AktG Rn. 8 und § 196 AktG
Rn. 65: „In Österreich sind derartige Missbräuche kaum je bekannt geworden".

[445] So *G.H. Roth*, in: Semler/Hommelhoff/Doralt/Druey (Hrsg.), Reformbedarf im
Aktienrecht, 1994, S. 167, 173; s. auch *Hirner* (Fn. 35), S. 107 unter Hinweis auf die
lange Tradition verstaatlichter Unternehmen; sowie *Diregger*, in: Doralt/Nowotny/Kalss
(Fn. 26), vor § 195 AktG Rn. 8: „bisher konsensorientierte Aktionärskultur".

[446] Näher zu folgendem *Diregger*, in: Doralt/Nowotny/Kalss (Fn. 26), § 196 AktG
Rn. 65 ff.; *Hirner* (Fn. 35), S. 108 ff.; *Kalss*, in: Kalss/Nowotny/Schauer (Fn. 29),
Rn. 3/663.

[447] Dazu noch ausführlicher IV. 6.

[448] Fragend auch *Hirner* (Fn. 35), S. 117: „Es stellt sich nur die Frage, ob diese
Regelungen auch in Zukunft ausreichend sind, vor allem wenn etwa bereits etablierte
Berufskläger mit all ihrer Expertise ihr Geschäftsmodell auch in Österreich anzuwenden
versuchen. Passiert ist dies etwa im besagten Fall des Squeeze-outs von Böhler-
Uddeholm. Hier haben sich eben die österreichischen firmenbuchrechtlichen Eintra-
gungsregelungen bezahlt gemacht. Wie sich die Situation in Zukunft entwickelt, wird
sich herausstellen müssen."; ferner die Einschätzung von *Diregger*, in: Doralt/Nowotny/
Kalss (Fn. 26), vor § 195 AktG Rn. 8: „Dies könnte sich allerdings in nächster Zukunft
ändern, weil zunehmend d[eutsche] Berufskläger ihren Aktionsradius auf Aktiengesellschaften mit Sitz in Österreich ausweiten".

[449] Monographisch *Lehmann* (Fn. 54); knapper auch *Böckli* (Fn. 50), § 16 Rn. 107a
und § 16 Rn. 137; *Truffer/Dubs*, in: Baseler Kommentar (Fn. 50), Art. 706 OR Rn. 1a.

zweckwidrigen Anfechtungsklagen.[450] Auch wenn schweizerische Aktiengesellschaften damit nicht immun gegen Druckversuche von räuberischen Minderheitsaktionären erscheinen,[451] sind sie von deutschen Verhältnissen doch weit entfernt. Bei der Abwehr missbräuchlicher Anfechtungsklagen kommt dem Maßnahmeverfahren nach Art. 162 HRegV große Bedeutung zu.[452]

International besteht das Abschreckungsarsenal gegenüber räuberischen Aktionären hauptsächlich aus einer *gesetzlichen Schadensersatzpflicht bei böswilliger Anfechtung* (z.B. in Österreich oder der Türkei) und einer *Sicherheitsleistung*, die das Gericht von klagenden Aktionären schon im Vorfeld verlangen kann (z.B. in Österreich oder Japan, im Verfahren des einstweiligen Rechtsschutzes auch in Italien und Griechenland). Beide Instrumente beruhen auf deutschen Vorbildern von 1884,[453] die hierzulande aber im Jahre 1965 wieder ausgemustert wurden: Ausweislich der Regierungsbegründung enthielten sie eine ungerechtfertigte Benachteiligung des Anfechtungsklägers; wie in allen anderen Rechtsgebieten auch solle er allein nach allgemeinem Deliktsrecht, namentlich nach § 826 BGB, haften.[454] Ein Aufsehen erregendes Urteil des OLG Frankfurt hat dieser abstrakten Haftungsandrohung kürzlich Leben eingehaucht.[455] Ob sich die Präventionswirkung durch Wiedereinführung einer aktiengesetzlichen Schadensersatzpflicht nennenswert erhöhen lässt, erscheint mir zweifelhaft.[456] Eine bereichsspezifische Sonderregelung enthält § 7 Abs. 7 des Finanzmarktstabilisierungsergänzungsgesetzes aus dem Jahre 2009 (FMStErgG),[457] der ausweislich der Gesetzesmaterialien die Treuepflicht der Aktionäre gegenüber der Gesellschaft konkretisiert:[458]

---

[450] Vgl. BGE 117 II 290 = AJP 1992, 110 f. (Canes/Nestlé); s. auch BGE 97 II 185; 98 Ia 44 (FUSAG/Ursina-Franck AG); eingehend dazu *Lehmann* (Fn. 54), Rn. 81 ff.

[451] Zur Dunkelziffer *Lehmann* (Fn. 54), Rn. 99 ff.

[452] Vgl. *Lehmann* (Fn. 54), Rn. 706 ff.; *Truffer/Dubs*, in: Baseler Kommentar (Fn. 50), Art. 706 OR Rn. 1a; näher unten IV. 6.

[453] Näher oben II. 2. a.

[454] Vgl. Fn. 283.

[455] Vgl. OLG Frankfurt NZG 2009, 222; erfolglose Nichtzulassungsbeschwerde: BGH BeckRS 2010, 21505; s. auch OLG Celle ZIP 2010, 1198: keine Prozesskostenhilfe für Aktionär-Berufskläger.

[456] Insgesamt zurückhaltend aus österreichischer Sicht auch *Hirner* (Fn. 35), S. 115: „Man muss jedoch zu bedenken geben, dass diese klägerfeindlichen Kosten- und Schadensersatzbestimmungen in Österreich zwar die Entwicklung eines Klagegewerbes mit Sicherheit verhindert haben, es jedoch fraglich ist, ob man in Deutschland zum jetzigen Zeitpunkt einem bestehenden hochprofessionellen Klägertum – dessen Geschäftsmodell zum großen Teil auf hohen Streitwertangaben basiert – beikommen kann".

[457] BGBl. I, S. 275.

[458] Vgl. Begr. RegE FMStErgG, BT-Drucks. 16/12100, S. 12: „Absatz 7 konkretisiert die Treuepflicht der Aktionäre gegenüber der Gesellschaft. Diese Treuepflicht kann sich

„Aktionäre, die eine für den Fortbestand der Gesellschaft erforderliche Kapitalmaß-
nahme, insbesondere durch ihre Stimmrechtsausübung oder die Einlegung unbegründeter
Rechtsmittel verzögern oder vereiteln, sind der Gesellschaft gesamtschuldnerisch zum
Schadensersatz verpflichtet. Ein Aktionär kann nicht geltend machen, dass seine Stimm-
rechtsausübung für das Beschlussergebnis deshalb nicht ursächlich war, weil auch andere
Aktionäre ihr Stimmrecht in gleicher Weise ausgeübt haben."[459]

6. Einstweiliger Rechtsschutz mit vertauschten Parteirollen

Als deutscher Sonderweg erweist sich international das Freigabeverfahren
auf Antrag der Gesellschaft zur Überwindung einer rechtlichen oder faktischen Registersperre. In den meisten Aktienrechten hat die Erhebung einer
Beschlussmängelklage keine aufschiebende Wirkung. In England muss ein
Aktionär bei Gericht nach allgemeinen Regeln grundsätzlich[460] eine *inte-
rim injunction* erwirken;[461] in Italien wird der Anfechtende nach Art. 2378
Abs. 3 c.c. darauf verwiesen, die Aussetzung der Beschlussausführung zu
beantragen; in Spanien können Aktionäre die Aussetzung angefochtener
Gesellschafterbeschlüsse nach Art. 727 Nr. 10 des Zivilgesetzbuches nur
im Wege des einstweiligen Rechtsschutzes durchsetzen; in Belgien muss
ein Anfechtender nach Art. 179 Abs. 1 *Code des sociétés* eine gerichtliche
Anordnung auf vorläufige Aussetzung der Beschlussausführung erwirken.

Unsere deutschsprachigen Nachbarländer lösen den Konflikt wie folgt:
In Österreich entscheidet das Firmenbuchgericht bei anhängigen Anfechtungsklagen nach § 19 des Firmenbuchgesetzes über eine Verfahrensunter-
brechung.[462] Es hat von einer Unterbrechung abzusehen oder sie aufzuheben, wenn das rechtliche oder wirtschaftliche Interesse an einer raschen
Erledigung überwiegt.[463] Die Aktionäre besitzen im Firmenbuchverfahren

---

zur Pflicht verdichten, das Stimmrecht in der Hauptversammlung auszuüben, das eine für
den Fortbestand der Gesellschaft notwendige Kapitalmaßnahme nicht vereitelt wird".

[459] Mit Recht kritisch *Ziemons*, NZG 2009, 369, 373 f.

[460] Ausnahmen gelten bei der Umwandlung einer Publikums- in eine Privatgesellschaft (sec. 97, 98 CA 2006) und bei einer Änderung von Gattungsrechten („variation"),
bei der eine Beschlussanfechtung nach sec. 633(3) CA 2006 Suspensivwirkung entfaltet:
„If such an application is made, the variation has no effect unless and until it is con-
firmed by the court".

[461] Dazu *Joffe/Drake/Richardson/Lightman/Collingwood*, Minority Shareholders –
Law, Practice, and Procedure, 4th ed., 2011, Rn. 8.38 ff.; aus der Spruchpraxis etwa
Pender v. Lushington (1877) 6 ChD 70; *Kaye v. Croydon Tramways Company* [1898] 1
Ch 358; rechtsvergleichend *Hirte*, in: Grundmann (Hrsg.), Systembildung und System-
lücken in Kerngebieten des Europäischen Privatrechts, S. 211, 225; *J. Schmidt* (Fn. 77),
S. 703 f.

[462] Vgl. *Diregger*, in: Doralt/Nowotny/Kalss (Fn. 26), § 195 AktG Rn. 126 ff.; *Hirner*
(Fn. 35), S. 111 ff.

[463] Eingehend *Diregger*, in: Doralt/Nowotny/Kalss (Fn. 26), § 195 AktG Rn. 127 ff.

keine Parteistellung;[464] sie können daher allenfalls eine einstweilige Verfügung des Prozessgerichts beantragen, die dem Firmenbuchgericht die Eintragung des angefochtenen Hauptversammlungsbeschlusses untersagt oder den Vorstand mit einem Durchführungsverbot belegt.[465] In der Schweiz wird der „Kampf um den Registereintrag"[466] nach Maßgabe des Art. 162 der Handelsregisterverordnung ausgefochten:[467] Danach nimmt das Handelsregisteramt die Eintragung auf schriftlichen Einspruch Dritter vorläufig nicht vor. Der Einsprechende muss dann innerhalb von 10 Tagen beim Spruchgericht ein Gesuch um Erlass einer vorsorglichen Maßnahme stellen.[468] Dieses entscheidet im summarischen Verfahren unverzüglich über die Registersperre. Verschiedene Literaturstimmen beklagen den Lähmungseffekt des Einspruchsverfahrens[469] und fordern *de lege ferenda*, dass nur eine qualifizierte Minderheit berechtigt sein soll, die Blockierung des Registereintrags zu beantragen.[470]

Sofern man hierzulande dem Vorschlag einer Umkehrung des Freigabeverfahrens näher treten möchte, spielt das Kostenrisiko für den klagenden Aktionär eine wesentliche Rolle: Soll ihn, wie generell im einstweiligen Rechtsschutz vorgesehen, die scharfe Schadensersatzhaftung aus § 945 ZPO treffen? Kann das Gericht von ihm vorab eine Sicherheitsleistung verlangen?[471] Manche Rechtsordnungen sehen dies vor: Nach Art. 2378 Abs. 4 Satz 2 *Codice civile* kann das Prozessgericht jederzeit anordnen, dass der Anfechtende eine geeignete Sicherheit für einen gegebenenfalls zu ersetzenden Schaden hinterlegen muss. In der Schweiz war der einstweilige Rechtsschutz für den Einsprechenden im Handelsregisterverfahren früher mit keinerlei Schadensersatzrisiken, Kautionspflichten oder Kostenauflagen verbunden.[472] Kritische Stimmen sprachen pointiert von „gratis

---

[464] Vgl. OGH AG 1999, 528; *Diregger*, in: Doralt/Nowotny/Kalss (Fn. 26), § 195 AktG Rn. 130; *Hirner* (Fn. 35), S. 112.

[465] Vgl. *Hirner* (Fn. 35), S. 112.

[466] Vgl. die Zwischenüberschrift bei *Böckli* (Fn. 50), § 16 Rn. 134: „Der Kampf um den Eintrag: Blockierung durch Einspruch (Registersperre)".

[467] Näher dazu *Böckli* (Fn. 50), § 16 Rn. 134; *Isler/von der Crone*, SZW 2008, 222, 228 ff.; *Truffer/Dubs*, in: Baseler Kommentar (Fn. 50), Art. 706a Rn. 13; für einen Beispielsfall unter dem Regime der Vorgängerfassung BGE 133 III 368; dazu *Isler/von der Crone*, SZW 2008, 222.

[468] Vgl. *Isler/von der Crone*, SZW 2008, 222, 228.

[469] So *Böckli* (Fn. 50), § 16 Rn. 133.

[470] Vgl. *Böckli* (Fn. 50), § 16 Rn. 136; Vollzitat in Fn. 415.

[471] Zu beidem auch *Habersack/Stilz*, ZGR 2010, 710, 723: „Erstens wäre es ungereimt, auf eine gleichzeitige ‚Umkehrung' des § 246a Abs. 4 AktG zu verzichten, also den Aktionär, der zu Unrecht die Registersperre erwirkt, von jeglicher Haftung oder auch nur dem Erfordernis der Sicherheitsleistung zu befreien; die Einführung entsprechender Kauteln wiederum wäre gewiss so prohibitiv wie ein substantielles Quorum".

[472] Vgl. *Isler/von der Crone*, SZW 2008, 222, 229; *Lehmann* (Fn. 54), Rn. 130.

Terror"[473]. Heute streitet man darüber, ob die Kostenverteilung nach richterlichem Ermessen (Art. 706a OR a.F., Art. 107 Abs. 1 lit. f ZPO) auch auf das vorsorgliche Maßnahmeverfahren angewendet werden kann, so dass sich prohibitiv hohe Kostenauflagen reduzieren ließen.[474]

7. Unschädlichkeit von Bagatellmängeln

Verfolgenswert erscheint aus rechtsvergleichender Sicht der Gedanke, die Nichtigkeit oder Anfechtbarkeit von Bagatellmängeln noch weiter zurückzudrängen. Vorbildcharakter hat die pragmatische Einstellung englischer Gerichte, die spitzfindige Kläger bei formalen Verstößen regelmäßig abblitzen lassen.[475] So werden etwa rein „technische" Mängel nach der *internal irregularities*-Doktrin als folgenlos eingestuft.[476] Dies veranschaulichen frühe Urteile aus der Feder von *Lord Justice Lindley* zu Einberufungsmängeln, namentlich sein kraftvolles Votum in *Browne v. La Trinidad*.[477] Andererseits zögern die Gerichte nicht, einer Berufung auf Formfehler stattzugeben, wenn sie eine tatsächliche Benachteiligung des Klägers wittern.[478] Darüber hinaus enthält der *Companies Act* schon seit

---

[473] *Kunz*, Der Minderheitenschutz im schweizerischen Aktienrecht, 2001, § 1 Rn. 297 ff. und § 11 Rn. 184.

[474] Zum Streitstand *Isler/von der Crone*, SZW 2008, 222, 233 f.

[475] Vgl. *Baxter*, J.B.L. 1976, 323: „The last resort of those aggrieved by the outcome of a meeting is often a quest to invalidate their adversaries' triumph on a technicality. Such victories are not unknown in company law, but an uncertain peril for the litigant is that it does not always seem to be sufficient to establish that the rules of the game have been broken".

[476] Vgl. *Gower/Davies* (Fn. 80), Rn. 3-18 mit Fn. 105: „The courts do not lack techniques for dealing with members whose complaints are purely 'technical', i.e. where it is clear that the same result would have been arrived at even if the proper procedure had been followed."; sowie *Kosmin/Roberts* (Fn. 79), Rn. 2.113: „Thirdly, a court may not interfere where there is a challenge to minor irregularities in a notice of meeting. The court will only intervene if the challenge to the notice is one of substance".

[477] Vgl. *Browne v. La Trinidad* [1887] 37 Ch. D. 1, 16: „I now come to what I may call the question of technicality – the alleged irregularity of the meeting." und 17: „It appears to me that if we gave effect to such an argument as this, we should be paralysing the whole course of business of these companies. It is competent for directors to call meetings, it is competent for shareholders to pass resolutions, and the most that can be said here is that here is or may be some irregularity, but an irregularity (if such it be) which can be cured at any moment. In such cases the Court never interferes. I think it is most important that the Court should hold fast to the rule upon which it has always acted, not to interfere for the purpose of forcing companies to conduct their business according to the strictest rules, where the irregularity complained of can be set right at any moment."; dem folgend *Bentley-Stevens v. Jones* [1974] 1 WLR 638, 640 f.

[478] Vgl. etwa *Tiessen v. Henderson* [1899] 1 Ch. 841, 870 f.: „The man I am protecting is not the dissentient, but the absent shareholder – the man who is absent because, having received and with more or less care looked at this circular, he comes to the conclusion that on the whole he will not oppose the scheme, but leave it to the

Längerem eigene Bagatellklauseln. Besonders weit geht sec. 313 CA 2006, wonach das versehentliche Übergehen von Aktionären bei der Einberufung der Hauptversammlung unschädlich ist.[479] Auch hier entscheidet die Spruchpraxis anhand aller Fallumstände, ob tatsächlich ein Versehen[480] oder aber eine bewusste Nichteinladung vorlag.[481] Auf einer ähnlichen Linie liegt das US-amerikanische Fallrecht, wonach Verstöße gegen bloße Ordnungsvorschriften als *merely irregular acts* ebenfalls nicht gerichtlich angreifbar sind.[482]

Von den kontinentaleuropäischen Rechtsordnungen räumt Frankreich dem Richter in bestimmten Fällen ein Ermessen ein, von der Verkündung der *nullité* abzusehen, wenn ihm diese als unverhältnismäßig erscheint.[483] Beispiele bilden Art. 225-104 Abs. 2 C. com. bei Einberufungsmängeln und Art. 225-121 Abs. 2 C. com. bei unterbliebener Übermittlung von Beschluss- und Wahlvorschlägen an die Aktionäre. Hinzuweisen ist schließlich auf die schon erwähnte Klageabweisung durch gerichtliche Ermessensentscheidung im japanischen Recht, die nach Art. 831 Abs. 2 GesG zweierlei voraussetzt: Erstens muss es sich bei dem Beschlussmangel um einen reinen Verfahrensfehler handeln, der die Einladung zur Hauptversammlung oder das prozedurale Zustandekommen des Beschlusses betrifft; zweitens darf der Verfahrensfehler nicht schwerwiegender Natur sein und auf den Inhalt des Beschlusses keinen Einfluss haben.[484]

Hierzulande wird die Behandlung von Bagatellmängeln bisher kaum als übergreifende Fragestellung des Beschlussmängelrechts wahrgenommen. Man findet lediglich punktuelle Stellungnahmen zu Einzelfragen, etwa zu marginalen Einberufungs- (§ 241 Nr. 1 AktG)[485] oder Beurkundungsmängeln (§ 241 Nr. 2 AktG)[486]. Zuletzt hatten divergierende Entscheidungen

---

majority. I cannot tell whether he would have left it to the majority of the meeting to decide if he had known the real facts. He did not know the real facts; and, therefore, I think the resolution is not binding upon him".

[479] Näher dazu *Kosmin/Roberts* (Fn. 79), Rn. 22.202 ff.

[480] Beispiel: *In re West Canadian Collieries Ltd* [1962] Ch. 370, 375.

[481] Beispiel: *Musselwhite v. C.H. Musselwhite and Sons Ltd* [1962] Ch. 964, 972.

[482] Vgl. *Fletcher*, Cyclopedia of the Law of Corporations, Volume 5, 2011 Revised Volume, § 2024: „But generally, mere irregularities will not render the proceedings invalid if the substantial rights of shareholders are not affected".

[483] Vgl. den Text zu und die Nachweise in Fn. 130.

[484] Vgl. den Text zu Fn. 197.

[485] Vgl. einerseits OLG Düsseldorf ZIP 1997, 1153, 1159 f.; OLG München AG 2000, 134, 135; OLG Frankfurt AG 1991, 208, 209 f.; OLG Hamburg, AG 1981, 193, 195; LG Mosbach AG 2001, 206, 209; *K. Schmidt*, in: Großkomm AktG (Fn. 3), § 241 AktG Rn. 46; andererseits LG München I ZIP 1999, 1213, 1214 f.; *Hüffer*, in: Münch Komm AktG (Fn. 8), § 241 AktG Rn. 33; *Schwab*, in: Schmidt/Lutter (Fn. 12), § 241 AktG Rn. 11; *Würthwein*, in: Spindler/Stilz (Fn. 5), § 241 AktG Rn. 145.

[486] Vgl. RGZ 105, 373, 374; BGH NJW-RR 1994, 1250; *Grumann/Gillmann*, NZG 2004, 839, 842; *Noack*, Liber Amicorum Happ, 2006, S. 201, 208 ff.

der Oberlandesgerichte zu den Modalitäten der Bevollmächtigung eines Stimmrechtsvertreters für Aufsehen gesorgt;[487] der BGH hat die Streitfrage für die Vergangenheit geklärt,[488] der Gesetzgeber hat sie für die Zukunft entschärft. Für eine breiter angelegte Reform kommen verschiedene Lösungsansätze in Betracht, die sich nicht notwendig ausschließen: Zum einen könnte man an die ältere Lehre von den sog. Soll- oder Ordnungsvorschriften anknüpfen, deren Verletzung keinen Einfluss auf die Beschlussnichtigkeit hat.[489] *Alfred Hueck*, ihr führender Vertreter, hat im Vorfeld der Aktienrechtsreform von 1937 sogar dafür geworben, sie in generalklauselartiger Form in das Gesetz aufzunehmen.[490] Zum zweiten mag man erwägen, den Ausschluss der Anfechtbarkeit bei einzelnen Vorschriften ausdrücklich im Normtext festzuschreiben. Der ARUG-Reformgesetzgeber des Jahres 2009 hat dies in § 243 Abs. 3 AktG punktuell ausprobiert.[491] Weitere Beispiele bilden § 120 Abs. 4 Satz 3 AktG und § 30g WpHG. Zum dritten könnte man die Anfechtbarkeit von Bagatellmängeln als unverhältnismäßige Rechtsausübung ansehen[492] oder den Aktionären unter Treuepflichtgesichtspunkten allgemeine Rügepflichten aufbürden.[493] Einzelheiten sind anderwärts zu vertiefen.[494]

---

[487] Vgl. einerseits OLG Frankfurt NZG 2008, 796 (Leica); NZG 2009, 1183; NZG 2010, 1271; andererseits OLG München ZIP 2008, 2117; NZG 2009, 506; KG NZG 2009, 1389.

[488] Vgl. BGH NZG 2011, 1105; dazu *Merkner/Schmidt-Bendun*, NZG 2011, 1097. In der mündlichen Verhandlung vor dem BGH hatte der Prozessvertreter der beklagten Aktiengesellschaft ausgeführt, es habe sich allenfalls um einen „Pipifax-Fehler" gehandelt; dazu FAZ vom 19.7.2011.

[489] Grundlegend *A. Hueck* (Fn. 3), S. 14 ff.; später *Zöllner*, in: KölnKomm AktG (Fn. 405), § 243 AktG Rn. 9; *K. Schmidt*, in: Großkomm AktG (Fn. 3), § 243 AktG Rn. 11 f.

[490] Vgl. *A. Hueck* (Fn. 251), S. 26 f.: „Darüber hinaus aber entsteht die allgemeinere Frage, ob nicht im neuen Recht noch weitere Bestimmungen zu bloßen Ordnungsvorschriften umgestaltet werden sollen, um dem erwähnten Missbrauch der Anfechtung aus lediglich formalen Gründen noch stärker entgegenzutreten. Ich möchte diese Frage bejahen. (…) Es fragt sich dann endlich noch, ob im Gesetz der Ausschluß der Anfechtung bei Verletzung bloßer Ordnungsvorschriften besonders zum Ausdruck gebracht werden soll. Man könnte an einen Zusatz in § 137 Abs. 1 Satz 1 denken, so daß dieser folgende Fassung erhielte: ‚Ein Beschluß der Hauptversammlung kann wegen Verletzung des Gesetzes oder der Satzung im Wege der Klage angefochten werden, soweit es sich nicht lediglich um Ordnungsvorschriften handelt'".

[491] Näher dazu *Hüffer*, in: MünchKomm AktG (Fn. 8), § 243 AktG Rn. 110 ff.

[492] Dazu etwa *Baums* (Fn. 2), F 108; *Zöllner*, in: Semler/Hommelhoff/Doralt/Roth (Hrsg.), Reformbedarf im Aktienrecht, 1994, S. 158 f.

[493] Zu diesem Gedanken unten bei Fn. 525 ff.

[494] Verfasser bereitet hierzu eine eigene Abhandlung vor.

8. Richterliches Ermessen auf der Rechtsfolgenseite

Konzeptionell besonders originell erscheint die vom Arbeitskreis Beschlussmängelrecht vorgeschlagene Diversifizierung der Rechtsfolgen bei minderschweren Mängeln.[495] Das damit einhergehende *Rechtsfolgeermessen für die Gerichte* ist für Komparatisten freilich kein Novum. Im Rahmen des *unfair-prejudice*-Behelfs, der für geschlossene Gesellschaften eine ähnlich große Bedeutung hat wie hierzulande das Beschlussmängelrecht,[496] ermächtigt der englische Gesetzgeber das Gericht in sec. 996 (1) CA 2006 „[to] make such order as it thinks fit for giving relief in respect of the matters complained of" und listet in sec. 996 (2) CA 2006 beispielhaft fünf verschiedene Abhilfemöglichkeiten auf. Diese völlig ungebundene Ermessensausübung, die für einen deutschen Juristen überraschend sein mag,[497] war zunächst auch für die konservativen englischen Richter gewöhnungsbedürftig,[498] doch hat sich die jüngere Richtergeneration inzwischen mit ihr angefreundet.[499] Eine ähnlich unbestimmte Rechtsfolge enthalten die *oppression remedies* im US-amerikanischen Gesellschaftsrecht. In Übernahme solcher angelsächsischer Vorstellungen sieht das schweizerische Aktienrecht seit 1991 in Art. 736 Ziff. 4 OR vor, dass der Richter statt der Auflösung der Gesellschaft auf eine „andere sachgemäße und den Beteiligten zumutbare Lösung" erkennen kann.[500] Das Gesetz

---

[495] Vgl. Arbeitskreis Beschlussmängelrecht AG 2008, 617 ff.; eingehend dazu oben III 7.

[496] Dazu *Bachmann/Eidenmüller/Engert/Fleischer/Schön*, Rechtsregeln für die geschlossene Kapitalgesellschaft, 2012; ferner den Hinweis von *Ringe/Otte*, in: Triebel u.a. (Fn. 77), Kap. V § 5 Rn. 166: „Dies ist der zentrale, zugleich unabdingbare Rechtsbehelf des englischen Rechts gegen Fehlverhalten der Gesellschaft oder der Mitgesellschafter. Er ersetzt insbesondere das Beschlussanfechtungsrecht, das in England kaum ausgeprägt ist".

[497] Vgl. *Lutter*, ZGR 1998, 191, 194 f.

[498] Dazu *Gower/Davies* (Fn. 80), Rn. 20-5: „When this section was first introduced in its modern form in 1980, it posed a considerable challenge to the traditionally non-interventionist attitudes of the judges in relation to the internal affairs of the companies. The extent to which the modern judges have thrown off that traditional attitude is one of the principal themes of this chapter. It will be suggested that we have witnessed a partial revolution in judicial attitudes." Sehr früh auch das Lamento des *Lord President Cooper* in *Scottish Insurance Corp. v. Wilson & Clyde Coal Co.* 1948 S.C. 376.

[499] Vgl. *Davis*, Introduction to Company Law, 2d ed., 2010, S. 234: „In fact, the judges this time reacted more positively, perhaps because the recent generations of judges are less conservative than their predecessors and perhaps the legislature's reiteration of the principle of minority protection in 1980 made it clear that it took the matter seriously. In any event, the judges quickly accepted that the section was wide enough to cover acts done by the majority, whether as shareholders or directors, and done to the minority, whether as shareholders or directors".

[500] Dazu *Böckli* (Fn. 50), § 16 Rn. 198: „Was wir vor uns haben, ist eine wietere Übernahme *angelsächsischer Rechtsvorstellungen*".

nennt die möglichen sachgemäßen Lösungen nicht, und auch ein jüngerer Entscheid des Bundesgerichts gibt hierzu keine weiteren Hinweise.[501] Zu erwähnen ist ferner das Rechtsfolgeermessen der Amsterdamer *onder-nemingskamer* im Rahmen des speziellen Untersuchungsverfahrens nach Art. 2:356 BW. Verglichen mit diesen Blankettvorschriften ist die Auswahl des Richters unter mehreren vorgegebenen Sanktionen im Beschlussmängelrecht weniger problembeladen, als es auf den ersten Blick scheint, weil sie von ihm kein gestaltendes *unternehmerisches* Eingreifen verlangt.

Fraglich ist indes, ob die einzelnen Sanktionen eine hinreichende Präventivwirkung entfalten. (1) Die *Veröffentlichung des Beschlusstenors in den Gesellschaftsblättern* ähnelt der Bekanntmachung eines Fehlers der Rechnungslegung durch die BaFin nach § 37q Abs. 2 WpHG,[502] doch dürfte sich die erhoffte Prangerwirkung einer Fehlerveröffentlichung, wenn überhaupt, auf börsennotierte Gesellschaften beschränken. (2) Neben oder anstelle der Reputationssanktion soll ein *Rügegeld* verhängt werden können, das freilich ein pönales Element in das Beschlussmängelrecht hineinträgt und in Tatbestand und Rechtsfolge wohl auch den verfassungsrechtlichen Anforderungen an Ordnungswidrigkeiten genügen müsste. Der ARUG-Reformgesetzgeber experimentiert hiermit an versteckter Stelle, in § 405 Abs. 3a AktG, bei Verstößen gegen einzelne Bekanntmachungsmodalitäten. Auf diese Weise werden allerdings wenig sachkundige strafrechtliche Spruchkörper mit der Beantwortung aktienrechtlicher Fragen betraut. (3) Die *Aufhebung der Beschlusswirkungen (nur) für die Zukunft* entfernt sich von den bürgerlichrechtlichen Anfechtungskategorien, die für das Aktienrecht allerdings nicht in Stein gemeißelt sind: In dem Maße, in dem sich das Kapitalgesellschaftsrecht von seinen vertragsrechtlichen Wurzeln löst und nach organisationsrechtlicher Verselbständigung strebt, könnte man in der Tat daran denken, dass auch die individuell-vertragsrechtliche Seite des Anfechtungsrechts von seiner kollektiv-organisationsrechtlichen Dimension absorbiert wird. Für Italien hat das *Paolo Ferro Luzzi* allgemein in einer viel beachteten Schrift zu den sog. *contratti associativi* zu begründen versucht[503] und in einer zweiten Untersuchung zum Beschlussmängelrecht vertieft.[504] Eine kopernikanische Wende, wie *Paolo Spada* seine (späte) Rezensionsabhandlung aus dem Jahre 2008 über-

---

[501] Vgl. BGE 136 III 278; dazu *Vogt/Enderli*, recht 2010, 238, 241 ff.

[502] Dazu *Hönsch*, in: Assmann/Schneider, WpHG, 6. Aufl., 2012, § 37q Rn. 16 ff.

[503] *Ferro Luzzi*, I contratti associativi, 1971, S. 2 unter der Überschrift: „Dal contratto di società ai contratti associativi" und passim.

[504] *Ferro Luzzi*, La conformità delle deliberazioni assembleari alla legge ed all'atto costitutivo, 1976.

schreibt,[505] wäre dies in meinen Augen nicht,[506] wohl aber ein weiterer Schritt zur dogmatischen Emanzipation des aktienrechtlichen Beschlussmängelrechts.[507]

9. Anfechtungsfrist

Wer nicht nur nach Regelungsmustern für eine Einschränkung, sondern umgekehrt auch für eine Erleichterung der Anfechtung sucht, wird in der Rechtsvergleichung ebenfalls fündig. Dies gilt zunächst für die Länge der Klagefrist, die hierzulande mit einem Monat im internationalen Vergleich am kürzesten ausfällt.[508] Ausländische Aktienrechte sind hier deutlich großzügiger: In der Schweiz beträgt die Anfechtungsfrist zwei Monate, in Italien 90 Tage, in Griechenland, den skandinavischen Aktienrechten und Japan drei Monate, in Belgien sechs Monate und in Frankreich sogar drei Jahre. In den Vereinigten Staaten gibt es keine einheitlich festgelegte gesetzliche Ausschlussfrist; nach der Rechtsprechung muss die Klage in angemessener Frist (*reasonable time*) erhoben werden.[509] Auf unionsrechtlicher Ebene war in dem Entwurf einer Strukturrichtlinie[510] und in den frühen Vorschlägen eines SE-Statuts[511] eine (Mindest-)Frist von drei Monaten vorgesehen. Allerdings muss man bei alledem berücksichtigen, dass die meisten ausländischen Aktienrechte dem überstimmten Aktionär die Angriffslast aufbürden:[512] Zögert er zu lange mit seiner Klage, hat die Verwaltung den Hauptversammlungsbeschluss womöglich bereits ausgeführt. Daher wird er trotz längerer Klagefrist häufig schon unmittelbar nach Beschlussfassung um (vorbeugenden) Rechtsschutz nachsuchen müssen.[513]

Originelle Lösungen fördert eine rechtsvergleichende Umschau außerdem für das Problem verdeckter Beschlussmängel zutage: In Dänemark und Norwegen muss die Klage an sich spätestens drei Monate nach Be-

---

[505] Vgl. *Spada*, Riv. dir. civ. 2008, II, 143: „La Rivoluzione Copernica (quasi una recensione tardiva ai *Contratti Associativi* di Paolo Ferro Luzzi)".

[506] Ähnlich auch *K. Schmidt*, AG 2009, 248, 258: „Es muss allerdings darauf hingewiesen werden, dass das [...] Sonderrecht der fehlerhaften Strukturänderungen die als so dramatisch empfundene Nichtigkeitsfolge des Anfechtungsurteils und damit den Reformbedarf bereits heute relativiert".

[507] Allgemein kritisch zur Einpassung des Beschlusses in die Lehre vom Rechtsgeschäft zuletzt *Ernst*, Liber Amicorum Leenen, 2012, S. 1; s. auch *Busche*, FS Säcker, 2011, S. 45.

[508] Dazu bereits *Horrwitz*, ZBH 8 (1933), 86, 90: „Einen Monat beträgt die Anfechtungsfrist außer in Deutschland nur noch in Sowjetrussland, Japan und Liechtenstein, sonst beträgt sie meist zwei oder drei Monate."; zuvor bereits *Hallstein* (Fn. 1), S. 281.

[509] Rechtsvergleichend *Mack* (Fn. 102), S. 248 ff. m.w.N.

[510] Näher unten V. 1. a.

[511] Näher unten V. 2. a.

[512] Dazu bereits oben IV 4.

[513] Dazu auch *Baums* (Fn. 2), F 66.

schlussfassung erhoben worden sein.[514] Diese Vorgabe gilt jedoch nicht, wenn der Aktionär spätestens 24 Monate nach dem Beschluss klagt, einen hinreichenden Grund für die Verzögerung gehabt hat und das Gericht deswegen und unter Berücksichtigung der Umstände im Übrigen erachtet, dass eine Anwendung der Dreimonatsfrist zu einer offenbaren Unbilligkeit führen würde.[515] Eine andere Lösungsvariante sah der Vorentwurf eines Statuts für eine europäische Aktiengesellschaft von *Pieter Sanders* aus dem Jahre 1966 vor: Ist der Anfechtungsgrund verheimlicht worden, sollte ein Aktionär auch noch nach Ablauf der dreimonatigen Anfechtungsfrist, spätestens aber innerhalb von drei Monaten nach Entdeckung des Anfechtungsgrundes klagen können.[516] Hierzulande hatte *Alfred Hueck* im Vorfeld der Aktienrechtsreform von 1937 einen ähnlichen Vorschlag unterbreitet.[517]

10. Widerspruchserfordernis

Weniger selbstverständlich als gemeinhin angenommen erscheint im Lichte der Rechtsvergleichung auch die Widerspruchsobliegenheit des Aktionärs nach § 245 Nr. 1 AktG.[518] Sie findet sich zwar in Österreich, Spanien sowie im griechischen und polnischen Aktienrecht, die beide am deutschen Aktiengesetz von 1965 Maß genommen haben. In der Schweiz[519] und in allen anderen hier untersuchten Rechtsordnungen setzt die Anfechtungsklage dagegen keinen förmlichen Widerspruch voraus.

---

[514] Vgl. § 109 Abs. 2 des dänischen Aktiengesetzes von 2010 (allgemein dazu *Henn*, RIW 2011, 833) und § 5-23 Abs. 1 des norwegischen Aktiengesetzes.

[515] So § 109 Abs. 3 Nr. 4 des dänischen Aktiengesetzes und § 5-23 Abs. 2 Nr. 4 des norwegischen Aktiengesetzes.

[516] Näher dazu unten V. II. a.

[517] Vgl. *A. Hueck* (Fn. 251), S. 47: „Die Anfechtungsfrist von einem Monat sollte erst von Kenntnis der wirklichen Sachlage an laufen, wie das nach §§ 123, 124 BGB der Fall ist. Um andererseits die Rechtssicherheit zu fördern und die Gültigkeit der Beschlüsse nicht zu lange in der Schwebe zu lassen, sollte für die Anfechtung eine Ausschlußfrist vorgesehen werden, die unabhängig von der Kenntnis der Aktionäre zu laufen hätte. Diese Frist könnte auf 6 Monate begrenzt sein. Denn daß der Minderheit 6 Monate hindurch ohne Verschulden die Tatsachen, die die Sittenwidrigkeit des Beschlusses begründen, unbekannt bleiben, wird verhältnismäßig selten sein. Andererseits verlangen die Interessen der Gesellschaft wie des Publikums (Gläubiger, Aktienkäufer) die Aufrechterhaltung des Beschlusses in um so stärkerem Grade, je mehr Zeit seit der Beschlußfassung verflossen ist. Härten, die für die geschädigten Aktionäre trotzdem entstehen können, werden zudem dadurch gemildert, daß ihnen trotz des Fristablaufes ein etwaiger Schadensersatzanspruch aus § 826 BGB erhalten bleibt."; zustimmend *Horrwitz*, ZBH 8 (1933), 86, 90.

[518] Dazu bereits *Hallstein* (Fn. 1), S. 282; *Horrwitz*, ZBH 8 (1933), 86, 90 mit Fn. 65.

[519] Sehr klar *Lehmann* (Fn. 54), Rn. 676: „Nach *schweizerischem* Aktienrecht setzt die Anfechtungsklage keinen förmlichen Widerspruch voraus".

Das Fehlen einer Widerspruchsobliegenheit schließt freilich nicht aus, dass sich aus dem allgemeinen Verbot widersprüchlichen Verhaltens, das nach h.M. hinter § 245 Nr. 1 AktG steht,[520] im Einzelfall situationsbezogene Anfechtungshindernisse ergeben. So schreibt etwa Art. 178 Abs. 2 des belgischen *Code des sociétés* vor, dass die Anfechtungsbefugnis verliert, wer für den betreffenden Hauptversammlungsbeschluss stimmt.[521] Auch in der Schweiz halten Rechtsprechung und herrschende Lehre eine Anfechtungsklage für ausgeschlossen, wenn ein Aktionär dem Beschluss in Kenntnis des Mangels zugestimmt hat.[522] Hierzulande entscheidet die überwiegende Lehre im Aktienrecht seit jeher anders,[523] doch erscheint dies überprüfungsbedürftig.[524] Schwieriger zu beantworten ist die weitere Frage, ob sich aus dem Verbot widersprüchlichen Verhaltens oder aus der mitgliedschaftlichen Treuepflicht eine *allgemeine Rügeobliegenheit* des Aktionärs entwickeln lässt. In der Schweiz findet sich gelegentlich Unterstützung für den Standpunkt, dass ein Aktionäre auf Grund von Treu und Glauben verpflichtet sei, den Verwaltungsrat über allfällige Verfahrensmängel in der Einberufung oder Durchführung der Generalversammlung aufmerksam zu machen[525] – eine (nicht unbestrittene[526]) These, die auch hierzulande Anhänger gewinnt.[527] Einzelheiten sind anderwärts zu vertiefen.[528]

---

[520] Vgl. BGH NZG 2010, 943, 947 Rn. 38; *Hüffer* (Fn. 8), § 245 AktG Rn. 36.

[521] Wörtlich heißt es dort: „N'est pas recevable à invoquer la nullité celui qui a voté en faveur de la décision attaquée, sauf le cas où son consentement a été vicié, ou qui expressément ou tacitement, a renoncé à s'en prévaloir, à moins que la nullité ne résulte d'une règle d'ordre public".

[522] Vgl. BGE 74 II 43; 99 II 55 ff., 57; *Lehmann* (Fn. 54), Rn. 674 ff.; *Schott* (Fn. 54), § 18 Rn. 24; vorsichtiger *Böckli* (Fn. 50), § 16 Rn. 107b.

[523] Vgl. statt vieler *Hüffer* (Fn. 8), § 245 AktG Rn. 36.

[524] Wie hier *Zöllner*, AG 2000, 145, 146; nunmehr auch BGH NZG 2010, 943, 947 Rn. 37: „Jedenfalls im Ergebnis kann auch nach Auffassung des erkennenden Senats der Aktionär Mängel im vorbereitenden Verfahren wie Einberufungsmängel, Fehler bei der Leitung der Hauptversammlung oder bei der Auskunftserteilung nicht mehr im Wege der Anfechtungsklage geltend machen, wenn er dem Beschluss zugestimmt hat".

[525] Vgl. etwa *Riemer* (Fn. 53), Rn. 150 ff.; *Vock*, Prozessuale Fragen bei der Durchsetzung von Aktionärsrechten, 2000, S. 97.

[526] Ablehnend etwa *Lehmann* (Fn. 54), Rn. 684 ff.; *Schott* (Fn. 54), § 18 Rn. 27; sehr zurückhaltend auch *Böckli* (Fn. 50), § 16 Rn. 107a, wonach die Verwirkungsfolge nur in einem Einzelfall angenommen werden kann, „wenn das widersprüchliche Verhalten geradezu stossend ist".

[527] Vgl. etwa *Noack/Zetzsche*, in: KölnKomm AktG, 3. Aufl., 2011, vor §§ 121 ff. Rn. 24: „Korrektiv des subjektiv wohlwollenden Aktionärs"; ablehnend OLG Köln ZIP 2011, 2102, 2104 f.

[528] Verfasser bereitet hierzu eine eigene Abhandlung vor.

11. Beschlussmängelrecht der GmbH

Sollte sich der deutsche Gesetzgeber zu einer Grundsatzreform des aktienrechtlichen Beschlussmängelregimes durchringen, so wäre auch das Beschlussmängelrecht der GmbH neu zu überdenken.[529] Der historische
Gesetzgeber des Jahres 1892 hatte sich insoweit in Enthaltsamkeit geübt
und von einer Regelung ausdrücklich abgesehen.[530] Rechtsprechung und
herrschende Lehre wenden die §§ 241 ff. AktG mit gewissen Modifikationen analog an.[531] Eine beachtliche Mindermeinung verneint dagegen die
Notwendigkeit einer Anfechtungs*klage* und lässt eine Anfechtung durch
einfache *Willenserklärung* genügen.[532]

International finden sich vier verschiedene Regelungsmodelle: (1) Die
Schweiz (und ihr folgend die Türkei[533]) begnügt sich mit einer minimalisti-
schen Lösung: Nach Art. 808c OR sind für die Anfechtung der Beschlüsse
der GmbH-Gesellschafterversammlung die Vorschriften des Aktienrechts
entsprechend anwendbar. Dabei handelt es sich ausweislich der Gesetzesmaterialien um eine dynamische Verweisung auf das jeweils geltende
schweizerische Aktienrecht.[534] (2) Polen, Griechenland und Österreich
sehen in ihren GmbH-Rechten grundsätzlich eigenständige Regelungen
vor. Trotz dieser Eigenständigkeit decken sich die GmbH-rechtlichen

---

[529] Dazu auch *Seibert/Florstedt*, ZIP 2008, 2148, 2152: „Reiz und Schwierigkeit des
aktienrechtlichen Beschlussmängelrechts besteht rechtsdogmatisch in dem Systembezug
zum Beschlussmängelrecht der anderen Verbände".

[530] Vgl. Entwurf eines Gesetzes betreffend die Gesellschaften mit beschränkter
Haftung, 1891, Begründung zu § 46: „Rücksichtlich der Befugnis jedes einzelnen
Mitgliedes, Gesellschaftsbeschlüsse wegen Verletzung des Gesetzes oder des Gesellschaftsvertrages durch Klage anzufechten, bedarf es keiner besonderen Bestimmung, da
diese Befugnis sich aus allgemeinen Grundsätzen ergiebt".

[531] Grundlegend RGZ 166, 129, 131; fortgeführt von BGHZ 11, 231, 235; zuletzt
BGH NZG 2008, 317, 318 Tz. 22: „Das GmbH-Gesetz enthält – anders als das
Aktiengesetz – keine eigenständige Regelung über die Geltendmachung von Be-
schlussmängeln. Es entspricht jedoch der ständigen Rechtsprechung des Senats, die von
der herrschenden Meinung im Schrifttum geteilt wird, dass die aktienrechtlichen Vor-
schriften entsprechend heranzuziehen sind."; aus der Literatur *Römermann*, in:
Michalski, GmbHG, 2. Aufl., 2010, Anh. § 47 Rn. 17 ff.; *Wertenbruch*, in: MünchKomm
GmbHG, 2011, Anh. § 47 Rn. 1.

[532] Vgl. *Noack* (Fn. 3), S. 73, 103 ff. und passim; ferner *Raiser*, in: Großkomm
GmbHG, 2006, Anh. § 47 Rn. 4 ff., 107, 192 ff.; *Zöllner*, in: Baumbach/Hueck, GmbHG,
19. Aufl., 2010, Anh. § 47 Rn. 4; differenzierend *Casper*, ZHR 163 (1999), 54, 72 ff.

[533] Vgl. Art. 622 Abs. 1 des Türkischen Handelsgesetzbuches vom 13.1.2011 in einer
deutschen Übersetzung: „Die Vorschriften dieses Gesetzes über die Nichtigkeit und Anfechtung der Hauptversammlungsbeschlüsse der Aktiengesellschaft finden analoge
Anwendung auf die Gesellschaft mit beschränkter Haftung".

[534] Vgl. Botschaft zur Revision des Obligationenrechts (GmbH-Recht sowie
Anpassungen im Aktien-, Genossenschafts-, Handelsregister- und Firmenrecht) vom
19.12.2001, S. 3167; *Handschin/Truninger*, Die neue GmbH, 2006, § 16 Rn. 6; *Truffer/
Dubs*, in: Baseler Kommentar (Fn. 50), Art. 808c OR Rn. 2.

Bestimmungen in Art. 249 bis 254 des polnischen Handelsgesetzbuchs (HGGB) inhaltlich weitgehend mit den in Art. 422 bis 426 HGGB geregelten Vorschriften für die AG. Im griechischen GmbH-Gesetz ist nur die Anfechtungsklage kodifiziert; Rechtsprechung und Lehre haben die Kategorie der Nichtigkeit erst nachträglich anerkannt. Eigenständiges Profil gewinnt die GmbH-rechtliche Regelung dadurch, dass sie das Anfechtungsrecht – anders als im Aktienrecht[535] – nicht als Minderheits-, sondern als Individualrecht ausgestaltet und für klagewillige Gesellschafter auch kein Widerspruchserfordernis vorsieht. In Österreich ist das GmbH-rechtliche Beschlussmängelrecht von den Redaktoren ursprünglich aus aktienrechtlichen Grundsätzen abgeleitet worden,[536] weist aber gleichwohl zahlreiche Besonderheiten auf. (3) Frankreich und Spanien haben das Beschlussmängelrecht für alle Handelsgesellschaften bzw. Kapitalgesellschaften gleichsam vor die Klammer gezogen und jeweils einheitlich geregelt. (4) Italien gibt schließlich einem Kombinationsmodell den Vorzug: Art. 2479-*ter* c.c. enthält in seinen Absätzen 1 bis 3 eigenständige Regeln für das Beschlussmängelrecht der GmbH und verweist in Absatz 4 ergänzend auf verschiedene aktienrechtliche Vorschriften. Von dieser Verweisung nicht erfasst wird namentlich das Anfechtungsquorum des Art. 2377 Abs. 3 des *Codice civile*. In der Literatur bezeichnen manche das GmbH-rechtliche Beschlussmängelrecht als „parzialmente autonoma"[537], andere notieren sogar beträchtliche Abweichungen von der aktienrechtlichen Regelung.[538]

Mir scheinen die rechtstatsächlichen Strukturunterschiede zwischen AG und GmbH so groß, dass sich eine *strikte* Einheitslösung nicht empfiehlt. Demgegenüber lässt die schweizerische Regelung durch Verwendung des Wortes „entsprechend" Raum für rechtsformspezifische Differenzierungen. Aus deutscher Sicht würde eine solche Verweisungsanalogie den gegenwärtigen Rechtsstand festschreiben; über die Vor- und Nachteile einer derartigen „Merkzettel-Gesetzgebung" nach dem Vorbild des Schuldrechtsmodernisierungsgesetzes kann man füglich streiten. M.E. sprechen gute Gründe für eine gehaltvollere Kodifizierung. Ob man die §§ 41 ff. des österreichischen GmbH-Gesetzes „unbedenklich adoptieren"[539] solle, wie

---

[535] Vgl. oben I. 4. b.

[536] Dazu *Koppensteiner/Rüffler*, GmbHG, 3. Aufl., 2007, § 41 Rn. 1; näher *Deimbacher*, GesRZ 1992, 176, 178; *Eckert*, GeS 2004, 228 f.

[537] *Campobasso* (Fn. 149), S. 585.

[538] So *Reviglioni/Rainelli*, in: Cottino (ed.), Il nuvo diritto societario, 2004, Art. 2979-*ter*, S. 1936: „significativi scostamenti".

[539] *Liebmann*, ZHR 73 (1913), 1, 23: „Die Bestimmungen in §§ 41 und 42 Ö.G., welche nach den §§ 271 bis 273 Deutschen Handelsgesetzbuches getroffen sind, können unbedenklich für das deutsche Recht adoptiert werden, und es ist auch eine richtige

Liebmann dies für den 31. Deutschen Juristentag 1912 in Wien vorgeschlagen hatte,[540] ist allerdings zweifelhaft: In unserem Nachbarland selbst hat man ein knappes Jahrhundert später auf dem 16. Österreichischen Juristentag 2006 erheblichen Reformbedarf an den überkommenen Regeln angemeldet.[541] Auffällig ist namentlich das Fehlen einer eigenständigen Vorschrift für die Nichtigkeit von Gesellschafterbeschlüssen.[542]

Für eine vollständige Gesetzesreform erscheinen mir zwei Eckpunkte bedenkenswert: Zum einen sollte man keinen übermäßigen Druck zur frühzeitigen Klageerhebung auf die GmbH-Gesellschafter ausüben, weil dies leicht zu einem *crowding out* des notwendigen Vertrauens in personalistischen Gesellschaften führt.[543] Systemimmanent könnte hier bereits eine längere Klagefrist helfen, wie sie in vielen anderen Rechtsordnungen gilt: So beträgt die Frist in der Schweiz zwei Monate, in Italien, Griechenland und der Türkei drei Monate, in Belgien sechs Monate und in Frankreich gar drei Jahre. Auch in Deutschland[544] und Österreich[545] werben verschiedene Stimmen für eine Auflockerung der Monatsfrist entsprechend § 246 Abs. 1 AktG[546] bzw. nach § 41 Abs. 4 öGmbHG. Zwar ist hierzulande – anders als in Österreich[547] – eine statutarische Verlängerung der Klagefrist

---

Ergänzung im Falle der Zirkularabstimmung (§ 41 Abs. 2), daß jeder Gesellschafter, welcher übergangen wurde, klageberechtigt ist […]".

[540] Sein Referat konnte aus Zeitgründen nicht mehr vorgetragen werden und wurde erst später in überarbeiteter und erweiterter Form veröffentlicht; vgl. *Liebmann*, ZHR 73 (1913), 1 mit Fn. 1; dazu auch *Schwennicke*, in: Bayer (Hrsg.), Gesellschafts- und Kapitalmarktrecht in den Beratungen des Deutschen Juristentages, 2010, S. 195, 215 f.

[541] Eingehend *Kalss*, in: Kalss/Schauer (Fn. 25), S. 272 ff.

[542] Dazu und zum Meinungsstand in Rechtsprechung und Lehre *Nowotny*, in: Kalss/Nowotny/Schauer, Österreichisches Gesellschaftsrecht, 2008, Rn. 4/305.

[543] Näher *Fehrenbach* (Fn. 199), S. 291 f.; im Ansatz zutreffend auch BGHZ 104, 66, 72: „Es genügt vielmehr festzustellen, dass die typischen Unterschiede beider Gesellschaftsformen jedenfalls eher in die Richtung weisen, dem Interesse des Gesellschafters einer GmbH an einer ausreichend bemessenen Überlegungs- und Verhandlungsfrist mehr Raum zu geben als demjenigen des Aktionärs".

[544] Für eine (Höchst-)Frist von drei Monaten etwa *Raiser*, in: Großkomm GmbHG, 8. Aufl., 1991, Anh. § 47 Rn. 182; ebenso *Nehls*, GmbHR 1995, 703 f.; ferner *Hüffer*, ZGR 2001, 833, 865 f., der eine abgestufte Frist von ein, zwei oder drei Monaten je nach den geltend gemachten Verzögerungsgründen befürwortet; s. auch *Casper*, ZHR 163 (1999), 54, 85 mit Fn. 128; *ders.*, in: Bork/Schäfer, GmbHG, 2. Aufl., 2012, § 47 Rn. 78.

[545] Vgl. *Kalss*, in: Kalss/Schauer (Fn. 25), S. 279: „Empfehlung: Die gesetzliche Anfechtungsfrist sollte auf 2 Monate verlängert, zugleich eine gesellschaftsvertragliche Verkürzung oder Verlängerung um jeweils einen Monat zugelassen werden."; kritisch zur bisherigen Monatsfrist auch *Thöni*, Rechtsfolgen fehlerhafter GmbH-Gesellschafterbeschlüsse, 1998, S. 33 ff.

[546] Zum aktuellen Meinungsstand *Fehrenbach* (Fn. 199), S. 286 ff. mit umfangreichen Nachweisen.

[547] Zur zwingenden Natur der gesamten Vorschrift *Koppensteiner/Rüffler* (Fn. 536), § 41 GmbHG Rn. 3.

zulässig,[548] doch sollte die *default rule* nicht an der aktienrechtlichen Monatsfrist Maß nehmen. Zum anderen erscheint es mir vielversprechend, den GmbH-Gesellschaftern größere Gestaltungsfreiheit bei der Ausformung des Beschlussmängelregimes zu gewähren,[549] etwa durch gesetzliche Wahlmöglichkeiten oder Optionsmodelle,[550] deren praktische Handhabung nach einer Erprobungszeit auch Rückschlüsse auf ihre wahren Präferenzen zuließe. Zumindest empfiehlt es sich, ihnen die bisher schon bestehenden Regelungsspielräume[551] deutlicher vor Augen zu führen. Vorsichtige Ansätze dafür finden sich in einem Reformvorschlag zur Kodifizierung des GmbH-Beschlussmängelrechts aus notarieller Feder[552] und in Ergänzungsvorschlägen des Europäischen Parlaments zum Verordnungsvorschlag einer Europäischen Privatgesellschaft.[553] All dies sind aber nur vorläufige Überlegungen und keine endgültigen Festlegungen.[554]

---

[548] Vgl. *Zöllner*, in: Baumbach/Hueck (Fn. 532), Anh. § 47 GmbHG Rn. 152; für ein Beispiel aus der Rechtsprechung OLG Hamm GmbHR 1992, 806: drei Monate.

[549] Zu größerer Satzungsfreiheit hinsichtlich der Verlängerung der Klagefrist bei nicht börsennotierten Aktiengesellschaften bereits *Baums* (Fn. 2), F 72.

[550] Für Regelungsaufträge an die Gesellschafter einer Europäischen Privatgesellschaft *Salomon*, Regelungsaufträge in der Societas Privata Europaea, 2010, S. 120 ff.

[551] Dazu *Zöllner*, in: Baumbach/Hueck (Fn. 532), Anh. § 47 GmbHG Rn. 28 ff.

[552] Vgl. *Vossius/Wachter*, Entwurf eines Gesetzes zur Reform des Rechts der Gesellschaften mit beschränkter Haftung (GmbH-Reformgesetz), 2005, § 79 (Anfechtungsklage): „Für die Anfechtung eines Beschlusses der Gesellschafter oder des Aufsichtsrats wegen Verletzung des Gesetzes oder des Gesellschaftsvertrages gelten die Bestimmungen der §§ 243 Abs. 1, 2 und 4, 244 bis 248 des Aktiengesetzes entsprechend. § 76 Abs. 2 Satz 2 gilt entsprechend [dort Regelungen zur Nichtigkeitsklage und zur gerichtlichen Zuständigkeit]. Der Gesellschaftsvertrag kann eine längere als die in § 246 Abs. 1 des Aktiengesetzes bestimmte Frist vorsehen."; in der Einzelbegründung zu dieser Vorschrift heißt es: „In der Rechtsprechung bildet sich ein Grundsatz des Inhalts heraus, dass Beschlüsse der Gesellschafterversammlung einer GmbH in Analogie zum Aktienrecht grundsätzlich binnen einer Monatsfrist anzufechten sind. Die Vorschrift nimmt diesen Gedanken auf, konkretisiert die Analogie zum Aktienrecht durch eine spezifizierte Verweisung und eröffnet zugleich Gestaltungsspielraum für eine längere Frist im Gesellschaftsvertrag."; allgemein zu dem Vorschlag knapp auch *Vossius/Wachter*, BB 2005, 2539.

[553] Vgl. Legislative Entschließung des Europäischen Parlaments vom 10.3. 2009, ABl. EU vom 1.4.2010, C 87 E/300, E/313, Abänderung 44: „Die Unwirksamkeit von Beschlüssen der Anteilseigner wegen Verletzung der Bestimmungen der Satzung, dieser Verordnung oder des anwendbaren Rechts kann nur durch Klage bei dem für den Sitz der SPE zuständigen Gericht geltend gemacht werden. Die Klage kann innerhalb eines Zeitraums von einem Monat gerechnet ab dem Datum des Beschlusses von jedem Anteilseigner erhoben werden, der nicht für den Beschluss gestimmt hat, sofern die Gesellschaft den Beschlussmangel nicht heilt und der Kläger nicht nachträglich zustimmt. Die Satzung kann eine längere Rechtsmittelfrist vorsehen".

[554] Verfasser bereitet hierzu eine gesonderte Abhandlung vor.

V. Europäisches Beschlussmängelrecht

Schließlich soll noch ein Blick auf unionsrechtliche Facetten des Beschlussmängelrechts geworfen werden. Einschlägige Vorschriften finden sich in verschiedenen gesellschaftsrechtlichen Richtlinien(entwürfen), frühen Verordnungsvorschlägen für die Europäische Aktiengesellschaft und ganz punktuell im Europäischen Zivilprozessrecht.

1. Gesellschaftsrechtliche Richtlinien

a) Entwurf der Strukturrichtlinie

Zu Zeiten der Harmonisierungseuphorie im Europäischen Gesellschaftsrecht hat man sich auch an Hauptversammlungszuständigkeiten und Aktionärsrechte herangewagt. Die Europäische Kommission legte verschiedene Vorschläge für eine 5. Richtlinie (Strukturrichtlinie) vor,[555] die unter anderem eine Angleichung der nationalen Beschlussmängelregime vorsahen:[556] Sechs Einzelvorschriften sollten sicherstellen, dass ein Beschluss der Hauptversammlung nichtig ist oder für nichtig erklärt werden kann, wenn er Teilnahme-, Informations- oder Stimmrechte eines Aktionärs verletzt:

Art. 42

Die Mitgliedstaaten stellen sicher, daß, vorbehaltlich der Wahrung gutgläubig erworbener Rechte Dritter, ein Beschluß der Haupt-versammlung nichtig ist oder für nichtig erklärt werden kann, wenn

a) die Hauptversammlung nicht gemäß Artikel 24 Absätze 1 und 2 Buchstaben b) und d) und Absatz 3 einberufen worden ist;

b) der Gegenstand der Beschlußfassung nicht gemäß Artikel 24 Absatz 2 Buchstabe f oder Artikel 25 Abs. 3 mitgeteilt und bekanntgemacht worden ist, unbeschadet der Vorschrift des Artikels 32 Absätze 2 und 3;

c) ein Aktionär entgegen Artikel 26 zur Teilnahme an der Hauptversammlung nicht zugelassen worden ist;

d) ein Aktionär entgegen Artikel 30 nicht von einer Unterlage Kenntnis nehmen konnte oder ihm entgegen Artikel 31 eine Auskunft verweigert worden ist;

e) bei der Beschlußfassung die Bestimmungen der Artikel 33 oder 34 über die Ausübung des Stimmrechts verletzt worden sind und hierdurch das Ergebnis der Abstimmung beeinflußt worden ist;

f) die nach Artikel 36 oder Artikel 39 erforderliche Mehrheit der Stimmen nicht erreicht worden ist;

g) entgegen Artikel 40 Absatz 1 die gesonderte Abstimmung nicht stattgefunden hat.

---

[555] Vgl. die Vorschläge von 1972 (KOM (72) 887, ABl. EG 1972 Nr. C 131/49 = BR-Drucks. 562/72), 1983 (KOM(83) 185 = BR-Drucks. 10/467), 1990 (KOM(90) 629, ABl. EG 1991 Nr. C 7/4) und 1991 (KOM(91) 372); dazu *Lutter/Bayer/Schmidt*, Europäisches Unternehmens- und Kapitalmarktrecht, 5. Aufl., 2012, § 9 Rn. 1.

[556] Vgl. zum Vorschlag von 1972 die erläuternden Bemerkungen zum Beschlussmängelregime bei *Sonnenberger*, AG 1974, 33, 40 f.

Art. 43

Die in Artikel 42 vorgesehene Klage auf Feststellung oder Erklärung der Nichtigkeit muß zumindest erhoben werden können:

a) im Falle des Artikels 42 Buchstabe a) von jedem Aktionär, der auf der Hauptversammlung nicht erschienen oder vertreten war;

b) im Falle des Artikels 42 Buchstabe b) von jedem Aktionär, es sei denn, dieser war auf der Hauptversammlung erschienen oder vertreten, ohne gegen die Beschlußfassung Widerspruch zur Niederschrift einzulegen;

c) im Falle des Artikels 42 Buchstabe c) von jedem Aktionär, der zur Teilnahme an der Hauptversammlung nicht zugelassen worden ist;

d) im Falle des Artikel 42 Buchstabe d) von jedem Aktionär, der von einer Unterlage keine Kenntnis nehmen konnte oder dem eine Auskunft verweigert worden ist;

e) im Falle des Artikel 42 Buchstabe e) von jedem Aktionär, der von der Abstimmung ausgeschlossen wurde oder der die Teilnahme eines anderen Aktionärs an der Abstimmung bestreitet;

f) im Falle des Artikels 42 Buchstabe f) von jedem Aktionär;

g) im Falle des Artikels 42 Buchstabe g) von jedem Aktionär einer Gattung von Aktien, deren Rechte durch den Beschluß der Hauptversammlung berührt wurden.

Art. 44

Die Klage auf Feststellung oder Erklärung der Nichtigkeit muß innerhalb einer Frist erhoben werden, die von den Mitgliedstaaten nicht niedriger als drei Monate und nicht höher als ein Jahr festgelegt werden kann, beginnend von dem Zeitpunkt ab, in dem der Beschluß der Hauptversammlung gegenüber demjenigen, der sich auf die Nichtigkeit oder Vernichtbarkeit beruft, entgegengesetzt werden kann.

Art. 45

Die Nichtigkeit eines Beschlusses der Hauptversammlung kann nicht mehr ausgesprochen werden, sobald der Beschluß durch einen anderen ersetzt worden ist, welcher Gesetz oder Satzung entspricht. Dazu muß das zuständige Gericht der Gesellschaft eine Frist einräumen können.

Art. 46

(1) Eine gerichtliche Entscheidung, in der die Nichtigkeit eines Beschlusses der Hauptversammlung ausgesprochen wird, ist in der in den Gesetzen der einzelnen Mitgliedstaaten vorgeschriebenen Weise in Übereinstimmung mit Artikel 3 der Richtlinie 68/151/EWG bekanntzumachen.

(2) Nach Artikel 12 Absatz 1 der Richtlinie 68/151/EWG bestimmt sich, ob Dritten eine gerichtliche Entscheidung entgegengehalten werden kann, in der die Nichtigkeit eines Beschlusses der Hauptversammlung ausgesprochen wird.

Bei den in Art. 42 a) bis g) aufgezählten Beschlussmängeln handelt es sich ausnahmslos um Verfahrensfehler.[557] Sie beschränken sich zudem auf Fälle

---

[557] Vgl. *Sonnenberger*, AG 1974, 33, 40 f. mit dem kritischen Zusatz: „Indessen muß die Frage gestellt werden, ob die Kommission gut beraten war, auf eine generelle Angleichung der Vorschriften über fehlerhafte Hauptversammlungsbeschlüsse zu verzichten".

der Missachtung von Vorschriften der Strukturrichtlinie.[558] Den Mitgliedstaaten sollte es allerdings freistehen, ihr eigenes Beschlussmängelregime
auf weitere Verfahrens- und Inhaltsfehler zu erstrecken.[559] Die Vorschriften orientieren sich in ihrer Grundstruktur am deutschen Recht, doch sind
auch rechtspolitische Kompromisse zwischen divergierenden nationalen
Regelungstraditionen erkennbar, etwa bei der Klagefrist, für die den Mitgliedstaaten ein zeitlicher Korridor von drei Monaten bis zu einem Jahr zur
Wahl stehen sollte.

b) Verschmelzungs- und Spaltungsrichtlinie

Erwähnung verdienen ferner die Verschmelzungs- und Spaltungsrichtlinie,
die ursprünglich aus den Jahren 1978 und 1982 stammen. Sie schränken
einerseits im Interesse der Rechtssicherheit eine Rückabwicklung einmal
vollzogener Verschmelzungen oder Spaltungen ein. Andererseits sehen sie
bei Beschlussmängeln im Interesse des Aktionärsschutzes bestimmte
Rechtsschutzmöglichkeiten vor: So bestimmt Art. 22 Abs. 1 lit. b) der Ver-
schmelzungsrichtlinie, dass eine Verschmelzung für nichtig erklärt werden
kann, wenn gerichtlich festgestellt wird, dass der Beschluss der Hauptversammlung nach innerstaatlichem Recht nichtig oder anfechtbar ist.[560] Einschränkend fügt Art. 22 Abs. 1 lit. c) allerdings hinzu, dass die Nichtigkeitsklage nicht mehr erhoben werden kann, wenn eine Frist von sechs
Monaten verstrichen ist, nachdem die Verschmelzung demjenigen gegenüber wirksam geworden ist, der sich auf die Nichtigkeit beruft, oder wenn
der Mangel behoben worden ist. Gleichsinnige Vorschriften finden sich in
Art. 19 Abs. 1 lit. b) und c) der Spaltungsrichtlinie. Wie sich bereits aus
dem Wortlaut dieser Vorschriften ergibt, beurteilt sich die Anfechtbarkeit
oder Nichtigkeit eines Hauptversammlungsbeschlusses allerdings nicht
nach europäischem, sondern nach nationalem Recht.[561] Angesichts der
zeitgleichen Bemühungen um eine Harmonisierung des Beschlussmängelrechts im Rahmen der Strukturrichtlinie[562] waren sich die Mitgliedstaaten
einig, dass eine solche Angleichung nicht durch die Verschmelzungs- oder
Spaltungsrichtlinie vorangetrieben werden sollte.[563]

---

[558] Vgl. *Schwarz*, Europäisches Gesellschaftsrecht, 2000, Rn. 771; *Sonnenberger*, AG 1974, 33, 41.

[559] Vgl. *Schwarz* (Fn. 558), Rn. 771.

[560] Dieser Nichtigkeitsgrund ist auf Betreiben der französischen Verhandlungs-
delegation eingeführt worden; dazu *Ganske*, DB 1981, 1551, 1557 mit Fn. 53.

[561] Vgl. BGH ZIP 1993, 763; *W. H. Roth*, EWiR 1993, 575, 576; *Schwarz* (Fn. 558), Rn. 657.

[562] Dazu oben V. 1. a.

[563] Dazu *Edwards*, EC Company Law, 1999, S. 114: „The rules on the grounds for annulment of general meetings and the invalidity of legal documents vary between Member States and it was accepted that it was not appropriate to seek to harmonize them

c) Unionsrechtliche Rahmenvorgaben für Rechtsbehelfe der Aktionäre

Mit dem Scheitern der Strukturrichtlinie sind alle Ambitionen zur Harmonisierung des Beschlussmängelrechts in Europa hinfällig geworden.[564] Dies hat sich auch durch die Aktionärsrechte-Richtlinie von 2007 nicht geändert.[565] Gleichwohl lassen sich dem Europarecht bei unionsrechtlich verbrieften Aktionärsrechten gewisse Rahmenvorgaben für die Ausgestaltung des Rechtsschutzes entnehmen. Nach gefestigter Rechtsprechung des EuGH sind die Mitgliedstaaten nämlich verpflichtet, ein angemessenes Verfahrensrecht zur Durchsetzung unionsrechtlicher Rechtspositionen bereitzustellen.[566] Dies ist im Europäischen Gesellschaftsrecht vor allem im Hinblick auf die Hauptversammlungszuständigkeit nach Art. 25 der Kapitalrichtlinie praktisch geworden:[567] In einer Reihe von Vorlageverfahren, in denen sich griechische Aktionäre gegen staatlich angeordnete Kapitalmaßnahmen sanierungsreifer Gesellschaften zur Wehr gesetzt hatten, hat der EuGH entschieden, dass die einheitliche Anwendung des Unionsrechts und dessen volle Wirksamkeit beeinträchtigt wären, wenn einzelnen (Minderheits-)Aktionären ein wirksamer Rechtsschutz versagt würde.[568] Zugleich hat er aber hinzugefügt, dass die nationalen Gerichte den klagenden Aktionären unter bestimmten Voraussetzungen einen innerstaatlichen Rechtsmissbrauchsvorbehalt entgegengehalten können.[569] In Übereinstimmung hiermit hat der BGH im Jahre 1993 eine Vorlagepflicht an den EuGH in einem Fall verneint, in dem eine Anfechtungsklage gegen einen fehlerhaften Verschmelzungsbericht als rechtsmissbräuchlich abgewiesen wurde:

---

by the proposed Third Directive, although at the time of the Proposal the intention was to harmonize the rules on the annulment of decisions of general meetings in a subsequent directive on the structure of joint-stock companies".

[564] Vgl. *Grundmann*, Europäisches Gesellschaftsrecht, 1. Aufl., 2004, Rn. 408 und 420 ff.

[565] Vgl. *Grundmann*, Europäisches Gesellschaftsrecht, 2. Aufl., 2011, Rn. 403 und 432 ff.; außerdem *Hirner* (Fn. 35), S. 105: „Die Richtlinie beinhaltet allerdings keinerlei Vorschläge zur Beschlusskontrolle, woraus man durchaus schließen kann, dass hier zumindest aus europarechtlicher Sicht kein Handlungsbedarf gegeben ist und gewisse Mindeststandards bereits bestehen".

[566] Dazu im vorliegenden Zusammenhang vor allem *Schön*, RabelsZ 64 (2000), 1, 29 ff.

[567] Vgl. EuGH, Rs. C-19 und 20/90, Slg. 1991, I-2691 – Karella; Rs. C-581/89, Slg. 1991, I-2111 – Evangelikis Ekklesias; Rs. C-441/93, Slg. 1996, I-1347 – Pafitis; Rs. C-367/96, Slg. 1998, I-2843 – Kefalas.

[568] Vgl. EuGH, Rs. C-441/93, Slg. 1996, I-1347 Rn. 70 – Pafitis; Rs. C-367/96, Slg. 1998, I-2843 Rn. 23 ff. – Kefalas.

[569] Vgl. EuGH, Rs. C-367/96, Slg. 1998, I-2843 Rn. 21 und 28 f. – Kefalas; dazu *Fleischer*, JZ 2003, 865 ff.; *Schön*, RabelsZ 64 (2000), 1, 31 ff.

„Art. 22 Abs. 1b der [Verschmelzungs-]Richtlinie sieht eine Einschränkung der zulässigen Nichtigkeitstatbestände vor, ohne das innerstaatliche Recht im Hinblick auf das Ob und Wie der Nichtigkeit und der Anfechtbarkeit bzw. im Hinblick auf die Umstände der Geltendmachung durch den Aktionär zu binden. Der Richtlinie kann insbesondere nicht entnommen werden, dass die nationalen Gerichte den Grundsatz des Verbots mißbräuchlicher Rechtsausübung nicht anwenden dürften."[570]

In der Rechtssache Siemens/Nold betreffend die Inhaltskontrolle eines Hauptversammlungsbeschlusses, durch die das Bezugsrecht bei einer Sachkapitalerhöhung ausgeschlossen wird, hat der EuGH einige Jahre später ergänzt:

„Im übrigen obliegt es den nationalen Gerichten, unter Wahrung der Ziele der Richtlinie mit den Mitteln des innerstaatlichen Rechts in angemessener Weise auf in Verzögerungsabsicht erhobene oder offensichtlich unbegründete Klagen zu reagieren."[571]

Nach alledem steht den Mitgliedstaaten zur Ausgestaltung ihres aktienrechtlichen Rechtsschutzsystems ein breiter Spielraum zur Verfügung, der sich zwischen den Polen einer unionsrechtlich gebotenen Rechtsschutzmöglichkeit und dem nationalen Rechtsmissbrauchsvorbehalt bewegt. Ein individuelles Anfechtungsrecht der Aktionäre ist europarechtlich nicht vorgeschrieben.[572] Hieran hat sich entgegen einzelner Literaturstimmen[573]

---

[570] BGH ZIP 1993, 762 – SEN; zustimmend *Habersack/Verse*, Europäisches Gesellschaftsrecht, 4. Aufl., 2012, § 8 Rn. 23; *W. H. Roth*, EWiR 1993, 575, 576; eingehend *Lösekrug*, Die Umsetzung der Kapital-, Verschmelzungs- und Spaltungsrichtlinie der EG in das nationale deutsche Recht, 2004, S. 237 f.

[571] EuGH, Rs. C-42/95, Slg. 1996, I-6017 Rn. 21.

[572] Dazu mit Blick auf die Verschmelzungs- und Spaltungsrichtlinie auch *Hommelhoff/Riesenhuber*, in: Grundmann (Hrsg.), Systembildung und Systemlücken in Kerngebieten des Europäischen Privatrechts, 2000, S. 259, 275: „Die Richtlinien behandeln daher nicht die Anfechtung und Nichtigkeit des Zustimmungsbeschlusses, sondern nur deren *Einschränkungen*. Ein individuelles Klagerecht der Aktionäre schreiben sie nicht vor. Die nachteiligen Folgen von – demnach *europarechtlich* gerade nicht vorgeschriebenen – Anfechtungsklagen sind im deutschen Recht hinreichend bekannt".

[573] Vgl. *Hirner* (Fn. 35), S. 105: „Zusammenfassend lässt sich also feststellen, dass auf europäischer Ebene weniger expliziter Wert auf die Beschlusskontrolle gelegt wird, sondern die Aktionärsrechte vielmehr durch Informations- und Fragerechte gestärkt werden. Auch dem Stimmrecht in der börsennotierten Gesellschaft wird eine zentrale Rolle gegeben, das eben durch dieses umfassende Fragerecht gestützt wird. Daraus lässt sich die weitere Absicherung durch die Anfechtungsklage auch für Kleinaktionäre als logische Konsequenz ableiten, selbst wenn es keine gesonderte Erwähnung findet."; ganz ähnlich zuvor bereits *Kersting*, in: Verhandlungen des 67. Deutschen Juristentages, 2008, Bd. II/2, N 196: „Zumindest für die börsennotierte Gesellschaft räumt die Aktionärsrechterichtlinie dem Stimmrecht eine ganz zentrale Stellung ein und sichert dies durch ein umfassendes Fragerecht ab. In der logischen Konsequenz liegt dann meines Erachtens auch eine Absicherung dieser Rechte durch ein Anfechtungsrecht auch für den Kleinstaktionär. Eine Abschaffung dieser Rechte für den Kleinstaktionär stößt daher auch europarechtlich zumindest auf Bedenken".

auch durch die Einführung eines (Individual-)Fragerechts nach Art. 9 der Aktionärsrechte-Richtlinie nichts geändert:[574] Die Rechtsfolgen eines Verstoßes gegen Fragerecht und Antwortpflicht hat die Richtlinie aufgrund der divergierenden Sanktionensystem in Europa bewusst dem nationalen Recht überlassen, das dabei freilich den *effet utile*-Grundsatz beachten muss.[575] Als „durchaus offen"[576] wird hierzulande allerdings noch immer die Frage angesehen, ob die Ausgestaltung des Freigabeverfahrens nach § 16 Abs. 3 Satz 2 UmwG unionsrechtskonform ist.[577]

2. Beschlussmängelrecht bei supranationalen Gesellschaften

a) Europäische Aktiengesellschaft

Bemerkenswerte Vorschläge zur Angleichung des Beschlussmängelrechts fanden sich noch früher in verschiedenen Regelungsentwürfen zur Europäischen Aktiengesellschaft. Schon der „Vorentwurf eines Statuts für eine europäische Aktiengesellschaft" vom Dezember 1966 aus der Feder von *Pieter Sanders*[578] enthielt in seinen Artikeln IV-3-12 und IV-3-13 eigene Vorschriften über Anfechtungs- und Nichtigkeitsklagen:

Artikel IV-3-12

1. Vorbehaltlich der in diesem Statut vorgesehenen besonderen Verfahren und Bestimmungen können Hauptversammlungsbeschlüsse wegen Verletzung der Bestimmungen dieses Statuts oder der Satzung der Gesellschaft unter den folgenden Voraussetzungen angefochten werden.

2. Die Anfechtungsklage kann von jedem Aktionär oder jedem anderen Interessierten erhoben werden, sofern sie ein begründetes Interesse an der Beachtung der verletzten Bestimmung geltend machen können.

3. Die Anfechtungsklage ist innerhalb von drei Monaten nach Hinterlegung der Niederschrift der Hauptversammlung beim europäischen Handelsregister vor dem zuständigen Gericht zu erheben, in dessen Bezirk die Gesellschaft ihren Sitz hat. Sie ist gegen die Gesellschaft zu richten. Ist der Anfechtungsgrund verheimlicht worden, so kann er innerhalb von drei Monaten nach seiner Entdeckung geltend gemacht werden.

4. Auf Antrag des Klägers kann der Richter nach Anhörung der Gesellschaft die Ausführung des angefochtenen Beschlusses aussetzen. Auf Antrag der Gesellschaft kann der Richter nach Anhörung des Klägers auch anordnen, daß der Kläger für den gegebenenfalls durch seine Klage oder durch die Aussetzung der Ausführung des Beschlusses verursachten Schaden Sicherheit leistet, wenn die Klage als völlig unbegründet abgewiesen wird.

---

[574] Wie hier *Krieger*, in: Verhandlungen des 67. Deutschen Juristentages, 2008, Bd. II/2, N 234; *J. Schmidt*, EBOR 9 (2008), 637, 654.

[575] Vgl. *Lutter/Bayer/Schmidt* (Fn. 555), § 31 Rn. 59.

[576] *Habersack/Verse* (Fn. 570), § 8 Rn. 23 mit Fn. 55.

[577] Eingehend und im Ergebnis bejahend *Schön*, RabelsZ 64 (2000), 1, 33 ff.

[578] *Sanders*, Vorentwurf eines Statuts für eine europäische Aktiengesellschaft, Textausgabe 1966, Dok. KOM 16.205/IV/66.

5. Urteile, durch welche der Anfechtung stattgegeben oder die Aussetzung des Beschlusses angeordnet wird, sind vorbehaltlich der von gutgläubigen Dritten der Gesellschaft gegenüber erworbenen Rechte jedermann gegenüber rechtswirksam. Der Vorstand hinterlegt unverzüglich zwei beglaubigte Abschriften des Urteils oder der Verfügung beim europäischen Handelsregister.

6. Der Anfechtung eines Beschlusses kann nicht mehr stattgegeben werden, wenn der Beschluß durch einen anderen ersetzt worden ist, der dem Statut und der Satzung der Gesellschaft entspricht. Der Richter kann auch von Amts wegen eine ausreichende Frist gewähren, damit die Hauptversammlung einen solchen neuen Beschluß fassen kann.

Art. IV-3-13

1. Die Beschlüsse der Hauptversammlung, die ihrem Inhalt nach gegen die öffentliche Ordnung oder die guten Sitten verstoßen, sind nichtig.

2. Jeder Interessierte kann sich drei Jahre lang nach dem ergangenen Beschluß auf die in Absatz 1 vorgesehene Nichtigkeit berufen. Ist der Grund der Nichtigkeit verheimlicht worden, so kann diese innerhalb von drei Jahren nach Entdeckung des Grundes geltend gemacht werden.

In einem erläuternden Kommentar führte *Sanders* zunächst aus, dass die Nichtigkeit und Anfechtbarkeit von Hauptversammlungsbeschlüssen in den Rechten der damaligen sechs EWG-Staaten höchst unterschiedlich geregelt sei: Während das belgische und luxemburgische Recht keine besonderen Vorschriften in dieser Hinsicht enthielten und sich auf die von der Rechtsprechung erarbeiteten bürgerlichrechtlichen Regeln stützten, finde sich im deutschen, französischen und italienischen Recht eine mehr oder minder eingehende Regelung dieser Materie; die niederländische Regelung schließlich beschränke sich auf einen einzigen Artikel.[579] Sein Vorentwurf, so *Sanders* weiter, habe sich besonders an die deutsche und italienische Regelung gehalten.[580]

Im Einzelnen enthielt *Sanders* Vorentwurf eine bemerkenswerte Kombination bewährter und innovativer Regelungsmuster. Hervorgehoben seien hier nur gewisse Abweichungen vom vertrauten deutschen Recht: Das rechtsvergleichend geübte Auge erkennt in der dreimonatigen Anfechtungsfrist einen Kompromiss zwischen den weit auseinanderklaffenden Fristen in Deutschland (ein Monat), Italien (drei Monate), den Niederlanden (ein Jahr) und Frankreich (drei Jahre). In der breit gefassten Anfechtungsbefugnis jedes Interessierten mit einem begründeten Interesse an der Beachtung der verletzten Bestimmung[581] schimmerten neben italieni-

---

[579] Vgl. *Sanders*, Vorentwurf eines Statuts für eine europäische Aktiengesellschaft, Kommentar, Dezember 1966, Dok. KOM 1100/IV/67, S. 216 f.

[580] Vgl. *Sanders* (Fn. 579), S. 217.

[581] Dazu *Sanders* (Fn. 579), S. 218: „Absatz 2 erwähnt gesondert die Aktionäre – ohne zu unterscheiden, ob sie an der Hauptversammlung teilgenommen haben oder nicht – und alle übrigen Interessenten. Unter diese fallen der Vorstand und der Aufsichtsrat sowie die einzelnen Mitglieder dieser Organe (vgl. Art. 2377 Codice civile und § 245 Nr. 4 und 5 des deutschen Aktiengesetzes), der Vertreter der Masse der Inhaber von

schen vor allem französische Einflüsse durch.[582] Ein innovatives Element enthielt der Vorschlag einer verlängerten Anfechtungsfrist, wenn der Anfechtungsgrund verheimlicht worden ist – eine Rechtswohltat, die das deutsche Aktienrecht dem Anfechtungskläger bei verdeckten Beschlussmängeln nicht gewährt.[583] In Übereinstimmung mit den meisten europäischen Aktienrechten, aber im Gegensatz zur Faktizität des deutschen Rechts, sollte die Erhebung einer Anfechtungsklage keine aufschiebende Wirkung entfalten. Die mögliche Anordnung einer Sicherheitsleistung durch den Richter beruhte auf italienischen Vorbildern; sie war hierzulande schon früh durch die Aktienrechtsnovelle von 1884 eingeführt, aber durch das Aktiengesetz von 1965 wieder abgeschafft worden.[584] Eine gesonderte Vorschrift über den Streitwert war nicht vorgesehen,[585] doch räsonierte *Sanders* in seinem Kommentar, dass man in die endgültige Fassung des Statuts „vielleicht eine Regelung hinsichtlich der Verfahrenskosten entsprechend § 247 Aktiengesetz aufnehmen"[586] sollte.

Sanders Regelungsvorschlag fand buchstabengetreu Eingang in Art. 95 und 96 des Kommissionsvorschlags von 1970.[587] Der geänderte Entwurf von 1975[588] übernahm Art. 95 mit einer geringfügigen Ergänzung zur Kausalität, strich allerdings die Nichtigkeitsregelung in Art. 96, um eine Gleichbehandlung der SE mit den nationalen Aktiengesellschaften zu erreichen.[589] Im Verordnungsentwurf von 1989[590] wurde die Anfechtungsregelung weiter abgeschmolzen und wie folgt vereinfacht:

Schuldverschreibungen, die Gläubiger usw. Der Entwurf setzt jedoch bei jedem Aktionär wie auch bei jedem anderen Interessenten ein begründetes Interesse an der Beachtung der durch den Hauptversammlungsbeschluss verletzten Bestimmung voraus. Das Interesse muß sich somit auf die Einhaltung der verletzten Bestimmung selbst beziehen."; kritisch dazu *Sonnenberger*, in: Lutter (Hrsg.), Die Europäische Aktiengesellschaft, 2. Aufl., 1978, S. 73, 90: „Die Klagebefugnis kann daher nicht jedermann eingeräumt werden, der ein Interesse geltend machen kann, wie es der Entwurf vorsieht. Eine Vorschrift nach dem Vorbild von § 245 AktG wäre aus Gründen der Rechtssicherheit vorzuziehen".

[582] Vgl. oben I. 3.

[583] Zum Problem verdeckter Beschlussmängel etwa *Baums* (Fn. 2), F 68.

[584] Näher oben Fn. 282.

[585] Kritisch dazu *Sonnenberger*, in: Lutter (Fn. 581), S. 73, 91: „Nicht überzeugend ist auf der anderen Seite, dass keine Vorschrift das Kostenrisiko der Kleinaktionäre erleichtert, wie es etwa in § 247 II AktG geschieht. Vermutlich wollte man nicht in prozessuales Gebiet vorstoßen. Es ist aber zu bedenken, dass ohne eine derartige Vorschrift das Anfechtungsrecht für zahlreiche Aktionäre entwertet wird".

[586] *Sanders* (Fn. 579), S. 219.

[587] ABl. Nr. C 124/1 vom 10.10.1970.

[588] Erster Geänderter Vorschlag vom 30.4.1975, Dok. KOM (75) 150 endg., abgedruckt bei *Lutter*, Europäisches Gesellschaftsrecht, 2. Aufl., 1984, S. 363.

[589] Vgl. Kommission, Begründung SE-VOV 1975, BT-Drucks. 7/3713, S. 221; dazu eingehend und kritisch *Sonnenberger*, in: Lutter (Fn. 581), S. 73, 89 f.

[590] Zweiter Geänderter Vorschlag vom 25.8.1989, ABl. Nr. C 263/41 vom 16.10.1989.

Artikel 100
[Anfechtung von Beschlüssen der Hauptversammlung]

1. Hauptversammlungsbeschlüsse können wegen Verletzung der Bestimmungen dieser Verordnung oder der Satzung der Gesellschaft unter den folgenden Voraussetzungen angefochten werden.

2. Die Anfechtungsklage kann von jedem Aktionär oder von jeder Person mit einem rechtmäßigen Interesse erhoben werden, sofern sie ein Interesse an der Beachtung der verletzten Vorschrift geltend machen kann und die Beschlußfassung der Hauptversammlung durch die Verletzung geändert oder beeinflusst worden sein könnte.

3. Die Anfechtungsklage ist innerhalb von drei Monaten nach Beendigung der Versammlung vor dem Gericht des Sitzes der SE zu erheben. Sie ist gegen die SE zu richten.

4. Die Modalitäten des Verfahrens der Nichtigkeitsklage bestimmen sich nach dem am Sitz der Gesellschaft geltenden Recht.

5. Die Entscheidung, die der Nichtigkeitsklage stattgibt, wird gemäß Artikel 9 offengelegt.

6. Ein Beschluß kann nicht mehr für nichtig erklärt werden, wenn er durch einen anderen ersetzt worden ist, der im Einklang mit dieser Verordnung und der Satzung der SE ergangen ist. Das Gericht kann auch von Amts wegen eine ausreichende Frist gewähren, damit die Hauptversammlung einen solchen neuen Beschluß fassen kann.

Das weitere Schicksal des Verordnungsentwurfs ist bekannt: Die anspruchsvollen Kodifikationspläne der Europäischen Kommission ließen sich nicht verwirklichen;[591] in dem vom Rat im Oktober 2001 verabschiedeten Verweisungsmodell der SE-Verordnung war für sachrechtliche Vorschriften zur Beschlusskontrolle kein Raum mehr. Heute findet über die Generalverweisung in Art. 9 Abs. 1 lit. c) ii) SE-VO das Beschlussmängelrecht am Sitz der Gesellschaft Anwendung.[592] Für eine SE mit Sitz in Deutschland gelten mithin die §§ 241 ff. AktG.[593] Bis in die jüngste Zeit hinein halten sich allerdings Literaturstimmen, die *de lege ferenda* für harmonisierte Beschlussmängelregeln eintreten, um Verzerrungen beim innereuropäischen Standortwettbewerb der SE zu verhindern.[594]

b) Europäische Privatgesellschaft

Als bewusster Gegenentwurf zu dem Verweisungsmodell der SE-Verordnung ist der Verordnungsvorschlag für eine Europäische Privatgesell-

---

[591] Näher dazu *Fleischer*, AcP 204 (2004), 502, 506.

[592] Vgl. BGH ZIP 2012, 1808 Rn. 8 – Fresenius; *Göz*, ZGR 2008, 593, 595; *Kiem*, in: KölnKomm AktG, 3. Aufl., 2010, Art. 57 SE-VO Rn. 43; *Kubis*, in: MünchKomm AktG, 3. Aufl., 2012, Art. 53 SE-VO Rn. 22; *Schwarz*, SE-VO, 2006, Art. 57 Rn. 23; *Spindler*, in: Lutter/Hommelhoff, SE-Kommentar, 2008, Art. 53 Rn. 32 und Art. 57 Rn. 16.

[593] Vgl. *Eberspächer*, in: Spindler/Stilz, AktG, 2. Aufl., 2010, Art. 57, 58 SE-VO Rn. 6; *Spindler*, in: Lutter/Hommelhoff (Fn. 592), Art. 53 SE-VO Rn. 32.

[594] Vgl. etwa *Kiem*, in: KölnKomm AktG (Fn. 592), Art. 57 SE-VO Rn. 43 und 48; andeutungsweise auch *Brandt*, Die Hauptversammlung der Europäischen Aktiengesellschaft (SE), 2004, S. 266; früher bereits *Raiser*, FS Semler, 1993, S. 277, 294.

schaft[595] zwar grundsätzlich als Vollstatut konzipiert.[596] Gleichwohl glaubt er, in bestimmten Sachbereichen nicht ohne Rückgriff auf das Sitzstaatenrecht auszukommen. Hierzu gehört auch das Beschlussmängelregime: Gemäß Art. 28 Abs. 4 Satz 2 SPE-VO-E bestimmt sich das Recht der Gesellschafter auf Anfechtung von Beschlüssen nach dem anwendbaren nationalen Recht.[597] Kein Gehör gefunden hat damit vorerst der Vorschlag des Europäischen Parlaments für eine etwas gehaltvollere Regelung.[598] Gleiches gilt für einzelne Literaturstimmen, die für eine europaweit uniforme Regelung geworben[599] oder vorgeschlagen haben, den Gesellschaftern mittels eines Regelungsauftrages vorzugeben, ein eigenes Anfechtungsregime für „ihre" SPE zu entwerfen.[600]

3. Europäisches Zivilprozessrecht

Die größte Relevanz entfalten europarechtliche Vorgaben im Hinblick auf die *prozessuale* Durchsetzung von Beschlussmängelklagen.[601] *Sedes materiae* ist Art. 22 Nr. 2 EuGVO, der eine ausschließliche internationale Zuständigkeit für Beschlussmängelstreitigkeiten vorsieht. Einen aktuellen Prüfstein bildet die Anwendbarkeit dieser Vorschrift auf Spruchverfahren des deutschen[602] und Überprüfungsverfahren des österreichischen Rechts.[603] Dogmatisch noch reizvoller ist die Frage, ob ein *unfair-prejudice*-Verfahren nach englischem Recht in den sachlichen Anwendungsbereich des Art. 22 Nr. 2 EuGVO fällt[604] – einer Vorschrift, die ursprünglich an den Kategorien des deutschen Beschlussmängelrechts Maß genommen hatte.[605] Für Einzelheiten ist auf die Spezialliteratur zu verweisen.[606]

---

[595] Zuletzt als Vorschlag für eine Verordnung des Rates über die Europäische Privatgesellschaft – Politische Einigung, 23.5.2011, Dok. 1061/11 (nochmals modifizierter Kompromissvorschlag der ungarischen Ratspräsidentschaft, am 20.6.2011 nochmals vorgelegt als Dok. 11786/11); Fundstellenverzeichnis für vorherige Vorschläge oder Entwürfe bei *Lutter/Bayer/Schmidt* (Fn. 555), § 43 Rn. 183.

[596] Näher dazu *Fleischer*, ZHR 174 (2010), 385, 425 f.

[597] Vgl. *Hadding/Kießling*, WM 2009, 145, 149; *Hügel*, ZHR 173 (2009), 309, 346 mit Fn. 163; *Lutter/Bayer/Schmidt* (Fn. 555), § 43 Rn. 134; *Maul/Röhricht*, BB 2008, 1574, 1577; *Peters/Wüllrich*, DB 2008, 2179, 2183.

[598] Vgl. oben Fn. 553.

[599] So *J. Schmidt*, EWS 2008, 455, 451.

[600] In diesem Sinne *Salomon* (Fn. 555), S. 120 ff.

[601] Näher *Wedemann*, AG 2011, 282.

[602] Vgl. *Meilicke/Lochner*, AG 2010, 23, 28 ff.; *Mock*, IPrax 2009, 271, 273 f.; *Nießen*, NZG 2006, 441, 442 f.

[603] Vgl. OGH GesRZ 2010, 228, 229; OLG Wien AG 2010, 49, 52.

[604] Vgl. *Wedemann*, AG 2011, 282, 286 f.

[605] Dazu *Bellet*, Clunet 1965, 833, 857; *Jenard*-Bericht, ABl. EG 1979 Nr. C 59, 1, 35.

[606] Eingehend zur internationalen Zuständigkeit für Beschlussmängelstreitigkeiten *Wedemann*, AG 2011, 282 m.w.N.

Diskussion

zu dem Referat von *Holger Fleischer*

Frauke Wedemann

Die von *Susanne Kalss* geleitete Diskussion kreiste um drei Punkte: (I.) die Rechtslage *de lege lata* in Deutschland, Österreich, Schweiz und anderen europäischen Ländern, (II.) die von *Holger Fleischer* vorgetragenen Reformüberlegungen sowie (III.) allgemeine Erwägungen zur Rechtsvergleichung im Beschlussmängelrecht.

I.

Einen Schwerpunkt bei der Betrachtung *de lege lata* bildete das Phänomen der räuberischen Aktionäre. Zudem wurden Besonderheiten verschiedener Rechtsordnungen beleuchtet.

a) Mehrere österreichische Diskussionsteilnehmer betonten, dass sich die Streitkultur in Deutschland und Österreich nicht unterscheide. Grund für die geringe Relevanz des Problems der räuberischen Aktionäre bei Anfechtungs- und Nichtigkeitsklagen in Österreich sei vielmehr das hohe Kostenrisiko, dem die Kläger nach österreichischem Recht ausgesetzt seien. Nach österreichischem Recht gebe es – anders als nach deutschem – keine Streitwertspaltung, vielmehr bemesse sich der Streitwert stets nach dem an der Beschlussgültigkeit bestehenden Gesamtinteresse. Die entscheidende Bedeutung des Kostengesichtspunkts zeige sich beim Spruchverfahren: Mangels Kostenrisiko träten dort auch in Österreich räuberische Aktionäre in Erscheinung. Auch verschiedene Schweizer Diskutanten führten die mangelnde Virulenz des Problems der räuberischen Aktionäre in der Schweiz auf das Kostenrisiko der Kläger zurück: Für die Bezifferung des Streitwerts sei das Gesamtinteresse maßgeblich. Danach bemesse sich auch der Kostenvorschuss, der in jedem Fall vorab zu erbringen sei. Die finanzielle Belastung der Kläger sei daher in der Regel groß. *Fleischer* führte in seiner Replik aus, dass die ihm vorliegenden Länderberichte Österreichs sowie anderer Länder ebenfalls hohe Gerichtskosten als Grund

für das Nichtauftreten räuberischer Aktionäre anführten. Es handele sich
hierbei sicherlich um einen wichtigen Aspekt. Seiner Ansicht nach stelle
die Normierung hoher Gerichtskosten jedoch kein Allheilmittel gegen
räuberische Aktionäre dar. Dies zeige die historische Rückschau: Bereits
Ende des 19. sowie Anfang des 20. Jahrhunderts habe es in Deutschland
räuberische Aktionäre gegeben, obwohl die Streitwertspaltung erst im Jahr
1965 eingeführt wurde.

Zur Problematik räuberischer Aktionäre in der Schweiz wies ein
Schweizer Teilnehmer außerdem darauf hin, dass die Registersperre nach
Art. 162 der Handelsregisterverordnung vom 1.1.2008 das größte Obstruk-
tionsmittel zur Verhinderung von Fusionen etc. sei. Absatz 1 dieser Vorschrift besagt: „Auf schriftlichen Einspruch Dritter nimmt das Handelsregisteramt die Eintragung ins Tagesregister vorläufig nicht vor (Registersperre)." Der Schweizer Gesetzgeber versuche das Obstruktionspotential
durch folgende Regelung einzudämmen: „Das Handelsregisteramt nimmt
die Eintragung vor, wenn die Einsprecherin oder der Einsprecher dem
Handelsregisteramt nicht innert zehn Tagen nachweist, dass sie oder er
dem Gericht ein Gesuch um Erlass einer vorsorglichen Massnahme gestellt
hat" (Art. 162 Abs. 2 lit. a OR). Jedoch sei fraglich, ob diese Regelung
hinreichenden Schutz vor Obstruktionen biete.

In Bezug auf Polen führte ein Teilnehmer aus, dass das Problem der
räuberischen Aktionäre dort keine Rolle spiele, weil es keine Registersperre, sondern nur die Möglichkeit des einstweiligen Rechtsschutzes – mit
vertauschten Parteirollen – gebe. Dieses Regelungsmodell sei nachahmens-
wert.

Zur Rechtslage in Deutschland merkte ein Diskutant an, dass es nur
wenige Verfahren gebe, in denen ein Schadensersatzanspruch nach § 826
BGB bejaht wird. Dieser Anspruch müsse so viele Hürden überwinden,
dass er keine präventive Wirkung entfalte.

b) Bei der Diskussion über sonstige Besonderheiten des Schweizer Rechts
machte ein Teilnehmer aus der Schweiz darauf aufmerksam, dass das
Fusionsgesetz für Umstrukturierungen eine spezielle Anfechtungsklage
enthalte, die Unterschiede gegenüber der aktienrechtlichen Anfechtungsklage aufweise. So könnten mit ihr Beschlüsse des Aufsichtsrats angegriffen werden. Zudem hätte das Gericht die Möglichkeit, fehlerhafte Beschlüsse nachzubessern.

Des Weiteren wies er darauf hin, dass auch nach Schweizer Recht Anfechtungsklagen nur kassierende, nicht aber reformierende Wirkung haben
könnten. Reformierende Wirkung könne jedoch die Auflösungsklage nach
Art. 736 Nr. 4 OR entfalten: Die Gerichte könnten nicht nur auf Auflösung
der Gesellschaft, sondern auch auf „eine andere sachgemässe und den
Beteiligten zumutbare Lösung erkennen". Allerdings setze die Erhebung

der Auflösungsklage – im Gegensatz zur Anfechtungsklage – ein Quorum von 10% der Aktionäre voraus. Zudem könnten die Aktionäre die „andere Lösung" nicht beantragen. Sie liege vielmehr allein im Ermessen des Gerichts.

Darüber hinaus machte ein Diskussionsteilnehmer auf eine Besonderheit des französischen Rechts aufmerksam. In Frankreich spielten Aktionärsvereinigungen eine große Rolle. Deren Rechte gingen über jene einzelner Aktionäre hinaus. Eine Stärkung der Rechte der Aktionärsvereinigung sei auch in Deutschland erwägenswert. Hieran anknüpfend berichtete ein österreichischer Teilnehmer, dass in Österreich bis in die 1970er Jahre der Finanzprokurator anfechtungsberechtigt gewesen sei. Daraus resultiere viel gesellschaftsrechtliche Judikatur. *Fleischer* bezweifelte jedoch, dass das französische Regelungsmodell ein nachahmenswertes Vorbild darstellt. Als Problempunkt benannte er etwa die Möglichkeit räuberischer Aktionäre, sich zu einer Aktionärsvereinigung zusammenzuschließen.

II.

Einen zentralen Punkt der Diskussion über die Reformüberlegungen von *Fleischer* bildete der Umfang des richterlichen Ermessens. Ein Diskutant unterstrich die Bedeutung der Rechtssicherheit. Diese stehe einem Ausbau des richterlichen Ermessens entgegen. Die Verfahren würden länger und teurer. Zudem stiege das Erpressungspotential der Kläger. *Fleischer* entgegnete, dass in geschlossenen Kapitalgesellschaften der Rechtssicherheit eine geringere Bedeutung zukomme. Eine Flexibilisierung der richterlichen Handlungsmöglichkeiten bringe demgegenüber viele Vorteile mit sich.

Ein Diskussionsteilnehmer führte eine weitere Reformüberlegung in die Diskussion ein: die Zulassung von Gerichtsstandsvereinbarungen für Freigabeverfahren. Zur Begründung führte er aus, dass die Effizienz des Beschlussmängelrechts von der Qualität der Rechtsprechung abhänge. Die Zulassung von Zuständigkeitsvereinbarungen ermögliche die Wahl des „besten Gerichts" und könne zu einem qualitätssteigernden Wettbewerb der Gerichte um die Freigabeverfahren führen. Ein Anreiz für die Gerichte, möglichst viele Freigabeverfahren an sich zu ziehen, könne der Gesetzgeber durch die Erhöhung der Gerichtsgebühren setzen. Die Gesellschaften seien zur Zahlung höherer Gebühren bereit, wenn sich dadurch die Qualität der Gerichtsentscheidungen verbessern lässt. *Fleischer* erwiderte, dass die Einführung eines föderalen Wettbewerbs bereits am Bundesrat scheitern würde. Zudem sei fraglich, ob die Richter ein Interesse an der Erhöhung ihrer Wettbewerbsfähigkeit hätten.

III.

Zur Rechtsvergleichung im Beschlussmängelrecht wies ein Diskutant darauf hin, dass diese eine Verfassungsrechtsvergleichung beinhalten müsse. So sei beispielsweise bei der Zulassung von Quoren das spanische Verfassungsrecht großzügiger als das deutsche. Ein Teilnehmer aus Österreich machte in diesem Zusammenhang darauf aufmerksam, dass die Erklärung der Verfassungswidrigkeit des § 225c Abs. 3 Nr. 2 öAktG (Quorum für Überprüfungsverfahren) durch den österreichischen Verfassungsgerichtshof sehr wahrscheinlich sei. *Fleischer* führte in seiner Erwiderung aus, dass das Verfassungsrecht einen wichtigen Aspekt bilde, etwa bei der Bemessung der Gerichtskosten (Gebot des effektiven Rechtsschutzes), und bei der Untersuchung Berücksichtigung finde.

Schließlich fragten einige Diskutanten, welche rechtsvergleichende Methode dem von *Fleischer* vorgestellten Projekt zugrunde liege und wie sich der Gegenstand der Untersuchung bestimme. *Fleischer* legte dar, dass der Titel „Das Beschlussmängelrecht in Kapitalgesellschaften" gewählt worden sei, um dem deutschen Adressatenkreis den Inhalt der Untersuchung näherzubringen. Diese beschränke sich jedoch nicht auf das Beschlussmängelrecht im engeren Sinne. Vielmehr setzten die Länderberichte bei den tatsächlichen Problemen an und analysierten deren Lösung in der jeweils betrachteten Rechtsordnung. So beschäftige sich etwa der Bericht zum US-amerikanischen Recht in weiten Teilen mit dem *derivative suit.*

Acting in concert im österreichischen Übernahmerecht
Einige rechtsvergleichende Anmerkungen

MARTIN WINNER

I. Einleitung

Das *acting in concert* hat hohe Bedeutung in der übernahmerechtlichen Praxis.[1] Dies liegt vor allem daran, dass relativ offen formulierte Tatbestände gravierende Rechtsfolgen nach sich ziehen können (insbesondere die Erstreckung der Angebotspflicht auf alle gemeinsam vorgehenden Rechtsträger); bei dieser Ausgangslage ist es wenig verwunderlich, dass die Rechtsprechung der Übernahmekommission in diesem Bereich sowohl

---

[1] Standardwerke zum Übernahmegesetz sind Birkner (Hrsg.), Hdb. Übernahmegesetz, 2012; *Diregger/Kalss/Winner*, Das Österreichische Übernahmerecht – Ein Gesamtüberblick, 2. Aufl., 2007; Huber (Hrsg.), Übernahmegesetz, 2007. Zum *acting in concert* vgl. die jüngeren monographischen Arbeiten von *Leser*, Acting in Concert im Übernahmerecht, 2009; und *Kraus*, Die Angebotspflicht im Syndikat, 2011.

grundlegende Fragen anspricht als auch für einen doch kleinen Markt recht reichhaltig ist. Nach meiner Schätzung stellt das *acting in concert* ein Schlüsselthema für ca. 50% der Erledigungen der Übernahmekommission dar; es ist damit mit Abstand die bedeutendste übernahmerechtliche Rechtsfrage. Hinzu kommt, dass die entsprechenden Ermittlungen der Übernahmekommission häufig auf große Nachweisprobleme stoßen. Denn die Auskunftsverpflichtung österreichischer Rechtsunterworfener findet ihre Grenzen häufig am Bankgeheimnis nach § 38 österreichisches Bankwesengesetz, während bei einer Einschaltung ausländischer Rechtsträger (insbesondere von außerhalb der Europäischen Union) die Durchsetzung der Auskunftsverpflichtung häufig vollends unmöglich ist.

Dieser Befund einer hohen Bedeutung gilt freilich nicht nur für Österreich, sondern für ganz Europa. Das *European Network of Takeover Regulators*, das im Rahmen der European Securities Market Authority (ESMA)[2] ungefähr halbjährlich zusammentrifft, beschäftigt sich regelmäßig und intensiv mit Fragen des *acting in concert*. Dabei geht es zumeist um die Auslegung der einheitlichen, wenn auch sprachlich durchaus offenen Definition für das gemeinsame Vorgehen in Art. 2 Abs. 1 lit. d der Übernahmerichtlinie (im Folgenden Üb-RL),[3] zunehmend aber auch um die mit der Definition verbundenen Rechtsfolgen. Den intensiven Diskussionen im Rahmen des *Network of Takeover Regulators* ist zu entnehmen, dass die Lösungen nicht in allen Fällen einheitlich sind.[4] So manche unterschiedliche Beurteilung im deutschen und im österreichischen Recht, wie sie in der Folge angedeutet werden wird, kann dafür als Beleg dienen. Die durch meine Erfahrungen im *Network* gestützte Hypothese ist, dass in der praktischen Anwendung ein verhältnismäßig geringer Grad an Harmonisierung in Europa erreicht wird. *Acting in concert* ist somit sowohl rechtsdogmatisch als auch rechtspolitisch ein europäisches Thema.

Der folgende Beitrag stellt die österreichische Rechtslage beim *acting in concert* nach dem Übernahmegesetz (im Folgenden: ÜbG)[5] dar; wichtige, aber für das grundsätzliche Verständnis erlässliche Details werden weit gehend ausgeblendet, was z.B. die besonderen Rechtsfragen der Stiftungen[6] oder die Kontrollerlangung durch Änderungen innerhalb eines Stimmbindungsvertrags[7] betrifft. Hingegen werde ich versuchen, wo sinn-

---

[2] Früher war das Network dem Committee of European Securities Regulators (CESR) angegliedert.

[3] Richtlinie 2004/25/EG des Europäischen Parlaments und des Rates vom 21.4.2004 betreffend Übernahmeangebote, ABl. v. 30.4.2004 L 142/12.

[4] Vgl. den Befund bei *v. Bülow*, in: KölnKomm WpÜG, 2. Aufl., 2010, § 30 Rn. 204.

[5] öBGBl. I 1998/127 i.d.F. öBGBl. I 2010/29.

[6] Dazu z.B. *Zollner*, GesRZ 2003, 278.

[7] Aus der jüngeren Rechtsprechung vgl. z.B. Stellungnahme v. 23.5.2011, GZ 2011/3/2-15; Stellungnahme v. 5.5.2010, GZ 2010/1/2-30 (*A. Porr Aktiengesellschaft*); Stel-

voll rechtsvergleichende Hinweise zum deutschen Recht und zu anderen Rechtsordnungen zu geben. Die Bestimmungen zum gemeinsamen Vorgehen wurden im Übrigen durch die Übernahmerechtsnovelle 2006[8] wesentlich verändert; freilich bedeuten die diesbezüglichen Neuerungen keine grundsätzliche Umorientierung gegenüber der zuvor und seit 1.1.1999 geltenden Rechtslage,[9] sondern entwickeln das Konzept des Gesetzgebers der Stammfassung fort.

II. Die Grundstruktur

Das *acting in concert* wird in der österreichischen Rechtsterminologie gemeinhin als gemeinsames Vorgehen bezeichnet. Im Vergleich zum deutschen WpÜG (und, soweit ersichtlich, in Einklang mit den anderen europäischen übernahmerechtsspezifischen Normen)[10] ist die Definition des gemeinsamen Vorgehens (nach deutscher Diktion diejenige des gemeinsamen Handelns in § 2 Abs. 5 WpÜG) im österreichischen Recht wichtiger. Denn an sie knüpft sich insbesondere auch die Zusammenrechnung von Beteiligungen, wofür in Deutschland in § 30 Abs. 2 WpÜG eine andere Abgrenzung ausschlaggebend ist.[11] Daneben zieht das gemeinsame Vorgehen im österreichischen Recht auch noch weitere Rechtsfolgen nach sich: Zusammenrechnung der von den gemeinsam vorgehenden Rechtsträgern gehaltenen Anteile, Gruppenbildung als Auslöser der Angebotspflicht, Angebotspflicht jedes gemeinsam vorgehenden Rechtsträgers, sowie Berücksichtigung von Vorerwerben aller gemeinsam vorgehenden Rechtsträger für die Preisbildung.

---

lungnahme v. 27.4.2009, GZ 2009/3/2-42 (*Strabag SE*); alle hier zitierten Entscheidungen der Übernahmekommission finden sich auf der Website der Behörde <www.takeover.at>. Aus der Literatur vgl. *Diregger/Kalss/Winner* (Fn. 1), Rn. 195 ff. einer-, sowie *Huber*, GesRZ 2010, 13 andererseits.

[8] Übernahmerechts-Änderungsgesetz 2006, öBGBl. I 2006/75.

[9] Zu dieser z.B. *Diregger/Kalss/Winner*, Das österreichische Übernahmerecht. Vier Jahre Übernahmepraxis – ein Gesamtüberblick, 2003, Rn. 29 ff.; *Gall*, Die Angebotspflicht nach dem Übernahmegesetz, 2003; *Zollner*, Kontrollwechsel und Kontrollerlangung nach dem Übernahmegesetz, 2002.

[10] Von 25 in einer Umfrage 2010 im Rahmen des *European Network of Takeover Regulators* von der österreichischen Übernahmekommission befragten Mitgliedstaaten sah nur Deutschland eine Zusammenrechnung der Anteile gemeinsam vorgehender Rechtsträger für die Frage der Angebotspflicht nicht automatisch vor.

[11] Hingegen entsprechen sich die zusätzliche Hinzurechnungstatbestände in § 30 Abs. 1 WpÜG und § 23 Abs. 2 ÜbG zumindest dem Grundsatz nach; näher dazu unten IV.2.

Als Ausgangspunkt gibt es somit im ÜbG einen einheitlichen Begriff für zahlreiche Rechtsfolgen. Obwohl dies auf den ersten Blick eine Vereinfachung zu sein scheint, stellt sich bei einem solchen einheitlichen Tatbestand umgekehrt doch wieder die Frage, ob für die einzelnen Rechtsfolgen eine gespaltene Auslegung vorgenommen werden darf oder ob vielmehr der Begriff unabhängig von den daran geknüpften Rechtsfolgen einheitlich zu verstehen ist. Denn bei wertender Beurteilung, die über den Gesetzestext hinausblickt, kann im Einzelfall eine Koordination z.B. zwar ausreichend sein, um Käufe einer *party acting in concert* für die Bestimmung des Mindestpreises im Angebot heranzuziehen, während die Rechtfertigung dafür, auch die Angebotspflicht auf diesen Rechtsträger zu erstrecken, schwächer ist.[12]

Meines Erachtens spricht sachlich vieles für eine einmal weitere, einmal engere Auslegung je nach der in Frage stehenden Rechtsfolge; denn im Ergebnis hat die Definition des gemeinsamen Vorgehens keinen Selbstzweck, sondern dient nur als Transmissionsriemen, den realen Sachverhalt und (unterschiedliche) Rechtsfolgen zusammenzuführen. Zu gleichen Ergebnissen kommt man im Übrigen, wenn man einzelne Rechtsfolgen des gemeinsamen Vorgehens in bestimmten Konstellationen teleologisch reduziert.[13] Die Frage ist in der Praxis der Übernahmekommission ungeklärt. Jedenfalls ist es aber empfehlenswert, bei Entscheidungen der Übernahmekommission zum *acting in concert*[14] nicht nur abstrakte Rechtssätze abzuspeichern, sondern letztere vor dem Hintergrund des jeweils zugrunde liegenden Sachverhalts zu lesen.

III. Tatbestand

1. Definition

§ 1 Nr. 6 ÜbG definiert gemeinsam vorgehende Rechtsträger (*parties acting in concert*) als natürliche oder juristische Personen, die mit dem Bieter auf der Grundlage einer Absprache zusammenarbeiten, um die Kontrolle über die Zielgesellschaft zu erlangen oder auszuüben, insbesondere durch Koordination der Stimmrechte. Daneben enthält § 1 Nr. 6 ÜbG auch eine Definition des gemeinsamen Vorgehens mit der Zielgesellschaft, die

---

[12] Im Ansatz wird dies bereits durch § 23 Abs. 3 ÜbG berücksichtigt.

[13] So für die Frage, ob die Zielgesellschaft mit dem Bieter gemeinsam vorgeht und welche Rechtsfolgen sich daraus ergeben, im Ergebnis auch schon *Winner*, Die Zielgesellschaft in der freundlichen Übernahme, 2002, S. 95 ff.

[14] Freilich sollte dies ein generelles Postulat für den Leser der Entscheidungen der Übernahmekommission sein, das in der Praxis freilich nach meiner Erfahrung nicht ausreichend berücksichtigt wird.

in der praktischen Anwendung bisher ohne besondere Bedeutung geblieben ist und deswegen hier nicht näher behandelt wird.

Die Definition entspricht weitgehend der Definition in Art. 2 Abs. 1 lit. d der Üb-RL. Sie geht nur insoweit darüber hinaus, als es nicht nur um den Kontrollerwerb geht,[15] sondern auch die Koordination der Ausübung der Kontrolle durch Stimmrechtsausübung erfasst ist. Dies ist europarechtlich zulässig, da Art. 3 Abs. 2 lit. b Üb-RL zusätzliche Bedingungen und strengere Vorschriften als nach der Richtlinie ermöglicht.

Zunächst legt das Wort Absprache nahe, dass nicht nur vertragliche Vereinbarungen erfasst sind, sondern auch rechtlich nicht verpflichtende Formen der Willensübereinkunft.[16] In der diesbezüglichen Leitentscheidung[17] hatten sich zwei Aktionäre, die jeder für sich unter der Schwelle von 30% geblieben waren, im Vorfeld der Hauptversammlung gegenseitig ihre Wunschkandidaten für den Aufsichtsrat mitgeteilt,[18] ohne eine diesbezügliche explizite Absprache zu treffen. Die Übernahmekommission hielt fest, dass *acting in concert* auch dann vorliege, wenn in solchen Fällen vor der Hauptversammlung eine bloß schlüssige Kommunikation zwischen den beteiligten Rechtsträgern über ihr jeweiliges Stimmverhalten erfolgt, sofern die Beteiligten vernünftigerweise ein kommunikationskonformes Verhalten erwarten können.[19] Da die beiden Aktionäre davon ausgehen durften, dass der jeweils andere Aktionär ihren Kandidaten bei der Wahl unterstützen würde, begründete der Kommunikationsvorgang gemeinsames Vorgehen im Sinne des Gesetzes.[20] Eine rechtlich verpflichtende Stimmbindung ist daher nicht erforderlich.[21] Diese weite Auslegung

---

[15] Art. 2 Abs. 1 lit. d der Üb-RL spricht von Kontrolle „erhalten", womit angesichts des englischen Wortlauts (*to acquire control*) bloß der Kontrollerwerb gemeint ist.

[16] So schon die Materialien zur Regierungsvorlage des ÜbRÄG 2006 (1334 BlgNR 22. GP, S. 5); *Diregger/Kalss/Winner* (Fn. 1), Rn. 44.

[17] Bescheid v. 31.1.2008, GZ 2007/3/3-157 (*RHI AG*). Alle hier zitierten Entscheidungen der Übernahmekommission finden sich auf der Website der Behörde <www.takeover.at>.

[18] Zur Frage der Abstimmung gerade bei Wahlen in den Aufsichtsrat vgl. unten III.2.a).

[19] Bescheid v. 31.1.2008, GZ 2007/3/3-157 (*RHI AG*), S. 33. Bei solchen „impliziten" Absprachen nähert sich der Begriff „Absprache" in der praktischen Anwendung dem bloßen „abgestimmten Verhalten"; so schon zuvor *Diregger/Kalss/Winner* (Fn. 1), Rn. 44; ähnlich auch *Huber*, in: Huber (Fn. 1), § 1 Rn. 54 ff. Abweichend anscheinend die in Deutschland herrschende Auslegung, nach der eine Zurechnung erst erfolgen soll, wenn eine Vereinbarung vorliegt; vgl. *v. Bülow*, in: KölnKomm WpÜG (Fn. 4), § 30 Rn. 214, 217.

[20] Die Angebotspflicht wurde hingegen nicht verwirklicht, weil die Absprache nach Ansicht des Senats nicht auf die Kontrollerlangung oder -ausübung gerichtet war.

[21] *Diregger/Kalss/Winner* (Fn. 1), Rn. 46.

des Begriffs[22] führt dazu, dass eine durchgängig gleichsinnige Stimmabgabe in der Hauptversammlung ein Indiz für das Vorliegen einer solchen (wenn auch unverbindlichen) Absprache sein kann.[23] Dies ist letztlich eine Frage der Beweiswürdigung durch den entscheidenden Senat der Übernahmekommission, legt für die Parteien freilich Vorsicht bzw. die vorangehende Abklärung mit der Behörde nahe.

Im Regelfall erfolgt das *acting in concert* durch die Koordination der Stimmrechte, worauf § 1 Nr. 6 ÜbG auch extra hinweist. Eine solche Koordination liegt freilich nicht nur dann vor, wenn die beiden Parteien der Absprache ihre Stimmrechte gleichsinnig wahrnehmen, sondern kann im Einzelfall auch darin liegen, dass eine Partei sich ihrer Stimme enthält oder mit den Aktien an der Hauptversammlung nicht teilnimmt, wenn dies im Einzelfall für die Beschaffung der notwendigen Mehrheit ausreichend ist.[24] Daneben kann, ähnlich wie nach § 30 Abs. 2 Satz 2 WpÜG, auch ein Zusammenwirken in sonstiger Weise, also ohne Koordination der Stimmrechte, zum *acting in concert* führen, insbesondere wenn versucht wird, über die Öffentlichkeit Druck auf die Verwaltungsorgane auszuüben, die Geschicke der Gesellschaft in eine bestimmte Richtung zu lenken,[25] oder wenn der Einfluss auf Organmitglieder koordiniert ausgeübt wird;[26] für die österreichische Praxis sind solche Vorgänge freilich nicht typisch, was wohl auch daran liegt, dass die Gesellschaften im Regelfall bereits durch einen Kernaktionär oder eine Kernaktionärsgruppe beherrscht werden.[27]

Freilich begründet nicht jegliche Absprache über die Koordination der Stimmrechte automatisch *acting in concert*; ausschlaggebend ist nämlich ihre Finalität: Die Absprache muss darauf gerichtet sein, die Kontrolle über die Zielgesellschaft zu erlangen oder auszuüben. In der übernahmerechtlichen Praxis in Österreich steht die Koordination, um Kontrolle auszuüben, ganz im Vordergrund; fast alle Entscheidungen betreffen diese Tatbestandsvariante, während die Zusammenarbeit zum gemeinsamen Beteiligungsaufbau (so wird wohl „Erlangen der Kontrolle" vor allem zu verstehen sein) in der Praxis nur verhältnismäßig selten im Vordergrund steht. Dies liegt vor allem daran, dass der gemeinsame Kontrollaufbau

---

[22] Vgl. auch den Sachverhalt in der Stellungnahme v. 27.3.2009, GZ 2009/1/1-36 (*Binder+Co AG*), wo aus Parallelverhalten Rückschlüsse auf das Vorliegen von Absprachen gezogen wurden.

[23] Vgl. auch *Leser,* in: Birkner (Fn. 1), S. 94 f.

[24] Auch diesbezüglich instruktiv Bescheid v. 31.1.2008, GZ 2007/3/3-157 (*RHI AG*), S. 33 f.; zuvor bereits Bescheid v. 9.11.2004, GZ 2004/3/8-145; *Huber/Alscher,* in: Huber (Fn. 1), § 1 Rn. 64.

[25] Dazu *Noack/Zetzsche,* in: Schwark/Zimmer, Kapitalmarktrechtskommentar, 4. Aufl., 2010, § 30 WpÜG Rn. 30.

[26] *Huber/Alscher,* in: Huber (Fn. 1), § 1 Rn. 65.

[27] Vgl. die Nachweise bei *Winner*, ZGR 2012, 246.

regelmäßig auch von Absprachen begleitet wird, die für das spätere Stadion die gemeinsame Ausübung der Kontrolle beinhalten; diesem Aspekt schenkt die Entscheidungspraxis aufgrund der hier häufig vorliegenden Stimmbindungsvereinbarungen besondere Aufmerksamkeit.

Im Ergebnis führt daher die Koordination über einzelne Abstimmungsgegenstände nicht zwingend zum *acting in concert*, sofern die entsprechenden Beschlussgegenstände nicht kontrollrelevant sind. Bedeutung hat diese Frage in der Praxis insbesondere bei der Abstimmung über Kapitalmaßnahmen und Vermögensübertragungen zur Sanierung gehabt, die im Interesse der zu sanierenden Gesellschaft liegen, aber nicht auf Kontrollausübung abzielen; in solchen Fällen führt eine Koordination der Stimmrechte nicht zum gemeinsamen Vorgehen.[28] Andererseits kann man – und dies abweichend von § 30 Abs. 2 Satz 2 WpÜG[29] – nicht sagen, dass in Österreich die Abstimmung bloß im Einzelfall jedenfalls unschädlich sei; auch die bloß einmalige Koordination kann zum *acting in concert* führen, wenn als Ergebnis dieser (einmaligen) Koordination die Einflussnahme auf die Gesellschaft dauerhaft möglich ist.[30] Es kommt somit nach der österreichischen Rechtslage nicht darauf an, ob die vereinzelte Abstimmung tatsächlich Ausdruck einer sogenannten „hibernierenden Dauerkoalition" ist.[31]

2. Vermutungsregeln

a) Aufsichtsratsmitglieder

Dieses Verständnis wird auch durch das Gesetz ausdrücklich gestützt. Denn § 1 Nr. 6 ÜbG hält ausdrücklich fest, dass *acting in concert* vermutet wird, wenn eine Absprache über die Wahl von Aufsichtsratsmitgliedern vorliegt. Mit anderen Worten geht es nach österreichischem Recht nicht um die Dauerhaftigkeit der Koordination, sondern um die Dauerhaftigkeit der Auswirkungen einer (allenfalls auch bloß einmaligen) Koordination. Damit steht die Rechtslage in markantem Widerspruch zu § 30 Abs. 2 WpÜG. Denn dort ist nach h.L. die Abstimmung der Aufsichtsratsmitglieder erstens ohnehin privilegiert, sofern sie nur „im Einzelfall" erfolgt oder nur die Beteiligungsverhältnisse abbilden soll, hingegen nicht automatisch der Verfolgung einer gemeinsamen Strategie der Abstimmenden dient – was nach der in Deutschland ganz überwiegenden Ansicht den

---

[28] Dazu Stellungnahme v. 25.6.2009, GZ 2009/2/3-17.

[29] Vgl. auch BGHZ 169, 98 (*WMF*).

[30] Allg.M.; *Kalss/Opptiz/Zollner*, Kapitalmarktrecht, Band I, 2005, § 23 Rn. 27; *Huber/Alscher,* in: Huber (Fn. 1), § 1 Rn. 67 ff.; i.E. auch *Köppl*, WBl. 2012, 1, 6.

[31] Begriffsbildung nach *Noack/Zetzsche*, in: KMRK (Fn. 25), § 30 WpÜG Rn. 46.

Regelfall darstellen soll.[32] In diesem Zusammenhang sollen nach manchen[33] auch wiederholte Absprachen, die auch verabredet sind, immer noch „im Einzelfall" erfolgen und damit privilegiert sein.

Zumindest für die österreichischen Verhältnisse scheint die Vermutung nach § 1 Nr. 6 ÜbG ausgesprochen realitätsnah. Was könnte denn mehr Relevanz für die Kontrolle über eine Gesellschaft haben, als die Möglichkeit, auf ihre Geschicke durch von einem Aktionär nominierte und von der Koalition dann gewählte Personen Einfluss nehmen zu können? Auch die Weisungsfreiheit der Aufsichtsratsmitglieder und ihre Bindung an das Unternehmenswohl bieten in der unternehmerischen Realität nicht ausreichend Schutz für die Minderheitaktionäre davor, dass das Aufsichtsratsmitglied eben doch die Interessen des nominierenden Gesellschafters verfolgt.[34] Diese im Übernahmerecht verankerte Skepsis gegenüber der rechtlich fixierten, aber deswegen nicht unbedingt tatsächlich auch gelebten[35] Unabhängigkeit des Aufsichtsrats erklärt sich wohl auch aus der Tatsache, dass die Frage der Bestellung des Aufsichtsrats bei österreichischen Stimmbindungsverträgen im Regelfall ganz im Vordergrund steht. Bedenkt man, dass die Partner im Stimmbindungsvertrag zumeist noch festschreiben, dass sie auf „ihre" Aufsichtsratsmitglieder (innerhalb des rechtlichen Rahmens, aber doch) Einfluss dahingehend ausüben werden, dass die Entscheidungen der Vertragspartner im Aufsichtsrat auch umgesetzt werden,[36] so kann man wohl davon ausgehen, dass es bei der Bestellung im Regelfall nicht (oder eben nicht nur) um die Gewährleistung ausreichender Qualität der Mitglieder gehen dürfte. Das kann man durchaus als Indiz für die Richtigkeit des übernahmerechtlichen Ansatzes sehen.

Ebenso ist es aber richtig, dass nicht in jedem Fall durch eine Absprache bei der Wahl der Aufsichtsratsmitglieder eine gemeinsame Kontrolle über die Zielgesellschaft begründet wird, die jene Gefährdung der Minderheitsgesellschafter bewirkt, die das Pflichtangebot erst rechtfertigt. Rechtstechnisch wird dem dadurch Rechnung getragen, dass die Vermutung nach § 1 Nr. 6 ÜbG widerleglich ist. In der österreichischen über-

---

[32] Für alle *v. Bülow*, in: KölnKomm WpÜG (Fn. 4), § 30 Rn. 272 ff.; *U. Schneider*, in: Assmann/Pötzsch/Schneider, WpÜG, 2005, § 30 Rn. 111.

[33] Wiederum *v. Bülow*, in: KölnKomm WpÜG (Fn. 4), § 30 Rn. 272 ff.; anders z.B. *Gesell*, FS Maier-Reimer, 2010, S. 123 (freilich mit ebenfalls problematischen Abgrenzungen zwischen immer wieder neuer vs. von vornherein vereinbarter Absprache).

[34] Anders aber i.E. BGHZ 169, 98 (*WMF*); *v. Bülow*, FS U. Schneider, 2011, S. 141, 147.

[35] Zu einer Realtypologie des Aufsichtsrats vgl. *Peter Doralt*, FS Hopt, 2010, S. 3059.

[36] Vgl. dazu *Diregger/M. Tichy*, in: Doralt/Nowotny/Kalss, AktG, 2. Aufl., 2012, § 121 Rn. 66. Aus der Praxis der Übernahmekommission zuletzt Stellungnahme v. 23.5. 2011, GZ 2011/3/2-15 S. 6, 12.

nahmerechtlichen Praxis geht es somit häufig um die Frage, ob diese Vermutung im Einzelfall eben doch nicht zum Tragen kommt. Hier bestehen auch die derzeit größten Probleme bei der Anwendung dieser Bestimmung, die auch zur Verunsicherung in der Praxis geführt haben.[37]

Nach den gesetzgeberischen Materialien zum ÜbRÄG 2006[38] wird die Vermutung vor allem widerlegt, wenn die Person des Gewählten indiziert, dass eine Kontrollausübung über Einflussnahme auf diesen nicht beabsichtigt ist. Erforderlich ist vor allem, dass von den Nominierungsberechtigten unabhängige Fachleute gewählt werden sollen.[39] In der Sache geht es somit auch in diesem Zusammenhang um das aktuelle Corporate Governance-Thema des unabhängigen Aufsichtsratsmitglieds.[40] Jedoch schweigt das Gesetz darüber, unter welchen Voraussetzungen eine ausreichende Unabhängigkeit der zukünftigen Aufsichtsratsmitglieder vorliegt; erkennbar ist nur, dass es um die Unabhängigkeit von den Aktionären als Mitglieder der Wahlabsprache gehen soll. Letztlich muss dies die Übernahmekommission anhand des Einzelfalls entscheiden, was sie im Einzelfall auch schon getan hat;[41] wegen der extremen Einzelfallbezogenheit könnte die Herausbildung einer festen Spruchpraxis noch einige Zeit dauern.

Das hilft jedoch nicht in allen Fällen, in denen bei unklaren Mehrheitsverhältnissen die Bestellung des Aufsichtsrats koordiniert werden soll. Ist es zur Vermeidung der Angebotspflicht wirklich erforderlich, dass alle gewählten Mitglieder von den Aktionären unabhängig sind, wie es die Materialien zu indizieren scheinen?

Einer jüngeren Entscheidung der Übernahmekommission[42] lassen sich einige Eckpunkte für dieses Thema entnehmen. Es geht um die nicht untypische Situation, in der ein neu einsteigender Minderheitsaktionär (hier konkret die spanische Criteria Caixacorp S.A., welche ihren Anteil an der Erste Group Bank AG von knapp 5% auf maximal 20% ausbauen wollte) den Erwerb der Beteiligung davon abhängig macht, dass ihm zwecks Überwachung ein Aufsichtsratsmandat gewährt wird, und für diesen Zweck eine Stimmbindungsvereinbarung mit dem bisher allein beherrschenden Aktionär schließen möchte. Führt dies bereits zur Qualifikation als *acting in concert*? Wenn dies bejaht wird, so kann dieser Wechsel von alleiniger zu gemeinsamer Kontrolle gemäß § 22a Nr. 1 ÜbG die Angebotspflicht auslösen.[43]

---

[37] Vgl. *Temmel*, Aufsichtsrat aktuell 4/2007, S. 8 ff.
[38] ErlRV 1334 BlgNR 22. GP, S. 5.
[39] Vgl. *Gall*, GesRZ 2008, 139, 146.
[40] Für Österreich *Oberhofer*, Die Unabhängigkeit des Aufsichtsrats, 2008.
[41] Siehe Stellungnahme v. 18.5.2011, GZ 2011/1/1-21 (*C-Quadrat Investment AG*).
[42] Stellungnahme v. 20.5.2009, GZ 2009/1/3-30 (*Erste Group Bank AG*).
[43] Für Österreich unstrittig; vgl. für alle *Diregger/Kalss/Winner* (Fn. 1), Rn. 198 ff.

Die Übernahmekommission hat das im konkreten Fall verneint.[44] Denn durch das einzelne Aufsichtsratsmandat werde dem neuen Minderheitsaktionär nur eine Überwachungsmöglichkeit im Aufsichtsrat eingeräumt, während sich die Mehrheitsverhältnisse im Aufsichtsrat dadurch nicht geändert hatten. Auch nach dem Einstieg kommt den vom bisherigen Hauptaktionär nominierten Aufsichtsratsmitgliedern alleine eine komfortable Mehrheit bei den Abstimmungen in diesem Organ zu. Die Vermutung in § 1 Nr. 6 ÜbG war im gegebenen Fall widerlegt; denn durch die Absprache erlangte der Minderheitsaktionär keine Mitkontrolle, sondern die alleinige Kontrolle blieb weiterhin bei der bisher beherrschenden Aktionärin. Anders wäre wohl zu entscheiden, wenn ein solcherart bestelltes Aufsichtsratsmitglied im Gesamtaufsichtsrat nunmehr das Zünglein an der Waage wäre oder ihm in der Geschäftsordnung des Aufsichtsrats gar Zustimmungsrechte zu kontrollrelevanten Beschlussgegenständen eingeräumt werden.[45]

Zusammenfassend ist die Koordination daher unproblematisch, wenn entweder von den Nominierenden unabhängige Mitglieder in den Aufsichtsrat entsandt werden sollen oder dem Aktionär über von ihm abhängige Mitglieder bloß eine Kontrollmöglichkeit eingeräumt werden soll. Die (grundsätzlich mögliche) Kombination dieser Aspekte sollte einige Flexibilität für die Bedürfnisse der Praxis bieten.[46] Was jedenfalls nach derzeitigem Stand der übernahmerechtlichen Diskussion nicht möglich ist, ist eine beteiligungsproportionale Besetzung des Aufsichtsrats mit nicht unabhängigen Aufsichtsratsmitgliedern durch mehrere wesentlich beteiligte Aktionäre; denn dies streitet zumindest im Regelfall dafür, dass die Geschicke der Gesellschaft auch in Zukunft gemeinsam beeinflusst werden sollen, was als Auslöser für das Pflichtangebot zumindest nach österreichischem Verständnis genügt.

Gerade die Möglichkeit einer Besetzung des Aufsichtsrats mit unabhängigen Fachleuten zeigt aber, dass die Regelung des *acting in concert* (institutionelle) Investoren nicht grundsätzlich zur Passivität verurteilt.[47] Das ist insoweit ein aktuelles Thema, als institutionelle Investoren zunehmend von ihrem Stimmrecht Gebrauch machen, wofür einerseits die Abschaffung der Aktienhinterlegung als Voraussetzung für die Teilnahme an

---

[44] Vgl. schon zuvor Bescheid v. 31.1.2008, GZ 2007/3/3-157 (*RHI AG*); Stellungnahme v. 29.11.2007, GZ 2007/2/2-30 (*KTM Power Sports AG*); dazu *Gall,* GesRZ 2008, 139, 145 f.; *Huber/Alscher,* in: Huber (Fn. 1), § 1 Rn. 80.

[45] So auch *Huber/Alscher,* in: Huber (Fn. 1), § 1 Rn. 79.

[46] Vgl. den Sachverhalt der Stellungnahme v. 18.5.2011, GZ 2011/1/1-21 („*C-Quadrat Investment AG*"); *Leser,* in: Birkner (Fn. 1), S. 99 f.

[47] Zur diesbezüglichen Diskussion im Vereinigten Königreich vgl. The Takeover Panel, Practice Statement No. 26 „Shareholder Activism" vom 9.9.2009 <www.thetake overpanel.org.uk/statements/practice-statements>.

der Hauptversammlung (*record date*) durch das ARÄG 2009,[48] andererseits aber der zunehmende Druck von Regulatoren verantwortlich ist, die z.B. durch den UK Stewardship Code[49] Fondsmanager, aber auch die wirtschaftlichen Eigentümer von Aktienpaketen (wie z.B. Pensionskassen) in die Pflicht nehmen wollen, um gute Corporate Governance (mit)durchzusetzen. Dazu kommt noch die zunehmende Orientierung an den Abstimmungsempfehlungen von Proxy Advisors wie ISS oder Glass Lewis, die häufig zu einem Gleichklang im Abstimmungsverhalten führt. In der Sache gewährt die Regelung des *acting in concert* wohl ausreichend Spielraum für aktive Stimmrechtsausübung und -koordination auch und gerade bei der Bestellung des Aufsichtsrats, wo z.B. die Voting Guidelines von ISS explizit auf die Unabhängigkeit einer ausreichenden Zahl von Mitgliedern Bedacht nehmen.[50]

b) Konzerngesellschaften

§ 1 Nr. 6 ÜbG hält weiter fest: „Hält ein Rechtsträger eine [...] kontrollierende Beteiligung (§ 22 Abs. 2 und 3) an einem oder mehreren Rechtsträgern, so wird vermutet, dass alle diese Rechtsträger gemeinsam vorgehen." Im Ergebnis gehen daher (1) eine börsennotierte Gesellschaft und ihr Aktionär zumeist dann gemeinsam vor, wenn der Aktionär eine Beteiligung von mehr als 30% der Stimmrechte hält (vgl. § 22 Abs. 2 ÜbG). Geht es hingegen (2) um das gemeinsame Vorgehen einer nicht börsennotierten Gesellschaft[51] mit ihrem Gesellschafter, so ist darauf abzustellen, ob der Gesellschafter auf Basis von Anteilsrechten oder sonstigen Rechten einen beherrschenden Einfluss auf die Gesellschaft[52] ausüben kann (§ 22 Abs. 3 Nr. 2 ÜbG). Durch diese weitere Definition soll berücksichtigt werden, dass bei nicht notierten Gesellschaften die Beteiligung von 30% an den Stimmrechten nicht unbedingt als Indikator für die Kontrolle dienen kann; denn einerseits braucht es bei einem geschlossenen Gesellschafter-

---

[48] öBGBl. I 2009/71.

[49] UK Stewardship Code des Financial Reporting Council vom Juli 2010 <www.org.uk/corporate/investorgovernance.cfm>. Aus dem Schrifttum dazu *Fleischer/Strotthotte*, AG 2011, 221; *Fleischer*, ZGR 2011, 155, 162 ff. Dazu auf internationaler Ebene jüngst OECD, The Role of Institutional Investors in Promoting Good Corporate Governance, 2011 <www.oecd.org/dataoecd/33/17/49081553.pdf>; vergleichend *Hopt*, ZHR 175 (2011), 444, 499 ff.

[50] ISS 2011 European Proxy Voting Guidelines Summary v. 14.1.2011, S. 8 i.V.m. S. 11 f. <www.issgovernance.com/policy/2011/policy_information>.

[51] Einerlei, ob Aktiengesellschaft oder GmbH.

[52] Freilich gilt § 22 Abs. 3 Nr. 2 ÜbG auch für die Privatstiftung (arg. „Rechtsträger"), weswegen eine „kontrollierte Privatstiftung" mit ihrem Stifter gemeinsam vorgeht; vgl. die durch ÜbK v. 19.4.2011, GZ 2001/1/3-27, begründete Rechtsprechungslinie; dazu *Zollner*, GesRZ 2003, 278.

kreis für die Kontrolle oft tatsächlich einer Mehrheit aller Stimmrechte, andererseits kann insbesondere bei der GmbH die Kontrolle auch über andere gesellschaftsvertragliche Gestaltungen, wie z.b. Weisungsrechten einzelner Gesellschafter, vermittelt werden. In allen erfassten Fällen sind aber alle Gesellschaften *acting in concert*, die direkt oder indirekt in einer solchen Beziehung miteinander stehen, somit auch Schwestergesellschaften.[53]

Freilich ist auch dies eine widerlegliche Vermutung. Sie kann z.B. dadurch widerlegt werden, dass in Konstellation (1) eine formal oberhalb der Kontrollschwelle liegende Beteiligung tatsächlich die Kontrollmöglichkeit nicht vermittelt;[54] hält ein anderer Aktionär eine größere Beteiligung, so geht die Gesellschaft mit jenem vor, nicht aber mit dem Gesellschafter mit der kleineren Beteiligung. Hingegen kommt es in keinem Fall darauf an, ob die bestehende Kontrollmöglichkeit auch tatsächlich ausgenutzt wird; ob ein Konzern i.S.v. § 15 öAktG (§ 18 dAktG) vorliegt, ist somit nicht erheblich, sondern es genügt die bloße Abhängigkeit.[55] Die Regelung geht im Ergebnis über § 30 Abs. 1 Nr. 1 WpÜG hinaus, wonach für die Zusammenrechnung der Anteile darauf abzustellen ist, ob die Aktien einem Tochterunternehmen des Bieters gehören; denn nach österreichischem Recht muss bei einer Beteiligung von über 30% der stimmberechtigten Aktien der Beteiligte die Vermutung des *acting in concert* widerlegen, während derselbe Effekt in Deutschland auf dem Wege über § 2 Abs. 6 WpÜG i.V.m. § 290 HGB erst bei einer Beteiligung von mehr als 50% der stimmberechtigten Aktien eintritt.[56]

Daneben wäre es aber zumindest grundsätzlich nicht auszuschließen, dass die Widerlegung der Vermutung auch dadurch möglich ist, dass der beherrschende Aktionär sich vertraglich verpflichtet, keine Leitungsmacht auszuüben („Entherrschungsvertrag"), wie es in Deutschland von der wohl herrschenden Ansicht für § 290 Abs. 2 HGB[57] und in der Folge auch für § 2 Abs. 6 WpÜG[58] vertreten wird. Bei der Beurteilung dieser Frage ist

---

[53] So ausdrücklich *Huber/Alscher,* in: Huber (Fn. 1), § 1 Rn. 76.

[54] Es schadet daher nicht, dass der Wortlaut von § 1 Nr. 6 ÜbG nur auf die kontrollierende Beteiligung i.S.v. § 22 ÜbG abstellt, aber nicht die Ausnahmen in § 24 ÜbG berücksichtigt. Denn § 1 Nr. 6 enthält nur eine Vermutungsregel. Wie hier *Huber/ Alscher,* in: Huber (Fn. 1), § 1 Rn. 77.

[55] Wobei es im Übrigen nicht darauf ankommt, ob der Gesellschafter ein Unternehmer ist.

[56] Im Detail z.B. *Versteegen,* in: KölnKomm WpÜG, 2. Aufl., 2010, § 2 Rn. 199 ff., insb. Rn. 222. Zuletzt kritisch *Cahn,* in: Mülbert/Kiem/Wittig (Hrsg.), 10 Jahre WpÜG, 2011, S. 77, 87 ff.

[57] *Baumbach/Hopt*, HGB, 34. Aufl., 2010, § 290 Rn. 9 m.w.N.

[58] Eher zustimmend z.B. *Noack/Zetzsche,* in: KMRK (Fn. 25), § 2 WpÜG Rn. 43; a.M. *Santelmann,* in: Steinmeyer/Häger, WpÜG, 2. Aufl., 2007, § 2 Rn. 34. Zu § 22

aber Vorsicht angebracht; denn ob die formale Entherrschung in der Realität mit einem Verzicht auf Einflussnahme einhergeht, kann im Einzelfall durchaus zweifelhaft sein.[59] In der Praxis werden Entherrschungskonstruktionen in Österreich nicht vertraglich, sondern über Privatstiftungen verwirklicht, wobei auch hier zu hinterfragen ist, ob der Stifter sich mit der Übertragung der Anteile tatsächlich der Einflussnahme auf die Gestion begeben hat oder ob diese nicht über Widerrufs- und Änderungsrechte weiterhin besteht.

Die geschilderte Rechtslage könnte für börsennotierte Gesellschaften auf den ersten Blick einen Umkehrschluss nahe legen: Soweit der Aktionär mit weniger als 30% an der Gesellschaft beteiligt ist, liegt jedenfalls kein gemeinsames Vorgehen vor. Jedoch enthält § 1 Nr. 6 ÜbG lediglich eine Vermutungsregelung. Besteht bei einer Beteiligung von über 30% die Vermutung des gemeinsamen Vorgehens, so darf daraus nicht geschlossen werden, dass unter dieser Schwelle gemeinsames Vorgehen nicht vorliegen kann; die einzig richtige Folgerung ist, dass in solchen Fällen die Vermutung nicht greift.

Sollten daher zu einer unter 30% liegenden Beteiligung von einem oder mehreren Aktionären weitere relevante Umstände hinzutreten, so kann im Einzelfall *acting in concert* zwischen den Gesellschaftern und der Gesellschaft vorliegen. Solche Umstände können in einer Organposition des Aktionärs in der Gesellschaft oder, so es sich um mehrere Gesellschaften handelt, in Organverflechtungen liegen. So war in der Rechtssache ECO Business-Immobilien AG[60] zu beurteilen, ob bei der folgenden Konstellation die Anteile von conwert SE und Wiener Privatbank wegen *acting in concert* zusammenzurechnen waren, was die Angebotspflicht für die genannte Zielgesellschaft hätte auslösen können.[61]

WpHG z.B. *Bayer,* in: MünchKomm AktG, 3. Aufl., 2008, Anhang § 22, § 22 WpIIG Rn. 14.

[59] *Doralt/Diregger,* in: MünchKomm AktG, 3. Aufl., 2008, § 15 Rn. 87; zum Übernahmerecht ablehnend *Diregger/Kalss/Winner* (Fn. 1), Rn. 230; zur Konzernbilanzierung ablehnend *Nowotny,* in: Straube (Hrsg.), HGB, 2. Aufl., 2000, § 244 Rn. 31.

[60] Bescheid v. 23.10.2009, GZ 2009/1/4-103 (*ECO Business Immobilien AG*).

[61] Der Fall war auch ermittlungstechnisch interessant. Im Rahmen der (routinemäßigen) Auswertung der Hauptversammlungsprotokolle stellte sich heraus, dass ein Mitarbeiter der Wiener Privatbank mehr als 30% der Stimmrechte ausübte. Nachforschungen ergaben den entscheidungsgegenständlichen Sachverhalt, der hier auf die im gegebenen Zusammenhang wesentliche Frage reduziert ist.

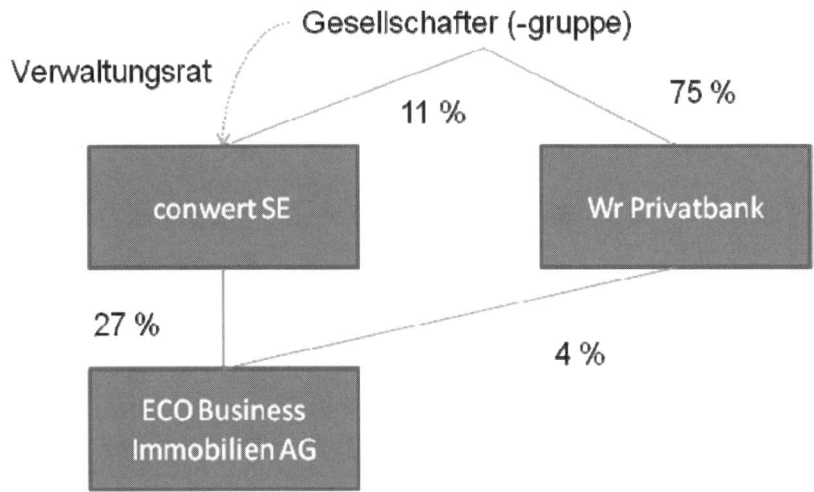

Die Zusammenrechnung konnte nur über die Gesellschaftergruppe erfolgen, mit der die Wiener Privatbank wegen der Beteiligung von 75% am (stimmberechtigten) Grundkapital jedenfalls gemeinsam vorging. Problematisch war allerdings die Zurechnung der von conwert SE gehaltenen Anteile, da die Gruppe zusammen deutlich weniger als 30% der stimmberechtigten Aktien hielt. Die Übernahmekommission hat ein gemeinsames Vorgehen dennoch bejaht; denn mehrere Mitglieder der Aktionärsgruppe hatten auch leitende Funktionen bei conwert SE inne (Generaldirektor, Vorsitzender des Verwaltungsrats). In der Sache erinnert dies an die zu § 17 Abs. 1 dAktG diskutierte und grundsätzlich zu bejahende Frage, ob eine Minderheitsposition einen beherrschenden Einfluss vermitteln kann, wenn Identität der Leitungspersonen vorliegt.[62] Im Fall ECO Business Immobilien AG kam es aber zu keinem Pflichtangebot, weil die Rechtsträger die kontrollierende Beteiligung unabsichtlich überschritten hatten, was wegen § 25 Abs. 1 Z 3 ÜbG eine Ausnahme rechtfertigte.[63]

3. Fazit

Die Abgrenzung hat gezeigt, dass im Vergleich zur deutschen Rechtslage die Definition des gemeinsamen Vorgehens in Österreich wesentlich weiter ist. Insofern ist der oben geäußerte Befund international abweichender

---

[62] Für alle *Bayer*, in: MünchKomm AktG (Fn. 58), § 17 Rn. 33; *Schall,* in: Spindler/ Stilz, AktG, 2. Aufl., 2010, § 17 Rn. 31.
[63] Als Bedingung wurde ein Beteiligungsabbau vorgeschrieben, was hier nicht näher zu vertiefen ist.

Definitionen des *acting in concert* schon beim Vergleich zweier traditionell ähnlicher Rechtsordnungen zutreffend.

IV. Rechtsfolgen

1. Allgemeines

Dieser Befund der europäischen Vielfalt gilt noch vermehrt, wenn es nicht um die Definition des *acting in concert* geht, sondern um die damit verbundenen Rechtsfolgen. Denn die Richtlinie enthält nur wenige Vorschriften über die Rechtsfolgen. Gemäß Art. 5 Abs. 1 Üb-RL sind für die Frage, ob die Kontrollschwelle überschritten und damit die Angebotspflicht ausgelöst wurde, nicht nur Käufe durch die Bieterin zu berücksichtigen, sondern auch der Anteilserwerb durch gemeinsam mit ihr handelnde Personen heranzuziehen. Art. 5 Abs. 4 Üb-RL sieht vor, dass für die Bestimmung des Mindestpreises des Angebots auch Erwerbe durch gemeinsam vorgehende Personen ausschlaggebend sind; Abs. 5 enthält Vorschriften über die Art der Gegenleistung, bei denen Erwerbe gemeinsam vorgehender Rechtsträger ebenfalls Berücksichtigung finden. Davon abgesehen sind die Mitgliedstaaten bei der Festlegung von Rechtsfolgen frei – und haben diesen Freiraum auch unterschiedlich ausgenutzt.[64]

Im Folgenden werden nur die zentralen Punkte der österreichischen Regelung angesprochen. Neben diesen bestehen zahlreiche weitere Verpflichtungen,[65] Verbote[66] oder Bezugnahmen,[67] die im Folgenden nicht näher analysiert werden.

---

[64] Im Rahmen der Tätigkeit im *European Network of Takeover Regulators* hat die österreichische Übernahmekommission 2010 durch Umfrage zu ermitteln versucht, welche Rechtsfolgen in den nationalen Rechtsordnungen bei gemeinsamem Vorgehen eintreten. Die rechtsvergleichenden Bemerkungen im Folgenden beruhen auf dieser Erhebung.

[65] So z.B. die Pflicht, gemeinsam vorgehende Rechtsträger grundsätzlich in die Angebotsunterlage aufzunehmen, § 7 Nr. 12 ÜbG (basierend auf Art. 6 Abs. 3 lit. g Üb-RL). Siehe weiter § 16 Abs. 5 ÜbG.

[66] So z.B. das Verbot für Bieter und *parties acting in concert*, während der Angebotsfrist Aktien zu verkaufen, um den Börsenkurs zu drücken und das Angebot attraktiver erscheinen zu lassen; § 16 Abs. 3 ÜbG. Vgl. auch § 21 Abs. 1 ÜbG zur Sperrfrist.

[67] So sind gemäß § 5 Abs. 4 ÜbG auch die Interessen gemeinsam vorgehender Rechtsträger zu berücksichtigten, wenn die Übernahmekommission für eine kurze Frist von der Pflicht zur Veröffentlichung der Angebotsabsicht befreit.

2. Zusammenrechnung der Anteile

Für die Frage, ob die Schwelle für die Angebotspflicht von 30% gemäß
§ 22 Abs. 2 ÜbG überschritten ist, sind die Anteile gemeinsam vorgehender Rechtsträger gemäß § 23 Abs. 1 zusammen zu rechnen. Wesentlich ist, dass nach dem völlig eindeutigen Gesetzeswortlaut die Stimmrechte allen gemeinsam vorgehenden Rechtsträgern wechselseitig hinzu
gerechnet werden.[68] Jeder dieser Rechtsträger hat daher die Angebots-
schwelle überschritten und zumindest grundsätzlich auch ein Pflichtangebot zu legen (näher dazu noch unter IV.4.). Das entspricht zumindest
grundsätzlich auch der in Deutschland herrschenden Ansicht.[69] Freilich
soll nach Auffassungen in der deutschen Lehre eine Ausnahme von der
wechselseitigen Zurechnung bei allen gemeinsam Vorgehenden bestehen,
wenn sich eine Partei eines Stimmrechtspools der Herrschaft der anderen
unterwirft (sog. Stimmführerschaft); hier sollen die Anteile nur dem
Stimmführer zugerechnet werden, weswegen auch nur ihn die Angebotspflicht trifft.[70] In Österreich wird dieses Ergebnis nicht auf Ebene der
Zusammenrechnung, sondern durch § 23 Abs. 3 ÜbG erreicht,[71] was bloß
ein technischer Unterschied ist. Im Einklang mit den Rechtsordnungen
mehrerer Mitgliedstaaten der Europäischen Union[72] sieht § 23 Abs. 2 ÜbG
allerdings über die Zusammenrechnung der Anteile gemeinsam vorgehender Rechtsträger hinaus weitere Zurechnungstatbestände vor. In allen
Fällen geht es darum, dass Anteile auch ohne eine Absprache über die
Stimmrechtsausübung einem Rechtsträger zugerechnet werden können,
wenn er auf die Ausübung der Stimmrechte direkt oder indirekt Einfluss
nehmen kann. Die Hinzurechnung erfolgt in diesen Fällen freilich nur
einseitig zu derjenigen Person, die auf die Ausübung der Stimmrechte Einfluss nehmen kann. § 23 Abs. 2 ÜbG enthält auch eine nähere Aufzählung
von Einzelsachverhalten, die im Wesentlichen § 30 Abs. 1 Nr. 2 bis 6
deutsches WpÜG entspricht. Freilich ist die Aufzählung anders als in
Deutschland nicht abschließend;[73] ausschlaggebend ist, ob der Bieter indirekt oder direkt die Stimmrechtsausübung beeinflussen kann.

---

[68] Für alle *Diregger/Kalss/Winner* (Fn. 1), Rn. 190.

[69] *Noack/Zetzsche*, in: KMRK (Fn. 25), § 30 WpÜG Rn. 45. Relativierend aber
v. Bülow, in: KölnKomm WpÜG (Fn. 4), § 30 Rn. 246 ff. m.w.N.

[70] *Noack/Zetzsche*, in: KMRK (Fn. 25), § 30 WpÜG Rn. 37; *v. Bülow*, in: KölnKomm
WpÜG (Fn. 4), § 30 Rn. 247; *Schlitt/Ries,* in: MünchKomm AktG, 4. Aufl., 2011, § 35
WpÜG Rn. 47 jeweils m.w.N.

[71] Dazu unten IV.4.

[72] Vgl. neben § 30 Abs. 1 WpÜG z.B. Belgien (Art. 50 § 1 Arrêté royal relatif aux
offres publiques d'acquisition); Griechenland (Art. 7 Abs. 2 Gesetz 3461/2006); Spanien
(Art. 5 Abs. 1 lit. d Real Decreto 1066/2007); Tschechische Republik (§ 37 Abs. 1 Zákon
o nabídkách převzetí, Nr. 104/2008 Sb.).

[73] So zu Recht *v. Bülow*, in: KölnKomm WpÜG (Fn. 4), § 30 Rn. 16.

Die Regelungen interessieren hier nicht im Detail. Wegen der besonderen Bedeutung soll nur der Umgang mit der Zusammenrechnung bei
Optionen im österreichischen Recht näher dargestellt werden. § 23 Abs. 2
Satz 2 Nr. 5 ÜbG hält ausdrücklich fest, dass jene Anteile dem Bieter
zuzurechnen sind, die er durch einseitige Willenserklärung erwerben kann,
wenn er die Stimmrechte ohne ausdrückliche Weisung des Aktionärs ausüben, oder die Ausübung der Stimmrechte durch den Aktionär beeinflussen
kann. Es ist freilich für Optionen eher atypisch, dass dem Optionsberech-
tigten solche Rechte eingeräumt werden.

Optionen, die dem Bieter zwar das Recht geben, die Aktien zu erwerben, die aber keinen Stimmrechtseinfluss vermitteln, werden ihm grundsätzlich nicht zugerechnet, unabhängig davon, ob es sich um sogenannte
dingliche oder bloß um schuldrechtliche Optionen handelt.[74] Freilich ist
besonders zu beachten, dass § 23 Abs. 2 Satz 2 Nr. 1 ÜbG eine Zusammenrechnung auch für jene Anteile vorsieht, die von einem Dritten für
Rechnung des Bieters gehalten werden. Dabei geht es also darum, ob der
Bieter das mit den Aktien verbundene wirtschaftliche Risiko trägt. Im
Gegensatz zur herrschenden Meinung[75] zu der nahezu wortgleichen Bestimmung in § 30 Abs. 1 Nr. 2 WpÜG ist für diese Zusammenrechnung
nicht Voraussetzung, dass der Bieter auf die Stimmrechtsausübung durch
den Dritten Einfluss nehmen kann.[76] Vielmehr geht das ÜbG in einer typi-
sierenden Betrachtungsweise davon aus, dass derjenige, der das wirtschaftliche Risiko aus den Anteilen trägt, im Regelfall auch auf die Ausübung
der Stimmrechte Einfluss nehmen kann. Der Nachweis der Einflussmög-
lichkeit ist daher nicht erforderlich. Bisher unbehandelt ist in der Rechtsprechung, ob ein Bieter nachweisen kann, dass er die Stimmrechtsausübung nicht beeinflussen kann, obwohl er das wirtschaftliche Risiko aus
den Aktien trägt.[77] Dafür könnte sprechen, dass § 23 Abs. 2 Satz 1 ÜbG
dem Grundsatz nach den Einfluss auf die Ausübung der Stimmrechte
voraussetzt; dann wäre in § 23 Abs. 2 Satz 2 Nr. 1 ÜbG vor allem eine
Regelung über die Beweislastverteilung zu sehen. Nachdem aller Erfahrung nach Gestaltungen selten sind, bei denen eine Partei zwar das wirtschaftliche Risiko der Wertentwicklung eines *underlying* trägt, sich aber
der Möglichkeit begibt, auf diese Wertentwicklung durch Mitentscheidung

---

[74] Diesbezüglich abweichend § 39 Abs. 1 Nr. 5 WpÜG, wonach den Aktien, auf die
der Bieter eine dingliche Option hat, diesem jedenfalls zuzurechnen sind. Vgl. *Noack/
Zetzsche*, in: KMRK (Fn. 25), § 30 WpÜG Rn. 14 m.w.N.

[75] *Wackerbarth,* in: MünchKomm AktG, 3. Aufl., 2011, § 30 WpÜG Rn. 21; *Noack/
Zetzsche*, in: KMRK (Fn. 25), § 30 WpÜG Rn. 10; *v. Bülow*, in: KölnKomm WpÜG
(Fn. 4), § 30 Rn. 98.

[76] So (allerdings mit Kritik) *Huber/Alscher*, in: Huber (Fn. 1), § 1 Rn. 25.

[77] Ablehnend *Huber/Alscher*, in: Huber (Fn. 1), § 1 Rn. 25: unwiderlegliche Vermutung.

über die Stimmrechtsausübung Einfluss zu nehmen, ist (selbst bei Bejahung dieser Auslegung) bei der konkreten Beweiswürdigung jedenfalls Vorsicht angebracht.

§ 23 Abs. 2 Satz 2 Nr. 1 ÜbG wurde auch für die Frage der Zusammenrechnung von Optionen nutzbar gemacht. So hatte die Übernahmekommission einen Fall zu beurteilen, bei dem ein Stillhalter dem Bieter eine Call-Option einräumte, deren Prämie ungefähr 99% des Marktwerts der Aktien abdeckte, während das verbleibende Prozent der Ausübungspreis war;[78] hier bestand wirtschaftlich kein Zweifel, dass der Stillhalter die Aktien auf Rechnung des Bieters hielt. Dieselbe Logik gebietet, bei fix abgeschlossenen Termingeschäften die Anteile grundsätzlich dem Käufer zuzurechnen, auch wenn sicher zuzugestehen ist, dass es einen Unterschied macht, ob der Kaufpreis bereits geflossen ist (wie im vorliegenden Beispiel zumindest bei wirtschaftlicher Betrachtung) oder ob bloß eine schuldrechtliche Verpflichtung des Käufers vorliegt. Dieser Sachverhalt wurde von der Übernahmekommission bisher noch nicht entschieden. Freilich hatte die Behörde im Jahr 2009 (auch dies im Zusammenhang mit der Eco Business Immobilien AG) einen vergleichbaren Sachverhalt zu entscheiden:[79] Der Bieter war gleichzeitig Berechtigter aus einer Call-Option über die fraglichen Aktien sowie Stillhalter einer Put-Option, wobei die Ausübungsbedingungen spiegelbildlich gleich waren. Dies entspricht bei wirtschaftlicher Betrachtung einem Termingeschäft; die Übernahmekommission hat demgemäß auch die Aktien dem Erwerbsberechtigten bzw. -verpflichteten zugerechnet.

Freilich setzt die Zusammenrechnung in diesen und ähnlichen Fällen immer voraus, dass sich die Aktien auch tatsächlich beim Stillhalter der Option befinden, was freilich aufgrund der wirtschaftlichen Notwendigkeit für den Stillhalter, seine Position zu hedgen, der Regelfall ist. Wenn all dies richtig ist, dann darf es in solchen Fällen auch nicht darauf ankommen, ob der Bieter einen Anspruch auf Barerfüllung hat, oder die Option *cash-settled* ist, d.h. nur einen Anspruch auf Barzahlung der Differenz zwischen Ausübungspreis und Kurswert der Aktien gibt; denn in beiden Fällen hat der Stillhalter die Aktien auf Rechnung des Bieters.

Dieser verhältnismäßig weite Ansatz der Zurechnung ist (auch wenn er der deutschen Rechtslage nicht entspricht) international nicht unüblich. So kommt es auch nach spanischem Recht zu Hinzurechnung der Anteile zum Bieter, wenn Finanzgeschäfte oder Swaps abgeschlossen wurden, die dem Bieter zur Gänze oder teilweise das mit dem Eigentum an den Anteilen verbundene Risiko zuordnen.[80] Ich meine, dass es nur mit diesem Ansatz

---

[78] Stellungnahme v. 26.1.2007, GZ 2007/3/1-35 (*RHI*).
[79] Bescheid v. 23.10.2009, GZ 2009/1/4-103 (*ECO Business Immobilien AG*).
[80] Art. 5 Abs. 1 lit. d spanisches Real Decreto 1066/2007.

möglich sein wird, die ansonsten auf der Hand liegenden Umgehungs-
strategien in den Griff zu bekommen.

3. Auslöser der Angebotspflicht

§ 22 Abs. 1 ÜbG bindet die Angebotspflicht daran, dass der Bieter eine
kontrollierende Beteiligung an einer Zielgesellschaft „erlangt". Bewusst
hat der Gesetzgeber das Wort „Erwerb" vermieden, womit klar gestellt
wird, dass jede Handlung, die zu einer Zusammenrechnung der Anteile
führt (sei es wegen *acting in concert*, sei es wegen der soeben geschilderten Hinzurechnungen nach § 23 Abs. 2 ÜbG) auch die Angebotspflicht
auslöst.[81] Dies entspricht in der Sache auch der deutschen Rechtslage, wo
die entsprechenden Fragen im Regelfall unter dem Titel „Kontrollerwerb
aufgrund von Zurechnung" diskutiert werden.[82] § 22a Nr. 1 ÜbG hält
demzufolge auch ausdrücklich fest, dass die Angebotspflicht auch besteht,
wenn eine Gruppe gemeinsam vorgehender Rechtsträger begründet wird
(z.B. durch Abschluss eines Stimmbindungsvertrags[83]), wenn die Mitglieder dieser Gruppe zusammen eine kontrollierende Beteiligung halten.

In diesem Zusammenhang sind viele Detailfragen äußerst strittig, so
z.B. das Zusammenspiel von Übernahme- und Umgründungsrecht (in deutscher Terminologie: Umwandlungsrecht),[84] Änderungen der Zusammensetzung der Gruppe oder Änderungen der Vereinbarung, auf der die Gruppe basiert[85] oder die Kontrollerlangung ohne aktives Handeln des Bieters.[86]
All das nachzuzeichnen ist nicht Aufgabe dieses Beitrags.

Viel wichtiger als diese dogmatischen Details ist aber die Feststellung,
dass sich an der Frage des Auslösers der Angebotspflicht bei einer rechtsvergleichenden Betrachtung in Europa tiefe Bruchlinien auftun. Während
einige Mitgliedstaaten der europäischen Union dem deutschen bzw.

---

[81] Allgemeine Meinung; *Diregger/Kalss/Winner* (Fn. 1), Rn. 193.

[82] Vgl. *Hasselbach,* in: KölnKomm WpÜG (Fn. 4), § 35 Rn. 91; *Noack/Zetzsche,* in:
KMRK (Fn. 25), § 35 Rn. 17; *Schlitt/Ries,* in: MünchKomm AktG (Fn. 70), § 35 WpÜG
Rn. 77 ff.

[83] *Huber,* in: Huber (Fn. 1), § 22a Rn. 30.

[84] Stellungnahme v. 12.9.2000, GZ 2000/1/4-171 (*Bank Austria – HypoVereinsbank*);
Kalss/Winner, ÖBA 2000, 52; *Diregger/Kalss/Winner* (Fn. 1), Rn. 214 ff.; teilweise a.M.
Huber, in: Huber (Fn. 1), § 22 Rn. 33 ff.

[85] Aus jüngerer Zeit z.B. Stellungnahme v. 23.5.2011, GZ 2011/3/2-15; Stellungnahmen v. 5.5.2010, GZ 2010/1/2-30 (*A. Porr Aktiengesellschaft*); Stellungnahme v. 13.11.
2009, GZ 2009/2/7-12 (*KTM Power Sports AG*); im Überblick zuletzt *Edtbauer,* in:
Birkner (Fn. 1), S. 54 ff.

[86] Vgl. heute § 22b ÜbG. Zur Entstehung Bescheid v. 24.2.2005, GZ 2004/1/9-112
(*Böhler-Uddeholm AG*); VfGH 6.10.2006, G 151-153/05-17, V 115-117/05-17; dazu *Rill,*
ZfV 2006, 178; *Winner,* GesRZ 2007, 391.

österreichischen Modell folgen,[87] stellt das traditionelle britische Modell[88] nur auf den Erwerb von Aktien als Auslöser der Angebotspflicht ab. Im Vereinigten Königreich löst also der Abschluss einer Stimmbindungsvereinigung die Angebotspflicht nicht aus; wenn eine solche Gruppenbildung durch Vertrag aber erfolgt ist, dann zieht bereits der Erwerb auch nur einer weiteren Aktie diese Verpflichtung zur Angebotslegung nach sich, wenn die Gruppe mindestens 30%, aber nicht mehr als 50% der Stimmrechte hält.[89]

Diese abweichenden Ansätze erklären sich wohl einerseits durch einen unterschiedlichen philosophischen Zugang: Während Staaten wie Österreich, die auch das Erlangen der Kontrolle einbeziehen, vor allem den Schutz der Minderheitsaktionäre vor den aus der Konzernierung resultierenden Gefahren im Auge haben und den Aktionären deswegen den Ausstieg ermöglichen, stellt das Vereinigte Königreich insbesondere auf die Gleichbehandlung bei der Verteilung der Paketprämie ab. Von diesem Ausgangspunkt her ist es konsequent, auch nur auf den Erwerb von Aktien als Auslösehandlung abzustellen, weil im Regelfall eben nur hier eine Kontrollprämie fließt.

Umgekehrt müssen Staaten, die auf das Kontrollerlangen ohne Aktienerwerb abstellen, immer auch die Frage beantworten, was der Preis des angeordneten Angebotes sein soll, wenn es an Referenztransaktionen innerhalb der ausschlaggebenden Periode fehlt, worauf letztlich auch Art. 5 Üb-RL abstellt. Österreich hat sich hier mit § 26 Abs. 1 Satz 3 ÜbG (so wie Deutschland[90] und viele andere Mitgliedstaaten[91] grundsätzlich auch)

---

[87] So z.B. Frankreich (Art. 234-2 iVm. Art. 234-7 Règlement général AMF), Niederlande (Art. 5:70 i.V.m. Art. 5:80a Act on Financial Supervision), Portugal (Art. 187 Abs. 1 Código dos Valores Mobiliários), Slowakische Republik (§ 118g Abs. 3 Zákon o cenných papieroch, Nr. 566/2001 Z.z.), Spanien (Art. 3 Abs. 1 lit. b Real Decreto 1066/2007 [Fn. 72]).

[88] Rule 9.1 (a) The Takeover Code, so z.B. auch Belgien (Art. 50 § 1er Arrêté royal relatif aux offres publiques d'acquisition), Irland (Rule 9.1 (a) Irish Takeover Panel Act, 1997, Takeover Rules, 2007) oder Ungarn (§ 68 Abs. 1 und 2 2001. evi CXX. törvény a tőkepiacról). Wohl auch Rumänien (Art. 203 Abs. 1 Legea Nr. 297/2004 privind piaţa de capital: Wer mehr als 33% als Folge eines Erwerbs innehat, muss ein Pflichtangebot abgeben).

[89] Rule 9.1 (b) The Takeover Code; so z.B. auch Belgien (Art. 50 § 7 1° Arrêté royal relatif aux offres publiques d'acquisition), Griechenland (Schwelle von 3% gem. Art. 7 Abs. 1 Gesetz 3461/2006) und Irland (Schwelle von 0,05%, aber dafür auch über der Grenze von 50% anwendbar; Rule 9.1 (b) Irish Takeover Panel Act, 1997, Takeover Rules, 2007).

[90] Vgl. § 31 Abs. 1 WpÜG sowie §§ 3 ff. WpÜG-AngebVO. Zuletzt dazu *Tyrolt/ Cascante*, in: Mülbert/Kiem/Wittig (Fn. 56), S. 110, 127 f.

[91] So z.B. Niederlande (Art. 25 Abs. 2 Decree of 12 September 2007), Portugal (Art. 188 Abs. 1 Código dos Valores Mobiliários), Slowakische Republik (§ 118g Abs. 6

für die Maßgeblichkeit des durchschnittlichen Börsenkurses entschieden, was freilich dazu führt, dass nähere Regeln über dessen Berechnung aufgenommen oder in der Rechtsprechung entwickelt werden,[92] und letztlich auch nicht verhindern kann, dass die Angebotspflicht gezielt zu einem Zeitpunkt ausgelöst wird, zu denen Pflichtangebote wegen der niedrigen Börsenkurse für die Angebotsadressaten unattraktiv sind und daher nur in geringem Ausmaß angenommen werden (*low balling*).[93] Vielleicht ist dies dafür (mit)verantwortlich, dass manche Mitgliedstaaten für die Berechnung des Angebotspreises (zum Teil zusätzlich) auf den Unternehmenswert abstellen.[94] Andere lassen dies zumindest bei geringer Liquidität der Aktien zu.[95]

In der Sache zeigt sich jedenfalls, dass das hohe Schutzniveau, welches scheinbar durch das Einbeziehen der Kontrollerlangung als Auslösetatbestand erreicht wird, für die Praxis dadurch vermindert wird, dass der Referenzpreis nicht unbedingt aussagekräftig sein muss. Unerlässlich ist es aus dieser Sicht für den Schutz der Aktionäre jedenfalls, den späteren Ausbau durch Hinzuerwerb nach Erlangung der Kontrolle mittels einer Creeping-in-Bestimmung ebenfalls der Angebotspflicht zu unterwerfen.[96] Das Creeping-in ist bekanntlich auch in § 22 Abs. 4 ÜbG geregelt.

4. Angebotspflichtige Personen

Aus der wechselseitigen Zurechnung der von den gemeinsam vorgehenden Rechtsträgern gehaltenen Anteile (vgl. oben 2.) ergibt sich zumindest grundsätzlich, dass auch jede dieser *parties acting in concert* selbst angebotspflichtig wird; § 23 Abs. 3 ÜbG hält dies ausdrücklich fest; dies entspricht auch der deutschen Rechtslage für die Zurechnung der Stimm-

---

Zákon o cenných papieroch, Nr. 566/2001 Z.z., für Gesellschaften im amtlichen Handel), Rumänien (Art. 68 Abs. 3 und 4 Verordnung der CNVM Nr. 1/2006). Anders Schweden, wo anscheinend keine Bindung bezüglich des Preises besteht.

[92] Insbesondere über die Gewichtung der Börsenkurse.

[93] Vgl. die Nachweise bei *v. Bülow,* in: Mülbert/Kiem/Wittig (Fn. 56), S. 9, 27 f. (Porsche/Volkswagen), 31 f. (ACS/Hochtief); *Tyrolt/Cascante,* in: Mülbert/Kiem/Wittig (Fn. 56), S. 140 ff.

[94] Z.B. Frankreich (Art. 234-6 Abs. 3 Règlement général AMF), Rumänien (Art. 68 Abs. 3 und 4 Verordnung der CNVM Nr. 1/2006), Slowakische Republik (§ 118g Abs. 6 Zákon o cenných papieroch, Nr. 566/2001 Z.z.), Spanien (Art. 9 Abs. 3 iVm. Art. 10 Real Decreto 1066/2007 [Fn. 72]).

[95] Z.B. Portugal (Art. 188 Abs. 2 und Abs. 3 b Código dos Valores Mobiliários).

[96] Zur Diskussion in Deutschland im Zusammenhang mit *low balling* vgl. zuletzt zusammenfassend *v. Bülow*, in: Mülbert/Kiem/Wittig (Fn. 56), S. 38 ff. m.w.N.

rechte nach § 30 Abs. 2 WpÜG.[97] Darunter ist freilich nicht zu verstehen, dass alle *parties acting in concert* das Angebot gemeinsam abgeben müssen, sondern dass eine Solidarhaftung für die Erfüllung der Angebotspflicht besteht.[98]

Bedenkt man, dass wegen der Vermutung in § 1 Nr. 6 ÜbG alle Konzerngesellschaften gemeinsam miteinander vorgehen, so wird der Konflikt zwischen der Anordnung in § 23 Abs. 3 ÜbG und der gesellschaftsrechtlichen Kapitalverfassung deutlich. Denn nach den übernahmerechtlichen Wertungen in § 23 Abs. 3 ÜbG haftet die Tochtergesellschaft auch dann für die Erfüllung der Angebotspflicht, wenn diese durch einen Aktienerwerb der Muttergesellschaft ausgelöst wurde. Dieser Konflikt zwischen Kapitalmarkt- und Gesellschaftsrecht war noch nicht Gegenstand einer übernahmerechtlichen Entscheidung; ob § 23 Abs. 3 ÜbG in solchen Zusammenhängen einschränkend auszulegen sein könnte, ist somit offen.

Von dieser weiten Verpflichtung macht § 23 Abs. 3 ÜbG eine Ausnahme, wenn eine Partei einer Absprache über die Ausübung von Stimmrechten an der Kontrollerlangung nicht mitwirkt und das Stimmrecht bloß nach Weisung des Beteiligten ausüben kann. In der Sache wird damit der kleine Stimmenpoolpartner in einem Unterordnungssyndikat privilegiert; dies entspricht wohl der herrschenden Meinung auch in Deutschland.[99] In der Sache hat diese Ausnahme freilich bloß geringe praktische Bedeutung.

Auf europäischer Ebene besteht hinsichtlich dieser Frage keine Einheit. Manche Mitgliedstaaten nehmen eine strenge Position ein, nach der alle *parties acting in concert* angebotspflichtig sind, wobei es nicht darauf ankommt, wer tatsächlich das Angebot stellt.[100] Für andere Mitgliedstaaten[101] ist es ausschlaggebend, welche der *parties acting in concert* durch ihr Verhalten die Angebotspflicht ausgelöst hat. Zum Teil besteht nach diesen Regeln eine Ausnahme, wonach in außergewöhnlichen Fällen

---

[97] *Hasselbach*, in: KölnKomm WpÜG (Fn. 4), § 35 Rn. 187 f., 227 ff.; nicht aber für das in § 2 Abs. 5 WpÜG definierte gemeinsame Vorgehen, das wie gesagt nicht zur Zusammenrechnung führt.

[98] Stellungnahme v. 9.4.1999, GZ 1999/2/1-8.

[99] Vgl. Fn. 70.

[100] Z.B. Frankreich (Art. 234-2 Règlement général AMF); Slowakische Republik (§ 118g Abs. 3 Zákon o cenných papieroch, Nr. 566/2001 Z.z.); Slowenien (Art. 15 Abs. 1 und 2 Zakon o prevzemih); Tschechische Republik (§ 36 Abs. 2 Zákon o nabídkách převzetí, Nr. 104/2008 Sb., wenn die Angebotspflicht durch die Bildung einer Gruppe ausgelöst wird); Ungarn (§ 68 Abs. 3 2001. evi CXX. törvény a tőkepiacról); grundsätzlich auch Belgien (Art. 50 § 4 Arrêté royal relatif aux offres publiques d'acquisition).

[101] Vereinigtes Königreich (Rule 9.1 The Takeover Code); so z.B. auch Belgien bei nicht abgestimmtem Handeln eines sonst mit anderen gemeinsam vorgehenden Rechtsträgers (Art. 50 § 4 Arrêté royal relatif aux offres publiques d'acquisition); Zypern (§ 13 Abs. 11 L41(I)/2007).

bloß die sogenannte *leading* oder *principal party* zur Angebotslegung verpflichtet ist.[102] Mit dieser letzten Regel trifft die Verpflichtung zumeist auch denjenigen, der von der Transaktion wirtschaftlich am meisten begünstigt wird; ohne der Vorschrift Zwang anzutun, kann man als *principal party* in einem Konzern im Regelfall die Konzernmutter verstehen.

5. Preisfestlegung

Europaweit dem Grundsatz nach einheitlich und somit auch in Deutschland und Österreich grundsätzlich gleich ist hingegen die Frage der Bestimmung des mindestens zu bietenden Angebotspreises. § 16 und § 26 ÜbG sehen so wie § 31 Abs. 1 und Abs. 4 WpÜG iVm. §§ 3 ff. WpÜG-AngebVO vor, dass sowohl Vorerwerbe als auch Paralleltransaktionen aller gemeinsam vorgehenden Rechtsträger zu berücksichtigen sind. Der höchste innerhalb von zwölf Monaten vor Anzeige des Angebots gewährte Preis bestimmt in Österreich die mindestens zu bietende Gegenleistung im Rahmen des Angebots, während in Deutschland bloß Vorerwerbe der letzten sechs Monate vor der Veröffentlichung der Angebotsunterlage heranzuziehen sind; auch hier zeigt sich die relativ strenge Herangehensweise des österreichischen Gesetzgebers, der den maximal zulässigen Zeitraum nach Art. 5 Üb-RL ausgeschöpft hat. Erfolgt eine Paralleltransaktion zu besseren Bedingungen als im Angebot, so führt dies nach beiden Rechtsordnungen und in Einklang mit Art. 5 Üb-RL zu einer automatischen Verbesserung desselben. Von dieser Regel findet sich im internationalen Vergleich eine Ausnahme nur in Slowenien,[103] wo Paralleltransaktionen zu höheren Preisen nichtig sind, aber nicht zur Preisanpassung führen; das geringe Abschreckungspotenzial dieser Regelung liegt auf der Hand.

Europarechtlich nicht vorgezeichnet ist die Nachbesserungspflicht in § 16 Abs. 7 ÜbG und – in ähnlicher Form – in § 31 Abs. 5 WpÜG. Nach der österreichischen Norm muss der Preis verbessert werden, wenn der Bieter oder gemeinsam mit ihm vorgehende Rechtsträger innerhalb von neun Monaten nach Ende der Annahmefrist eine höhere Gegenleistung für die angebotsgegenständlichen Beteiligungspapiere gewähren oder vereinbaren. Auch hier gibt es in Europa viele Parallelvorschriften,[104] weswegen von einem Alleingang nicht gesprochen werden kann. Auch diese Vorschrift ist zur Vermeidung von Umgehungen wichtig; in der praktischen Anwendung bereiten sie meines Wissens weniger Schwierigkeiten als im Gesetzgebungsprozess ursprünglich befürchtet.

---

[102] Vgl. Rule 9.2 und Note zu Rule 9.2 The Takeover Code.

[103] Art. 38 Zakon o prevzemih.

[104] Vgl. z.B. Finnland (Kap. 6 Art. 12 Securities Markt Act 26.5.1989/495) oder Tschechische Republik (§ 30 Zákon o nabídkách převzetí, Nr. 104/2008 Sb.).

V. Summe

Das österreichische ÜbG ermöglicht es der Übernahmekommission für den Einzelfall passende Entscheidungen zu treffen. Damit kann das gemeinsame Vorgehen flexibel ausgelegt werden. Dies dient einerseits der Einzelfallgerechtigkeit, verringert andererseits aber die Rechtssicherheit und erhöht damit das Risiko bei Transaktionen. Insbesondere die Regelungstechnik der widerleglichen Vermutung passt sich in dieses Bild gut ein.

Trotz dieser Ausgangslage fordern die Teilnehmer am Kapitalmarkt keine Änderung der Rechtslage. Dass die Beteiligten mit der geringen Zertität zurechtkommen, liegt nicht nur daran, dass sie beim Ausschöpfen des rechtlichen Spielraums vorsichtig sind, sondern wird auch wesentlich dadurch begünstigt, dass die Übernahmekommission gemäß § 29 ÜbG nicht nur entscheidet, sondern die Parteien auch beraten soll. Dadurch ist es möglich, trotz relativ offener gesetzlicher Vorgaben angedachte Lösungen frühzeitig abzusichern. Dieses System kann nur funktionieren, weil alle übernahmerechtlichen Befugnisse bei der Übernahmekommission konzentriert sind und Rechtsmittel gegen ihre Entscheidungen nur bei Verfassungswidrigkeit zustehen. Diese praktikable Lösung birgt freilich die Gefahr in sich, dass die Behörde in ihrer Tätigkeit Gestaltungs- und Überprüfungsaufgaben miteinander vermengt und dadurch letztlich ihre Unabhängigkeit bei der Entscheidung verliert; hier den richtigen Mittelweg zu finden ist eine der schwierigsten Aufgaben in der täglichen Arbeitspraxis der Behörde.

Der rechtsvergleichende Befund ergibt, dass die Vereinheitlichung in dieser Schlüsselfrage des *acting in concert* nicht weit gediehen ist. Dies gilt schon beim Vergleich zwischen Deutschland und Österreich; hier habe ich zu zeigen versucht, dass die Rechtslage in Österreich dem Handeln der gemeinsam vorgehenden Rechtsträger deutlich strengere Grenzen setzt als in Deutschland. In der Sache versucht das österreichische ÜbG vor allem das Prinzip des Minderheitenschutzes zu verwirklichen, während das WpÜG deutlich stärker die Interessen der gemeinsam vorgehenden Rechtsträger an der Koordination ihres Handelns berücksichtigt.

Noch gravierender werden die Unterschiede, wenn man über die deutschsprachigen Mitgliedstaaten hinaus blickt. Denn auf europäischer Ebene sind die Unterschiede vor allem bei den Rechtsfolgen gravierend. Bei der laufenden Revision der Üb-RL[105] ist das gemeinsame Vorgehen jedenfalls ein Thema. Bei aller Vorsicht mit diesbezüglichen Voraussagen vermute ich doch, ob die Kommission die Fragen neu regeln wird. Denn jede umfassende, vielleicht sogar abschließende Regelung muss Resultat

---

[105] Zu dieser *Hopt,* in: Mülbert/Kiem/Wittig (Fn. 56), S. 42.

einer äußerst detailreichen und technisch schwierigen Arbeit sein. Solange die entsprechenden Entscheidungen im Rat getroffen werden und nicht einer anders zu erlassenden Durchführungsvorschrift vorbehalten bleiben, halte ich es daher für wahrscheinlicher, dass die derzeitigen Divergenzen Bestand haben werden.

Diskussion

zu den Referaten von *Martin Winner* und *Susan Emmenegger*

KLAUS ULRICH SCHMOLKE

Die an die Referate von *Martin Winner* und *Susan Emmenegger*[1] zum Thema „Acting in Concert" anschließende Diskussion leitete *Hans-Ueli Vogt*. Der Schwerpunktsetzung der Referate entsprechend konzentrierte sich die Debatte weitgehend auf das Acting in Concert im Übernahmerecht.

I.

Angesichts der hier drohenden Pflicht zur Abgabe eines Übernahmeangebots seitens der gemeinsam agierenden Aktionärsgruppe wurde von verschiedener Seite die grundsätzliche Frage aufgeworfen, ob der Acting in Concert-Tatbestand in seiner jeweiligen Ausprägung im österreichischen, schweizerischen und deutschen Recht ökonomisch sinnvoll oder nicht vielleicht doch zu weit geraten sei. So wurde zunächst bemerkt, dass ein weiter Acting in Concert-Tatbestand die wünschenswerte Koordination aktivistischer Aktionäre zur Kontrolle des Leitungsorgans der Gesellschaft behindere. In ihrer Replik konzedierte *Emmenegger* zwar, dass Schutzvereinigungen von Kleinanlegern wie die schweizerische Ethos eine Gruppe i.S.d. schweizerischen Acting in Concert-Regelung darstellen würden und daher meldepflichtig seien. Andererseits versuche die Übernahmekommission (UEK), wünschenswertem Aktionärsaktivismus dadurch entgegen zu kommen, dass sie ihren Entscheidungen ein weites Verständnis des – in Bezug auf die Entstehung einer Angebotspflicht – unschädlichen Parallelverhaltens zugrunde lege. Dieses weite Verständnis zeige sich etwa in dem referierten Fall *Genolier*, wo die UEK die Aktionärsdemokratie gegenüber einer kritikablen Unternehmensleitung gestützt habe.

---

[1] Der Beitrag von Frau Emmenegger fand leider keinen Eingang in den vorliegenden Tagungsband.

Darüber hinaus wurde die Angebotspflicht grundsätzlich in Zweifel gezogen, da sie Übernahmen stark verteuere und damit den Markt für Unternehmenskontrolle erheblich beeinträchtige. Ein Diskussionsteilnehmer aus
Deutschland wollte dem entgegenhalten, dass angesichts der von
Emmenegger in ihrem Vortrag geschilderten praktischen Bedeutung von
Kontrollerwerben durch bestehende Aktionäre, also gleichsam „von innen",
das Pflichtangebot vielleicht eher als Maßnahme des Minderheitenschutzes
betrachtet werden sollte. *Emmenegger* zeigte sich gegenüber dieser Argumentation jedoch skeptisch; der Tatbestand des Kontrollerwerbs sei nicht
auf den Schutz der bestehenden Aktionärsminderheit angelegt.

II.

Im Anschluss an diese grundsätzlichen Erwägungen wurden zwei Detailfragen zur Reichweite des übernahmerechtlichen Acting in Concert-
Tatbestands erörtert. Zum einen ging es um die Frage, ob in den Fällen des
„Anschleichens" (*creeping-in*) der Übernahmeinteressent zusammen mit
den Banken, die er über Derivatkontrakte als „Aktien-Parkplatz" nutze,
eine Gruppe i.S.d. Acting in Concert-Regelungen bilde. Während *Winner*
dies für Österreich bejahte, verneinte dies ein Diskussionsteilnehmer für
Deutschland unter Verweis auf die Entscheidung der BaFin im Fall
Continental/Schaeffler. Nach Ansicht der Aufsichtsbehörde fehle es in der-
lei Fällen in der Regel an einem abgestimmten Zusammenwirken zwischen
dem Übernahmeinteressenten und den Banken.

Zum anderen kam die Frage auf, ob umgekehrt ein koordiniertes Vorgehen mehrerer Aktionäre mit dem Ziel der Abwehr eines Übernahmever-
suchs den Tatbestand des Acting in Concert erfüllen könne. Diese wurde
von Vertretern aus allen drei deutschsprachigen Jurisdiktionen einhellig
bejaht. Auch eine solche „Verteidigergruppe" könne unter das Acting in
Concert fallen. Ob sich hieran allerdings eine Angebotspflicht knüpfe,
stehe auf einem anderen Blatt. So verneinten *Winner* und ein weiterer Diskussionsteilnehmer eine entsprechende Verpflichtung sowohl nach Ge-
meinschaftsrecht als auch nach deutschem und österreichischem Recht. Im
Hinblick auf die Rechtslage in der Schweiz meldete insofern auch
Emmenegger Zweifel an.

III.

Ausführlicher widmete sich die Diskussion auch dem Problem, ein Acting
in Concert in der Praxis nachzuweisen. So wurden für Österreich manifeste
Nachweisprobleme konstatiert, auf die das österreichische Übernahmegesetz (ÜbG) nach Einschätzung eines Diskussionsteilnehmers mit einer
„zweifelhaften Vermutungskaskade" reagiere. Ein deutscher Diskutant warf

die Frage auf, ob man nicht von der kartellrechtlichen Diskussion über den Nachweis von Oligopolen profitieren könne. Diese Anregung griff *Emmenegger* auf und bemerkte, dass entsprechende Forschungsarbeiten an ihrem Lehrstuhl im Gange seien. Auf die Frage nach der dogmatischen Einordnung der in praxi angewendeten Beweisregeln und -erleichterungen erklärte *Winner*, dass in Österreich die Regeln über den Anscheinsbeweis eine nicht unerhebliche Rolle spielen. Diese würden insbesondere für die – anders als offenbar in der Schweiz – in Österreich praktisch durchaus bedeutsamen Gentlemen's Agreements relevant. Für die Schweiz gab *Emmenegger* dahingehend Auskunft, dass Indizienbeweise für die Feststellung eines Acting in Concert ausreichten, wenn dieses zur vollen Überzeugung des Gerichts oder der UEK vorgelegen habe. Letztere habe allerdings keine Ermittlungsbefugnisse zur Sachverhaltsaufhellung. Diese lägen allein bei der Eidgenössischen Finanzmarktaufsicht (FINMA).

IV.

Debattiert wurde des Weiteren darüber, ob es sinnvoll sei, die Aufsichtsbehörden in Deutschland und der Schweiz nach dem österreichischen Vorbild (§ 29 ÜbG) zur Abgabe einer Vorab-Stellungnahme zu ermächtigen. Insofern wurde von deutscher und schweizerischer Seite zwar zugegeben, dass eine solche Möglichkeit einen Gewinn an Rechtssicherheit für die Kapitalmarktteilnehmer mit sich bringen würde. Im Ergebnis stand man ihrer Einführung jedoch skeptisch gegenüber. So erinnerte ein Diskussionsteilnehmer daran, dass eine solche Vorab-Anfrage in Deutschland früher bei der AGB-Kontrolle zugelassen worden sei. Diese Praxis habe man später aber aufgegeben, um sich nicht die Möglichkeit der *Ex post*-Kontrolle aus der Hand schlagen zu lassen. Aus schweizerischer Perspektive wurde zudem auf eine entsprechende Möglichkeit zur Vorab-Anfrage bei den Finanzämtern hingewiesen (sog. *advanced ruling*). Dieses verursache erhebliche Kosten. Zudem stelle sich die Frage, wie die notwendige Geheimhaltung sichergestellt werden könne. In seiner Schlussantwort konstatierte *Winner*, dass mit einem Vorab-Entscheid in der Tat eine Selbstbindung des Prüfungskörpers einhergehe. Sollten sich nach einer positiven Vorab-Stellungnahme der österreichischen Übernahmekommission die Minderheitsaktionäre gleichwohl im Nachhinein gegen das Vorgehen der Aktionärsgruppe wenden, dann erfolge die Überprüfung der Stellungnahme zwar durch denselben Senat, aber in anderer personeller Zusammensetzung. So werde die Möglichkeit einer substantiellen *Ex post*-Kontrolle gewährleistet.

V.

Ferner war das Verhältnis des Acting in Concert-Tatbestands im Übernahmerecht und desjenigen im Recht der kapitalmarktrechtlichen Beteiligungstransparenz Gegenstand der Diskussion, wobei letzterem entgegen der Schwerpunktsetzung der Referenten die größere praktische Bedeutung beschieden wurde. Zwei Stimmen aus Österreich und der Schweiz zogen diese Zweispurigkeit der Acting in Concert-Regulierung gar grundsätzlich in Zweifel und fragten, ob denn nicht ein einziger Tatbestand ausreiche. *Winner* hielt dem in seinem Schlusswort entgegen, dass beide Tatbestände ausweislich ihres jeweiligen Regelungskontextes unterschiedlichen Funktionen dienten, weshalb es sich nicht um eine unnötige „Doppelung" handele. Dem pflichtete ein Diskussionsteilnehmer aus Deutschland bei und verwies auf die entsprechende Forderung der dort herrschenden Literatur, den unterschiedlichen Funktionen der Tatbestände auch im Rahmen der Auslegung Rechnung zu tragen. Freilich komme der deutsche Gesetzgeber dieser Forderung nicht nach, sondern trete vielmehr mit Nachdruck für die Gleichbehandlung der Acting in Concert-Tatbestände im Wertpapiererwerbs- und Übernahmegesetz (WpÜG) und im Wertpapierhandelsgesetz (WpHG) ein.

VI.

Schließlich wurde die Frage aufgeworfen, wie denn eine optimale Regulierung des Acting in Concert aus Sicht des Gesetzgebers auszusehen habe. Hiermit war nicht nur die Entscheidung zwischen einem *principles-based* und einem *rules-based approach* angesprochen, sondern auch der wünschenswerte Grad der Harmonisierung oder Vereinheitlichung auf Gemeinschaftsebene. *Winner* wusste hierzu aus Österreich zu berichten, dass die (potentiellen) Bieter an möglichst engen, rechtssicheren Tatbeständen interessiert seien. Er selbst sei aber der Meinung, man brauche weite Tatbestände, um alle relevanten Sachverhalte zu erfassen. Auf die hieran anschließende Frage, ob man im Rahmen weiter Tatbestände nun mit Regelbeispielen arbeiten sollte, oder – wie bislang in Österreich – mit Vermutungen, habe er allerdings noch keine endgültige Antwort.

Schuldrechtliche Nebenabreden
im österreichischen Gesellschaftsrecht

MARTIN SCHAUER

I. Grundlagen

1. Bedeutung der schuldrechtlichen Nebenabreden

Schuldrechtliche Nebenabreden der Gesellschafter bilden auch in Österreich seit vielen Jahrzehnten eine feste Größe in der Rechtswirklichkeit von Kapitalgesellschaften. Schon in einer der ersten Veröffentlichungen zu diesem Thema vor fast neun Jahrzehnten heißt es: „Um das Entstehen und um das Wirken einer jeden Aktiengesellschaft gruppieren sich regelmäßig gesellschaftliche Vereinbarungen, die das Schicksal der Aktiengesellschaft bestimmen.“[1] Seither dürfte sich wenig geändert haben. Wenngleich empirische Untersuchungen über die Häufigkeit solcher Vereinbarungen – soweit ersichtlich – nicht vorhanden sind, deuten doch zahlreiche Äußerungen im Schrifttum darauf hin, dass es sich dabei um eine weit verbreitete Begleiterscheinung von Verbänden, besonders von Kapitalgesellschaften handelt.[2]

2. Zweck und Inhalt schuldrechtlicher Nebenabreden

Im Wesentlichen streben die beteiligten Gesellschafter eine Koordination bei der Ausübung ihrer mitgliedschaftlichen Teilhabe- oder Verwaltungsrechte an. Sie wollen ihren Einfluss in der Gesellschaft bündeln.[3] Die schuldrechtliche Nebenabrede kann deshalb den Zweck haben, mehreren Gesellschaftern, von denen jeder nur eine Minderheitsbeteiligung hält, die Mehrheit zu sichern. Ebenso gut kann es auch darum gehen, mehreren Gesellschaftern mit geringfügigen Beteiligungen durch ihr Zusammenwirken zumindest die Ausübung bestimmter Minderheitsrechte zu ermöglichen. Schuldrechtliche Nebenabreden können aber nicht nur von bestimmten Gesellschaftern, sondern auch von allen an der Gesellschaft beteiligten

---

[1] So der einleitende Satz in dem kurzen Aufsatz von *Klärmann*, JBl 1924, 60.
[2] Vgl. dazu etwa *Kraus*, Die Angebotspflicht im Syndikat, 2011, S. 62 ff.; *Tichy*, Syndikatsverträge bei Kapitalgesellschaften, 2000, 33 f.; *Rüffler*, FS Koppensteiner, 2007, S. 97, 98 f.
[3] Vgl. *Rüffler*, FS Koppensteiner, 2007, S. 97, 99; *Tichy* (Fn. 2), S. 31 f.; *Kraus* (Fn. 2), S. 64 ff.

Mitgliedern eingegangen werden.[4] Es kann dann beispielsweise darum gehen, einzelnen Gesellschaftern oder einer Minderheitsgruppe bestimmte Einflussmöglichkeiten zu sichern, beispielsweise durch das Recht auf Nominierung von Organmitgliedern, zu deren Wahl sich die übrigen Gesellschafter verpflichten.

Damit sind bereits die wesentlichen Inhalte der schuldrechtlichen Nebenvereinbarungen angesprochen.[5] Es geht zunächst um die gemeinsame Ausübung des Stimmrechts in der jeweiligen Gesellschaft. Die diesbezügliche Willensbildung verläuft nach den dafür vereinbarten Regeln; also z.b. durch Mehrheitsbeschluss der an der Vereinbarung beteiligten Gesellschafter. Auch Weisungsrechte eines oder mehrerer Gesellschafter gegenüber den anderen beteiligten Gesellschaftern sind möglich. Häufig sehen die Nebenabreden auch Nominierungsrechte der Beteiligten vor: Die Gesellschafter könnten etwa das Recht erhalten, eine Person als Mitglied für den Aufsichtsrat oder den Vorstand vorzuschlagen, die mit den Stimmen aller beteiligter Gesellschafter gewählt wird. Auch Finanzierungsabreden, beispielsweise zur Leistung von Nachschüssen, können in einer Nebenvereinbarung enthalten sein. Schließlich haben die beteiligten Gesellschafter vielfach ein Interesse, die Nachfolge hinsichtlich der Gesellschaftsanteile zu kontrollieren. Zur Sicherstellung einer Abwehr von Fremdeinflüssen sind in den Nebenabreden deshalb zumeist auch wechselseitige Vorkaufs- oder Aufgriffsrechte vorgesehen.

3. *Motive für den Abschluss schuldrechtlicher Nebenabreden*

a) *Vermeidung von Publizität*

Die Gründe für den Abschluss einer schuldrechtlichen Nebenabrede lassen sich fast immer in zwei möglichen Motiven finden.[6] Erstens dient die Nebenabrede der Vermeidung von Publizität.[7] Wenngleich sie nach h.A.

---

[4] Sog. „omnilaterale" Nebenabreden (vgl. *Tichy* (Fn. 2), S. 50, 64; *Kalss*, in: Kalss/ Nowotny/Schauer, Gesellschaftsrecht, Rn. 3/139; *Haberer*, Zwingendes Kapitalgesellschaftsrecht, 2009, S. 347; *Kraus* (Fn. 2), S. 61; kritisch zur Begriffsbildung *Rüffler*, FS Koppensteiner, 2007, S. 97 f.

[5] Dazu etwa die ausführliche Checkliste von *Schirmer/Uitz*, Syndikatsvertrag, ecolex 2007, 609; vgl. auch bereits *Kastner*, ÖZW 1980, 1, 3 ff.; *ders.*, ÖJZ 1953, 1, 1 f.; *Tichy* (Fn. 2), S. 31 f.; *Diregger/Tichy*, in: Doralt/Nowotny/Kalss, AktG (2012), § 121 Rn. 40 ff.; *Rüffler*, FS Koppensteiner, 2001, S. 97, 98 f.

[6] In Einzelfällen mag auch als ein weiteres, von *Tichy* (Fn. 2), S. 32, erwähntes Motiv eine Rolle spielen, dass sich der Stimmbindungsvertrag einfacher und kostengünstiger ändern lässt.

[7] Den Geheimhaltungszweck betonen etwa auch *Tichy* (Fn. 2), S. 32; *Diregger/Tichy*, in: Doralt/Nowotny/Kalss, (Fn. 5), § 121 Rn. 43; *Rüffler*, FS Koppensteiner, 2007, S. 97, 99; *Fantur*, GeS 2006, 335; *Kraus* (Fn. 2), S. 62.

formfrei ist,[8] wird sie zwar regelmäßig schriftlich abgeschlossen.[9] An der Transparenz gegenüber der Öffentlichkeit fehlt es aber deshalb, weil die Nebenabrede – im Gegensatz zur Satzung – nicht im öffentlichen Register hinterlegt wird und somit für Dritte unzugänglich bleibt.[10] Der Sicherung der Geheimhaltung dienen auch die regelmäßig vereinbarten Verschwiegenheitspflichten der beteiligten Gesellschafter sowie die Streitschlichtung durch Schiedsgerichte.[11] Der Vermeidung von Publizität kommt in der Regel ein ganz erhebliches Gewicht zu. Deshalb erscheint es kaum übertrieben, wenn gesagt wird, dass die schuldrechtliche Nebenabrede einer Aktiengesellschaft nicht selten aussagekräftiger und umfangreicher sei als die beim Firmenbuch erliegende Satzung, die nur den gesetzlichen Mindestinhalt enthält.[12] In Hinblick darauf überrascht es nicht, wenn gelegentlich die Bezeichnung „Nebenabrede" kritisiert wird, weil sie verschleiere, dass in solchen Vereinbarungen eben gerade nicht lediglich Nebensächliches geregelt wird; de facto enthalte die Vereinbarung vielfach die „Hauptordnung".[13] Der Streit um Begriffe soll hier nicht weitergeführt werden. Es genügt festzuhalten, dass die Bezeichnung „Nebenvereinbarung" zumindest insofern gerechtfertigt ist, als es sich dabei um eine Vereinbarung handelt, die die Gesellschafter zwar mit Bezug auf die Satzung, aber eben *neben* dieser eingehen. Deshalb wird hier weiterhin von den Nebenvereinbarungen die Rede sein.

b) *Vermeidung statutarischer Inhaltsschranken*

Das zweite Motiv für eine Nebenvereinbarung besteht darin, dass die Gesellschafter darin die Aufnahme von Regelungen anstreben, die in der Satzung nicht enthalten sein können.[14] Hierfür mag es wieder unterschied-

---

[8] Ausführlich zuletzt *Kraus* (Fn. 2), S. 82 ff.; ferner *Tichy* (Fn. 2), S. 52 f.; *Diregger/ Tichy*, in: Doralt/Nowotny/Kalss (Fn. 5), § 121 Rn. 45; ebenso etwa *Enzinger*, in: Straube, GmbHG, § 34 Rn. 27; *Kastner*, ÖZW 1980, 1, 3.

[9] Vgl. auch *Haberer* ((Fn. 4), S. 348) und *Kraus* ((Fn 2), S. 82) mit dem Hinweis auf die in der Praxis häufig angewendete Form des Notariatsaktes.

[10] Vgl. dagegen § 243a Abs. 1 Z 2 UGB, aus dem sich bei börsennotierten Gesellschaften eine beschränkte Veröffentlichungpflicht für Syndikatsverträge ergeben kann (so *Haberer* (Fn. 4), S. 349; zustimmend *Kraus* (Fn. 2), 59 f., Fn. 309 [vgl. auch *ders.*, S. 70 ff.]; vgl. auch *Nowotny*, in: Straube, UGB II/RLG, § 243a Rn. 19).

[11] Vgl. *Tichy* (Fn. 2), S. 189 ff.; *Kraus* (Fn. 2), S. 62; zur Schiedsfähigkeit von Streitigkeiten aus einem Syndikatsvertrag auch OGH 7 Ob 103/10p, wbl 2011, 101, 275; dazu *Hausmaninger/Thun-Hohenstein*, ecolex 2011, 625.

[12] So *Tichy*, in: Doralt/Nowotny/Kalss (Hrsg.), AktG (2003), Allg. Einl. Rn. 28.

[13] *Rüffler*, FS Koppensteiner, 2007, S. 97, 98; *Haberer* (Fn. 4), S. 346; *Kraus* (Fn. 2), S. 63 f.; ähnlich die Feststellung von *Tichy* (Fn. 2), S. 46, wonach die Meinungsbildung in Kapitalgesellschaften nur selten erst in der Gesellschafterversammlung stattfinde.

[14] *Tichy* (Fn. 2), S. 32; *Diregger/Tichy*, in: Doralt/Nowotny/Kalss, (Fn. 5), § 121 Rn. 43; *Rüffler*, FS Koppensteiner, 2007, S. 97, 99.

liche Gründe geben. Erstens ist daran zu denken, dass das für die jeweilige Gesellschaftsform maßgebliche Recht eine solche Regelung gar nicht zulässt. Dies kann einen Anreiz bilden, die betreffende Frage außerhalb der Satzung auf schuldrechtlicher Ebene zu regeln. Zweitens ist in Betracht zu ziehen, dass an der Nebenabrede möglicherweise nicht alle Gesellschafter beteiligt sind, vielleicht gar nur eine Minderheit. In einem solchen Fall hätten sie gar nicht die Möglichkeit, die betreffenden Regelungen in die Satzung aufzunehmen, sofern sie über keine satzungsändernde Mehrheit verfügen. Wiederum bleibt nur der Weg, die jeweiligen Inhalte in einer schuldrechtlichen Nebenabrede zu regeln.

4. Rechtsformenneutralität

Grundsätzlich sind schuldrechtliche Nebenabreden bei jeder Gesellschaftsform denkbar. Bei Kapitalgesellschaften kommen sie jedoch erheblich häufiger vor als bei Personengesellschaften.[15] Der Grund dafür hängt mit den eben erwähnten Motiven zusammen, die sonst für den Abschluss einer solchen Nebenabrede maßgeblich sind. Bei Personengesellschaften muss kein Gesellschaftsvertrag beim Firmenbuch eingereicht werden; die Publizität, die die Gesellschafter durch die Nebenabrede vermeiden wollen, besteht also nicht. Ferner enthält das Recht der Personengesellschaften ganz überwiegend dispositives Recht, sodass auch der bei Kapitalgesellschaften bestehende Anreiz, zwingenden Inhaltserfordernissen durch die Nebenabrede aus dem Weg zu gehen, zumeist entfällt.

Schuldrechtliche Nebenabreden sind stets auf eine bestimmte Gesellschaft bezogen. Sie können aber zu einem beliebigen Zeitpunkt abgeschlossen werden; also beispielsweise anlässlich der Gründung der Gesellschaft oder zu einem späteren Zeitpunkt, nachdem die Gesellschaft bereits entstanden ist.[16]

5. Terminologische Hinweise

Schuldrechtliche Nebenabreden unter Gesellschaftern werden in Österreich zumeist als Syndikatsverträge bezeichnet.[17] Gesellschaftsanteile, auf die sich der Vertrag bezieht, sind dementsprechend „syndiziert". Auch die Be-

---

[15] *Kastner*, Die bürgerlich-rechtliche Gesellschaft im österreichischen Wirtschaftsleben, Gedenkschrift Gschnitzer, 1969, S. 211, 225; *ders.*, ÖZW 1980, 1; *Tichy* (Fn. 2), S. 32 f.

[16] *Kastner*, ÖJZ 1953, 1, 2.

[17] Vgl. zur Terminologie z.B. *Tichy* (Fn. 2), S. 34; *Diregger/Tichy*, in: Doralt/Nowotny/Kalss, (Fn. 5), § 121 Rn. 40; *Kraus* (Fn. 2), S. 58; *Rüffler*, FS Koppensteiner, 2007, S. 97, 98.

zeichnungen „Stimm(rechts)bindungsvertrag"[18], „Konsortialvertrag"[19] oder
„Poolvertrag"[20] sind gebräuchlich. Abgesehen vom Stimmbindungsvertrag,
der den zentralen Vertragsinhalt benennt, bieten sie jedoch keinen darstel-
lungstechnischen Mehrwert. Der Ausdruck „schuldrechtliche Nebenabrede"[21] bleibt zwar inhaltlich farblos; er beschreibt jedoch die Dualität
der Rechtsverhältnisse aus rechtsdogmatischer Perspektive: Hier der Gesellschaftsvertrag bzw. die Satzung als verbandsrechtlicher Organisations-
akt, durch die der Verband geschaffen und die mitgliedschaftlichen Beteiligungen begründet werden; dort die schuldrechtliche Nebenabrede, die auf
gemeinsames Wirken im Verband gerichtet ist und als relatives Rechtsverhältnis lediglich die beteiligten Gesellschafter bindet.

6. Rechtsdogmatische Einordnung

Eine besondere Regelung für die schuldrechtlichen Nebenabreden gibt es
nicht. Gleichwohl wurde ihre grundsätzliche Zulässigkeit im österreichischen Recht, soweit zu sehen, niemals bezweifelt.[22] Die einhellige Lehre
und Rechtsprechung qualifiziert sie als Gesellschaften bürgerlichen
Rechts, die dem Regime der §§ 1175 ff. ABGB unterliegen.[23] Der Oberste
Gerichtshof formuliert in mehreren Entscheidungen, dass Syndikatsverträge eine sinnvolle Ergänzung des Gesellschaftsvertrags darstellen, ohne

---

[18] *Tichy* (Fn. 2), S. 34; *Rüffler*, FS Koppensteiner, 2007, S. 97, 98; 7 Ob 59/03g, JBl
2003, 869; 6 Ob 80/11z, GES 2011, 438.
[19] *Tichy* (Fn. 2), S. 34; *Diregger/Tichy*, in: Doralt/Nowotny/Kalss, (Fn. 5), § 121 Rn.
40; *Kraus* (Fn. 2), S. 61.
[20] *Kastner*, ÖZW 1980, 1; *ders.*, ÖJZ 1953, 1; ebenso *Tichy* (Fn. 2), S. 34; *Diregger/
Tichy*, in: Doralt/Nowotny/Kalss, (Fn. 5), § 121 Rn. 40, sowie 7 Ob 59/03g, JBl 2003,
869, wo auch der – heute eher ungebräuchliche – Ausdruck „Schutzgemeinschaftsver-
trag" erwähnt wird; *Kraus* (Fn. 2), S. 61.
[21] Vgl. aus terminologischer Sicht auch hierzu *Tichy* (Fn. 2), S. 34; *Rüffler*, FS
Koppensteiner, 2007, S. 97, 98.
[22] Überblick über die Entwicklung des Meinungsstands in Rechtsprechung und Lehre
Kraus (Fn. 2), S. 67 ff.; für viele Autoren (z.B. *Tichy* (Fn. 2), S. 45) steht die Zulässigkeit in Hinblick auf die Entwicklung der Diskussion so sehr als unbestritten außer
Zweifel, dass auf eine weitere Untersuchung verzichtet wird; zur Zulässigkeit auch
Koppensteiner/Rüffler, GmbHG, § 39 Rn. 19; *Kastner*, ÖZW 1980, 1; *ders.*, Gedenk-
schrift Gschnitzer, 1969, S. 224; *ders.*, ÖJZ 1953, 1, 2; vgl. auch 7 Ob 59/03g, JBl 2003,
869.
[23] So bereits *Klärmann*, JBl 1924, 60; in neuerer Zeit ebenso *Tichy* (Fn. 2), S. 36 ff.;
Diregger/Tichy, in: Doralt/Nowotny/Kalss, (Fn. 5), § 121 Rn. 44; *Kraus* (Fn. 2), S. 72 ff.;
Nowotny, in: Kalss/Nowotny/Schauer, Gesellschaftsrecht, Rn. 4/131; *Kalss*, in: Kalss/
Nowotny/Schauer, (Fn. 4), Rn. 3/623; *Enzinger*, in: Straube, (Fn. 8), § 34 Rn. 27;
Kastner, ÖZW 1980, 1, 2; *ders.*, Gedenkschrift Gschnitzer, 1969, S. 226; *Enzinger*, OGH
7 Ob 59/03g, JBl 2003, 869; 3 Ob 72/09g, GesRZ 2010, 49; 7 Ob 103/10p, wbl 2011,
101, 275; 6 Ob 80/11z, GES 2011, 438.

dass sie jedoch unmittelbar in die gesellschaftsrechtliche Organisation eingreifen.[24] So gut wie ausnahmslos handelt es sich um Innengesellschaften. Eine abweichende Einordnung der schuldrechtlichen Nebenabrede wird nur dann vorgenommen, wenn die für Gesellschaften erforderliche Teilhabe aller Beteiligten fehlt. Dies ist dann der Fall, wenn ein Partner gegenüber einem anderen ein Weisungsrecht hat.[25]

II. Österreichische Rechtsprechung zu den schuldrechtlichen Nebenvereinbarungen

Die Zahl der höchstgerichtlichen Entscheidungen zu schuldrechtlichen Nebenvereinbarungen ist verhältnismäßig gering. Im Folgenden soll ein Überblick über die wichtigsten Entscheidungen gegeben werden.

1. Durchsetzbarkeit der schuldrechtlichen Nebenabrede

Die ganz h.A. befürwortet bereits seit langem die Durchsetzung von syndikatsvertraglichen Ansprüchen mit Leistungsklage.[26] Der Oberste Gerichtshof war damit – soweit zu sehen – erst einmal befasst. Das Höchstgericht bejahte in dieser Entscheidung einen Unterlassungsanspruch bei drohender Verletzung der Stimmbindung und ließ überdies die Sicherung durch einstweilige Verfügung zu.[27] Ob auch der Anspruch auf ein positives Abstimmungsverhalten sicherungsfähig ist, ist wegen der Befürchtung, es werde nicht mehr korrigierbarer Zustand geschaffen, im Schrifttum umstritten.[28]

---

[24] OGH 4 Ob 588/95, wbl 1996, 125; 2 Ob 46/97x, EvBl 2000, 23; 9 Ob 13/01d, ecolex 2001, 155 (Ls); *Enzinger*, 7 Ob 59/03g, JBl 2003, 869; 1 Ob 180/07p; 3 Ob 72/09g, GesRZ 2010, 49; 7 Ob 103/10p, wbl 2011, 101, 275; 6 Ob 80/11z, GES 2011, 438; ebenso *Kastner*, ÖJZ 1980, 1.

[25] *Kastner*, Gedenkschrift Gschnitzer, 1969, S. 211, 225; *Diregger/Tichy*, in: Doralt/Nowotny/Kalss, (Fn. 5), § 121 Rn. 44; *Kraus* (Fn. 2), S. 75 f.; *Kalss*, in: Kalss/Nowotny/Schauer, (Fn. 4), Rn. 3/623; vgl. auch OGH 7 Ob 59/03g, JBl 2003, 869.

[26] Z.B. *Diregger/Tichy*, in: Doralt/Nowotny/Kalss, (Fn. 5), § 121 Rn. 77; *Nowotny*, in: Kalss/Nowotny/Schauer, (Fn. 23), Rn. 4/133; *Koppensteiner/Rüffler*, GmbHG, § 39 Rn. 22.

[27] OGH 7 Ob 59/03g, JBl 2003, 869; ebenso beim Treuhandvertrag OGH 4 Ob 256/03 f., GeS 2004, 214.

[28] Kritisch etwa *Koppensteiner/Rüffler*, GmbHG, § 39 Rn. 22; *Enzinger*, in: Straube, (Fn. 8), § 34 Rn. 32.

2. Beendigung der schuldrechtlichen Nebenabrede

Einige Entscheidungen befassen sich mit der Beendigung der schuldrechtlichen Nebenvereinbarungen. Die Kündigung einer solchen Nebenvereinbarung unterliegt – mit Rücksicht auf deren Qualifikation als Gesellschaft
bürgerlichen Rechts (I.6) – grundsätzlich dem § 1212 ABGB, der eine
jederzeitige Aufkündigung gestattet, soweit nicht Arglist oder Unzeit
vorliegt. Ob „Unzeit" vorliegt, kann sich auch aus dem Vertragszweck ergeben.[29] Erst jüngst hat der OGH im Zusammenhang mit einer schuldrechtlichen Nebenabrede wieder ausgesprochen, dass die freie Kündbarkeit
eines auf unbestimmte Zeit eingegangenen Dauerschuldverhältnisses nach
der Absicht der Parteien für einen bestimmten Zeitraum ausgeschlossen
sein kann.[30]

3. Verhältnis von Gesellschaftsvertrag oder Satzung zur schuldrechtlichen Nebenabrede

a) Anfechtbarkeit des Gesellschafterbeschlusses wegen pflichtwidriger Stimmabgabe

aa) Meinungsstand

Ferner tritt das auch im deutschen Recht intensiv erörterte Problem auf, in
welchem Verhältnis die schuldrechtliche Nebenabrede und der Gesellschaftsvertrag bzw. die Satzung zueinander stehen. Dabei geht es auch,
aber nicht nur um die Frage, welche Auswirkungen die pflichtwidrig abgegebene Stimme eines gebundenen Gesellschafters auf den Beschluss in der
Gesellschaft hat. Das österreichische Höchstgericht betont regelmäßig,
dass die bindungswidrig abgegebene Stimme wirksam ist und eine Anfechtung des Beschlusses nicht möglich ist, sofern sich die Stimmbindung
nicht darauf beschränkt, die – auch ohne Syndikatsvertrag bestehende –
Treuepflicht zu konkretisieren.[31]

bb) Ausnahmsweise Zulassung des Durchgriffs

Allerdings hat der OGH in einer spezifischen Situation – im Anschluss an
und unter Berufung auf den BGH – eine Ausnahme gemacht: Wenn an der
Stimmbindungsvereinbarung sämtliche Gesellschafter beteiligt waren,
dann soll es zulässig sein, einen unter pflichtwidriger Stimmabgabe
zustande gekommenen Beschluss als anfechtbar zu betrachten und solche
Regelungen – ohne dass sie Bestandteil der Satzung wären – als solche der

---

[29] OGH 7 Ob 59/03g, JBl 2003, 869; dazu *Wallisch*, ÖZW 2004, 55.
[30] OGH 6 Ob 80/11z, GES 2011, 438.
[31] OGH 4 Ob 588/95, wbl 1996, 125; 2 Ob 46/97x; 9 Ob 13/01d, ecolex 2001, 155
(Ls); 6 Ob 80/11z, GES 2011, 438; vgl. auch 1 Ob 180/07p.

Gesellschaft selbst zu behandeln. In einer älteren Entscheidung war er auch dem BGH[32] in dessen prozessökonomischer Begründung gefolgt, wonach kein Grund bestehe, die vertragswidrig überstimmten Gesellschafter auf den umständlichen Weg einer Klage gegen den Mitgesellschafter zu verweisen, und hatte die Anfechtung unter dieser Voraussetzung offenbar für grundsätzlich möglich gehalten, wenn auch im konkreten Fall verneint.[33] In einer späteren Entscheidung hielt das österreichische Höchstgericht diese Begründung für unzureichend und führte jetzt aus, der „Durchgriff" lasse sich nur damit rechtfertigen, dass er in der ausgeprägt personalistischen Struktur der Gesellschaft begründet ist. Eine solche Gesellschaft könne aufgrund der geringen Zahl und der in der Person jedes einzelnen Gesellschafters gelegenen Bedeutung für die Gesellschaft selbst nicht losgelöst von ihren Gesellschaftern betrachtet werden. Daher erscheine die Berücksichtigung des einheitlichen Willens aller Gesellschafter insgesamt auch bei Handlungen, die der Gesellschaft zuzuordnen sind, geboten. Dies müsse insbesondere für Stimmbindungsverträge gelten, in denen sich das personalistische Element manifestiert, da sich mit dem Grad der personalistischen Ausrichtung der Gesellschaft auch die Intensität der einzuhaltenden Treuepflichten steigere.[34]

cc) Rückkehr zur h.A. in 6 Ob 80/11z?

Dass die Ausstrahlungen einer schuldrechtlichen Nebenabrede auf die Gesellschaft in der Rechtsprechung immer noch keine festen Konturen aufweisen, zeigt eine aktuelle Entscheidung des Obersten Gerichtshofs.[35] Gegenstand war erneut die Anfechtbarkeit eines Generalversammlungsbeschlusses wegen abredewidriger Stimmabgabe. Das Höchstgericht referiert darin zunächst seine in der Entscheidung 2 Ob 46/97x (oben II.3.a.bb) vertretene Rechtsansicht, wonach die Verletzung einer omnilateralen Nebenabrede die Anfechtung rechtfertige, sofern die Gesellschaft eine personalistische Struktur aufweise. Eine Stellungnahme zu dieser im Schrifttum kontrovers behandelten Entscheidung sei im konkreten Fall nicht erforderlich, weil eine von Gesellschaftern geschlossene Nebenabrede im konkreten Fall nicht vorliege. Freilich kann der Hinweis auf die kontroversielle Erörterung der angeführten Entscheidung im Schrifttum und namentlich die Zitierung der ablehnenden Ansicht von *Rüffler*[36] so verstanden werden, dass der OGH möglicherweise an seiner früheren, zumindest

---

[32] BGH II ZR 243/81, NJW 1983, 1910.
[33] OGH 4 Ob 588/95, wbl 1996, 125.
[34] OGH 2 Ob 46/97x, EvBl 2000, 23.
[35] OGH 6 Ob 80/11z, GES 2011, 438.
[36] *Rüffler*, FS Koppensteiner, 2007, S. 97, 111 ff. (vgl. auch unten bei Fn. 53).

partiell durchgriffsfreundlichen Haltung nicht länger festhalten möchte. Der Standpunkt der Rechtsprechung erscheint somit wieder unsicher.

b) Schuldrechtliche Nebenabrede und MBO

aa) Mit Blick auf jene Entscheidung, in der der OGH ausnahmsweise die Anfechtung eines Generalversammlungsbeschlusses wegen pflichtwidriger Stimmabgabe zugelassen hat (oben II.3.a.bb), erscheint es konsequent, wenn das Höchstgericht in einer anderen Entscheidung meint, dass sich diese zu einer GmbH entwickelte Ansicht auf kapitalistisch strukturierte Aktiengesellschaften nicht übertragen lasse. Nicht ganz klar wird dabei, ob der Oberste Gerichtshof auf die stärker kapitalistisch geprägte Rechtsform der AG als solche oder auf die Realstruktur abstellen möchte. Im Ergebnis sprach der OGH aus, dass der Alleinvorstand einer AG an einen Syndikatsvertrag, der die Ausübung des Stimmrechts durch die beteiligten Aktionäre regelt, schon deshalb nicht gebunden sei, weil er notwendigerweise auch gegenüber der Hauptversammlung weisungsfrei sei. Das Schutzbedürfnis einzelner Konsorten dürfe nicht dazu führen, dem Stimmrecht der Aktionäre eine Bedeutung zu verleihen, die ihm nach dem Gesetz nicht zukomme.[37]

bb) Freilich dürfte der Fall ein wenig komplexer gelegen haben, als die sehr knappe Entscheidungsbegründung, in der sich das Höchstgericht auf die Zurückweisung eines außerordentlichen Revisionsrekurses beschränkt, dies vermuten lässt. In einem etwa zur selben Zeit erschienen Festschriftbeitrag[38] von *G. Schima* sind Ausführungen enthalten, die sich offenbar auf denselben Fall beziehen. Nach der dort wiedergegebenen Sachverhaltsdarstellung hielten nach einem MBO acht im Unternehmen tätige Vorstandsmitglieder und leitende Angestellte sowie Familienangehörige der beiden größten Einzelaktionäre insgesamt 95 % des Grundkapitals. Zwischen den beteiligten Vorstandsmitgliedern und Mitarbeitern wurde ein Konsortialvertrag geschlossen; die Aktien der Angehörigen waren hiervon nicht erfasst; allerdings übten die beiden größten Aktionäre als Bevollmächtigte auch deren Stimmrecht aus. Nach dem Syndikatsvertrag war vorgesehen, dass ein Aktionär bei Beendigung des Dienstverhältnisses – ausgenommen beim Übertritt in den Ruhestand – die Aktien für einen weit unter dem Marktwert liegenden Preis an die anderen Syndikatspartner veräußern musste. Offenbar zum Schutz der als Mitarbeiter tätigen Syndikatspartner war vorgesehen, dass die Konsortialversammlung vor einer Kündigung oder Entlassung eines solchen Mitarbeiters mit Zweidrittelmehrheit die Zustimmung dazu erteilt haben musste.

---

[37] OGH 9 Ob 13/01d, ecolex 2001, 155 (Ls).
[38] *G. Schima*, FS Krejci, 2001, S. 825, 836 ff., 848 ff.

Der Sachverhalt gewinnt noch an Komplexität, weil zwischen dem Alleinvorstand A und dem Prokuristen B eine weitere Vereinbarung bestand, wonach A verpflichtet war, dem B zu einem bestimmten Termin ein Aktienpaket von 20% des Grundkapitals zu einem deutlich unter dem Marktwert liegenden Preis zu übertragen, sofern B an diesem Tag noch in den Diensten der Gesellschaft stehen würde. Da es in der Folge zu Verlusten in der Gesellschaft kam, für die B verantwortlich gemacht wurde, berief A eine Konsortialversammlung ein, in der beschlossen wurde, B fristlos zu entlassen. B bestritt die Wirksamkeit der Entlassung und machte geltend, dass die gebotene Zweidrittelmehr nicht erreicht worden sei.

cc) Im Lichte dieser Sachverhaltsinformationen erweist sich die Entscheidung des Obersten Gerichtshofs als bestehend klar und einfach: Die Entlassung ist wirksam, weil es auf den Konsortialvertrag nicht ankomme. Allerdings drängt sich die Frage auf, ob es sich der OGH nicht ein wenig zu einfach gemacht hat. Schon in Hinblick auf die Prämisse, wonach dem Syndikatsvertrag bei personalistischen Gesellschaften ein erhöhter Stellenwert zukommen solle, hätte sich das Höchstgericht zur Prüfung veranlasst sehen können, ob diesem Gedanken auch im vorliegenden Fall wegen der personalistischen Elemente in der Realstruktur der Gesellschaft Rechnung zu tragen sei. *G. Schima* meint – noch ohne Bezugnahme auf die Entscheidung –, dass es seitens der Gesellschaft in hohem Maße treuwidrig wäre, wenn sie sich darauf berufen wolle, dass die Wirksamkeit bzw. Berechtigung von arbeitsrechtlichen Lösungserklärungen nicht von der Beachtung der Bestimmungen des Konsortialvertrags abhängig sei. Andernfalls könne ein einzelner Aktionär in seiner Funktion als Alleinvorstand die übrigen Konsortialmitglieder ohne vorherige Einholung zustimmender Konsortialbeschlüsse kündigen und die Aktien zum günstigen Preis an sich ziehen. Richtigerweise müsse der Konsortialvertrag die Wirkung eines vertraglichen Kündigungsschutzes entfalten. Wenngleich diese Überlegungen viel für sich haben, so ist zu prüfen, ob man dem mit der Berufung auf die Treuwidrigkeit zufrieden gestellten Gerechtigkeitsgefühl auch auf dogmatisch besser abgesicherte Weise zum Durchbruch verhelfen kann.

Die Schwierigkeit des vorliegenden Falls liegt darin, dass zwischen den Beteiligten gleich drei Rechtsverhältnisse bestehen; und zwischen A und B kommt noch ein viertes hinzu. Die Beteiligten sind – erstens – Aktionäre der Gesellschaft, zu der sie in einem mitgliedschaftlichen Verhältnis stehen. Zweitens sind sie durch den Konsortialvertrag gebunden. Drittens sind sie mit der Gesellschaft als Vorstandsmitglied oder leitende Mitarbeiter verbunden. Schließlich besteht – viertens – noch das Sonderrechtsverhältnis zwischen A und B, wonach A dem B einen bestimmten Anteil am Grundkapital übertragen muss, wenn B zum Stichtag noch im aufrechten Dienstverhältnis steht.

G. Schima ist wohl darin zu folgen, dass durch den Konsortialvertrag ein Gleichklang von Aktionärsstellung und Tätigkeit als leitender Mitarbeiter der Gesellschaft hergestellt werden sollte.[39] Wenn es sich aber so verhält, dann ist meines Erachtens anzunehmen, dass die Zustimmung der Konsortialversammlung mit ausreichender Mehrheit als Voraussetzung für eine Kündigung oder Entlassung als schlüssig im Anstellungsvertrag vereinbart anzusehen ist. Einer Berufung auf eine Treuwidrigkeit bedarf es dann nicht mehr. Geht man davon aus, so könnte sich ein gekündigtes oder entlassenes Konsortialmitglied auf die Unwirksamkeit der Beendigungserklärung des Vorstands berufen, wenn die Zustimmung der Konsortialversammlung nicht vorliegt. Deshalb hätte sich der OGH im vorliegenden Fall durchaus mit der Wirksamkeit des Beschlusses der Konsortialversammlung befassen müssen.

dd) Freilich könnte der vorliegende Sachverhalt noch auf einer weiteren Ebene zu Problemen führen. Wie würde es sich verhalten, wenn die Konsortialversammlung mit ausreichender Mehrheit der Kündigung oder Entlassung ihre Zustimmung erteilt hätte? Es ist dabei zu bedenken, dass die übrigen Konsortialmitglieder nicht lediglich die Interessen der Gesellschaft im Blick haben werden, sondern womöglich auch Eigeninteressen verfolgen, weil das gekündigte oder entlassene Mitglied ihnen seine Beteiligung zu einem weit unter dem Marktwert liegenden Preis verkaufen muss. Fraglich ist, ob hiergegen Schutz besteht. Dies hängt zunächst davon ab, ob der Konsortialvertrag die Zustimmung der Versammlung materiell beschränkt, etwa durch die Bindung an wichtige Gründe. Ob dies im konkreten Fall zutraf, kann den Informationen nicht entnommen werden. Der OGH prüft indes, ob die Entlassung aus einem sittenwidrigen Beweggrund erfolgt ist, was jedoch – es ging um ein Sicherungsverfahren – nicht bescheinigt werden konnte; die Eigeninteressen des kündigenden Alleinvorstands wurden dabei aber offenbar nicht berücksichtigt. Demgegenüber wäre zu erwägen, bereits bei der Zustimmung der Konsortialversammlung anzusetzen. Denn die Zustimmung zur Beendigung des Anstellungsverhältnisses hat, weil das betroffene Konsortialmitglied bei Veräußerung seiner Anteile auch aus dem Konsortium ausscheiden muss, mittelbar dieselbe Wirkung wie eine Hinauskündigungsklausel. Hinauskündigungsklauseln unterliegen nach der Rechtsprechung des BGH einer gerichtlichen Kontrolle, wonach die Hinauskündigung zumindest einen sachlichen

---

[39] *G. Schima*, FS Krejci, 2001, S. 825, 849.

Grund erfordert.[40] Freilich dürfte diese Hürde zu nehmen sein, wenn es sich erweisen sollte, dass die Verluste der Gesellschaft in der Tat auf der Geschäftsführung des gekündigten Konsortialmitglieds beruhen. Denn das Eigeninteresse der verbleibenden Konsortialmitglieder am günstigen Erwerb der Anteile des ausgeschlossenen Gesellschafters hindert nicht die Annahme, dass zugleich im Interesse der Gesellschaft gehandelt wird. Einem großen Vermögensnachteil des von der Kündigung oder Entlassung betroffenen Konsortialmitglieds kann unter Umständen noch über die Sittenwidrigkeit wegen krasser Unverhältnismäßigkeit wie bei einer Abfindungsklausel Rechnung getragen werden.[41]

c) Schuldrechtliche Nebenabrede als Vertrag zugunsten Dritter?

Die Ausstrahlung schuldrechtlicher Nebenabreden der Gesellschafter auf die Gesellschaft war auch das Thema einer rezenten Entscheidung des Obersten Gerichtshofs.[42] In dieser Entscheidung ging es – stark verkürzt – um die Frage, ob eine GmbH Schadenersatzansprüche wegen der Verletzung einer in einem Syndikatsvertrag übernommenen Verpflichtung eines Gesellschafters geltend machen könne. Während das Höchstgericht die Frage offen ließ, ob ein Syndikatsvertrag eine satzungsergänzende oder satzungsändernde Wirkung haben könne, anerkannte es die Möglichkeit, dass es sich um einen echten Vertrag zugunsten Dritter handeln könne, oder dass der Inhalt des Syndikatsvertrag schlüssig zum Gegenstand einer schuldrechtlichen Beziehung zwischen dem Gesellschafter und der GmbH gemacht worden sein könne.

III. Eigene Überlegungen

1. Vorbemerkung

Eine erschöpfende Aufarbeitung der mit den schuldrechtlichen Nebenabreden verbundenen Fragen ist hier nicht einmal ansatzweise möglich. Im Folgenden soll es lediglich um das Verhältnis und die Wechselwirkungen zwischen dem Gesellschaftsvertrag und der schuldrechtlichen Nebenabrede gehen. Selbst hierbei wird eine Beschränkung auf bestimmte Einzelfragen erforderlich sein.

---

[40] Grundlegend BGH II ZR 56/80, BGHZ 81, 263; vgl. für das österreichische Recht *Schauer*, in: Kalss/Nowotny/Schauer, Gesellschaftsrecht, Rn. 2/573; offen lassend OGH 2 Ob 284/05m, ecolex 2007, 399.

[41] Dazu etwa *K. Schmidt*, in: MünchKomm HGB, § 131 Rn. 168.

[42] OGH 3 Ob 72/09y, *Enzinger*, GesRZ 2010, 49; zustimmend *Diregger/Tichy*, in: Doralt/Nowotny/Kalss, (Fn. 5), § 121 Rn. 75.

2. Grundlagen und Fragestellung

Für die folgenden Überlegungen soll die Zulässigkeit schuldrechtlicher Nebenabreden unter Gesellschaftern zum Ausgangspunkt genommen werden. Sie zu bezweifeln, wäre nicht nur in Hinblick auf den völlig einhelligen Meinungsstand und die seit Jahrzehnten gepflogene Praxis, die den Bedarf nach solchen Vereinbarungen eindrucksvoll belegt, ein hoffnungsloses Unterfangen (vgl. I.6.), sondern auch in der Sache nicht gerechtfertigt. Rechtsgrund und zugleich Zweck der durch die Nebenvereinbarung begründeten Gesellschaft bürgerlichen Rechts ist die gemeinsame Interessenverfolgung innerhalb der Gesellschaft, an der die Konsorten der Nebenvereinbarung beteiligt sind. Die Anerkennung dieses Rechtsgrundes ergibt sich aus der Vertragsfreiheit der Beteiligten.[43] Wer die Zulässigkeit der gemeinsamen Interessenverfolgung in einer Gesellschaft als Zweck einer Gesellschaft bürgerlichen Rechts bestreiten wollte, trüge wegen des Prinzips der Freiheit privatautonomer Gestaltung die Argumentationslast. Allenfalls könnte man für das österreichische Recht einwenden, dass § 1175 ABGB, der die Definition der Gesellschaft bürgerlichen Rechts enthält, lediglich Gesellschaften „zu einem gemeinschaftlichen Erwerbe" zulässt. Daraus ergibt sich freilich kein grundlegender Einwand gegen die Anerkennung einer schuldrechtlichen Nebenabrede als Gesellschaft bürgerlichen Rechts.[44] Denn die Gesellschafter, deren Nebenabrede sich auf eine auf Gewinn gerichtete Gesellschaft bezieht, werden mit dieser selbst einen erwerbswirtschaftlichen Zweck verfolgen, sodass das Tatbestandsmerkmal des § 1175 ABGB unmittelbar verwirklicht ist.[45] Selbst wenn dies nicht der Fall sein sollte, ist eine Gesellschaft bürgerlichen Rechts gleichwohl nicht ausgeschlossen, weil die ganz herrschende Ansicht das Erfordernis des gemeinschaftlichen Erwerbs durch extensive Interpretation oder analoge Anwendung des § 1175 ABGB auf andere Zwecke im Ergebnis überwunden hat,[46] und Gesellschaften bürgerlichen Rechts auch zu ideellen Zwecken zulässt.[47] Schließlich ist mit *Tichy* darauf hinzuweisen, dass verschiedene Bestimmungen im österreichischen Recht auf Stimm-

---

[43] Hierauf verweist ausdrücklich auch der OGH 7 Ob 59/03g, JBl 2003, 869.

[44] Im Ergebnis wie hier *Tichy* (Fn. 2), S. 36 f.; *Kraus* (Fn. 2), S. 72 ff.; vgl. auch *Diregger/Tichy*, in: Doralt/Nowotny/Kalss, (Fn. 5), § 121 Rn. 44.

[45] Vgl. auch *Ch. Nowotny*, in: Kalss/Nowotny/Schauer, (Fn. 23), Rn. 2/4, nach dessen Ansicht bei Stimmbindungsverträgen der wirtschaftliche Zweck stets zumindest mittelbar verwirklicht ist.

[46] Vgl. etwa *Wittmann-Tiwald*, in: Kletecka/Schauer, ABGB-ON, § 1175 Rn. 12; OGH 8 Ob 620/88, wonach eine mittelbare Förderung der Erwerbswirtschaft der Mitglieder genügt.

[47] So ausdrücklich OGH 3 Ob 640/50, SZ 24/87.

bindungsverträge Bezug nehmen,[48] was zumindest indirekt als Anerkennung solcher Verträge durch die Rechtsordnung verstanden werden kann.

Freilich folgt aus diesen Überlegungen nur die grundsätzliche Anerkennung schuldrechtlicher Nebenabreden. Keineswegs kann daraus abgeleitet werden, dass sie zu beliebigen Vereinbarungen berechtigen. Die damit verbundene Frage nach den Inhaltsschranken leitet über zu jener Frage, um die es hier vorrangig gehen soll: nämlich dem Verhältnis zwischen Gesellschaftsvertrag oder Satzung als verbandsrechtlicher Grundlage der jeweiligen Gesellschaft und der schuldrechtlichen Nebenabrede. Sie tritt in vielfältigem Zusammenhang auf und kann hier nicht erschöpfend erörtert werden. Im Folgenden soll es vor allem um zwei Fragestellungen gehen. Erstens soll untersucht werden, inwieweit die durch Gesetzesrecht und Gesellschaftsvertrag geschaffene Verbandsordnung die Gestaltungsfreiheit der Beteiligten bei einer schuldrechtlichen Nebenabrede beschränkt. Zweitens soll geprüft werden, in welcher Weise Wechselbeziehungen zwischen dem Gesellschaftsvertrag und der schuldrechtlichen Nebenabrede bestehen. Anderen Fragen, wie beispielsweise jenen nach einer Formpflicht der Nebenabrede,[49] wird hier nicht nachgegangen.

3. Trennungs- oder Einheitsmodell

Die hier aufgeworfenen Fragen sind keineswegs neu. Die Verbindung zwischen den statutarischen Grundlagen der Gesellschaft und den schuldrechtlichen Nebenabreden wird vor allem im deutschen Schrifttum vielfach unter den Schlagworten „Trennungstheorie" und „Einheitstheorie" bzw. – im Anschluss an die Habilitationsschrift von *Noack*[50] – „Verbandsordnung im weiteren Sinn"[51] abgehandelt. Die Trennungsthese beruht auf der strikten Separation von verbandsrechtlicher und schuldrechtlicher Ebene. Sie betont die Unterschiede zwischen dem verbandsrechtlichen Organisationsstatut, das von Person und Zahl der Gesellschafter unabhängig ist, einerseits und dem Gesellschaftsvertrag der Personengesellschaft, die zumindest zwei Gesellschafter benötigt. Hieraus würden sich auch Unterschiede bei der Auslegung ergeben, die sich bei Kapitalgesellschaften stärker an objektiven Kriterien orientiere, während bei Personengesellschaften dem übereinstimmenden Parteiwillen der Vorrang gebühre.[52] In Österreich scheint etwa *Rüffler* den „Trennungstheoretikern" nahe zu stehen, nach dessen Ansicht die Satzung einer GmbH ohne Rücksicht auf

---

[48] *Tichy* ((Fn. 2), S. 46 f.) nennt hierbei vor allem § 244 Abs. 2 Z 4 UGB und § 30 Abs. 1 Z 6 BWG; vgl. dazu auch *Kraus* (Fn. 2), S. 69 f.

[49] Vgl. dazu etwa *Tichy* (Fn. 2), S. 52 f.

[50] *Noack*, Gesellschaftervereinbarungen bei Kapitalgesellschaften, 1994, S. 107 ff.

[51] Z.B. *Haberer* (Fn. 4), S. 351 ff.; *Tichy* (Fn. 2), S. 159.

[52] So etwa – für das deutsche Recht – *Ulmer*, FS Röhricht, 2005, S. 633, 633.

die personalistische oder kapitalistische Struktur der Gesellschaft objektiv auszulegen ist; ebenso wenig dürfe es eine Rolle spielen, ob am Rechtsstreit nur Gründungsgesellschafter oder auch dritte Personen beteiligt sind. Auch könne die Verletzung einer Stimmrechtsbindung nicht die Anfechtbarkeit eines Gesellschafterbeschlusses begründen.[53]

Dagegen ist die Einheitstheorie darum bemüht, die schuldrechtliche Nebenvereinbarung nach Möglichkeit auf die Verbandsordnung der Gesellschaft ausstrahlen zu lassen. So könnte die Verletzung einer Stimmrechtsbindung durchaus die Anfechtung eines Gesellschafterbeschlusses rechtfertigen. Dies wird in Österreich nicht nur in einer Entscheidung des OGH (vgl. dazu oben II.3.a.bb), sondern beispielsweise auch von *Tichy*[54], *Kalss*[55], *Enzinger*[56] und zum Teil auch von *Haberer*[57] vertreten.

Für die folgenden Überlegungen erscheint ein grundsätzliches Bekenntnis zu der einen oder anderen „Theorie" – sofern dieser Begriff hier überhaupt gerechtfertigt ist – wenig zweckmäßig, weil die Gefahr begriffsjuristischer Schlussfolgerungen nicht ganz von der Hand zu weisen ist. Vielmehr sollten die einzelnen Ordnungsfragen identifiziert und unter methodengerechter Anwendung der Rechtsordnung erörtert werden. Wenn sich im Ergebnis erweisen sollte, dass die vertretenen Rechtsansichten der einen oder anderen „Theorie" näher stehen, dann ist das hinzunehmen; dies kann aber nicht der Zweck der Untersuchung sein.

Gleichwohl sind einige Vorbemerkungen voranzustellen: Einerseits ist von der unstrittigen Tatsache auszugehen, dass Gesellschaftsvertrag und schuldrechtliche Nebenabrede von unterschiedlicher Qualität sind. Beim Gesellschaftsvertrag handelt es sich nicht nur um die verbandsrechtliche Grundlage der Gesellschaft, sondern zugleich um jenen Rechtsakt, der die Mitgliedschaft inhaltlich determiniert. Die sich aus der Mitgliedschaft ergebenden Rechtsverhältnisse sind mit der Mitgliedschaft als Rechtsgegenstand in der Weise verknüpft, dass sie nicht nur den jeweiligen Gesellschafter, sondern auch dessen (Einzel-) Rechtsnachfolger binden.[58] Grundsätzlich anders verhält es sich bei der Nebenabrede, die – mag es sich bei ihr auch um eine Gesellschaft bürgerlichen Rechts mit eigenstän-

---

[53] *Rüffler*, FS Koppensteiner, 2007, S. 97, 109, 111 ff.; gegen die Anfechtung eines Generalversammlungsbeschlusses wegen pflichtwidriger Stimmabgabe auch *Koppensteiner/ Rüffler*, GmbHG, § 39 Rn. 21; *Enzinger*, in: Straube, (Fn. 8), § 34 Rn. 31.

[54] *Tichy* (Fn. 2), S. 159 ff.

[55] *Kalss*, in: Kalss/Nowotny/Schauer, (Fn. 4), Rn. 3/649 (für personalistisch strukturierte Aktiengesellschaften).

[56] *Enzinger*, in: Straube, (Fn. 8), § 41 Rn. 47.

[57] *Haberer* (Fn. 4), S. 355 ff.

[58] Vgl. *Haberer* (Fn. 4), S. 350 f.; *Koppensteiner/Rüffler*, GmbHG, § 39 Rn. 21; deshalb ist in der Lehre gelegentlich von einem „dinglichen Charakter" der Satzungsinhalte die Rede (z.B. *Aicher/Feltl*, in: Straube, GmbHG, § 4 Rn. 38).

diger Organisation handeln – lediglich eine schuldrechtliche Wirkung hat. Sie bindet allein die beteiligten Personen und hat grundsätzlich keine Wirkung gegen Dritte.[59] Ausnahmen bestehen nur hinsichtlich der – grundsätzlich möglichen – Begünstigung der Gesellschaft (oben II.3.) und dem einer jeden schuldrechtlichen Vereinbarung immanenten Schutz gegenüber Dritten nach Maßgabe der Lehre vom Eingriff in fremde Forderungsrechte.[60] Die unterschiedliche Qualität der sich aus Gesellschaftsvertrag und Nebenabrede erfließenden Rechtsverhältnisse könnte also ein Argument im Sinne der Trennungstheorie sein.

Andererseits ist jedoch zu beachten, dass Gesellschaftsvertrag und Nebenabrede nicht beziehungslos nebeneinander stehen. Vielmehr bezieht die Nebenabrede ihre Rechtfertigung aus der Gesellschaft, dessen verbandsrechtliche Grundlage sie lediglich ergänzen, konkretisieren oder im Einzelfall auch überwinden soll. Da die schuldrechtliche Nebenabrede ohne die Gesellschaft, auf die sie sich bezieht, ihren Sinn verliert, ist anzunehmen, dass mit dem Ende der Gesellschaft auch die schuldrechtliche Nebenabrede wegen Vereitelung des Gesellschaftszwecks (§ 1205 ABGB) dahin fällt.[61] Nach der Absicht der Gesellschafter werden Gesellschaftsvertrag und Nebenabrede vielfach sogar ein einheitliches Ganzes bilden. Dies dürfte vor allem auf jene Fälle zutreffen, in denen der Gesellschaftsvertrag und die schuldrechtliche Nebenabrede bei der Errichtung der Gesellschaft zur selben Zeit abgeschlossen werden. Insofern legt der auf eine einheitliche Gestaltung gerichtete Parteiwille eine möglichst enge Verknüpfung der beiden Rechtsgeschäfte nahe.

In dieselbe Richtung deutet der Umstand, dass schuldrechtliche Nebenvereinbarungen häufig auf eine Gestaltung der mitgliedschaftlichen Rechtsverhältnisse gerichtet sind. Sie enthalten deshalb Regelungen, die nach ihrem Regelungszweck auch in der Satzung oder im Gesellschaftsvertrag ihren Platz hätten. Beispiele dafür sind etwa einem oder mehreren Beteiligten eingeräumte Entsendungsrechte für Organmitglieder, Nachschusspflichten oder Übertragungsbeschränkungen, die sich etwa aus den Aufgriffsrechten zugunsten der übrigen Syndikatsmitglieder ergeben. Dass statutarisches Recht nachgebildet werden soll, zeigt sich auch daran, dass den Vereinbarungen trotz ihres schuldrechtlichen Charakters eine gewisse Drittwirkung verschafft werden soll. Regelmäßig sehen die schuldrechtlichen Nebenvereinbarungen eine Bindung der Rechtsnachfolger vor: bei Gesamtrechtsnachfolgern ergibt sich die Bindung aus der Universalsukzes-

---

[59] Vgl. etwa *Haberer* (Fn. 4), S. 350 f.; *Kraus* (Fn. 2), S. 60.

[60] Vgl. dazu nur *Wiebe*, in: Kletecka/Schauer, ABGB-ON, § 859 Rn. 35.

[61] Näher dazu *Kraus* (Fn. 2), S. 132; vgl. auch *Ch. Nowotny*, in: Kalss/Nowotny/Schauer, (Fn. 23), Rn. 2/83.

sion;[62] bei Einzelrechtsnachfolge besteht zumeist eine schuldrechtliche Überbindungsverpflichtung.[63] Man kann also davon sprechen, dass in den schuldrechtlichen Nebenabreden eine die Satzung in materiellem Sinn ergänzende oder auch überlagernde Rechtsschicht geschaffen wird, die üblicherweise als Satzung in formellem Sinn bezeichnet wird.[64]

Diese Beobachtungen würden Argumente für die Einheitstheorie bilden. Freilich ist an dieser Stelle eine wesentliche Einschränkung zu machen: Die Annahme eines einheitlichen Parteiwillens in Bezug auf Gesellschaftsvertrag und Nebenabrede ist nur dann gerechtfertigt, wenn an der Nebenabrede sämtliche Gesellschafter beteiligt waren. Ist dies nicht der Fall, so kommt eine Verknüpfung von Gesellschaftsvertrag und Nebenabrede in der Regel nicht in Betracht, weil die an der Nebenabrede nicht beteiligten Gesellschafter an diese nicht gebunden sind.

4. Inhaltsschranken bei schuldrechtlichen Nebenabreden

a) Analoge Anwendung von Kapitalgesellschaftsrecht auf die Nebenabrede?

Das Recht der Gesellschaft bürgerlichen Rechts ist weitgehend nachgiebig.[65] Nahezu beliebige Gestaltungen des Rechtsverhältnisses zwischen den Beteiligten sind zulässig. Kapitalgesellschaftsrecht ist dagegen oft zwingendes Recht: bei der Aktiengesellschaft in größerem,[66] bei der GmbH (§ 4 Abs. 2 GmbHG) in kleinerem Umfang.[67] Wegen der inhaltlichen und funktionalen Verknüpfung der Satzung in materiellem Sinn mit den schuldrechtlichen Nebenabreden stellt sich die Frage, ob und inwieweit die Beschränkungen der verbandsrechtlichen Privatautonomie des Kapitalgesellschaftsrechts auf die schuldrechtlichen Nebenabreden durchschlagen. Das Konfliktpotenzial ist reichhaltig, wie die folgenden Beispiele zeigen: Bei der GmbH sind statutarische Aufgriffsrechte der Mitgesellschafter möglich;[68] bei der AG jedoch nicht.[69] Soll es dann möglich sein, sie in der schuldrechtlichen Nebenabrede zu vereinbaren? Bei der AG können den Inhabern vinkulierter Namensaktien in der Satzung die Entsendungsrechte für ein Drittel der Aufsichtsratmitglieder eingeräumt werden; bei nicht börsennotierten Gesellschaften die Hälfte (§ 88 Abs. 1

---

[62] Vgl. freilich zum Tod eines Beteiligten *Kraus* (Fn. 2), S. 133 ff.

[63] Dazu etwa *Kraus* (Fn. 2), S. 119 ff.; vgl. auch *Fantur*, GeS 2006, 335.

[64] Z.B. *Aicher/Feltl*, in: Straube, (Fn. 58), § 4 Rn. 44 f.; *Umfahrer*, ecolex 1996, 99.

[65] Vgl. nur *Wittmann-Tiwald*, in: Kletecka/Schauer, (Fn. 46), § 1175 Rn. 2.

[66] Ausführlich zuletzt *Haberer* (Fn. 4), S. 267 ff.; vgl. auch *Kalss*, in: Kalss/Nowotny/Schauer, (Fn. 4), Rn. 3/46 ff.

[67] Vgl. dazu *Aicher/Feltl*, in: Straube, (Fn. 58), § 4 Rn. 35 f.

[68] Vgl. *Ch. Nowotny*, in: Kalss/Nowotny/Schauer, (Fn. 23), Rn. 4/129, 4/309, 4/314.

[69] *Kalss*, in: Kalss/Nowotny/Schauer, (Fn. 4), Rn. 3/108.

AktG). Soll es möglich sein, dass in einer schuldrechtlichen Nebenabrede die Entsendung aller Aufsichtsratsmitglieder vereinbart wird; und zwar auch dann, wenn den Konsortialpartnern Inhaberaktien zustehen?

Auf den ersten Blick meint man, die unbeschränkte Gestaltungsfreiheit der Konsortialpartner anerkennen zu müssen. Denn durch den Sprung von der Satzung in eine schuldrechtliche Nebenabrede haben sich die Beteiligten für die liberale Rechtsform der Gesellschaft bürgerlichen Rechts entschieden, der die zwingenden Beschränkungen des Kapitalgesellschaftsrechts fremd sind. Freilich folgt daraus nur, dass eine unmittelbare Anwendung des Kapitalgesellschaftsrechts ausscheidet. Eine analoge Anwendung wäre jedoch nicht ausgeschlossen. Im Besonderen wäre sogar daran zu denken, dass die Beteiligten die Schranken des zwingenden Kapitalgesellschaftsrechts umgehen wollten. Freilich verändert sich das rechtsdogmatische Problem dadurch nicht, wenn man im Sinne der heute wohl herrschenden Ansicht davon ausgeht, dass es sich bei der Umgehung lediglich um eine Frage der Lückenschließung durch analoge Rechtsanwendung handelt, bei der es auf die subjektiven Absichten der Beteiligten nicht ankommt.[70] Die Befürchtung, es könne durch den Rückzug auf die schuldrechtliche Ebene zu einer Umgehung des zwingenden Rechts kommen, könnte ein Argument dafür bilden, das gesamte Kapitalgesellschaftsrecht auf die Nebenabreden analog anzuwenden.

Die hier aufgeworfene Frage nach den Inhaltsschranken schuldrechtlicher Nebenabreden wird im Schrifttum häufig aufgegriffen.[71] Ganz überwiegend geschieht dies jedoch im Zusammenhang mit Einzelfragen, wie beispielsweise jener, inwieweit Stimmverbote im Aktien- und GmbH-Recht auf die Willensbildung im Konsortium durchschlagen.[72] Im vorliegenden Zusammenhang soll es weniger um die Untersuchung von Einzelfragen gehen. Vielmehr soll der Versuch unternommen, durch allgemeine Aussagen Orientierungshilfen für die Lösung der Einzelprobleme zu entwickeln.

Zunächst ist festzuhalten, dass die Frage nach der analogen Anwendung der kapitalgesellschaftsrechtlichen Inhaltsschranken auf die Nebenabrede nicht mit dem Argument vom Tisch gewischt werden kann, dass sich das Kapitalgesellschaftsrecht auf die Gestaltung der Mitgliedschaft bezieht, während es bei der Nebenabrede lediglich um eine schuldrechtliche, also

---

[70] *Graf*, in: Kletecka/Schauer, ABGB-ON, § 879 Rn. 56; *Heiss*, in: Kletecka/Schauer, ABGB-ON, § 916 Rn. 4; *Krejci*, in: Rummel, ABGB, § 879 Rn. 40.

[71] Vgl. etwa ausführlich *Haberer* (Fn. 4), S. 361 ff., der eine Matrix entwickelt, bei der zwischen Bestimmungen, die im Gesellschaftsvertrag und/oder in der schuldrechtlichen Nebenabrede wirksam getroffen werden können, und solchen Bestimmungen unterscheidet, bei denen dies nicht der Fall ist; ähnlich *Diregger/Tichy*, in: Doralt/Nowotny/Kalss, (Fn. 5), § 121 Rn. 53 ff.

[72] Dazu etwa *Spatz/Gurmann*, GesRZ 2008, 274; vgl. auch *Tichy* (Fn. 2), S. 98 ff.

relative Rechtsbeziehung geht. Eine solche Argumentation würde übersehen, dass die Nebenabrede trotz ihres obligatorischen Charakters – ihre Wirksamkeit unterstellt – zwischen den Beteiligten dieselbe Verpflichtungskraft entfalten soll wie die aus der Mitgliedschaft abgeleiteten Pflichten. Auf diese Weise könnten die besonderen Schutzzwecke des zwingenden Kapitalgesellschaftsrechts unterlaufen werden, was für eine analoge Anwendung spricht.

Gegen eine vollständige Anwendung des zwingenden Kapitalgesellschaftsrecht sprechen freilich andere Argumente. Zunächst ist darauf hinzuweisen, dass schuldrechtliche Vereinbarungen gegenüber Dritten in Bezug auf Gesellschaftsanteile grundsätzlich zulässig sind. Daraus folgt, dass solche Vereinbarungen im Verhältnis zwischen den Gesellschaftern in derselben Weise zulässig sein müssen. Denn es gibt keinen Grund, warum obligatorische Bindungen, die ein Gesellschafter gegenüber einem Dritten wirksam eingehen kann, gegenüber den Mitgesellschaftern unwirksam sein sollen. Daraus folgt vor allem, dass alle Vereinbarungen, die auf den Erwerb von Anteilen gerichtet sind, wie beispielsweise Aufgriffsrechte, grundsätzlich wirksam sind, und bei der Aktiengesellschaft nicht am Verbot statutarischer Aufgriffsrechte scheitern können.[73] Dasselbe gilt für schuldrechtliche Übertragungsbeschränkungen (Vinkulierung):[74] Schuldrechtlich wirkende Veräußerungs- und Belastungsverbote sind hinsichtlich beliebiger Gegenstände zwischen beliebigen Personen zulässig (§ 364c ABGB). Es wäre deshalb nicht einzusehen, weshalb ihnen gerade zwischen Gesellschaftern die Wirksamkeit versagt werden sollte.

b) Individualschutz und Minderheitsschutz als Gestaltungsschranken

Im Übrigen scheinen für die Gestaltungsgrenzen schuldrechtlicher Nebenabreden folgende Überlegungen relevant: Zwingendes Gesellschaftsrecht dient – ganz vereinfacht ausgedrückt – zwei Zwecken: dem Schutz der Gläubiger und dem Minderheits- oder Individualschutz von Gesellschaftern. Gläubigerschutz und Minderheitsschutz stellen geradezu die fundamentalsten Prinzipien des Gesellschaftsrechts dar.[75] Soweit die aus diesen Schutzzielen hervorleuchtenden Regelungsanliegen des Gesetzgebers unterlaufen würden, schlagen sie auf die schuldrechtliche Nebenabrede durch.

---

[73] Vgl. nur etwa *Haberer* (Fn. 4), S. 363.

[74] Ebenso im Ergebnis *Haberer* (Fn. 4), S. 363; *Diregger/Tichy*, in: Doralt/Nowotny/Kalss, (Fn. 5), § 121 Rn. 55.

[75] Zum Individual- und Minderheitsschutz sowie zum Schutz der Gläubiger als Prinzipien des Gesellschaftsrechts *F. Bydlinski*, System und Prinzipien des Privatrechts, 1996, S. 471 ff., 475 ff.

Auf dieser Grundlage sollen einige Beispiele erörtert werden: Statutarische Nachschusspflichten sind bei der AG nicht möglich (§ 49 AktG); sie sind nach h.A. mit dem Wesen der AG i.S.d. § 199 Abs. 1 Z 3 AktG unvereinbar.[76] Die Bestimmung dient dem Schutz des Vertrauens des Erwerbers einer Aktie, der nicht mit unerwarteten Nachzahlungspflichten konfrontiert werden soll, wodurch die Verkehrsfähigkeit der Aktie gesteigert werden soll.[77] Deshalb lassen sich aus dem Verbot einer in der Satzung begründeten Nachschusspflicht keine durchschlagenden Argumente gegen die schuldrechtliche Übernahme einer solchen Pflicht herleiten. Denn freiwillige Mehrleistungen des Aktionärs an die AG sind durchaus zulässig[78] und mit dem Gesetzeszweck vereinbar. Wenn solche Zahlungen geleistet werden können, dann wäre nicht einzusehen, warum eine darauf gerichtete Verpflichtung unzulässig sein soll.[79] Spezifische Aspekte des Individual- und Minderheitsschutzes werden dadurch nicht berührt.

Am anderen Ende der Skala liegen jene Fälle, in denen ein Gesellschafter verpflichtet würde, zwingende Individualrechte, wie beispielsweise das Recht auf Anfechtung oder Feststellung der Nichtigkeit eines Hauptversammlungsbeschlusses nicht oder nur nach Maßgabe eines Beschlusses der Syndikatspartner auszuüben. In diesem Fall schlägt der Schutz des einzelnen Gesellschafters auf die schuldrechtliche Nebenabrede durch, sodass insoweit keine Bindung erzeugt werden kann.[80] Wenn diese Rechte nicht verzichtbar sind, dann kann der Gesellschafter auch nicht gezwungen werden, an einem Beschluss mitzuwirken, der nichtig oder anfechtbar wäre.[81] Dasselbe gilt nach herrschender und zutreffender Ansicht auch für die Mitwirkung von Gesellschaftern beim Konsortialbeschluss, deren Stimmrecht in der Gesellschaft wegen Interessenkollision ausgeschlossen ist.[82] Die Wertung, wonach ein Gesellschafter in solchen Fällen kein Stimmrecht hat, dient dem Gläubigerschutz und dem Minderheitsschutz und soll nicht auf dem Umweg über eine schuldrechtliche Nebenabrede der Gesellschafter unterlaufen werden.

---

[76] *Schopper*, in: Jabornegg/Strasser (Hrsg.), AktG, 5. Aufl. 2010, § 49 Rn. 27.

[77] Vgl. etwa *Tichy* (Fn. 2); im Ergebnis ebenso *Haberer* ((Fn. 4), S. 369), der statutarische Nachschusspflichten wegen des offenen Gesellschafterkreises der AG als nicht wünschenswert bezeichnet.

[78] *Schopper*, in: Jabornegg/Strasser, (Fn. 76), § 49 Rn. 42.

[79] So im Ergebnis auch *Haberer* (Fn. 4), S. 369 f.; *Tichy* (Fn. 2), S. 55 f.; *Diregger/Tichy*, in: Doralt/Nowotny/Kalss, (Fn. 5), § 121 Rn. 56.

[80] Ebenso *Tichy* (Fn. 2), S. 115 f.; *Diregger/Tichy*, in: Doralt/Nowotny/Kalss, (Fn. 5), § 121 Rn. 49

[81] So auch *Koppensteiner/Rüffler*, GmbHG, § 39 Rn. 19.

[82] Ausführlich dazu *Gurmann/Spatz*, GesRZ 2008, 274 ff.; *Haberer* (Fn. 4), S. 372 ff.; ferner *Tichy* (Fn. 2), S. 98 ff.; *Diregger/Tichy*, in: Doralt/Nowotny/Kalss, (Fn. 5), § 121 Rn. 60.

Wie verhält es sich aber beispielsweise mit Entsendungsrechten? Wie bereits erwähnt, sind statutarische Entsendungsrechte einzelner Aktionäre nur bis zu einem bestimmten Anteil aller Aufsichtsratsmitglieder möglich. Dadurch soll der Einfluss der Hauptversammlung auf die Zusammensetzung des Aufsichtsrats sichergestellt und eine Beherrschung des Aufsichtsrats durch Aktionäre ohne hinreichenden Aktienbesitz ausgeschlossen werden.[83] Gleichwohl trifft man in schuldrechtlichen Nebenabreden nicht selten Vereinbarungen an, wonach jeder der beteiligten Aktionäre ein oder mehrere Aufsichtsratsmitglieder bestimmen können soll. In Anbetracht des Gesetzeszwecks, die Zuständigkeit der Hauptversammlung für die Bestellung der Aufsichtsratsmitglieder sicherzustellen, könnte man an der Zulässigkeit der soeben beschriebenen Nebenabrede der Gesellschafter zweifeln. Zwar bleibt die Bestellungskompetenz der Hauptversammlung formal gewahrt; doch ist das Ergebnis der Beschlussfassung in der Hauptversammlung bei einem entsprechenden Stimmgewicht der Konsortialpartner durch die schuldrechtliche Nebenabrede vorherbestimmt. Damit wird auf dem Umweg über die Nebenabrede eine Rechtslage hergestellt, als hätte jeder Konsortialpartner ein individuelles Entsendungsrecht.[84]

c) Zulässigkeit der Stimmrechtsbindung

Im Ergebnis zeigt sich am Beispiel der schuldrechtlich vereinbarten Entsendungsrechte die Bindung der beteiligten Gesellschafter bei der Ausübung des Stimmrechts. Denn wenn ein Gesellschafter verpflichtet ist, der Bestellung eines von einem anderen Gesellschafter vorgeschlagenen Kandidaten zuzustimmen, dann ist er in der Ausübung seines Stimmrechts nicht mehr frei. Damit wird die viel allgemeinere Frage angesprochen, die den Kern des Problems beschreibt: Worin liegt überhaupt die Rechtfertigung der Stimmrechtsbindung? Nach einer Ansicht in der Lehre enthält die Stimmfreiheit des Mitglieds auch das Recht, auf die Freiheit der Ausübung zu verzichten.[85] Dies ist nicht selbstverständlich. Denn auch das Stimmrecht gehört zu den Individualrechten eines Gesellschafters, das auf statutarischer Ebene in der Regel nicht vollkommen ausgeschlossen werden kann (vgl. § 39 Abs. 2 GmbHG).[86] Warum soll es aber beispielsweise unzulässig sein, den Konsortialpartner bei der Ausübung eines Beschlussanfechtungsrechts an die Zustimmung der anderen Konsortialpartner zu

---

[83] Vgl. etwa *Habersack*, in: MünchKomm AktG, § 101 Rn. 53.

[84] Für die Zulässigkeit schuldrechtlicher Vereinbarungen über Entsendungsrechte in den Aufsichtsrat etwa OGH 7 Ob 59/03g, JBl 2003, 869, der keinen Konflikt mit § 88 AktG erkennen kann.

[85] *Flume*, Juristische Person, 1983, S. 242.

[86] Vgl. dagegen die Möglichkeit zur Schaffung stimmrechtsloser Vorzugsaktien (§ 12a AktG).

binden, während eine gleichartige Bindung bei der Ausübung des Stimmrechts hingenommen wird?

Die Begründung muss darin erblickt werden, dass die gemeinsame Interessenverfolgung in einer Gesellschaft als legitimer Zweck einer rechtsgeschäftlichen Vereinbarung angesehen wird. Eben dieser Zweck ist es auch, der die durch die schuldrechtliche Nebenabrede begründete Gesellschaft bürgerlichen Rechts determiniert. Die Zweckverfolgung ist aber nur möglich, wenn ein koordiniertes Zusammenwirken der Gesellschafter erfolgt. Dazu zählt auch – und wohl vor allem – die auf dem organisierten Zusammenwirken der Konsortialpartner beruhende Ausübung des Stimmrechts.

Der Konsortialpartner befindet sich also in einem doppelten mitgliedschaftlichen Rechtsverhältnis. Er ist erstens Mitglied der Kapitalgesellschaft und insoweit nach Maßgabe der hierfür nach Gesetz und Statut geltenden Rahmenbedingungen zur Verfolgung seiner Interessen berechtigt. Er ist zweitens Mitglied der durch den Stimmbindungsvertrag begründeten Gesellschaft bürgerlichen Rechts und hat dort die auf die Zweckerreichung dieser Gesellschaft gerichtete Verpflichtung übernommen, die ihm in der Kapitalgesellschaft zustehenden Rechte nicht nach freiem Ermessen auszuüben, sondern nur nach den im Stimmbindungsvertrag vereinbarten Regeln. Hierin ist die Rechtfertigung für die Stimmrechtsbindung als solche zu erblicken; und sie gestattet es, auf dem Umweg über die schuldrechtlichen Nebenabreden zu Ergebnissen zu gelangen, die auf statutarischer Grundlage nicht möglich wären.

d) Schranken der Stimmrechtsbindung

Wie weit reichen die Pflichten aus der Stimmbindung? Sie können zunächst – was selbstverständlich ist – nicht weiter reichen als die Beteiligten dies im Stimmbindungsvertrag vereinbart haben. Ferner ist zu beachten, dass das durch den Stimmbindungsvertrag angestrebte Zusammenwirken der Beteiligten auf das Tätigwerden innerhalb eines Verbandes gerichtet ist, für das seinerseits rechtliche Rahmenbedingungen bestehen. Daraus folgt im Einklang mit der h.A., dass der Stimmbindungsvertrag nicht zu einem Verhalten verpflichten kann, das in Bezug auf die Gesellschaft eine Treupflichtverletzung darstellen würde.[87] Daraus folgt m.E. aber auch, dass die Stimmbindung dort endet, wo sie zwingende Minderheits- oder Individualrechte berührt, die dem Schutz des Gesellschaftsinteresses dienen. Wir können uns dazu folgendes Beispiel vorstellen: Nach österreichischem Recht kann ein Geschäftsführer einer GmbH aus wichtigem Grund durch gerichtliche Entscheidung abberufen werden. Die-

---

[87] Z.B. *Tichy* (Fn. 2). S. 104 ff.; *Diregger/Tichy*, in: Doralt/Nowotny/Kalss, (Fn. 5), § 121 Rn. 59.

ses Recht, die Abberufung geltend zu machen, ist insoweit ein Individual-recht als jene Gesellschafter, die nicht für die Abberufung des Geschäfts-führers gestimmt haben, auf Zustimmung geklagt werden können (§ 16 Abs. 2 GmbHG). Wenn wir annehmen, dass ein Konsortialpartner, dem ein Nominierungsrecht für einen Geschäftsführer zusteht, eine Person vor-schlägt, deren fachliche Inkompetenz so gravierend ist, dass sie einen wichtigen Grund für eine Abberufung darstellen würden, kann meines Erachtens eine Stimmrechtsbindung nicht begründet werden.[88]

5. Wechselwirkungen von Gesellschaftsvertrag und schuldrechtlicher Nebenabrede bei der Auslegung

a) Relevanz für die Auslegung

Die funktionale und inhaltliche Verknüpfung von Gesellschaftsvertrag und schuldrechtlicher Nebenabrede könnte auch für die Auslegung der beiden Rechtsgeschäfte relevant sein.

aa) Auslegung der schuldrechtlichen Nebenabrede

Was die Auslegung der schuldrechtlichen Nebenabrede betrifft, so unter-liegt sie als Gesellschaft bürgerlichen Rechts den Regeln über die Ausle-gung von Verträgen (§§ 914 f. ABGB).[89] Daraus folgt zunächst, dass dem übereinstimmenden Parteiwillen bei der Auslegung grundsätzlich der Vor-rang gebührt. Der Gesellschaftsvertrag strahlt insofern auf die Auslegung der Nebenabrede aus, als diese zur Gestaltung des Einflusses und zur Aus-übung der Mitgliedschaftsrechte in der betreffenden Gesellschaft dient. Aus diesem Grund kann ein Rückgriff auf die verbandsrechtlichen Grundlagen der Gesellschaft erforderlich sein, um in zweifelhaften Fällen klären zu können, welche Ziele und Zwecke die Parteien mit der Neben-abrede verfolgt haben.[90]

bb) Auslegung des Gesellschaftsvertrags

Kann die schuldrechtliche Nebenabrede umgekehrt auf die Auslegung des Gesellschaftsvertrags ausstrahlen? Ein Rückgriff auf die Nebenabrede für die Auslegung des Gesellschaftsvertrags muss zunächst in jenen Fällen ausscheiden, in denen an der Nebenabrede nicht sämtliche Gesellschafter

---

[88] Im Ergebnis wie hier *Diregger/Tichy*, in: Doralt/Nowotny/Kalss, (Fn. 5), § 121 Rn. 52.

[89] So auch *Kraus* (Fn. 2), S. 81; *Tichy* (Fn. 2), S. 165; allgemein zur Anwendung der §§ 914 f. ABGB auf die Auslegung von Verträgen über Personengesellschaften *Schauer*, in: Kalss/Nowotny/Schauer, (Fn. 40), Rn. 1/69 (bei Fn. 14).

[90] So auch *Haberer* (Fn. 4), S. 378.

teilgenommen haben. Die geschäftlichen Absichten lediglich eines Teils der Gesellschafter können auf die Auslegung des Gesellschaftsvertrags keinen Einfluss haben. Zurückhaltung ist auch dann geboten, wenn die Nebenabrede zwar unter Beteiligung aller Gesellschafter, aber erst nach dem Gesellschaftsvertrag abgeschlossen wurde. Für die Auslegung kann es nur auf die Umstände im Zeitpunkt des Vertragsschlusses über die Gesellschaft ankommen. Später geschlossene Rechtsgeschäfte können lediglich ein Indiz für die Absichten der Beteiligten in diesem Zeitpunkt darstellen.

Aber selbst wenn die Nebenabrede von allen Gesellschaftern zugleich mit dem Gesellschaftsvertrag abgeschlossen wurde, bleibt die Heranziehung der Nebenabrede für die Auslegung des Gesellschaftsvertrags zweifelhaft. Dies hängt mit der Frage zusammen, wie Verträge über Kapitalgesellschaften überhaupt auszulegen sind. Nach überwiegender Ansicht folgt die Auslegung solcher Gesellschaftsverträge nicht den Regeln über die Vertragsauslegung, sondern hat objektiv nach den Regeln über die Interpretation von Gesetzen (§§ 6 f. ABGB) zu erfolgen.[91] Erst jüngst hat der OGH diesen Standpunkt wieder bekräftigt und ausgesprochen, dass im materiellen Sinn zu qualifizierende korporative Regelungen des Gesellschaftsvertrags (einer GmbH) nach deren Wortlaut und Zweck in ihrem systematischen Zusammenhang objektiv auszulegen seien. Damit in Widerspruch stehende Entscheidungen und Lehrmeinungen seien durch die aktuelle Rechtsprechung „überholt". Auch die Absicht der Gründungsgesellschafter sei bei der Auslegung nicht zu beachten; es sei denn, dass sich die Parteienabsicht objektiv aus der publizierten Satzung, allenfalls auch unter Heranziehung früherer Fassungen, ermitteln lasse. Dies gelte auch dann, wenn an einem Rechtsstreit lediglich Gründungsgesellschafter beteiligt seien.[92] In Hinblick auf diese Rechtsprechung ist es konsequent, wenn sich etwa *Rüffler* für eine streng objektive Auslegung des Gesellschaftsvertrags ausspricht[93] und dabei offenbar einer schuldrechtlichen Nebenabrede keinerlei Bedeutung beimisst.[94]

Die hier aufgeworfene Frage führt über die Relevanz der schuldrechtlichen Nebenabrede für die Auslegung des Gesellschaftsvertrags weit hinaus, weil sie das grundsätzliche Problem betrifft, nach welchen Regeln Gesellschaftsverträge von Kapitalgesellschaften auszulegen sind. Trotz der jüngsten Bestätigung der herrschenden Ansicht durch den Obersten Ge-

---

[91] Für die AG *E. Gruber*, in: Doralt/Nowotny/Kalss (Hrsg.), AktG, 2012, § 16 Rn. 20; OGH 1 Ob 586/94, 595/95, SZ 68, 144; für die GmbH *Koppensteiner/Rüffler*, GmbHG, § 3 Rn. 17; OGH 1 Ob 61/97w, SZ 70, 242.

[92] OGH 6 Ob 202/10i, GES 2011, 434.

[93] *Rüffler*, FS Koppensteiner, 2007, S. 97, 109.

[94] So etwa auch für das deutsche Recht – als Vertreter der Trennungstheorie – *Ulmer*, FS Röhricht, S. 633, 644 f.

richtshof sprechen die besseren Argumente für den gegenteiligen Standpunkt. Zu folgen ist vielmehr jener Minderheitsmeinung, die sich für die Anwendung der Grundsätze der Vertragsauslegung auch auf die Auslegung von Gesellschaftsverträgen bei Kapitalgesellschaften ausspricht.[95] Schließlich verhält es sich ja nicht so, dass die Regeln über Vertragsauslegung keinen Vertrauensschutz zulassen würden. Im Gegenteil: Die Vertrauenstheorie, auf der § 914 ABGB beruht,[96] stellt gerade einen geglückten Kompromiss zwischen dem Schutz des wahren Willens der Beteiligten und dem Schutz des gerechtfertigten Vertrauens Dritter dar. Deshalb trifft es zu, wenn gesagt wird, die Regeln über die Vertragsauslegung böten hinreichende Flexibilität, um auch bei der Auslegung der statutarischen Grundlagen von Kapitalgesellschaften die erforderliche Balance zwischen dem tatsächlichen Willen der Beteiligten und dem Schutz des Vertrauens Dritter herzustellen.[97] Tatsächlich gibt es keinen Grund, warum der Rückgriff auf den übereinstimmenden Parteiwillen ausgeschlossen sein sollte, wenn ein Konflikt lediglich zwischen den Gründungsgesellschaftern besteht. Folgt man dieser Ansicht, dann gibt es keinen Grund, weshalb die Verwertung der schuldrechtlichen Nebenabrede zur Auslegung des Gesellschaftsvertrags ausgeschlossen sein sollte.[98]

Eine ähnliche Auffassung wie hier vertritt jüngst auch *Haberer*, der eine Lösung vom Postulat der objektiven Auslegung bei „ausgeprägt personalistischen Charakter der GmbH (und, seltener, der AG)" befürwortet.[99] Diese Einschränkung erscheint zweifelhaft. Denn soweit es um die Beachtung des Willens der Gründungsgesellschafter geht, kann es nicht von entscheidender Bedeutung sein, ob die Gesellschaft einen mehr oder weniger ausgeprägt personalistischen Charakter hat. Dazu kommt die Schwierigkeit, die erforderliche Trennlinie zwischen Gesellschaften mit ausgeprägt personalistischem Charakter und anderen Gesellschaften herauszuarbeiten.[100] Schließlich bleibt ein weiterer Gesichtspunkt zu beachten:

---

[95] *Heidinger/Schneider*, in: Jabornegg/Strasser, (Fn. 76), § 17 Rn. 10; *Schauer*, in: Kalss/Nowotny/Schauer, (Fn. 40), Rn. 1/69; vgl. auch *Tichy* (Fn. 2), S. 163 f.; *Kalss*, in: Kalss/Nowotny/Schauer, (Fn. 4), Rn. 3/30.

[96] Vgl. *Heiss*, in: Kletecka/Schauer, (Fn. 70), § 914 Rn. 3.

[97] Vgl. *Heidinger/Schneider*, in: Jabornegg/Strasser, (Fn. 76), § 17 Rn. 10.

[98] Ebenso wie hier *Tichy* (Fn. 2), S. 165 f.; dieser mit dem zutreffenden Hinweis, dass die Berücksichtigung der Nebenabrede nur insoweit möglich ist, als der betreffende Inhalt in der Satzung zumindest ansatzweise enthalten ist. Dies dürfte – auch wenn *Tichy* den Bezug nicht ausdrücklich herstellt – der sonst für die Interpretation formpflichtiger Rechtsgeschäfte geltenden Andeutungstheorie entsprechen (zur Andeutungstheorie allgemein *Kalss*, in: Kletecka/Schauer, ABGB-ON, § 886 Rn. 5; im Zusammenhang mit der Bürgschaft *Th. Rabl*, in: Kletecka/Schauer, ABGB-ON, §§ 1346, 1347 Rn. 21 ff.).

[99] *Haberer* (Fn. 4), S. 381.

[100] Ebenso – wenn auch mit gegenläufigen Schlussfolgerungen – *Rüffler*, FS Koppensteiner, 2007, S. 97, 109.

Selbst wenn man am Erfordernis des ausgeprägt personalistischen Charakters festhalten wollte, dürfte dieser gerade durch einen omnilaterale Nebenabrede hergestellt werden, weil die Gesellschafter hierdurch ein personalistisches Element in ihre Verbandsstruktur hineintragen. Daraus folgt, dass der personalistische Charakter der Gesellschaft zumindest bei Vorhandensein einer omnilateralen Nebenabrede keine eigenständig zu prüfende Voraussetzung für die an §§ 914 f. ABGB orientierte Auslegung des Gesellschaftsvertrags sein sollte.

b) Anfechtbarkeit des Gesellschafterbeschlusses bei
pflichtwidriger Stimmabgabe

Damit soll noch kurz auf die zweite Frage eingegangen werden: Strahlt die schuldrechtliche Nebenabrede auf den Gesellschaftsvertrag oder auf die Satzung aus? Die Frage ist komplex und soll hier nur bezüglich der Anfechtbarkeit eines durch pflichtwidrige Stimmabgabe zustande gekommenen Gesellschafterbeschlusses aufgegriffen werden. Bekanntlich haben wie erwähnt der BGH und der österreichische OGH die Anfechtung bei allseitig bindenden Stimmrechtsvereinbarungen zugelassen (oben II.3.a.bb). Entgegen der überwiegenden Ansicht im Schrifttum spricht m.E. in der Tat manches für die Lösung. Zwar erscheint die prozessökonomische Begründung des BGH nicht ausreichend. Aber es ist m.E. kein Grund zu sehen, warum eine allseitig bindende Stimmrechtsvereinbarung nicht als Grundlage für eine entsprechende Treuepflicht der Gesellschafter angesehen werden sollte. Die Anfechtung würde dann nicht unmittelbar auf die Verletzung der Stimmrechtsbindung, sondern auf die Verletzung der Treuepflicht gestützt werden können. Die dagegen vorgetragenen Argumente erscheinen wenig überzeugend. Wenn geltend gemacht wird, dass die bei der Beschlussanfechtung beklagte Gesellschaft den Syndikatsvertrag nicht kennen muss,[101] so ist dem entgegenzuhalten, dass die Behauptungs- und Beweislast für die Treupflichtverletzung ohnehin der Anfechtungskläger trägt. Er wird deshalb im Prozess den Bestand und den Inhalt des Vertrags zu beweisen haben.[102] Das Argument, die unterliegende Gesellschaft werde dann mit den Prozesskosten belastet,[103] trägt nicht, weil dies auch bei anderen Treupflichtverletzungen, die zur Beschlussanfechtung führen, der Fall ist.

---

[101] *Rüffler*, FS Koppensteiner, 2007, S. 97, 112.
[102] Mit anderen Argumenten im Ergebnis wie hier *Tichy* (Fn. 2), S. 175.
[103] *Rüffler*, FS Koppensteiner, 2007, S. 97, 112.

IV. Zusammenfassung der wichtigsten Ergebnisse

1. Die österreichische Rechtsprechung zeigt in Bezug auf das Verhältnis zwischen dem Gesellschaftsvertrag (Satzung) und der schuldrechtlichen Nebenabrede kein ganz einheitliches Bild. Trotz des grundsätzlichen Bekenntnisses zur Unanfechtbarkeit eines Gesellschafterbeschlusses wegen pflichtwidrig abgegebener Stimme (II.3.a.aa) hat die Rechtsprechung bei einer personalistisch geprägten GmbH einen Anfechtungsdurchgriff zugelassen (II.3.a.bb). Eine rezente Entscheidung könnte im Sinne einer Rückkehr zu der bisher herrschenden Rechtsprechung zu verstehen sein (II.3.a.cc).

2. Nach einer anderen Entscheidung des OGH ist der Alleinvorstand einer AG an den Stimmbindungsvertrag wegen seiner Weisungsfreiheit gegenüber der Hauptversammlung nicht gebunden (II.3.b).

3. Der Oberste Gerichtshof vertritt ferner den Standpunkt, dass die schuldrechtliche Nebenabrede ein Vertrag zugunsten der Gesellschaft sein könne, oder dass der Inhalt der Nebenabrede schlüssig zum Gegenstand einer schuldrechtlichen Beziehung zwischen dem Gesellschafter und der GmbH gemacht werden könne (II.3.c).

4. Das Verhältnis zwischen dem Gesellschaftsvertrag (Satzung) und der schuldrechtlichen Nebenabrede wird in der Regel unter den Schlagwörtern von „Trennungstheorie" und „Einheitstheorie" erörtert. Die unterschiedliche Qualität der beiden Rechtsakte (verbandsrechtliche Gestaltung der Mitgliedschaft versus schuldrechtliche Bindung der Beteiligten) spricht für die Trennungstheorie. Der in der Regel auf eine einheitliche Gestaltung der Rechtsverhältnisse gerichtete Parteiwille spricht bei der omnilateralen Nebenabrede für die Einheitstheorie (III.3).

5. Die Frage nach den Inhaltsschranken für die schuldrechtlichen Nebenabreden läuft im Wesentlichen auf die Frage nach der analogen Anwendung des Kapitalgesellschaftsrechts hinaus. Soweit die schuldrechtliche Nebenabrede Vereinbarungen betrifft, die der Gesellschafter wirksam auch gegenüber einer dritten Person eingehen könnte, erscheint sie unbedenklich (III.4.a)

6. Im Übrigen sind die Inhaltsschranken für schuldrechtliche Nebenvereinbarungen vor allem durch den Individual- und Minderheitsschutz des Kapitalgesellschaftsrechts zu ermitteln. Die Nebenabrede darf nicht dazu führen, dass dem Gesellschafter der hierdurch gewährleistete Schutz entzogen wird (III.4.b).

7. Obwohl auch das Stimmrecht zu den Individualrechten des Gesellschafters zählt, ist die Zulässigkeit der Stimmrechtsbindung mit dem Gedanken zu erklären, dass nur auf diese Weise die gemeinsame Interessenverfolgung in der Gesellschaft, die den Zweck der Nebenabrede darstellt, erreicht werden kann (III.4.c).

8. Auch die Schranken der Stimmrechtsbindung sind dem Individual- und Minderheitsschutz der jeweiligen Gesellschaftsform zu entnehmen (III.4.d).

9. Der Gesellschaftsvertrag (Satzung) ist für die Auslegung der Nebenabrede relevant (III.5.a.aa).

10. Entgegen der h.A. kann auch die Nebenabrede für die Auslegung des Gesellschaftsvertrags (der Satzung) herangezogen werden (III.5.a.bb).

11. Entgegen der h.A. kann die pflichtwidrig abgegebene Stimme bei einer omnilateralen Nebenabrede wegen Verletzung der Treuepflicht die Anfechtung des Gesellschafterbeschlusses rechtfertigen (III.5.b).

Schuldrechtliche Nebenabreden
im deutschen Gesellschaftsrecht

Jan Lieder

I. Einleitung

Schuldrechtliche Nebenabreden sind in der gesellschaftsrechtlichen Praxis weit verbreitet und erfreuen sich größter Beliebtheit.[1] Heute ist einhellig anerkannt, dass die Gesellschafter ihre Rechtsbeziehungen untereinander und zur Gesellschaft durch solche außerhalb des Gesellschaftsvertrages getroffenen Vereinbarungen regeln können.[2] Ihre rechtsdogmatische Grundlage finden schuldrechtliche Nebenabreden in dem systemprägenden Prinzip der Vertragsfreiheit, das als Teilgewährleistung sowohl der allgemeinen Handlungsfreiheit nach Art. 2 Abs. 1 GG[3] als auch der Eigentumsgarantie des Art. 14 Abs. 1 S. 1 GG[4] Verfassungsrang genießt und Eingriffe nur zulässt, wenn sie verfassungsrechtlich hinreichend gerechtfertigt sind. Insbesondere die objektive Wertentscheidung der grundrechtlich verbürgten Handlungsfreiheit schlägt sich auch im Rahmen der Interpretation des einfachen Gesetzesrechts nieder. Im Zweifel ist daher derjenigen Auslegung der Vorzug zu geben, die möglichst weitgehende Vereinbarungen zwischen Gesellschaftern gewährleistet. Es gilt der Grundsatz: *In dubio*

---

[1] Siehe die Zusammenstellung des rechtstatsächlichen Materials bei *Baumann/Reiß*, ZGR 1989, 157, 162 ff.; *von der Osten*, GmbHR 1993, 798 ff.; *Hoffmann-Becking*, ZGR 1994, 442 ff.; vgl. noch *Bayer/Hoffmann*, AG-Report 2011, R4 f. (zu unechten Satzungsbestandteilen).

[2] RGZ 79, 332, 335; 83, 216, 218; 112, 273, 277; BGHZ 123, 15, 20; BGH WM 1965, 1076; DB 1969, 2127 = BB 1969, 1410; BB 1977, 1729 = NJW 1977, 1151; GmbHR 1987, 94, 96; NJW-RR 1993, 607, 607 f.; NZG 2008, 73 Tz. 13; NJW 2010, 3718 Tz. 7; *Emmerich*, in: Scholz, GmbHG, 11. Aufl., 2012, § 3 Rn. 114; *Hueck/Fastrich*, in: Baumbach/Hueck, GmbHG, 19. Aufl., 2010, § 3 Rn. 56; *Roth*, in: Roth/Altmeppen, GmbHG, 7. Aufl., 2012, § 3 Rn. 49; *C. Schäfer*, in: Bork/Schäfer, GmbHG, 2010, § 3 Rn. 38 a.E.; *Ulmer*, in: Ulmer/Habersack/Winter (Hrsg.), Großkomm GmbHG, 2005, § 3 Rn. 112; *Wicke*, in: MünchKomm GmbHG, 2010, § 3 Rn. 128; *Noack*, Gesellschaftervereinbarungen bei Kapitalgesellschaften, 1994, S. 119 ff.; *Priester*, in: Münch Hdb GmbH, 3. Aufl., 2009, § 21 Rn. 10.

[3] Zu verfassungsrechtlichen Aspekten der Vertragsfreiheit: BVerfGE 8, 274, 328; 25, 371, 407 f.; 70, 115, 123; 72, 155, 170; 89, 214, 231 f.; 95, 267, 303; 99, 341, 350; 103, 271, 286 f.; monographisch *Höfling*, Vertragsfreiheit, 1991, passim, insb. S. 6 ff.; vgl. ferner *Bork*, BGB AT, 3. Aufl., 2011, Rn. 102; *Larenz*, Schuldrecht I, 14. Aufl., 1987, § 4 IV; *Larenz/Wolf*, BGB AT, 9. Aufl., 2004, § 13 Rn. 41; *Medicus*, AcP 192 (1992), 35, 61; zum Verhältnis Privatautonomie und Grundgesetz eingehend *Flume*, AT II, 4. Aufl., 1992, § 1, 10.

[4] Zum verfassungsrechtlichen Schutz der Mitgliedschaft: BVerfGE 14, 263 = NJW 1962, 1667 (Feldmühle); 25, 371, 407; 50, 290, 341 ff.; 100, 289, 301 f.; 102, 197, 211; NJW 2001, 279 (Moto-Meter); *Wieland*, in: Dreier/Wieland, GG, 2. Aufl., 2004, Art. 14 Rn. 49; *Bryde*, in: v. Münch/Kunig, GG, 6. Aufl., 2012, Art. 14 Rn. 22; *Depenheuer*, in: v. Mangoldt/Klein/Starck, GG, 6. Aufl., 2010, Art. 14 Rn. 141 f.; *Schmidt-Aßmann*, FS P. Badura, 2003, S. 1009 ff.; *D. Suhr*, Eigentumsinstitut und Aktieneigentum, 1966, S. 83 ff.; *Hanau*, NZG 2002, 1040.

pro libertate. Erst dort, wo Vereinbarungen an Grenzen stoßen, die namentlich durch zwingendes Gesetzesrecht zum Schutz berechtigter Drittinteressen – etwa die Interessen der Gläubiger, des Rechtsverkehrs oder künftiger Gesellschafter – gezogen sind, ist privatautonomen Gesellschafterabreden die Wirksamkeit zu versagen.[5]

II. Begriffliche Präzisierung und Abgrenzung

Gesellschaftervereinbarungen werden durch ihre Abgrenzung von den (notwendigen und fakultativen[6]) korporativen Satzungsregelungen zu einer eigenständigen gesellschaftsrechtlichen Rechtsfigur. Sie unterscheiden sich in formaler Hinsicht außerdem von den so genannten unechten Satzungsbestandteilen[7] dadurch, dass sie im Wortlaut des Gesellschaftsvertrages keinen Niederschlag finden. In materieller Hinsicht teilen schuldrechtliche Nebenabreden und unechte Satzungsbestandteile indes das gleiche rechtliche Schicksal.[8] Schließlich sind Gesellschaftervereinbarungen noch von Unternehmensverträgen abzugrenzen, die sich – ohne formale Satzungsbestandteile zu sein – durch ihren korporativen Rechtscharakter auszeichnen.[9]

III. Phänomenologie

In der Kautelarpraxis treffen Gesellschafter solche Nebenvereinbarungen seit jeher und regelmäßig über die Ausübung des Stimmrechts (Stimmbindungsverträge[10]), die Zusammensetzung des Gesellschafterkreises, etwa durch Vereinbarung von Andienungspflichten und Vorerwerbsrechten, so-

---

[5] Dazu ausf. unten VI.

[6] Für das GmbH-Recht siehe z.B. *Emmerich*, in: Scholz (Fn. 2), § 3 Rn. 102.

[7] Sie sind formelle, nicht aber materielle Satzungsbestandteile; vgl. nur BGHZ 38, 155, 161; BGH WM 1970, 246, 247; ZIP 1981, 1205, 1206; *Bayer/Hoffmann*, AG-Report 2011, R4.

[8] Zutreffend *Emmerich*, in: Scholz (Fn. 2), § 3 Rn. 103 a.E.; *Priester*, in: MünchHdb GmbH (Fn. 2), § 21 Rn. 2; *Wicke*, in: MünchKomm GmbHG (Fn. 2), § 3 Rn. 129.

[9] Siehe nur *Priester/Veil*, in: Scholz, GmbHG, 10. Aufl., 2007, § 53 Rn. 7a; *Wicke*, in: MünchKomm GmbHG (Fn. 2), § 3 Rn. 129.

[10] Vgl. BGHZ 48, 163, 166; BGH GmbHR 1970, 232; NJW 1983, 1910, 1911; ZIP 1987, 103; BGHZ 179, 13 Tz. 12; *Bayer*, in: Lutter/Hommelhoff, GmbHG, 17. Aufl., 2009, § 3 Rn. 69.

wie durch Mitverkaufsrechte und -pflichten,[11] sowie über die Besetzung und Vergütung der Gesellschaftsorgane.[12] In einer neueren Entscheidung hat der BGH außerdem anerkannt, dass auch die Abfindungshöhe durch schuldrechtliche Nebenabreden bestimmt bzw. begrenzt werden kann.[13] Von zentraler Bedeutung sind Gesellschaftervereinbarungen weiterhin in Joint-Venture-Gesellschaften[14] und Venture-Capital-Unternehmen,[15] in denen sie die Rechte und Pflichten der beteiligten Unternehmen, Gesellschaftsorgane und Investoren dauerhaft regeln. Als Vertragspartner schuldrechtlicher Nebenabreden kommen sämtliche oder auch nur ein Teil der Gesellschafter in Betracht[16] – man spricht dann von Konsortial- oder Poolverträgen[17] –, aber auch die Gesellschaft, vertreten durch Geschäftsführer oder Vorstand,[18] und schließlich außenstehende Dritte, wie konzernverbundene Gesellschaften oder Finanzinvestoren.[19]

IV. Beweggründe

Die beiden zentralen Beweggründe für den Abschluss von Gesellschaftervereinbarungen sind ihre Heimlichkeit und Flexibilität. Dies mag auch ein Grund dafür sein, dass schuldrechtliche Nebenabreden kein spezifisch

---

[11] Vgl. BGHZ 38, 155; BGH NJW 1987, 890; OLG Karlsruhe WM 1990, 725; *Baumann/Riess*, ZGR 1989, 157, 181 ff.; *Seibt*, in: K. Schmidt/Lutter, AktG, 2. Aufl., 2010, § 23 Rn. 64; ausf. *Fleischer/St. Schneider*, DB 2012, 961 ff.

[12] Vgl. BGHZ 18, 205; BGH WM 1970, 246, 247; NJW 1987, 890; *Michalski*, in: Michalski, GmbHG, 2. Aufl., 2010, § 3 Rn. 90; *Hoffmann-Becking*, ZGR 1994, 442, 444.

[13] BGH NJW 2010, 3718; vgl. zuvor bereits *Priester*, FS Claussen, 1997, S. 319, 321; *Michalski*, in: Michalski GmbHG (Fn. 12), § 3 Rn. 93; *Wicke*, in: MünchKomm GmbHG (Fn. 2), § 3 Rn. 131.

[14] Dazu etwa *Hoffmann-Becking*, ZGR 1994, 442, 444; *Priester*, in: MünchHdb GmbH (Fn. 2), § 21 Rn. 4; *Ulmer*, in: Ulmer/Habersack/Winter, (Fn. 2), § 3 Rn. 114; *Wicke*, in: MünchKomm GmbHG (Fn. 2), § 3 Rn. 131; *D. Mayer*, MittBayNot 2006, 281, 283; ausf. *Gansweid*, Gemeinsame Tochtergesellschaften im deutschen Konzern- und Wettbewerbsrecht, 1976, S. 53 ff., 60 ff., 63 ff.; *G. Wiedemann*, Gemeinschaftsunternehmen im deutschen Kartellrecht, 1981, S. 86 ff.

[15] Dazu ausf. *Weitnauer*, NZG 2001, 1065 ff.; *Zirngibl/Kupsch*, BB 2011, 579 ff.; *D. Mayer*, MittBayNot 2006, 281, 283 f.; *Wicke*, in: MünchKomm GmbHG (Fn. 2), § 3 Rn. 131 a.E.

[16] Dazu *Ulmer*, in: Ulmer/Habersack/Winter, (Fn. 2), § 3 Rn. 113; ausf. *Noack* (Fn. 2), S. 33 f., 133 ff., 240 ff.

[17] Vgl. *Ulmer*, in: Ulmer/Habersack/Winter, (Fn. 2), § 3 Rn. 114; *Wicke*, in: MünchKomm GmbHG (Fn. 2), § 3 Rn. 131; *Noack* (Fn. 2), S. 191 ff.; *Baumann/Reiß*, ZGR 1989, 157, 162 ff.

[18] Vgl. nur RGZ 79, 332.

[19] *Wicke*, in: MünchKomm GmbHG (Fn. 2), § 3 Rn. 128 a.E.; *Zöllner*, RWS-Forum 8, 1996, S. 89, 91.

deutsches Phänomen darstellen, sondern auch in vielen anderen Rechtsordnungen ein praktisches Bedürfnis für solche Gesellschaftervereinbarungen besteht und sie inzwischen auch dort zum gesellschaftsrechtlichen Standardrepertoire gehören.[20]

1. Die Praxis erkennt den maßgeblichen Beweggrund in der fehlenden Registerpublizität schuldrechtlicher Nebenvereinbarungen.[21] Anders als Gesellschaftsvertrag und Satzung sind Gesellschafterabreden nicht für jedermann im Handelsregister zu Informationszwecken einsehbar (vgl. § 9 HGB) und damit der ungehinderten Kenntnisnahme durch Dritte entzogen. Dahinter steht vielfach das Interesse der Gesellschafter, der Konkurrenz Einblicke in die gesellschaftlichen Interna sowie die strategische Ausrichtung des Unternehmens zu versagen.[22]

2. Als weiteres Motiv gilt die Flexibilität satzungsergänzender Gesellschaftervereinbarungen.[23] In diesem Zusammenhang sind zwei Gesichtspunkte zu unterscheiden. Zum einen wird der Abschluss von Gesellschaftervereinbarungen in formeller Hinsicht dadurch erleichtert, dass er im Grundsatz formfrei erfolgen kann[24] und auch nicht von der Durchführung eines förmlichen Beschluss- und Eintragungsverfahrens abhängig ist.[25] Diese Aspekte gelten für Nebenabreden im GmbH- und Aktienrecht gleichermaßen. In materieller Hinsicht ist zum anderen indes deutlich zwischen Aktien- und GmbH-Recht zu differenzieren, da den GmbH-Gesellschaftern aufgrund der GmbH-rechtlichen Satzungsautonomie auch für die Fixierung echter Satzungsbestandteile ein weiter Gestaltungsspielraum zusteht und sich – unabhängig davon – schuldrechtliche Nebenabreden

---

[20] Siehe rechtsvergleichend etwa für die Vereinigten Staaten *Rossig*, Gesellschafterabsprachen bei GmbH und Close Corporation, 2003, S. 150 ff.; für England und die Schweiz *Ehricke*, Schuldrechtliche Nebenabreden zu GmbH-Gesellschaftsverträgen, 2004, S. 81 ff., 101 ff.; für Frankreich und die Schweiz *König*, Der satzungsergänzende Nebenvertrag, 1996, S. 105 ff., 153 ff.

[21] *Hoffmann-Becking*, ZGR 1994, 442, 445 f.; *Priester*, in: MünchHdb GmbH (Fn. 2), § 21 Rn. 6; *ders.*, FS Claussen, 1997, S. 319, 322; *Seibt*, in: K. Schmidt/Lutter (Fn. 11), § 23 Rn. 65; *Wicke*, in: MünchKomm GmbHG (Fn. 2), § 3 Rn. 130; *Wälzholz*, GmbHR 2009, 1020, 1021; *Winter*, RWS-Forum 8, S. 132; aus der Wissenschaft ebenso *Bayer*, in: Lutter/Hommelhoff (Fn. 10), § 3 Rn. 70; *Emmerich*, in: Scholz (Fn. 2), § 3 Rn. 115; *Ulmer*, in: Ulmer/Habersack/Winter, (Fn. 2), § 3 Rn. 115; *Noack* (Fn. 2), S. 3 f., 19.

[22] Vgl. auch *Wicke*, in: MünchKomm GmbHG (Fn. 2), § 3 Rn. 130.

[23] *Röhricht*, in: Großkomm AktG, 4. Aufl., 2004, § 23 Rn. 240; *Michalski*, in: Michalski GmbHG (Fn. 12), § 3 Rn. 91; *Seibt*, in: K. Schmidt/Lutter (Fn. 11), § 23 Rn. 65; *Wicke*, in: MünchKomm GmbHG (Fn. 2), § 3 Rn. 130; *Hoffmann-Becking*, ZGR 1994, 442, 446; *Priester*, in: MünchHdb GmbH (Fn. 2), § 21 Rn. 6; kritisch *Zöllner* (Fn. 19), S. 89, 94.

[24] Zu Ausnahmen unten V.3.

[25] *Wicke*, in: MünchKomm GmbHG (Fn. 2), § 3 Rn. 130; *Priester*, in: MünchHdb GmbH (Fn. 2), § 21 Rn. 6; *Hoffmann-Becking*, ZGR 1994, 442, 446.

ebenso wie Satzungsregelungen an den zwingenden Vorschriften des
GmbH-Rechts messen lassen müssen.[26]

Im Gegensatz dazu ist für das Aktienrecht anerkannt, dass in Form
schuldrechtlicher Vereinbarungen auch solche Regelungen getroffen werden können, die in der Gesellschaftssatzung aufgrund Satzungsstrenge
(§ 23 Abs. 5 AktG) unwirksam wären.[27] Das ist etwa für die Steuerung der
Aktionärsstruktur von besonderer Bedeutung, denn nach § 68 Abs. 2 AktG
steht hierfür eine in der Satzung festzuschreibende Vinkulierung nur bei
Namensaktien zur Verfügung; Andienungspflichten und Vorerwerbsrechte,
Mitveräußerungsrecht und -pflichten können nur schuldrechtlich fixiert,
nicht jedoch in der Gesellschaftssatzung niedergelegt werden.[28] Wiederum
dürfen schuldrechtliche Abreden aber nicht gegen zwingendes Aktienrecht
verstoßen; zum Teil wird auch die Satzung als Grenze zulässiger Gesellschaftervereinbarungen angesehen.[29]

3. Mit der erhöhten Flexibilität schuldrechtlicher Nebenabreden sind
gleichsam als Kehrseite der Medaille Einbußen in puncto Rechtssicherheit
verbunden.[30] Denn ihre Formfreiheit erschwert den Nachweis getroffener
Vereinbarungen und etwaiger Änderungen, die zwischen den Beteiligten
im Umlaufverfahren, mündlich und in letzter Konsequenz – wenngleich in
der Praxis nur selten – auch konkludent erfolgen können[31] und erhöht
damit das Risiko von Streitigkeiten über Abschluss und Inhalt von Nebenabreden.

V. Anwendung zivilrechtlicher und zivilprozessualer Regeln

In ihrer rechtlichen Behandlung unterscheiden sich schuldrechtliche Nebenabreden maßgeblich von echten korporativen Satzungsbestandteilen.
Denn Gesellschaftervereinbarungen unterliegen genuin bürgerlichrechtlichen Regeln und Prinzipien.

---

[26] Dazu unten VI.

[27] *Arnold*, in: KölnKomm AktG, 3. Aufl., 2010, § 23 Rn. 173 a.E.; *Limmer*, in:
Spindler/Stilz, AktG, 2. Aufl., 2010, § 23 Rn. 41; *Pentz*, in: MünchKomm AktG, 3. Aufl.,
2008, § 23 Rn. 188; *Röhricht*, in: Großkomm AktG (Fn. 23), § 23 Rn. 256, 258; *Seibt*, in:
K. Schmidt/Lutter (Fn. 11), § 23 Rn. 65; *D. Mayer*, MittBayNot 2006, 281, 282.

[28] Dazu *Seibt*, in: K. Schmidt/Lutter (Fn. 11), § 23 Rn. 65 m.w.N.

[29] Dazu unten VI.1.

[30] *K. Schmidt*, Gesellschaftsrecht, 4. Aufl., 2002, § 5 I 5, S. 95; *Wicke*, in: Münch
GmbHG (Fn. 2), § 3 Rn. 130; *Wälzholz*, GmbHR 2009, 1020, 1024.

[31] Vgl. *Priester*, in: MünchHdb GmbH (Fn. 2), § 21 Rn. 6, 19; *Hoffmann-Becking*,
ZGR 1994, 442, 446.

1. Reichweite der vertraglichen Bindungswirkung

Aus ihrem rein schuldrechtlichen Charakter folgt, dass sie – anders als mit qualifizierter Mehrheit zulässige Satzungsänderungen – nur durch Zustimmung sämtlicher Vertragspartner zustande kommen, geändert oder aufgehoben werden können;[32] es sei denn, man hat sich ausnahmsweise antizipiert für die Geltung des im Grundsatz zulässigen Mehrheitsprinzips entschieden.[33] Außerdem sind durch Nebenvereinbarungen grundsätzlich auch nur die Vertragsparteien – nicht etwa sämtliche Gesellschafter – gebunden.[34]

Davon abgesehen kann die nicht als Vertragspartei an der Abrede beteiligte Gesellschaft aus einer zwischen den Gesellschaftern zu ihren Gunsten getroffenen Vereinbarung nach Maßgabe des § 328 Abs. 1 BGB eigene Rechte herleiten.[35] Das gilt für wiederkehrende Leistungspflichtung und die Pflicht zur Verlustübernahme[36] ebenso wie für die Erbringung von Deckungsbeiträgen[37] und die Verpflichtung zur Gewährung eines Gesellschafterdarlehens[38] und schließlich für die Herabsetzung der von der Gesellschaft geschuldeten Abfindung.[39] Demgegenüber verstößt eine schuldrechtliche Verpflichtung der Gesellschaft allein durch die Gesellschafter gegen das Verbot von Verträgen zulasten Dritter.[40] Die Begründung von

---

[32] Vgl. *Arnold*, in: KölnKomm AktG (Fn. 27), § 23 Rn. 175 a.E.; *Bayer*, in: Lutter/Hommelhoff (Fn. 10), § 3 Rn. 59; *Wicke*, in: MünchKomm GmbHG (Fn. 2), § 3 Rn. 135; *Pentz*, in: MünchKomm AktG (Fn. 27), § 23 Rn. 190; *Priester*, in: MünchHdb GmbH (Fn. 2), § 21 Rn. 6, 19; *Röhricht*, in: Großkomm AktG (Fn. 23), § 23 Rn. 267.

[33] Zur Zulässigkeit solcher Mehrheitsklauseln dezidiert BGHZ 179, 13 Tz. 14 ff.; dazu ausf. *C. Schäfer*, ZGR 2009, 768, 771 ff.; siehe ferner *Wälzholz*, GmbHR 2009, 1020, 1026.

[34] BGH NJW 2010, 3718 Tz. 8; *Emmerich*, in: Scholz (Fn. 2), § 3 Rn. 119; *Hueck/Fastrich*, in: Baumbach/Hueck (Fn. 2), § 3 Rn. 56; *K. Schmidt*, in: Scholz, GmbHG, 10. Aufl., 2007, § 45 Rn. 116; *Seibt*, in: K. Schmidt/Lutter (Fn. 11), § 23 Rn. 66; *Ulmer*, in: Ulmer/Habersack/Winter, (Fn. 2), § 3 Rn. 115; zu Ausnahmen unten VII.

[35] BGH NJW 2010, 3718 Tz. 8 a.E.; *Bayer*, in: Lutter/Hommelhoff (Fn. 10), § 3 Rn. 69, 80; *Emmerich*, in: Scholz (Fn. 2), 2006, § 3 Rn. 116, 120; *Ulmer*, in: Ulmer/Habersack/Winter, (Fn. 2), § 3 Rn. 118; ausf. *ders.*, Liber Amicorum Winter, 2011, S. 687, 695 ff.

[36] BGH DB 1986, 1512.

[37] BGH ZIP 1993, 432.

[38] RGZ 83, 216, 219; RG JW 1914, 94; BGHZ 142, 116, 124.

[39] BGH NJW 2010, 3718.

[40] Zum Verbot BGHZ 54, 244, 247; 61, 359, 361; 78, 369, 374 f.; BGH NJW 1995, 3183, 3184; *Ballhaus*, in: RGRK, BGB, 12. Aufl., 1976, § 328 Rn. 13; *Gottwald*, in: MünchKomm BGB, 6. Aufl., 2012, § 328 Rn. 250; *Grüneberg*, in: Palandt, 71. Aufl., 2012, Vorb. zu § 328 Rn. 10; *Jagmann*, in: Staudinger, BGB, 2009, Vorb. zu § 328 Rn. 42 ff.; *Martens*, AcP 177 (1977), 113, 139; *Bayer*, Der Vertrag zugunsten Dritter, 1995, S. 220.

Pflichten zulasten der Gesellschaft bedarf einer satzungskräftigen Verankerung oder deren Zustimmung, vertreten durch die Geschäftsführung.

2. Keine Bindungswirkung für Sonderrechtsnachfolger

Eine weitere maßgebliche Implikation ihrer schuldrechtlichen Natur ist die
mangelnde Bindungswirkung von Gesellschaftervereinbarungen für und
gegen Sonderrechtsnachfolger[41] in den Gesellschaftsanteil.[42] Schuldrechtliche Nebenabreden gehen bei einer Veräußerung des Anteils nicht ipso
iure auf den Singularsukzessor über. Ihre Wirkung beschränkt sich entsprechend der allgemeinen Grundsätze des Bürgerlichen Rechts, namentlich der Relativität des Schuldverhältnisses, auf die an der Vereinbarung
Beteiligten. Hierdurch unterscheiden sie sich maßgeblich von korporativen
Bestandteilen des Gesellschaftsvertrages, die ihre Wirkung – entsprechend
ihres körperschaftlichen Charakters – ipso iure auch für und gegen den
Anteilserwerber entfalten.[43] Der Übergang schuldrechtlicher Nebenvereinbarungen setzt aus diesem Grund eine besondere Abrede mit dem Er-
werber voraus, durch welche die Rechte des Veräußerers an ihn abgetreten
werden und (oder) er dessen Verbindlichkeiten nach den Grundsätzen der
Schuld- bzw. Vertragsübernahme übernimmt.[44] Allein die Kenntnis einer
bestehenden Nebenabrede genügt nicht, um auf den – auch konkludent
äußerbaren – Übernahmewillen des Erwerbers zu schließen.[45] Hierin mag

---

[41] Gesamtrechtsnachfolger treten in die gesamte Rechtsposition ihres Rechtsvor-
gängers ein und sind daher auch an sämtliche vertragliche Gesellschafterabsprachen gebunden, und zwar auch dann, wenn sie keine Kenntnis von solchen Vereinbarungen hatten; vgl. noch *Emmerich*, in: Scholz (Fn. 2), § 3 Rn. 112; *Ulmer*, in: Ulmer/Habersack/
Winter, (Fn. 2), § 3 Rn. 116; *Wicke*, in: MünchKomm GmbHG (Fn. 2), § 3 Rn. 136;
Priester, DB 1979, 681, 685 f.; *Noack* (Fn. 2), S. 184.

[42] *Bayer*, in: Lutter/Hommelhoff (Fn. 10), § 3 Rn. 69; *Emmerich*, in: Scholz (Fn. 2),
§ 3 Rn. 112, 119; *Hueck/Fastrich*, in: Baumbach/Hueck (Fn. 2), § 3 Rn. 54; *Ulmer*, in:
Ulmer/Habersack/Winter, (Fn. 2), § 3 Rn. 112, 116.

[43] Exemplarisch für korporative Nebenleistungspflichten siehe OLG Frankfurt NJW-
RR 1992, 1512, 1513; *Bayer*, in: Lutter/Hommelhoff (Fn. 10), § 3 Rn. 48; *Hueck/
Fastrich*, in: Baumbach/Hueck (Fn. 2), § 3 Rn. 49; *Roth*, in: Roth/Altmeppen (Fn. 2), § 3
Rn. 34.

[44] *Arnold*, in: KölnKomm AktG (Fn. 27), § 23 Rn. 177; *Bayer*, in: Lutter/
Hommelhoff (Fn. 10), § 3 Rn. 69; *Emmerich*, in: Scholz (Fn. 2), § 3 Rn. 112, 119;
Hueck/Fastrich, in: Baumbach/Hueck (Fn. 2), § 3 Rn. 56; *Hüffer*, AktG, 10. Aufl., 2012,
§ 23 Rn. 46; *Körber*, in: Bürgers/Körber, AktG, 2. Aufl., 2011, § 23 Rn. 51; *Michalski*,
in; Michalski, (Fn. 12), § 3 Rn. 87; *Pentz*, in: MünchKomm AktG (Fn. 27), § 23 Rn. 190;
Ulmer, in: Ulmer/Habersack/Winter, (Fn. 2), § 3 Rn. 116; ausf. *Noack* (Fn. 2), S. 172 ff.

[45] So aber *Lutter*, in: KölnKomm AktG, 2. Aufl., 1988, § 54 Rn. 30; ähnlich jetzt
Lutter/Drygala, KölnKomm AktG, 3. Aufl., 2011, § 54 Rn. 43; wie hier *Arnold*, in:
KölnKomm AktG (Fn. 27), § 23 Rn. 177; *Fleischer*, in: K. Schmidt/Lutter, AktG,
2. Aufl., 2010, § 54 Rn. 21; *Hüffer* (Fn. 44), § 23 Rn. 46; *Röhricht*, in: Großkomm AktG

man eine weitere praktische Schwierigkeit schuldrechtlicher Nebenabreden erkennen; jedenfalls bedeutet die begrenzte Bindungswirkung eine ernst zu nehmende Beschränkung ihres Wirkungsbereichs.

3. Form

Anders als echte Satzungsbestandteile (vgl. §§ 2, 53 GmbHG, § 23 Abs. 1 AktG) bedürfen schuldrechtliche Nebenabreden nach dem Grundsatz der Formfreiheit prinzipiell keiner besonderen Form.[46] Nur wenn sich Formvorschriften aufgrund ihres Schutzzwecks im Einzelfall auf schuldrechtliche Nebenabreden erstrecken, sind sie ausnahmsweise formbedürftig. Das gilt zum einen für Vorerwerbsrechte und Andienungspflichten auf Geschäftsanteile analog § 15 Abs. 4 GmbHG.[47] Das Erfordernis der notariellen Beurkundung ist auch in diesem Zusammenhang zu wahren, um den spekulativen Handel mit GmbH-Anteilen zu erschweren und die Beweisführung zu erleichtern.[48] Zielen Gesellschafterabsprachen auf die Einbringung von Grundeigentum ab, verlangt der mit § 311b Abs. 1 S. 1 BGB primär intendierte Übereilungsschutz[49] die Beachtung des notariellen Beurkundungserfordernisses.[50]

Darüber hinaus bedürfen auf Satzungsänderungen bezogene Nebenabreden, namentlich Stimmbindungsverträge, in welchen sich Gesellschafter

---

(Fn. 23), § 23 Rn. 273; *Ulmer*, in: Ulmer/Habersack/Winter, (Fn. 2), § 3 Rn. 116; *Wicke*, in: MünchKomm GmbHG (Fn. 2), § 3 Rn. 136.

[46] RGZ 112, 273, 277; BGHZ 18, 205, 208; BGH BB 1993, 676, 677 = NJW-RR 1993, 607; NJW 2010, 3718 Tz. 7; *Arnold*, in: KölnKomm AktG (Fn. 27), § 23 Rn. 175; *Bayer*, in: Lutter/Hommelhoff (Fn. 10), § 3 Rn. 69; *Emmerich*, in: Scholz (Fn. 2), § 3 Rn. 111, 118; *Hueck/Fastrich*, in: Baumbach/Hueck (Fn. 2), § 3 Rn. 56; *Pentz*, in: Münch Komm AktG (Fn. 27), § 23 Rn. 190; *Roth*, in: Roth/Altmeppen (Fn. 2), § 3 Rn. 54; *Seibt*, in: K. Schmidt/Lutter (Fn. 11), § 23 Rn. 65; *Ulmer*, in: Ulmer/Habersack/Winter, (Fn. 2), § 3 Rn. 36, 115; *Priester*, in: MünchHdb GmbH (Fn. 2), § 21 Rn. 14.

[47] *Bayer*, in: Lutter/Hommelhoff (Fn. 10), § 3 Rn. 71 iVm. § 15 Rn. 46; *Wicke*, in: MünchKomm GmbHG (Fn. 2), § 3 Rn. 134; für Einzelheiten siehe zuletzt etwa *Erbacher/Klarmann*, CFL 2011, 151 ff.

[48] Zu den Normzwecken des § 15 Abs. 4 GmbHG: Amtliche Begründung zum GmbH-Gesetz, 1891, S. 37 f.; BGHZ 13, 49, 51 f.; 75, 352, 353 ff., BGH NZG 2008, 377, 378; *Bayer*, in: Lutter/Hommelhoff (Fn. 10), § 15 Rn. 1; *Reichert/Weller*, in: Münch Komm GmbHG, 2010, § 15 Rn. 16 ff.; vgl. noch (zu § 15 Abs. 3 GmbHG) *Lieder*, AcP 210 (2010), 857, 899 f.

[49] Zu den Normenzweck des § 311b Abs. 1 S. 1 BGB aus heutiger Sicht: *Kanzleiter*, in: MünchKomm BGB, 6. Aufl., 2012, § 311b Rn. 1 f.; vgl. noch Motive zum BGB, Bd. 2, S. 189 f.; *Wagner*, AcP 172 (1972), 452. Zur Reichweite der Formvorschrift siehe BGH WM 1971, 618, 619; BGH NJW 1977, 1151; *Kanzleiter*, a.a.O, § 311b Rn. 50 ff.

[50] *Bayer*, in: Lutter/Hommelhoff (Fn. 10), § 3 Rn. 71; *Wicke*, in: MünchKomm GmbHG (Fn. 2), § 3 Rn. 134; *Sieger/Schulte*, GmbHR 2002, 1050, 1053; *Hergeth/Mingau*, DStR 2001, 1217, 1219 f.

zur Durchführung einer Satzungsänderung verpflichten, nach zutreffender Auffassung nicht der Form des § 53 GmbHG.[51] Denn der Normzweck des § 53 Abs. 2 GmbHG beschränkt sich auf die Beweissicherung des satzungsändernden Gesellschafterbeschlusses, ohne dass der Formvorschrift außerdem eine Warn- oder Belehrungsfunktion zukäme.[52] Gleiches gilt für schuldrechtliche Nebenabreden, die im Zusammenhang mit der Übernahme neuer Geschäftsanteile bei Kapitalerhöhungen abgeschlossen werden.[53] Denn die für die Übernahmeerklärung in § 55 Abs. 1 GmbHG niedergelegte Formvorschrift zielt darauf ab, die inhaltliche Richtigkeit der Übernahmeerklärung sicherzustellen, sowie den Rechtsverkehr und die Öffentlichkeit über die Eigenkapitalbasis der GmbH aufzuklären, nicht aber den Übernehmer zu warnen und über seine Leistungspflichten zu belehren.[54]

4. Anwendung zivilrechtlicher Regeln

Darüber hinaus richtet sich die Auslegung von Gesellschafterabreden nach §§ 133, 157 BGB, nicht etwa nach den objektiven Maßstäben, die für korporative Satzungsbestandteile gelten.[55] Anwendung finden außerdem die allgemeinen Vorschriften über Willensmängel (§§ 116 ff. BGB) und Leistungsstörungen (§§ 280 ff. BGB).[56] Verständigen sich die Gesellschafter allerdings auf eine dauerhafte Zweckverfolgung, was insbesondere bei

---

[51] So aber *Wicke*, GmbHG, 2. Aufl., 2011, § 53 Rn. 23; wie hier die h.M.: RG JW 1927, 2992; *Bayer*, in: Lutter/Hommelhoff (Fn. 10), § 53 Rn. 40 a.E.; *Lieder*, in: MünchKomm GmbHG, 2011, § 55 Rn. 157; *Priester*, in: MünchHdb GmbH (Fn. 2), § 55 Rn. 116; *Ulmer*, in: Ulmer/Habersack/Winter (Hrsg.), Großkomm GmbHG, 2008, § 55 Rn. 35; *Zimmermann*, in: Rowedder/Schmidt-Leithoff, GmbHG, 4. Aufl., 2002, § 55 Rn. 46; *Sieger/Schulte*, GmbHR 2002, 1050 ff.; *Wälzholz*, GmbHR 2009, 1020, 1024.

[52] Streitig, a.A. BGHZ 80, 76, 79; 105, 324, 338; OLG Hamm NJW 1974, 1057, 1058; wie hier *Harbarth*, in: MünchKomm GmbHG, 2011, § 53 Rn. 68; wohl auch *Zöllner*, in: Baumbach/Hueck, GmbHG, 19. Aufl., 2010, § 53 Rn. 71.

[53] BGH NJW 1977, 1151; *Hermanns*, in: Michalski, GmbHG, 2. Aufl., 2010, § 55 Rn. 74; *Lieder* (Fn. 51), § 55 Rn. 135; *Priester*, in: MünchHdb GmbH (Fn. 2), § 55 Rn. 89; *Ulmer*, in: Ulmer/Habersack/Winter, (Fn. 51), § 55 Rn. 88; *Zimmermann*, in: Rowedder/Schmidt-Leithoff (Fn. 51), § 55 Rn. 49.

[54] OLG München NZG 2005, 756, 757 m. Anm. *Bayer/Lieder*, EWiR 2005, 525; *Hermanns* (Fn. 53), § 55 Rn. 69; *Lieder* (Fn. 51), § 55 Rn. 128; *Priester*, in: MünchHdb GmbH (Fn. 2), § 55 Rn. 81; *Ulmer*, in: Ulmer/Habersack/Winter, (Fn. 51), § 55 Rn. 56; *Zimmermann*, in: Rowedder/Schmidt-Leithoff (Fn. 51), § 55 Rn. 38; vgl. zuvor noch BGH WM 1966, 1262, 1263.

[55] BGH DB 1986, 1512, 1513; *Arnold*, in: KölnKomm AktG (Fn. 27), § 23 Rn. 175; *Bayer*, in: Lutter/Hommelhoff (Fn. 10), § 3 Rn. 69; *Emmerich*, in: Scholz (Fn. 2), § 3 Rn. 110; *Hueck/Fastrich*, in: Baumbach/Hueck (Fn. 2), § 3 Rn. 57; *Hüffer* (Fn. 44), § 23 Rn. 46; *Pentz*, in: MünchKomm AktG (Fn. 27), § 23 Rn. 190; *Wicke*, in: MünchKomm GmbHG (Fn. 2), § 3 Rn. 135.

[56] Vgl. *Bayer*, in: Lutter/Hommelhoff (Fn. 10), § 3 Rn. 69; *Emmerich*, in: Scholz (Fn. 2), § 3 Rn. 110, 113; *Wicke*, in: MünchKomm GmbHG (Fn. 2), § 3 Rn. 135.

Stimmbindungsverträgen häufig der Fall ist,[57] entsteht (neben der GmbH oder AG) aus den an der Abrede beteiligten Anteilsinhabern eine Gesellschaft bürgerlichen Rechts.[58] In der Konsequenz sind die Rechtsfolgen mangelbehafteter Willenserklärungen nach Maßgabe der Lehre von der fehlerhaften Gesellschaft zu modifizieren.[59] Das Vorliegen einer BGB-Gesellschaft entscheidet auch über die Reichweite der AGB-Kontrolle: Einfache Nebenabreden unterliegen der Inhaltskontrolle,[60] während § 310 Abs. 4 S. 1 BGB qualifizierte Nebenabreden einer so entstandenen BGB-Gesellschaft der Inhaltskontrolle entzieht.[61]

5. Anwendung zivilprozessualer Regeln

Schließlich vollzieht sich auch die gerichtliche Durchsetzung schuldrechtlicher Nebenabreden nach allgemeinen zivilprozessualen Grundsätzen.[62] Insbesondere kann der pflichtwidrig Handelnde im Wege einer allgemeinen Leistungsklage auf Erfüllung in Anspruch genommen werden.[63] Besteht die Verpflichtung in der Abgabe einer Willenserklärung, gilt die Erklärung nach § 894 ZPO mit Rechtskraft des Urteils als erteilt. Im Übrigen können auch Sekundäransprüche, namentlich Schadensersatz aufgrund Leistungsstörungen, gerichtlich geltend gemacht werden. Der Weg zu den staatlichen Gerichten ist den Beteiligten nur dann versperrt, wenn sie für den Fall von Rechtsstreitigkeiten eine wirksame Schiedsabrede getroffen haben.[64]

---

[57] Siehe zuletzt BGHZ 179, 13 Tz. 12.

[58] Vgl. *Emmerich*, in: Scholz (Fn. 2), § 3 Rn. 108, 118; *Hueck/Fastrich*, in: Baumbach/Hueck (Fn. 2), § 3 Rn. 58; *Hüffer* (Fn. 44), § 23 Rn. 46; *Pentz*, in: Münch Komm AktG (Fn. 27), § 23 Rn. 190; *Baumann/Reiß*, ZGR 1989, 157, 200 f.

[59] *Wicke*, in: MünchKomm GmbHG (Fn. 2), § 3 Rn. 135; zu den Grundsätzen der fehlerhaften Gesellschaft siehe etwa *Ulmer/C. Schäfer*, in: MünchKomm BGB, 5. Aufl., 2009, § 705 Rn. 323 ff.; *K. Schmidt* (Fn. 30), § 6 II 2, 3, S. 143 ff.

[60] BGH WM 1992, 99, 100; *Basedow*, in: MünchKomm BGB, 6. Aufl., 2012, § 310 Rn. 89; *Bayer*, in: Lutter/Hommelhoff (Fn. 10), § 3 Rn. 72; *Hueck/Fastrich*, in: Baumbach/Hueck (Fn. 2), § 3 Rn. 56; *Grunewald*, FS Semler, 1993, S. 179, 185.

[61] *Basedow*, in: MünchKomm BGB (Fn. 60), § 310 Rn. 89; *Wicke*, in: MünchKomm GmbHG (Fn. 2), § 3 Rn. 135; *Ulmer/C. Schäfer* in: Ulmer/Brandner/Hensen, AGB, 11. Aufl., 2011, § 310 Rn. 123; *Schmidt*, in: Wolf/Lindacher/Pfeiffer, AGB-Recht, 5. Aufl., 2009, § 310 Abs. 4 BGB Rn. 14; *Wälzholz*, GmbHR 2009, 1020, 1023.

[62] *Röhricht*, in: Großkomm AktG (Fn. 23), § 23 Rn. 277; *Wicke*, in: MünchKomm GmbHG (Fn. 2), § 3 Rn. 138; *Priester*, in: MünchHdb GmbH (Fn. 2), § 21 Rn. 15.

[63] BGH NJW 1967, 1963, 1965; *Wicke*, in: MünchKomm GmbHG (Fn. 2), § 3 Rn. 138; ausf. *Römermann*, in: Michalski, GmbHG, 2. Aufl., 2010, § 47 Rn. 537 ff., kritisch *Ulmer*, FS Röhricht, 2005, S. 633, 639 f.

[64] Dazu *E. Joussen*, GmbHR 1996, 574.

VI. Inhaltliche Zulässigkeit und Grenzen im Aktien- und GmbH-Recht

Das für die Zulässigkeit schuldrechtlicher Nebenabreden im Grundsatz geltende Prinzip der Vertragsfreiheit[65] erfährt im Aktien- und GmbH-Recht Einschränkungen verschiedener Art.

1. Organisationsrechtlicher Satzungsvorbehalt

Gesellschaftervereinbarungen sind zunächst solche Regelungsgegenstände entzogen, die nach zwingendem Aktien- und GmbH-Recht in die Satzung aufgenommen werden müssen. Das gilt für den in § 23 AktG, § 3 Abs. 1 GmbHG niedergelegten Mindestinhalt über die Grundlagen von AG und GmbH, die mitgliedschaftlichen Rechte und Pflichten sowie (in der GmbH) die innergesellschaftliche Organisationsstruktur einschließlich der Rechtsstellung der Gesellschaftsorgane.[66] Nebenabreden sind außerdem nach § 134 BGB unwirksam, wenn sie gegen zwingendes Aktien- oder GmbH-Recht verstoßen oder die getroffenen Vereinbarungen auch nur dem Regelungszweck dieser Vorschriften zuwider laufen.[67] Überwiegend wird im Aktienrecht auch solchen Abreden die Wirkung versagt, die gegen Satzungsbestimmungen verstoßen.[68] Diese Auffassung ist indes schwerlich mit der später ausführlich begründeten Trennung von Satzung und Nebenabreden in Einklang zu bringen.[69]

2. Zulässigkeit von Stimmbindungsverträgen im Überblick

Einschränkungen gelten ferner für Stimmbindungsverträge unter Beteiligung von Nichtgesellschaftern, da Dritte grundsätzlich nicht in gleicher

---

[65] Vgl. nochmals die Nachw. in Fn. 3, 4.

[66] Vgl. *Bayer*, in: Lutter/Hommelhoff (Fn. 10), § 3 Rn. 69; *Michalski*, in: Michalski, GmbHG (Fn. 12), § 3 Rn. 88 iVm. Rn. 92; *Wicke*, in: MünchKomm GmbHG (Fn. 2), § 3 Rn. 132; *D. Mayer*, MittBayNot 2006, 281, 283; *Wälzholz*, GmbHR 2009, 1020; ausf. *Leitzen*, RNotZ 2010, 566, 569 f.

[67] Vgl. BGH WM 1993, 641, 642; *Arnold*, in: KölnKomm AktG (Fn. 27), § 23 Rn. 181; *Pentz*, in: MünchKomm AktG (Fn. 27), § 23 Rn. 188; *Röhricht*, in: Großkomm AktG (Fn. 23), § 23 Rn. 256; *Seibt*, in: K. Schmidt/Lutter (Fn. 11), § 23 Rn. 65 a.E.

[68] So *Pentz*, in: MünchKomm AktG (Fn. 27), § 23 Rn. 188 unter Berufung auf *Tieves*, Der Unternehmensgegenstand der Kapitalgesellschaft, 1998, S. 203 ff., der sich indes ausschließlich auf Regelungen bezüglich des Unternehmensgegenstandes bezieht, die ohnehin dem organisationsrechtlichen Vorbehalt unterliegen; dem folgend auch *Limmer*, in: Spindler/Stilz (Fn. 27), § 23 Rn. 41; *Seibt*, in: K. Schmidt/Lutter (Fn. 11), § 23 Rn. 65; wohl auch *Arnold*, in: KölnKomm AktG (Fn. 27), § 23 Rn. 181 a.E. („sollen"); differenzierend *Zöllner* (Fn. 19), S. 89, 99 f.

[69] Dazu ausf. unten VII.3.

Weise an der Prosperität der Gesellschaft interessiert sind wie risikokapitalgebende Gesellschafter. Aus diesem Grund wird namentlich die dauerhafte Stimmbindung in Bezug auf Satzungsänderungen und strukturändernde Grundlagenbeschlüsse als unzulässig angesehen, wenn sie nach Weisung außenstehender Dritter erfolgen soll.[70] Anders liegt der Fall jedoch, wenn der Dritte zwar nicht formeller, wohl aber materieller Träger von Gesellschaftsinteressen ist,[71] sei es als Treugeber,[72] sei es als Kommanditist einer nicht personenidentischen GmbH & Co. KG.[73] Stimmbindungsverträge können weiterhin gegen §§ 134, 138 BGB[74] sowie § 1 GWB[75] verstoßen. Darüber hinaus unterliegt der Gesellschafter bei Ausübung seines Stimmrechts unverändert der gesellschaftsrechtlichen Treuepflicht[76] und er darf auch bei formal bestehender Stimmpflicht nicht zum Nachteil der GmbH handeln.[77] Keine Bedenken bestehen mit dem BGH indes gegen die Gestaltung, dass ein Gesellschafterkonsortium mit einfacher Mehrheit auch über solche Beschlussgegenstände entscheidet, die in der Beteiligungsgesellschaft mit qualifizierter Mehrheit zu fassen sind.[78]

3. Im Übrigen: Wahlfreiheit

Wo solche Beschränkungen nicht eingreifen, können die Gesellschafter nach freiem Ermessen darüber befinden, ob sie die Verhältnisse in und zur

---

[70] *Bayer*, in: Lutter/Hommelhoff (Fn. 10), § 47 Rn. 16; *Hüffer*, in: Großkomm GmbHG, 2005, § 47 Rn. 75; kritisch: *Koppensteiner*, in: Rowedder/Schmidt-Leithoff (Fn. 51), § 47 Rn. 32; *Römermann*, in: Michalski (Fn. 63), § 47 Rn. 503 ff.; *K. Schmidt*, in: Scholz (Fn. 34), § 47 Rn. 42; noch strenger *Flume*, Juristische Person, 1983, § 7 VI, S. 240 ff.; *Hüffer* (Fn. 44), § 133 Rn. 27; *Pentz*, in: MünchKomm AktG (Fn. 27), § 23 Rn. 195: Stimmbindung zugunsten von Nichtaktionären im Grundsatz unzulässig.

[71] Vgl. *K. Schmidt*, in: Scholz (Fn. 34), § 47 Rn. 42; kritisch dazu *Römermann*, in: Michalski (Fn. 63), § 47 Rn. 504.

[72] BGHZ 48, 163, 166 ff.

[73] BGH ZIP 1983, 432; OLG Köln GmbHR 1989, 76, 77 f.

[74] Aus der Rechtsprechung siehe exemplarisch RG JW 1916, 575, 576; aus dem Schrifttum ausf. *K. Schmidt*, in: Scholz (Fn. 34), § 47 Rn. 44.

[75] *Bayer*, in: Lutter/Hommelhoff (Fn. 10), § 47 Rn. 17; *Hüffer* (Fn. 70), § 47 Rn. 76; *K. Schmidt*, in: Scholz (Fn. 34), § 47 Rn. 43; *Wicke* (Fn. 51), § 47 Rn. 12.

[76] *Bayer*, in: Lutter/Hommelhoff (Fn. 10), § 47 Rn. 17; *Hüffer* (Fn. 70), § 47 Rn. 76; *Wicke*, in: MünchKomm GmbHG (Fn. 2), § 3 Rn. 133.

[77] *Bayer*, in: Lutter/Hommelhoff (Fn. 10), § 47 Rn. 17; *Roth*, in: Roth/Altmeppen (Fn. 2), § 47 Rn. 40; *K. Schmidt*, in: Scholz (Fn. 34), § 47 Rn. 50.

[78] BGHZ 179, 13; zust. *Arnold*, in: KölnKomm AktG (Fn. 27), § 23 Rn. 182; *C. Schäfer*, ZGR 2009, 768 ff.; *K. Schmidt*, ZIP 2009, 737, 742 ff.; *Wertenbruch*, NZG 2009, 645 ff.; abl. *König*, ZGR 2005, 417, 422; *Noack* (Fn. 2), S. 207 f.; *Odersky*, FS Lutter, 2000, S 557, 559 f.; *Zöllner*, FS Ulmer, 2003, S. 725 ff., 737; a.A. *Habersack*, ZHR 164 (2000), 1 ff.; *Enzinger*, in: MünchKomm HGB, 3. Aufl., 2011, § 119 Rn. 37; *Pentz*, in: MünchKomm AktG (Fn. 27), § 23 Rn. 195.

Gesellschaft in der Satzung mit korporativer Wirkung regeln oder eine Gesellschaftervereinbarung auf schuldrechtlicher Ebene treffen wollen. Das Wahlrecht der Gesellschafter besteht auch dann, wenn es sich um Abreden handelt, die typischerweise in der Satzung getroffen werden, ohne die der Gesellschaftszweck nicht erreicht werden kann oder sie ansonsten für die Gesellschaft von zentraler Bedeutung sind.[79] Diese weitgehende Flexibilität gewährleistet insbesondere Gesellschaften mbH, die unter Verwendung des Musterprotokolls i.S.d. § 2 Abs. 1a GmbHG[80] oder einer anderweitigen Mustersatzung gegründet worden sind, ihre individuellen Verhältnisse durch schuldrechtliche Nebenvereinbarungen flexibel zu regeln.[81]

VII. Interdependenzen von Satzung und Nebenabreden

Als Zwischenfazit der bisherigen Betrachtungen ist festzuhalten, dass sich Nebenabreden von echten Satzungsbestandteilen insbesondere im Hinblick auf ihre (a) inhaltlichen Beschränkungen, (b) Geltungsvoraussetzungen und (c) Formerfordernisse sowie durch (d) Bindungswirkung und (e) Registerpublizität unterscheiden.[82] Diese zentralen Unterschiede legen eine strikte Trennung zwischen korporativen und schuldrechtlichen Regeln nahe. Indes ist die hieraus in rechtsdogmatischer Hinsicht folgende Verselbstständigung der beiden Regelungsebenen durch die höchstrichterliche Rechtsprechung in Zweifel gezogen worden (dazu unter 1.). In der Folge hat eine starke Strömung im Schrifttum einen Gegenentwurf zur Trennungsthese erarbeitet, der schlagwortartig als Einheitslehre bezeichnet werden mag. Beide Positionen stehen sich derzeit im Grundsatz ganz unversöhnlich gegenüber (dazu 2.). Trotz neuer Rechtsprechung zum Thema ist die Frage bis heute nicht abschließend geklärt.[83] Das gilt sowohl für die

---

[79] BGH WM 1965, 1076; BB 1969, 1410; NJW-RR 1993, 607, 608; *Bayer*, in: Lutter/Hommelhoff (Fn. 10), § 3 Rn. 69; *Emmerich*, in: Scholz (Fn. 2), § 3 Rn. 108; *Hueck/Fastrich*, in: Baumbach/Hueck (Fn. 2), § 3 Rn. 57; *Ulmer* in: Ulmer/Habersack/Winter, (Fn. 2), § 3 Rn. 118 a.E.; *Wicke*, in: MünchKomm GmbHG (Fn. 2), § 3 Rn. 132; *Priester*, FS Claussen, S. 319, 333 f.; a.A. *Ullrich*, ZGR 1985, 235, 250 ff.; enger auch OLG Dresden GmbHR 1997, 746, 747; *Berger*, Nebenverträge im GmbH-Recht, 1995, S. 50 ff.

[80] Zur Verbreitung und Problemen siehe *Bayer/Hoffmann/Lieder*, GmbHR 2010, 9, 13.

[81] Vgl. *Hoffmann-Becking*, ZGR 1994, 442, 446.

[82] Siehe auch *Noack*, NZG 2010, 1017; *Winter*, ZHR 154 (1990), 259, 263 ff.; *Ulmer*, FS Röhricht, 2005, S. 633, 650 f.

[83] Siehe zuletzt die Dissertation von *Dittert*, Satzungsbegleitende Aktionärsvereinbarungen, 2009, insb. S. 246 ff.

Streitfrage im Grundsatz (dazu unter 3.) als auch für ihre Auswirkungen auf die Anfechtung abredewidriger Beschlüsse, die Auslegung von Satzungsbestimmungen und die Konkretisierung von Treuepflichten (dazu unter 4.). In jüngerer Zeit wurde die Debatte schließlich durch ein weiteres höchstrichterliches Judikat befeuert, das weiterführende Fragen nach den Implikationen satzungswidriger Nebenabreden aufwirft (dazu unter 5.).

1. Entwicklung der Rechtsprechung

a) Gleichsam als Initialzündung für die Grundsatzdebatte fungierte die Kerbnägel-Entscheidung des II. Zivilsenats des BGH vom 20.1.1983.[84] In dem Fall hatten sich sämtliche Gesellschafter schuldrechtlich untereinander verpflichtet, sich an einem fremden Unternehmen nicht zu beteiligen, obgleich die Satzung eine solche Geschäftstätigkeit zuließ. Als die Mehrheit einen gegen die Nebenabrede verstoßenden Gesellschafterbeschluss fasste, ließ der BGH dessen Anfechtung mit der Begründung zu, die von allen Gesellschaftern beschlossene Regelung sei „zumindest solange zugleich als eine solche der Gesellschaft zu behandeln, als dieser nur die aus der Abrede Verpflichteten angehören".[85] Es sei nicht einzusehen, weshalb die an der Gesellschaftervereinbarung festhaltende Minderheit auf den Umweg einer Klage gegen die Mehrheit verwiesen werden solle, um den gefassten Beschluss durch Verurteilung der Mitgesellschafter zur gegenteiligen Stimmabgabe zu beseitigen.

b) Diese Position wurde im Jahre 1986 nochmals vom BGH bestätigt, der obiter hinzufügte, dass Gesellschafter sich durch schuldrechtliche Abreden darauf einigen könnten, die Gesellschaftssatzung in einem bestimmten Sinne auszulegen.[86] Gefolgschaft hat diese Rechtsprechungslinie in der Folgezeit auch in der obergerichtlichen Rechtsprechung gefunden.[87] Namentlich das OLG Hamm folgt der BGH-Rechtsprechung „aus Gründen der Prozessökonomie".[88] Daneben betonte das Gericht allerdings, dass die Verletzung von Gesellschafterabreden nicht ohne weiteres zugleich die Treupflichtbindung zur Gesellschaft verletze;[89] die Anfechtung eines konfligierenden Gesellschafterbeschluss könne darauf (allein) nicht gestützt werden.

---

[84] BGH NJW 1983, 1910.

[85] BGH NJW 1983, 1910, 1911.

[86] BGH NJW 1987, 1890, 1892.

[87] Neben OLG Hamm GmbHR 2000, 673, 674 auch OLG Karlsruhe OLGR 1999, 358, 359; OLG Saarbrücken GmbHR 2005, 546, 548.

[88] OLG Hamm GmbHR 2000, 673, 674.

[89] Ebenda.

c) Einen Kontrapunkt zu dieser Spruchpraxis setzte der II. Zivilsenat im Jahre 1993 in seinem Grundsatzurteil zur Satzungsdurchbrechung.[90] Nach Auffassung des Gerichts sind Gesellschafterbeschlüsse, die einen von der Satzung dauerhaft abweichenden Rechtszustand begründen, ohne Berücksichtigung der für Satzungsänderungen geltenden Formerfordernisse unwirksam. Denn sie beeinträchtigten die Registerpublizität der Gesellschaftsverhältnisse in einem Maße, das geeignet sei, die berechtigten Informationsbelange des Rechtsverkehrs, namentlich der Gesellschaftsgläubiger sowie zukünftiger Gesellschafter signifikant zu verkürzen.[91] Auch die Umdeutung des formunwirksamen Gesellschafterbeschlusses in eine schuldrechtliche Nebenabrede scheitere, soweit nicht die Durchsetzung bestimmter Verhaltens- oder Unterlassungspflichten in Rede stehe, sondern eine organisationsrechtliche Satzungsbestimmung geändert werden solle – konkret ging es um die Amtszeit der Aufsichtsratsmitglieder.[92]

d) Noch deutlicher tritt das OLG Stuttgart im Jahre 2001 der ursprünglichen Spruchpraxis des BGH entgegen und stellt fest, dass eine Anfechtung von Gesellschafterbeschlüssen auch dann nicht auf die Verletzung einer Gesellschafterabrede gestützt werden könne, wenn sämtliche Gesellschafter sich hierüber verständigt hätten.[93] Vielmehr entfalteten Nebenvereinbarungen nur schuldrechtliche Wirkung, seien von der Satzungsebene verselbstständigt und dürften auch nicht auf dem Umweg der Anfechtbarkeit in die korporative Struktur projiziert werden. Streitigkeiten seien zwischen den Gesellschaftern auszutragen und nicht auf Gesellschaftsebene. Pflichtverletzungen mögen Schadensersatzpflichten begründen, tangierten indes nicht die Wirksamkeit entgegenstehender Gesellschafterbeschlüsse. Jede gegenteilige Auffassung begründe die Gefahr, dass eine „Schattenordnung" aus Gesellschaftervereinbarungen die Satzung konterkariere. Dem stünde es auch entgegen, Nebenabreden bei der Auslegung der Gesellschaftssatzung heranzuziehen und deren Verletzung als Treupflichtverstoß zu sanktionieren.

e) Von diesem Vorstoß der obergerichtlichen Rechtsprechung sichtlich unbeeindruckt zeigte sich der BGH als er im Jahre 2010 erneut zum Verhältnis von Satzung und Nebenabreden zu entscheiden hatte:[94] In dem Fall fassten (wiederum) sämtliche Gesellschafter im Jahre 2002 den einstimmigen Beschluss, fortan eine gesellschaftsvertragliche Abfindungsregelung

---

[90] BGHZ 123, 15; zur Bedeutung des Urteils in diesem Zusammenhang siehe *Goette*, RWS-Forum 8, 1996, S. 113, 120 ff.; *Priester*, in: MünchHdb GmbH (Fn. 2), § 21 Rn. 25; *Wicke*, in: MünchKomm GmbHG (Fn. 2), § 3 Rn. 141.

[91] BGHZ 123, 15, 19.

[92] BGHZ 123, 15, 20.

[93] OLG Stuttgart BB 2001, 794, 797.

[94] BGH NJW 2010, 3718.

unbeachtet zu lassen und ausscheidenden Gesellschaftern eine Abfindung lediglich orientiert am Nominalwert des Geschäftsanteils zu gewähren. Dieser Gesellschafterbeschluss wurde weder notariell beurkundet noch in das Handelsregister eingetragen. Zudem fassten die Gesellschafter in 2006 einen weiteren formell einwandfreien Beschluss, der die Abfindung auf den Nominalwert beschränkte.

Da die Beschlussfassungen offensichtlich gegen die Satzung verstießen, hätte man vermuten können, dass der Leistungsklage des ausgeschiedenen Gesellschafters auf die höhere, im Gesellschaftsvertrag niedergelegte Abfindung hätte Erfolg beschieden sein müssen – ebenso wie seiner Anfechtungsklage gegen den Gesellschafterbeschluss aus 2006. Anders aber der BGH: Er deutet den formnichtigen Gesellschafterbeschluss aus 2002 kurzerhand in eine – auch formlos wirksame – schuldrechtliche Nebenabrede um, der er gegenüber der anders lautenden Satzungsregelung den Vorrang einräumt. Hieran scheiterten nach Auffassung des BGH sowohl die Leistungs- als auch die Anfechtungsklage des ausgeschiedenen Gesellschafters.

2. Meinungsstand im Schrifttum

Im Schrifttum sind die Meinungen zum Problem geteilt. Während die höchstrichterliche Spruchpraxis von den Vertretern der Trennungslehre, allen voran *Peter Ulmer*, heftig kritisiert worden ist,[95] haben sie andere zum Anlass genommen, ein völlig neues – ein einheitliches – Verständnis der Interdependenz von Satzung und Nebenabreden zu entwickeln.[96] Am

---

[95] Grundlegend *Ulmer*, in: Ulmer/Habersack/Winter, (Fn. 2), § 3 Rn. 123 ff.; *ders.*, NJW 1987, 1849 ff.; *ders.*, FS Röhricht, S. 633, 635 ff.; ferner *Bayer*, in: Lutter/ Hommelhoff (Fn. 10), § 3 Rn. 73, § 47 Rn. 20; Anh. § 47 Rn. 44; *Hueck/Fastrich*, in: Baumbach/Hueck (Fn. 2), § 3 Rn. 58; *Hüffer* (Fn. 44), § 23 Rn. 47; § 243 Rn. 10; *ders.*, in: MünchKomm AktG, 3. Aufl., 2011, § 243 Rn. 24; *Koppensteiner*, in: Rowedder/ Schmidt-Leithoff (Fn. 51), § 47 Rn. 118; *Pentz*, in: MünchKomm AktG (Fn. 27), § 23 Rn. 192 ff.; *Raiser*, in: Großkomm GmbHG, 2006, Anh. § 47 Rn. 152 ff., 154 f.; *Römermann*, in: Michalski (Fn. 63), § 47 Rn. 536; *Seibt*, in: K. Schmidt/Lutter (Fn. 11), § 23 Rn. 68; *Wicke*, in: MünchKomm GmbHG (Fn. 2), § 3 Rn. 144 ff.; *Fleck*, ZGR 1988, 104, 107; *Winter*, ZHR 154 (1990), 259, 268 ff.; *Dürr*, BB 1995, 1365; *Happ*, ZGR 1984, 172 ff.; *Goette* (Fn. 90), S. 113, 120 ff.; *Wiedemann*, in: Lutter/Wiedemann, Gestaltungsfreiheit im Gesellschaftsrecht, 1998, S. 5 ff., 18, 30 f.; in der Tendenz auch *Röhricht*, in: Großkomm AktG (Fn. 23), § 23 Rn. 238.

[96] *Noack* (Fn. 2), S. 65 ff., 107 ff.; *Zöllner* (Fn. 19), S. 89, 98 ff., 110 f.; *ders.*, in: Baumbach/Hueck (Fn. 2), § 47 Rn. 118; *K. Schmidt*, in: Scholz (Fn. 34), § 45 Rn. 116, § 47 Rn. 53; *ders.*, in: Großkomm AktG, 4. Aufl., 1996, § 243 Rn. 19 f.; *ders.* (Fn. 30), § 5 I 5, S. 95, § 21 II 4 b aa, S. 621; *Schwab*, in: K. Schmidt/Lutter, AktG, 2. Aufl., 2010, § 243 Rn. 19; *Priester*, in: MünchHdb GmbH (Fn. 2), § 21 Rn. 26 ff.; *Hoffmann-Becking*, ZGR 1994, 442, 451 ff.; *Baumann/Reiß*, ZGR 1989, 157, 214 f.; vgl. noch *Emmerich*, in: Scholz (Fn. 2), § 3 Rn. 120 f.

weitesten geht der Vorschlag *Wolfgang Zöllners*, der unter Bezugnahme
auf Vorarbeiten von *Ulrich Noack*[97] dafür eintritt, geschriebenes Recht,
Satzung und schuldrechtliche Abreden zu einer „Verbandsordnung im
weiteren Sinne"[98] zusammenzufügen.[99] Weniger weitgehend folgen andere
Vertreter der Einheitslehre dem BGH jedenfalls in puncto Anfechtbarkeit
abredewidrig gefasster Beschlüsse.[100] Wieder andere messen Gesellschaftervereinbarungen jedenfalls Bedeutung für die Auslegung der Satzung[101]
und die Bestimmung der gesellschaftlichen Treuepflicht[102] bei. Ein Teil
dieses Lagers begrenzt die Einwirkung schuldrechtlicher Elemente auf korporativer Ebene aber, soweit zwingendes Gesellschaftsrecht oder Gläubigerinteressen entgegenstehen.[103]

3. Stellungnahme

Indes kann die vielfach befürwortete Einheitsthese in keiner ihrer Spiel-
arten überzeugen. Stattdessen gebührt im Grundsatz der Trennungslehre
der Vorzug. Sie gilt auch dann, wenn Nebenabreden gegen die Satzung
verstoßen. Nur in eng begrenzten Ausnahmefällen können zum einen der
die gesamte (Zivil-)Rechtsordnung umspannende Grundsatz von Treu und
Glauben (§ 242 BGB) und zum anderen das allgemeine Institut der gesellschaftsrechtlichen Treupflichtbindung ein einzelfallgeleitetes Abgehen von
der Trennungsthese erforderlich machen.

a) Trennung der Regelungsebenen

Einführend ist festzuhalten, dass sich der Grundsatzstreit auf die korpora-
tionsrechtlichen Folgen *allseitiger* Gesellschafterabreden beschränkt. Sind
an der Nebenvereinbarung nur einzelne Gesellschafter beteiligt, scheiden
Wechselwirkungen zwischen Schuld- und Korporationsrecht nach ganz

---

[97] *Noack* (Fn. 2), S. 65 ff., 107 ff., der aber stärker differenziert als *Zöllner* (Fn. 19).

[98] So *Noack* (Fn. 2), S. 107.

[99] *Zöllner* (Fn. 19), S. 89, 98 ff., 110 f.; vgl. weiter *ders.*, in: Baumbach/Hueck (Fn. 52), § 53 Rn. 18; *Priester*, in: MünchHdb GmbH (Fn. 2), § 21 Rn. 29.

[100] Siehe die Nachw. in Fn. 113.

[101] *Emmerich*, in: Scholz (Fn. 2), § 2 Rn. 38, § 3 Rn. 117; *Roth*, in: Roth/Altmeppen (Fn. 2), § 3 Rn. 53 a.E.; *K. Schmidt*, in: Scholz (Fn. 34), § 45 Rn. 116; *Zöllner* (Fn. 19), S. 89, 105 ff.; vgl. noch BGH GmbHR 2005, 620.

[102] So etwa *Röhricht*, in: Großkomm AktG (Fn. 23), § 23 Rn. 255; *K. Schmidt*, in: Scholz (Fn. 34), § 45 Rn. 116; *ders.* (Fn. 30), § 5 I 5, S. 93, § 21 II 4 b aa, S. 621; *Baumann/Reiß*, ZGR 1989, 157, 214 f.; *Hoffmann-Becking*, ZGR 1994, 442, 452 ff.; *Priester*, in: MünchHdb GmbH (Fn. 2), § 21 Rn. 28.; *Weber*, DStR 1997, 824, 827 f.

[103] Siehe etwa *Priester*, FS Claussen, S. 319, 330 f.; *Hoffmann-Becking*, ZGR 1994, 442, 464; im Grundsatz auch *Noack* (Fn. 2), S. 123 f., 139 ff., 165.

überwiegender Meinung vollständig aus.[104] Aber auch für den Fall, dass sämtliche Gesellschafter sich auf bestimmte Regelungen verständigt haben, müssen beide Regelungsebenen – zumindest im Grundsatz – strikt voneinander getrennt bleiben. Schließlich gehorchen beide Regelungsebenen eigenständigen Rechtsregimen und weisen in vielen wichtigen Punkten sehr unterschiedliche Charakteristika auf. Das spricht für die Trennungsthese und weist die Begründungslast für eine Einheitsbetrachtung, ja selbst für punktuelle Wechselwirkungen von Korporations- und Schuldrecht, der Gegenauffassung zu,[105] die bis heute eine tragfähige und durchweg überzeugende Begründung schuldig geblieben ist.

b) Rechtssicherheit: Form, Registerkontrolle, Registerpublizität

Entscheidend für die Trennungslehre spricht, dass das Gesetz im Interesse der aktuellen Gesellschafter und Gläubiger, des Rechtsverkehrs und der zukünftigen Gesellschafter verschiedene Schutzmechanismen für die materielle Richtigkeit des nach außen erkennbaren Regelungsgehalts der Satzung trifft.[106] Hierzu zählen (1.) die besonderen Form- und Mehrheitserfordernisse für Satzungsänderungen, (2.) deren rechtliche Kontrolle durch das Registergericht sowie (3.) die Registerpublizität der Satzung. Diese Mechanismen wahren das hohe Gut der Rechtssicherheit im gesellschaftsvertraglichen Kontext, das durch eine – die Regelungsebenen zwischen Schuld- und Korporationsrecht verwischende – Einheitsbetrachtung nachhaltig beeinträchtigt würde. Namentlich die besonderen Verfahrens- und Formvorschriften des Kapitalgesellschaftsrecht könnten ihre Schutzzwecke nicht oder jedenfalls nicht in dem vom Gesetzgeber intendiertem Maße erfüllen, wenn Gesellschafterabreden diese Vorschriften unberücksichtigt lassen, aber zugleich korporative Wirkungen entfalten könnten. Im Kern geht es also um die institutionell-korporative Absicherung der Gesellschaftssatzung vor nach außen nicht erkennbaren Sondervereinbarungen der Gesellschafter. Die mit dem Abschluss von Nebenabreden erkaufte Heimlichkeit und Flexibilität kostet sie nach der hier vertretenen Position die Gleichsetzung mit Satzungsbestimmungen auf Korporativebene. Körperschaftliche Wirkungen ohne Einhaltung der Formerfordernisse, der Registerkontrolle und Registerpublizität sind mit dem geltenden Kapitalgesellschaftsrecht schlichtweg nicht in Einklang zu bringen.

---

[104] Klarstellend *K. Schmidt*, in: Scholz (Fn. 34), § 45 Rn. 116; *ders.* (Fn. 30), § 5 I 5, S. 95; *Wicke*, in: MünchKomm GmbHG (Fn. 2), § 3 Rn. 143; *Priester*, in: MünchHdb GmbH (Fn. 2), S. 319, 329; anders nur *Zöllner* (Fn. 19), S. 89, 110 f.

[105] Wie hier schon *Ulmer*, FS Röhricht, S. 633, 637.

[106] Zum Folgenden mit unterschiedlicher Schwerpunktsetzung und Betonung bereits überzeugend *Ulmer*, in: Ulmer/Habersack/Winter (Fn. 2), § 3 Rn. 123; *Wicke*, in: Münch GmbHG (Fn. 2), § 3 Rn. 144.

c) Parallele zu Personengesellschaften

Dem wird von der Gegenposition für das GmbH-Recht die typische personalistische Realstruktur der GmbH entgegengehalten.[107] Dies indes ohne
Erfolg: Denn für die Frage nach der Wechselwirkung von Schuld- und
Korporationsrecht kommt es weniger auf die *tatsächlichen* Verhältnisse an,
als auf die *rechtlichen* Unterschiede zwischen Kapital- und Personengesellschaften. Diese Unterschiede zeigen sich nicht allein an der beschriebenen Ausgestaltung des Beschluss- und Eintragungsverfahrens für Satzungsänderungen, die in besonderem Maße für die Gewährleistung rechts-
sicherer Strukturen in der innergesellschaftlichen Organisationsverfassung
und ihre Bekanntmachung nach außen durch Herstellung von Registerpublizität sorgt, sondern auch an haftungsrechtlichen Divergenzen von
Kapital- und Personengesellschaften.[108] Dass Gläubiger von Personengesellschaften nicht durch vergleichbar strenge Publizitätsvorschriften
über die internen Verhältnisse informiert werden, liegt nicht zuletzt daran,
dass ihre Interessen ganz maßgeblich durch die der Höhe nach grundsätzlich unbeschränkte persönliche Haftung abgesichert sind. Schließlich ist in
diesem Zusammenhang noch darauf hinzuweisen, dass die Auslegung
kapitalgesellschaftlicher Satzungen nach objektiven Kriterien erfolgt,[109]
während Personengesellschaftsverträge zumindest im Grundsatz nach
Maßgabe der allgemeinen Rechtsgeschäftslehre (§§ 133, 157 BGB) interpretiert werden.[110]

4. Schlussfolgerungen

a) Anfechtung wegen abredewidrigen Beschlusses?

Überträgt man die gewonnenen Grundsätze auf die Anfechtungsproble-
matik, muss eine Anfechtung auch dann ausscheiden, wenn der gefasste
Beschluss gegen eine allseitige Gesellschaftervereinbarung verstößt.[111]

---

[107] So aber *Priester*, in: MünchHdb GmbH (Fn. 2), S. 319, 329.

[108] Zum Ganzen *Ulmer*, in: Ulmer/Habersack/Winter, (Fn. 2), § 3 Rn. 123; näher
ders., FS Röhricht, S. 633, 636.

[109] *Bayer*, in: Lutter/Hommelhoff (Fn. 10), § 2 Rn. 13; *Roth*, in: Roth/Altmeppen
(Fn. 2), § 2 Rn. 16; *Hueck/Fastrich*, in: Baumbach/Hueck (Fn. 2), § 2 Rn. 29.

[110] *K. Schmidt* (Fn. 30), § 5 I 4 a), S. 87; *Wiedemann*, Gesellschaftsrecht II, 2004, § 2
III 2, S. 127.

[111] *Bayer*, in: Lutter/Hommelhoff (Fn. 10), § 3 Rn. 73, § 47 Rn. 20; Anh. § 47 Rn. 44;
Emmerich, in: Scholz (Fn. 2), § 3 Rn. 110; *Hueck/Fastrich*, in: Baumbach/Hueck (Fn. 2),
§ 3 Rn. 58; *Hüffer* (Fn. 70), § 47 Rn. 84; *Koppensteiner*, in: Rowedder/Schmidt-Leithoff
(Fn. 51), § 47 Rn. 118; *Raiser*, in: Großkomm GmbHG (Fn. 95), Anh. § 47 Rn. 152, 154;
Roth, in: Roth/Altmeppen (Fn. 2), § 3 Rn. 50 f., § 47 Rn. 124; *Ulmer*, in: Ulmer/
Habersack/Winter, (Fn. 2), § 3 Rn. 125; *ders.* NJW 1987, 1849, 1851 ff.; *Goette* (Fn. 90),
S. 113, 120 ff.; *Fleck*, ZGR 1988, 104, 107; *Hoffmann-Becking*, ZGR 1994, 442, 450;

Auch wenn sämtliche Gesellschafter einer bestimmten Regelung zugestimmt haben, ist eine solche (omnilaterale) Abrede nicht mit einer unter
Einhaltung der besonderen Verfahrens- und Formvorschriften zustande
gekommenen Satzungsregelung gleichzusetzen. Es fehlt folglich an dem
für § 243 Abs. 1 AktG erforderlichen Verstoß gegen Gesetz oder Satzung;[112] eine Verletzung schuldrechtlicher Nebenabreden ist anfechtungs-
rechtlich nicht sanktioniert, und zwar auch dann nicht, wenn sie von sämtlichen Gesellschaftern getragen ist.

Auch ist es nicht überzeugend die dogmatische Selbstständigkeit der
beiden Regelungsebenen allein aus prozessökonomischen Gründen zu
überspielen.[113] Denn die damit erstrebte Vereinfachung verwischt nicht nur
die Grenze zwischen Schuld- und Korporationsrecht, sondern verwickelt
außerdem die Gesellschaft in einen Rechtsstreit, der einem Rechtsverhältnis entstammt, an dem sie selbst nicht beteiligt ist.[114] Deshalb ist auch die
Belastung der Gesellschaft mit Prozess- und Kostenrisiken nicht gerechtfertigt.[115] Das zentrale Postulat des Trennungsgedankens verlangt vielmehr
nach einer Freihaltung der korporativen Sphäre von Klagen aus schuldrechtlichen Gesellschaftervereinbarungen. Der prozessuale Weg über eine
allein unter den Gesellschaftern auszutragende Streitigkeit ist daher die
rechtsdogmatisch stimmige Konsequenz der schuldrechtlichen Natur von
Gesellschafterabreden und erweist sich zumindest im Ergebnis auch nicht
notwendig als weniger wirksames Mittel der Rechtsdurchsetzung.[116]

Eine eng begrenzte Ausnahme kommt aber zumindest dort in Betracht,
wo ein Durchschlagen der schuldrechtlichen Nebenabrede im Einzelfall
nach Durchgriffsgrundsätzen angezeigt ist.[117] Das ist allerdings im Einzel-

---

Winter, ZHR 154 (1990), 259, 265; *Dürr*, BB 1995, 1365 ff.; *Happ*, ZGR 1984, 168,
172 ff.

[112] Vgl. auch *Dürr*, BB 1995, 1365, 1367; *Wicke*, in: MünchKomm GmbHG (Fn. 2),
§ 3 Rn. 144; *Dittert* (Fn. 83), S. 265 f.

[113] In diese Richtung aber *K. Schmidt*, in: Scholz (Fn. 34), § 45 Rn. 116, § 47 Rn. 53;
Schwab, in: K. Schmidt/Lutter (Fn. 96), § 243 Rn. 19; *Baumann/Reiß*, ZGR 1989, 157,
214 f.; *Happ*, ZGR 1984, 168, 173 f.; *Hoffmann-Becking*, ZGR 1994, 442, 451 ff.;
Zöllner (Fn. 19), S. 89, 98 ff.

[114] Vgl. *Bayer*, in: Lutter/Hommelhoff (Fn. 10), § 47 Rn. 20; *Ulmer*, in: Ulmer/
Habersack/Winter, (Fn. 2), § 3 Rn. 125; *ders.* NJW 1987, 1849, 1853; *Hüffer* (Fn. 70),
§ 47 Rn. 84; *Dittert* (Fn. 83), S. 269.

[115] *Römermann*, in: Michalski (Fn. 63), § 47 Rn. 536; *Dürr*, BB 1995, 1365, 1367.

[116] Vgl. auch *Römermann*, in: Michalski (Fn. 63), § 47 Rn. 536; *Dittert* (Fn. 83),
S. 247.

[117] *Ulmer*, in: Ulmer/Habersack/Winter, (Fn. 2), § 3 Rn. 125; *ders.* NJW 1987, 1849,
1853 ff.; *Hüffer* (Fn. 44), § 243 Rn. 10; *ders.*, in: MünchKomm AktG (Fn. 95), § 243
Rn. 24; *Winter*, ZHR 154 (1990), 259, 277 f.; *Dittert* (Fn. 83), S. 274; zurückhaltend –
wenngleich nicht vollends ablehnend – *Römermann*, in: Michalski (Fn. 63), § 47 Rn. 536

fall nur dann anzunehmen, wenn die Berufung auf die rechtliche Verschiedenheit der Regelungsebenen rechtsmissbräuchlich erscheinen muss.[118] An das Verdikt der Rechtsmissbräuchlichkeit sind im Hinblick auf die rechtsdogmatische Verankerung des Trennungsgedanken strenge Anforderungen zu stellen. Erfasst sind nur eklatante Missbrauchsfälle.

b) Auslegung von Satzungsbestimmungen

Der Trennungsgedanke spricht weiterhin für eine autonom-korporative Auslegung von Satzungsbestimmungen, ohne dass zu deren Konkretisierung schuldrechtliche Nebenabreden auch nur ergänzend herangezogen werden können.[119] Denn eine Gesellschafterabrede, die aufgrund ihres schuldrechtlichen Charakters bewusst außerhalb des körperschaftlichen Bereichs getroffen wird, lässt vermuten, dass die Gesellschafter der Absprache gerade keine korporativen Wirkungen und Ausstrahlungswirkung beimessen wollten.[120] Durch diese strenge Sichtweise können außerdem Schwierigkeiten vermieden werden, die sich auf Basis der Gegenauffassung durch den Beitritt weiterer Gesellschafter ergeben. In einem solchen Fall müssten sich nämlich das Satzungsverständnis und damit zugleich die gesamte gesellschaftsrechtliche Grundordnung signifikant ändern.[121]

Differenzierende Ansätze, die Nebenabreden nur dann Satzungsrelevanz beimessen, wenn sie keine Gläubigerinteressen berühren,[122] provozieren zum Teil schwierige Abgrenzungsfragen und tragen eine Differenzierung an das überkommene Kapitalgesellschaftsrecht heran, die keine tauglichen Anknüpfungspunkte im Gesetz findet.[123] Vielmehr besteht Registerpublizität – wie oben näher herausgearbeitet – nicht allein im Interesse der Gesellschaftsgläubiger, sondern auch im Interesse des übrigen Rechtsver-

---

a.E.; dagegen *Raiser*, in: Großkomm GmbHG (Fn. 95), Anh. § 47 Rn. 156 a.E.; *Würthwein*, in: Spindler/Stilz, AktG, 2. Aufl., 2010, § 243 Rn. 76.

[118] Vgl. BGHZ 29, 385, 392.

[119] Wie hier auch *Arnold*, in: KölnKomm AktG (Fn. 27), § 23 Rn. 179; *Bayer*, in: Lutter/Hommelhoff (Fn. 10), § 3 Rn. 73; *Hüffer* (Fn. 44), § 23 Rn. 47; *Römermann*, in: Michalski, (Fn. 63), § 47 Rn. 536; *Röhricht*, in: Großkomm AktG (Fn. 23), § 23 Rn. 268, 32; *Ulmer*, in: Ulmer/Habersack/Winter, (Fn. 2), § 3 Rn. 115, 124; *ders.* NJW 1987, 1849, 1851; *ders.*, FS Röhricht, S. 633, 644 f.; *Wicke*, in: MünchKomm GmbHG (Fn. 2), § 3 Rn. 145; *K. Schmidt* (Fn. 30), § 5 I 5, S. 93 f.; *Winter*, ZHR 154 (1990), 259, 268 f.; zur Gegenauffassung siehe oben Fn. 96.

[120] Zum Ganzen bereits *Ulmer*, NJW 1987, 1849, 1852.

[121] *Goette* (Fn. 90), S. 113, 125; *Wicke*, in: MünchKomm GmbHG, (Fn. 2), § 3 Rn. 145.

[122] *Priester*, in: MünchHdb GmbH (Fn. 2), S. 319, 328; *Hoffmann-Becking*, ZGR 1994, 442, 464.

[123] Im Ergebnis ebenfalls gegen eine solche Differenzierung *Wicke*, in: MünchKomm GmbHG, (Fn. 2), § 3 Rn. 145.

kehrs und der zukünftigen Gesellschafter. Für eine primär an Gläubigerinteressen orientierte Differenzierung ist daher kein Raum. Umgekehrt ist
allerdings zu Recht anerkannt, dass die Satzung zur Interpretation schuldrechtlicher Nebenabreden herangezogen werden kann.[124] Dafür spricht die
besondere Bedeutung der Satzung als maßgebliche Grundordnung des
innergesellschaftlichen Lebens, an welcher die Gesellschafter ihre Nebenabreden typischerweise ausrichten.

c) Konkretisierung der Treuepflicht

Schließlich muss es auch für die Frage der gesellschaftsrechtlichen Treuepflichtbindung bei der Trennung von Schuld- und Korporationsrecht bleiben. Insbesondere verletzt der Verstoß gegen eine schuldrechtliche Nebenabrede nicht gleichsam automatisch die Treuepflicht.[125] Im Rahmen der
treuepflichtimmanenten Gesamtabwägung der beteiligten Interessen kann
eine zwischen den Gesellschaftern getroffene Absprache aber jedenfalls im
Ausnahmefall von Bedeutung sein.[126] Hiermit wird nicht etwa der Unterschied der beiden Regelungsebenen in unzulässiger Weise vermischt.
Vielmehr werden durch die Einbeziehung von Gesellschafterabreden allein
der Umfang und die Reichweite der im Einzelfall bestehenden gesellschaftsrechtlichen Treuepflicht konkretisiert. Heute ist anerkannt, dass die
Stärke der persönlichen Verbundenheit der Gesellschafter untereinander
einen maßgeblichen Bestimmungsfaktor der Treuepflichtbindung darstellt.[127] In diesem Zusammenhang erscheint es angemessen, die Rechts-
und Interessenposition des Gesellschafters nicht allein anhand der korporativen Aspekte seiner Gesellschafterstellung zu bestimmen, sondern auch
vertragliche Aspekte in die angezeigte Gesamtbetrachtung einzubeziehen.
Die diesbezügliche „Offenheit" der Treupflichtbindung als Rechtsfigur
zeigt sich umgekehrt auch daran, dass Gesellschafter sich gegenüber der
Gesellschaft schadensersatzpflichtig machen können, wenn die von ihnen

---

[124] *Arnold*, in: KölnKomm AktG (Fn. 27), § 23 Rn. 179 a.E.; *Körber*, in: Bürgers/
Körber (Fn. 44), § 23 Rn. 54; *Pentz*, in: MünchKomm AktG (Fn. 27), § 23 Rn. 192;
Seibt, in: K. Schmidt/Lutter (Fn. 11), § 23 Rn. 68; *Goette* (Fn. 90), S. 113, 123 ff.

[125] Wie hier auch *Ulmer*, in: Ulmer/Habersack/Winter, (Fn. 2), § 3 Rn. 124; *Wicke*,
in: MünchKomm GmbHG (Fn. 2), § 3 Rn. 146.

[126] *Wicke*, in: MünchKomm GmbHG (Fn. 2), § 3 Rn. 146; a.A. *Ulmer*, NJW 1987,
1849, 1852; *ders.*, in: Großkomm GmbHG, 2005, § 3 Rn. 124; ebenso offenbar *Pentz*, in:
MünchKomm AktG (Fn. 27), § 23 Rn. 193; *Römermann*, in: Michalski (Fn. 63), § 47
Rn. 536.

[127] *Merkt*, in: MünchKomm GmbHG, 2010, § 13 Rn. 89; *Seibt*, in: Scholz, GmbHG,
11. Aufl., 2012, § 14 Rn. 53; vgl. aus der Rechtsprechung BGHZ 14, 25, 38; 65, 15, 19;
BGH NJW 1989, 166, 167 f.

vertraglich eingegangenen Bindungen gegen die Satzung oder das wohl-
verstandene Gesellschaftsinteresse verstoßen.[128]

5. *Sonderfall: Satzungswidrige Nebenabreden*

Abschließend ist noch ein Blick auf das jüngste Judikat des II. Zivilsenats
des BGH aus dem Jahre 2010 zu werfen, das sich nicht so recht in die bisherigen Überlegungen um Trennungs- und Einheitsdenken einfügen will
und auch im Hinblick auf das BGH-Urteil zur Satzungsdurchbrechung aus
1993 weiterführende Fragen aufwirft.

a) *Umdeutung*

Zunächst ist festzuhalten, dass im Grundsatz keine Bedenken dagegen
bestehen, einen formunwirksamen Gesellschafterbeschluss nach Maßgabe
des § 140 BGB in eine formlos wirksame schuldrechtliche Gesellschafterabrede umzudeuten.[129] Eine Umdeutung kommt regelmäßig in Betracht,
wenn alle Gesellschafter sich auf eine bestimmte Regelung verständigen.
Sobald einzelne Gesellschafter die Entscheidung nicht mittragen, ist umgekehrt nicht ohne weiteres anzunehmen, dass anstelle des formunwirksamen Gesellschafterbeschlusses durch die zustimmenden Gesellschafter
in jedem Fall wenigstens eine schuldrechtliche Bindung gewollt ist.[130]
Außerdem scheidet eine Umdeutung aus, wenn eine schuldrechtliche Nebenabrede des fraglichen Inhalts nicht wirksam getroffen werden kann.[131] Das
gilt insbesondere für den Fall, dass sich die Gesellschafter über organisatorische Regelungen verständigen, die nach allgemeinen Grundsätzen[132]
einer Normierung in der Gesellschaftssatzung vorbehalten sind, oder wenn
die Gesellschafter eine Regelung anstreben, die sich zum Interesse der
Gesellschaft in Widerspruch setzt.

Umgekehrt kommt aber auch die Umdeutung einer schuldrechtlichen
Nebenabrede in eine korporative Regelung in Betracht, wenn schuldrechtliche Gesellschafterabreden nicht wirksam vereinbart werden können, wie
etwa bei Regelungen zum Nachteil der Gesellschaft oder bei solchen im

---

[128] *Ulmer*, in: Ulmer/Habersack/Winter, (Fn. 2), § 3 Rn. 115; *Wicke*, in: Münch
GmbHG (Fn. 2), § 3 Rn. 146 a.E.; *Noack* (Fn. 2), S. 114, 243 f.

[129] BGHZ 123, 15, 20; *Bayer*, in: Lutter/Hommelhoff (Fn. 10), § 53 Rn. 33;
Harbarth, in: MünchKomm GmbHG (Fn. 52), § 53 Rn. 52; *Hueck/Fastrich*, in:
Baumbach/Hueck (Fn. 2), § 3 Rn. 57; *Priester/Veil*, in: Scholz (Fn. 9), § 53 Rn. 30;
Zimmermann, in: Rowedder/Schmidt-Leithoff (Fn. 51), § 53 Rn. 34; *Noack*, NZG 2010,
1017, 1018; ausf. *Ulmer*, Liber Amicorum Winter, 2011, S. 687, 691 f.; a.A. noch
Habersack, ZGR 1994, 354, 370 ff.

[130] Vgl. *Noack*, NZG 2010, 1017, 1018.

[131] Vgl. *Leitzen*, RNotZ 2010, 566, 573.

[132] Siehe oben VI.1.

organisatorischen Vorbehaltsbereich.[133] Dafür müssen aber in jedem Fall die für Gesellschaftsbeschlüsse vorgesehenen Wirksamkeitsvoraussetzungen erfüllt sein; außerdem muss aus der Vereinbarung hervorgehen, dass die Gesellschafter hiermit auch zukünftige Gesellschafter binden wollen, ihrer Abrede also korporative Wirkung zukommen sollte.

b) Sozialverpflichtung aus satzungswidriger Nebenabrede

Vor diesem Hintergrund kam in dem konkreten Fall eine Umdeutung des formunwirksamen Gesellschafterbeschlusses aus 2002 in Betracht, da es sich bei der abfindungskürzenden Abrede – anders als im BGH-Fall aus 1993 – nicht um eine organisatorische Regelung handelte, sondern um eine Sozialverpflichtung der Gesellschaft gegenüber einem ausgeschiedenen Gesellschafter.[134]

Diese Feststellung kann kaum überraschen und ist auch in der Sache überzeugend. Allerdings überrascht die Sorglosigkeit, mit welcher der BGH das Problem der Divergenz zwischen der damit als wirksam erkannten schuldrechtlichen Nebenabrede und der nach ihrem klaren Wortlaut entgegenstehenden Satzungsregelung übergeht und der omnilateralen Gesellschaftervereinbarung ohne nähere Begründung den Vorrang gewährt. Diese Vorgehensweise ist nur dann ohne weiteres nachvollziehbar, wenn man der Einheitslehre folgt und allseitigen Gesellschafterabreden korporative Wirkung beimisst.

Die damit propagierte Vermischung von Schuld- und Korporationsrecht ist in konsequenter Fortführung der bisherigen Argumentation abzulehnen. Auch die Änderung bzw. Konkretisierung einer satzungsmäßig geregelten Sozialverpflichtung im Gesellschaftsinnenverhältnis bedarf der Einhaltung der für Satzungsänderungen nicht ohne Grund vorgesehenen Form- und Verfahrenserfordernisse, der registergerichtlichen Kontrolle und Registerpublizität. Auf der Grundlage der Trennungslehre führt die Umdeutung des formunwirksamen Gesellschafterbeschlusses aus 2002 nicht zu einer Verdrängung oder Änderung der Gesellschaftssatzung, sondern zu einem selbstständigen Nebeneinander der ursprünglichen (unveränderten) Satzungsregelung und der allseitigen (abweichenden) schuldrechtlichen Nebenabrede.

Ungeachtet dieser dogmatischen Kritik an der BGH-Entscheidung ist dem II. Zivilsenat gleichwohl zuzustimmen, soweit er die Leistungsklage des ausgeschiedenen Gesellschafters auf den in der Satzung festgeschriebenen höheren Abfindungsbetrag abgewiesen hat. Einem Gesellschafter, der sich zur Kürzung der Abfindungszahlung vertraglich verpflichtet, ist es

---

[133] Ebenso *Leitzen*, RNotZ 2010, 566, 573.
[134] BGH NJW 2010, 3718 Tz. 9.

nicht zu gestatten, unter Berufung auf die anders lautende Satzungsregelung einen höheren Abfindungsbetrag einzufordern. Dem steht der allgemeine zivilrechtliche Einwand des widersprüchlichen Verhaltens nach
§ 242 BGB (*venire contra factum proprium*) entgegen.[135] Durch seine Zustimmung zur verminderten Abfindung hat der ausgeschiedene Gesellschafter bei der nach § 328 BGB begünstigten Gesellschaft berechtigtes
Vertrauen darauf begründet, er werde sich im Fall des Ausscheidens nicht
auf die Satzungsregelung berufen.[136] Indem er seine Leistungsklage nun
auf die Gesellschaftssatzung stützt und sich damit auf bereits preisgege-
bene Rechte beruft, handelt er rechtsmissbräuchlich und muss mit diesem
Vorgehen scheitern. Das gleiche Schicksal erlitt bereits ein Gesellschaftsgläubiger, der einen ausgeschiedenen Gesellschafter in Anspruch nehmen
wollte, obgleich er zuvor der zwischen dem ausgeschiedenen und den
übrigen Gesellschaftern geschlossenen Freistellungsvereinbarung zugunsten des ausgeschiedenen Gesellschafters zugestimmt hatte.[137] Die Kern-
gedanken des Grundsatzes von Treu und Glauben (§ 242 BGB) beanspruchen Geltung auch im (Kapital-) Gesellschaftsrecht.[138]

c) Ausschluss der Anfechtung wegen satzungswidriger Nebenabrede?

An der grundlegenden Trennung von Schuld- und Korporationsrecht ist im
Grundsatz auch für die Anfechtung des Gesellschafterbeschlusses aus 2006
festzuhalten, der sich zur Satzung in Widerspruch setzte, sich aber mit der
zuvor getroffenen schuldrechtlichen Nebenabrede in Einklang befand.
Diese Konstellation unterscheidet sich maßgeblich von den Gestaltungen,
die den beiden BGH-Entscheidungen aus den 1980er Jahren zugrunde
lagen. Es geht nämlich nicht um die Anfechtung wegen Verletzung schuldrechtlicher Nebenabreden. Vielmehr instrumentalisiert der II. Zivilsenat
die Gesellschaftervereinbarung hier dazu, das wegen Satzungsverstoßes an
sich bestehende Anfechtungsrecht auszuschließen. Die hierzu in den Entscheidungsgründen enthaltene Erklärung ist überaus dürftig.[139] Man wird
die Ausführung des BGH dahin deuten müssen, dass er erneut die allseitig

---

[135] Darauf verweist – wohl hilfsweise – auch der BGH NJW 2010, 2718 Tz. 10.

[136] Zu dieser Fallgruppe des widersprüchlichen Verhaltens ausf. *Grüneberg*, in:
Palandt (Fn. 40), § 242 Rn. 56, 56a; *Roth/Schubert*, in: MünchKomm BGB, 6. Aufl.,
2012, § 242 Rn. 264 ff.

[137] BGH WM 1976, 809; *Roth/Schubert*, in: MünchKomm BGB, 6. Aufl., 2012, § 242
Rn. 295.

[138] Siehe im Überblick *Hohloch*, in: Erman, BGB, 13. Aufl., 2011, § 242 Rn. 42, 49;
Looschelders/Olzen in: Staudinger, BGB, Neubearb. 2009, § 242 Rn. 955 ff.

[139] Vgl. BGH NJW 2010, 3718 Tz. 9 a.E.: „Ebenso wenig ist der Gesellschafterbeschluss vom 17. 8. 2006 aus diesem Grund anfechtbar, der die Höhe der den Kl. betreffenden Abfindung entsprechend der zu Gunsten der Bekl. getroffenen Abfindungsverein-
barung festschreibt".

getroffene Nebenabrede auf die korporative Ebene projiziert und aufgrund des übereinstimmenden Inhalts des Gesellschafterbeschlusses aus 2006 mit der „satzungsüberlagernden" Nebenabrede keinen zur Anfechtung berechtigenden Satzungsverstoß erkennt.

Auch dieser Vermischung von Schuld- und Korporationsrecht ist auf Basis der hier vertretenen Trennungsthese eine klare Absage zu erteilen. Insbesondere ist es nicht überzeugend, den vom BGH begangenen Systembruch unter Gesichtspunkten der Prozessökonomie zu legitimieren.[140] Vielmehr hätte der ausgeschiedene Gesellschafter zumindest mit einer Anfechtungsklage erfolgreich sein müssen, denn der Gesellschafterbeschluss von 2006 verstieß offensichtlich gegen die in der Satzung niedergelegte Abfindungsregelung, ohne dass die Nebenvereinbarung aus 2002 hieran etwas hätte ändern können.

Davon abgesehen ist es auch nicht überzeugend, für die vorliegende Konstellation ohne weitere Voraussetzungen einen besonderen Anfechtungsausschluss aus Treu und Glauben anzuerkennen.[141] Vielmehr gelten die allgemeinen Grundsätze über den Missbrauch des Anfechtungsrechts.[142] Im Hinblick auf die Bedeutung der Dichotomie von Schuld- und Korporationsrecht sind an die Annahme rechtsmissbräuchlichen Verhaltens auch hier hohe Anforderungen zu stellen.[143] Schließlich sanktioniert die Beseitigung des Beschlusses allein den Verstoß gegen geschriebenes Satzungsrecht und sorgt so für klare innergesellschaftliche Verhältnisse. Die Anfechtbarkeit führt auch nicht zu einer unangemessenen Belastung der Gesellschafter. Sie hätten diese ungeliebte Rechtsfolge durch Fassung eines wirksamen Satzungsänderungsbeschlusses ohne weiteres vermeiden können.

Die Beseitigung des Gesellschafterbeschlusses aus 2006 wird man nur dann als rechtsmissbräuchlich einstufen können, wenn der ausgeschiedene Gesellschafter in treuwidriger und auch subjektiv verwerflicher Weise darauf hingewirkt hat, dass der vorausgegangene Gesellschafterbeschluss aus 2002 nicht ordnungsgemäß beurkundet und in das Handelsregister eingetragen wurde. Diese Gestaltung erinnert an die Fallgruppe des institutionellen Rechtsmissbrauchs, wozu namentlich die ausnahmsweise Wirksamkeit formnichtiger Rechtsgeschäfte zählt. Die Rechtsprechung dispensiert von der Einhaltung der Formvorschriften nach Treu und Glauben, wenn

---

[140] So aber (und insgesamt zustimmend) *Noack*, NZG 2010, 1017, 1018.

[141] Das wird angedeutet von BGH NJW 2010, 3718 Tz. 12; befürwortend auch *Noack*, NZG 2010, 1017, 1018.

[142] Dazu etwa *Hüffer*, in: MünchKomm AktG (Fn. 95), § 245 Rn. 52 ff.; *K. Schmidt* in: Großkomm AktG, 4. Aufl., 1996, § 245 Rn. 47 ff.; *Hüffer* (Fn. 44), § 245 Rn. 22 ff.; *Schwab*, in: K. Schmidt/Lutter (Fn. 96), § 245 Rn. 38 ff.

[143] Siehe schon oben VII.4.a).

ansonsten schlechthin unerträgliche Ergebnisse die Folge wären.[144] Ob
diese Schwelle im vorliegenden Fall überschritten war, ist weder der
höchstrichterlichen Entscheidung noch den Gründen des Berufungsurteils
mit letzter Sicherheit zu entnehmen.[145] Selbst wenn dem ausgeschiedenen
Gesellschafter hier aber die Anfechtung erlaubt wäre, würde ihm ein solcher Teilerfolg wenig nutzen. Die kassatorische Wirkung der Anfechtungsklage beseitigt zwar die Wirkungen des Gesellschafterbeschlusses aus
2006, sie führt aber nicht dazu, dass der ausgeschiedene Gesellschafter die
in der Satzung ausgewiesene höhere Abfindung beanspruchen kann, denn
ein solches Ansinnen ist – wie bereits erläutert[146] – treuwidrig.

d) Satzungsdurchbrechung wegen satzungswidriger Nebenabrede?

Damit ist der konkrete Fall befriedigend gelöst. Es bleibt die Frage, was
aus der Satzungswidrigkeit der Nebenabrede folgt und wie sich Nebenabreden und die Rechtsfigur des satzungsdurchbrechenden Beschlusses
zueinander verhalten.

Nach den überwiegend anerkannten Grundsätzen der Satzungsdurchbrechung ist zu differenzieren: Handelt es sich um eine punktuelle, auf einen
konkreten Einzelfall bezogene Maßnahme, ist der Beschluss zwar anfechtbar, aber nicht von vornherein nichtig. Kommt dem Beschluss aber eine
satzungsdurchbrechende Dauerwirkung zu, ist er ohne Einhaltung der für
Satzungsänderungen vorgesehenen Regularien nichtig.[147] Nimmt man diese
Differenzierung ernst, ist auch dem Gesellschafterbeschluss aus 2002 die
Wirksamkeit zu versagen.[148] Der BGH äußert sich zur Problematik nur am
Rande, indem er betont, dass es sich bei diesem Beschluss nicht – wie in
der zur Satzungsdurchbrechung ergangenen Entscheidung aus 1993 – um
eine organisatorische Satzungsbestimmung handele, sondern um eine

---

[144] BGHZ 29, 6, 10; 48, 396, 398; 138, 339, 348; zu den einzelnen Konstellationen
ausf. *Armbrüster*, NJW 2007, 3317 ff.

[145] Das OLG Brandenburg DB 2009, 726, 727 hat die Berufung auf den Formmangel
jedenfalls nicht als rechtsmissbräuchlich angesehen. Das gelte auch für den Fall, dass der
Kläger sich in der Gesellschafterversammlung im Jahre 2002 dahingehend geäußert hätte,
er gehe davon aus, dass alle Gesellschafter den Beschluss auch ohne Einhaltung der
gesetzlich vorgeschriebenen Form befolgen würden; vgl. dazu auch *Leitzen*, RNotZ 2010,
566, 566 f.

[146] Siehe oben VII.5.b).

[147] BGHZ 123, 15, 19; *Bayer*, in: Lutter/Hommelhoff (Fn. 10), § 53 Rn. 27, 29 f.;
Zöllner, in: Baumbach/Hueck (Fn. 52), § 53 Rn. 45; *Hoffmann* in: Michalski, GmbHG,
2. Aufl. 2010, § 53 Rn. 40; *Priester/Veil*, in: Scholz (Fn. 9), § 53 Rn. 30; *Zimmermann*,
in: Rowedder/Schmidt-Leithoff (Fn. 51), § 53 Rn. 34.

[148] Ebenso OLG Brandenburg DB 2009, 726 (Vorinstanz); *Suppliet*, NotBZ 2011, 37,
38.

Sozialverpflichtung.[149] Damit knüpft das Gericht – bewusst oder unbewusst – an den für Nebenabreden sehr bedeutsamen Satzungsvorbehalt für organisationsrechtliche Regelungen an und gelangt zu dem Ergebnis, dass in schuldrechtliche Nebenabreden umgedeutete Gesellschafterbeschlüsse auch dann aufrechterhalten werden können, wenn sie in Beschlussform (als korporative Regelung) nach derzeit h.M. nach den Grundsätzen der Satzungsdurchbrechung ohne Einhaltung der besonderen Form- und Verfahrenserfordernisse unwirksam wären.

Diese Differenzierung kann vor dem Hintergrund der derzeit herrschenden Satzungsdurchbrechungslehre schwerlich überzeugen. Allerdings stößt sich das Ergebnis weniger daran, dass schuldrechtliche Nebenabreden wirksam sind, obgleich sie gegen anders lautende Satzungsvorschriften verstoßen. Dieses Nebeneinander sich inhaltlich widersprechender Regelungen mag man als unschön empfinden und für einen beklagenswerten Zustand halten, indes handelt es sich auch hierbei lediglich um eine (weitere) Konsequenz der strikten Trennung von Schuld- und Korporationsrecht. Da schuldrechtliche Nebenabreden gerade keine korporativen Wirkungen zeitigen und auch im Übrigen grundsätzlich keine Ausstrahlungswirkungen auf das Korporationsrecht entfalten, ist schwerlich einzusehen, weshalb Gesellschaftervereinbarungen aufgrund Verstoßes gegen Satzungsrecht unwirksam sein sollten.

Die für das Aktienrecht vertretene Gegenposition[150] basiert auf einem Hierarchieverständnis, wie es im geltenden Aktienrecht (und noch weniger im GmbH-Recht) keinen Anhalt findet[151] und außerdem mit dem systemprägenden Prinzip der Vertragsfreiheit nicht in Einklang zu bringen ist. Im Hinblick auf die Gewährleistungen der Privatautonomie unterliegt es keinen Bedenken, sich auf verschiedene Weise, ja selbst widersprüchlich, zu verpflichten, auch wenn der Einzelne letztlich nicht in der Lage ist, beiden Verpflichtungen gleichermaßen gerecht zu werden.[152] Eingriffe in die Organisationsfreiheit der Aktiengesellschaft, insbesondere durch das Prinzip der Satzungsstrenge, bedürfen vor diesem Hintergrund einer besonderen Rechtfertigung, die heute mehr denn je in Zweifel gezogen wird.[153] Wie immer man zu dieser Grundsatzfrage stehen mag, der verfassungsrechtlich verbürgte Freiheitsgedanke spricht jedenfalls vehement für die

---

[149] BGH NJW 2010, 3718 Tz. 9.

[150] Siehe die Nachw. in Fn. 68; siehe außerdem *Ebenroth*, JZ 1987, 265, 268 f.; *Ehricke* (Fn. 20), S. 14; *König* (Fn. 20), S. 63, 65; *Noack* (Fn. 2), S. 135; *Rossig* (Fn. 20), S. 74 f.

[151] Zutreffend *Dittert* (Fn. 83), S. 94 f.

[152] Vgl. *Zöllner*, ZHR 155 (1991), 168, 173; *E. Joussen*, Gesellschafterabsprachen neben Satzung und Gesellschaftsvertrag, 1995, S. 98; *Rossig* (Fn. 20), S. 73; vgl. allgemein noch BGHZ 12, 308, 318; BGH NJW 1981, 2184, 2185.

[153] Umfassend *Bayer*, Gutachten 67. DJT, 2008, E27 ff., E36 ff., E81 ff.

Zulässigkeit schuldrechtlicher Nebenabreden auch bei entgegenstehenden Satzungsbestimmungen, soweit nur (1.) der organisatorische Bereich unberührt bleibt und (2.) auch nicht gegen zwingendes Gesetzesrecht verstoßen wird. Nur diese Auffassung verwirklicht eine konsequente Verselbstständigung der beiden Regelungsebenen.[154] Dass bei widersprechenden Vereinbarungen zwischen den Gesellschaftern über die Registerpublizität der Satzung nach außen an Gläubiger, Rechtsverkehr und zukünftige Gesellschafter womöglich ein unzutreffendes Bild vermittelt wird, ist im Ergebnis hinzunehmen. Zum einen ist der Anwendungsbereich schuldrechtlicher Nebenabreden auf außerorganisatorische Regelungen beschränkt. Zum anderen sind entsprechende Abweichungen auch dann anerkannt, wenn die Satzung keine entgegenstehenden Regelungen enthält, gleichwohl aber Gesellschaftervereinbarungen zulässigerweise vom Zustand des dispositiven Gesetzesrechts abweichen.

Das bedeutet aber keineswegs, dass Satzungsverstöße durch schuldrechtliche Nebenabreden vollkommen ohne Sanktion bleiben. Vielmehr ist anerkannt, dass gegen die Satzung verstoßende Gesellschaftervereinbarungen im Einzelfall die gesellschaftsrechtliche Treuepflicht verletzen und hierdurch Schadensersatzansprüche gegenüber der Gesellschaft auslösen können.[155] Die Rechtsfigur der gesellschaftsrechtlichen Treuepflicht erweist sich in diesem Zusammenhang als flexibles Instrument, das geeignet ist, auch Problemfälle einer angemessenen Lösung zuzuführen. Das gilt beispielsweise für satzungsmäßige Stimmrechtsbindungen. Ein Teil des Schrifttums geht in diesem Fall davon aus, dass gleichwohl vereinbarte Stimmrechtsbeschränkungen wegen Satzungsverstoßes ipso iure unwirksam sind.[156] Überzeugender erscheint es, solcherlei Satzungsverstöße einzelfallbezogen auf ihre Vereinbarkeit mit der gesellschaftsrechtlichen Treuepflicht hin zu überprüfen.[157] Denn die Treuepflicht fungiert als allgemeine, ungeschriebene Grenze, die zum Bestand des zwingenden Gesellschaftsrechts zählt und wird in diesem Zusammenhang durch die fragliche Satzungsbestimmung konkretisiert. Erweist sich die abgeschlossene Neben-

---

[154] Siehe nochmals deutlich *Ulmer*, in: Ulmer/Habersack/Winter, (Fn. 2), § 3 Rn. 115: „Das Auseinanderfallen von Satzung und schuldrechtlichen Abreden ist für die Wirksamkeit der jeweiligen Vereinbarungen grundsätzlich ohne Belang"; Hervorhebung im Original weggelassen; zustimmend auch *Podewils*, GmbHR 2010, 982; ausf. *E. Joussen* (Fn. 152), S. 97 ff.; vgl. noch *Wiedemann* (Fn. 95), S. 5, 30 f.

[155] Siehe *Ulmer*, in: Ulmer/Habersack/Winter, (Fn. 2), § 3 Rn. 115; *Wicke*, in: MünchKomm GmbHG (Fn. 2), § 3 Rn. 146 a.E.; *E. Joussen* (Fn. 152), S. 107 ff.; vgl. noch *Zöllner* ZHR 155 (1991), 168, 172 ff.

[156] So etwa *König* (Fn. 20), S. 65; vgl. auch *Noack* (Fn. 2), S. 135; a.A. *E. Joussen* (Fn. 152), S. 101.

[157] In diesem Sinne auch *U. H. Schneider*, AG 1990, 56, 60; *Burgard*, AG 1992, 41, 49 f.; a.A. noch *Lutter/U. H. Schneider*, ZGR 1975, 182, 193 f.; *Stoll*, BB 1989, 301, 304.

abrede demnach als treupflichtwidrig, kann die Durchsetzung der vertraglichen Vereinbarung gerichtlich unterbunden und können Verstöße schadensersatzrechtlich sanktioniert werden.[158] Ein automatisches Durchschlagen der Satzungsregelungen auf schuldrechtliche Nebenabreden ist hingegen abzulehnen.[159]

Erweist sich die neuere Entscheidung des BGH zumindest im Ergebnis als zutreffend, gibt sie doch weiter Anlass, die bisher anerkannten Kriterien für Satzungsdurchbrechungen auf korporativer Ebene erneut zu überdenken.[160] Anerkennt man nämlich die Wirksamkeit schuldrechtlicher Nebenabreden auch dann, wenn sie zwar keine organisationsrechtliche Regelung treffen, aber gleichwohl mit Dauerwirkung versehen sind, stellt sich die Frage, weshalb Gesellschafterbeschlüsse mit gleichem Inhalt auf korporativer Ebene die Wirksamkeit versagt werden sollte. Dabei handelt es sich freilich um eine Frage, die von der hiesigen Themenstellung nicht mehr umfasst ist und daher für heute beiseite gelassen werden muss.

VIII. Zusammenfassung der wesentlichen Ergebnisse in Thesen[161]

1. Schuldrechtliche Nebenabreden finden ihre Grundlage in dem systemprägenden und verfassungsrechtlich verbürgten Prinzip der Vertragsfreiheit.

2. Die zentralen Beweggründe für den Abschluss von Gesellschaftervereinbarungen sind ihre Heimlichkeit und Flexibilität. Mit der erhöhten Flexibilität sind Einbußen in puncto Rechtssicherheit verbunden.

3. Die Bindungswirkung schuldrechtlicher Nebenabreden erstreckt sich nur auf die Vertragsparteien. Änderungen sind grundsätzlich von sämtlichen Gesellschaftern vorzunehmen. Die Gesellschaft kann nach § 328 Abs. 1 BGB auch ohne ihre Mitwirkung berechtigt, nicht aber verpflichtet werden. Gesellschaftervereinbarungen entfalten keine Bindungswirkung für und gegen Sonderrechtsnachfolger in den Gesellschaftsanteil.

---

[158] Zu den Rechtsfolgen von Treupflichtverletzungen ausf. *Merkt*, in: MünchKomm GmbHG (Fn. 127), § 13 Rn. 186 ff.; *Raiser*, in: Großkomm GmbHG (Fn. 95), § 13 Rn. 89 ff.

[159] Zum Sonderfall der Umgehung von Anteilsvinkulierungen durch schuldrechtliche Nebenabreden ausf. *Bayer*, in: Lutter/Hommelhoff (Fn. 10), § 68 Rn. 116 ff.

[160] Vgl. etwa *Heintzen*, RNotZ 2010, 566 ff. unter Hinweis auf *Zöllner*, FS Priester, 2007, S. 879 ff.; *Habersack*, ZGR 1994, 354 ff.

[161] Die Thesen lagen den Teilnehmern des Symposiums vor.

4. Schuldrechtliche Nebenabreden bedürfen im Grundsatz keiner besonderen Form (Ausnahme: § 15 Abs. 4 GmbHG, § 311b Abs. 1 BGB) und unterliegen genuin bürgerlichrechtlichen Regeln und Prinzipien.

5. Gesellschaftervereinbarungen können sich nicht beziehen auf die in der Satzung zu regelnden Grundlagen von AG und GmbH sowie die Ausgestaltung der Mitgliedschaft und der innergesellschaftlichen Organisationsstruktur. Sie dürfen auch nicht gegen zwingendes Aktien- und GmbH-Recht verstoßen.

6. Schuld- und Korporationsrecht sind strikt voneinander zu trennen. Die von der Rechtsprechung und Teilen des Schrifttums vertretene Einheitsbetrachtung ist abzulehnen.

7. Daher scheitert eine Anfechtung auch dann, wenn der gefasste Gesellschafterbeschluss gegen eine allseitige Nebenabrede verstößt (Ausnahme: Rechtsmissbrauch). Allerdings können Gesellschafterabreden im Einzelfall für die Konkretisierung der gesellschaftsrechtlichen Treuepflicht von Bedeutung sein.

8. Ein formunwirksamer Gesellschafterbeschluss kann nach § 140 BGB in eine (formlos wirksame) Nebenabrede umgedeutet werden (und umgekehrt).

9. Die Trennungslehre gilt auch für satzungswidrige Nebenabreden. Diesen gebührt – entgegen dem BGH – kein Vorrang gegenüber einer entgegenstehenden Satzungsregelung.

10. Ein satzungswidriger Beschluss ist – entgegen dem BGH – auch dann anfechtbar, wenn er sich im Einklang mit einer allseitigen Nebenabrede befindet.

11. Satzungswidrigkeit führt nicht ipso iure zur Unwirksamkeit der Gesellschaftervereinbarung.

Diskussion

zu den Referaten von *Martin Schauer* und *Jan Lieder*

FRAUKE WEDEMANN

Die von *Klaus Hopt* geleitete Diskussion beleuchtete vielfältige Aspekte schuldrechtlicher Nebenvereinbarungen.

I.

Ein zentrales Thema bildeten Trennungs- und Einheitstheorie.

a) Zwei Diskutanten befassten sich mit den für die Trennungstheorie sprechenden Argumenten. Sie wiesen darauf hin, dass insbesondere der Rechtssicherheit erhebliches argumentatives Potential zukomme, welches noch nicht voll entfaltet sei. So würden sich neue Gesellschafter auf den Inhalt des Gesellschaftsvertrags verlassen. Dieses Vertrauen sei schutzwürdig und nur durch die Trennungstheorie hinreichend zu wahren.

b) Ein Teilnehmer stellte die von *Jan Lieder* befürwortete Anwendung des Grundsatzes „venire contra factum proprium" in Frage. Er äußerte die Einschätzung, dass sie zu einer Identität der Ergebnisse von Trennungs- und Einheitstheorie führt. *Lieder* erwiderte, dass es sich um einen genuin schuldrechtlichen Grundsatz handele, der auch bei Nebenvereinbarungen im Gesellschaftsrecht Geltung beanspruche.

c) Des Weiteren behandelte die Diskussion die Frage, inwieweit eine Nebenvereinbarung bei Auslegung der Satzung zu berücksichtigen sei. Nach Auffassung eines Teilnehmer aus Deutschland spreche bei geschlossenen Kapitalgesellschaften, in deren Gesellschafterkreis noch keine Rechtsnachfolge stattgefunden hat, einiges dafür, im Rahmen der Auslegung von Satzungsbestimmungen auf den Inhalt von Nebenvereinbarungen zu rekurrieren. Ein Diskutant aus Österreich schloss sich der Einschätzung an, dass bei Auslegung der Satzung die Trennungstheorie nicht strikt umzusetzen sei. Den erforderlichen Drittschutz könne eine Klausel im Gesellschaftsvertrag sicherstellen, die auf die Existenz von Nebenvereinbarungen hinweist („Halbpublizität"). *Lieder* führte in seiner Antwort aus, dass zwischen Gesellschaftsvertrag und Nebenvereinbarung zwar streng zu unterscheiden sei. Die Auslegung bilde jedoch ein Scharnier zwischen beiden Ebenen. *Martin Schauer* hielt den Vorschlag zur Erzielung einer „Halbpublizität" für erwägenswert. Im Hinblick auf die Auslegung erachtete er eine stärkere Subjektivierung für möglich. Aus seiner Sicht bestünden keine Einwände gegen eine Anwendung der normalen Vertragsauslegungsregeln.

II.

Einen weiteren Diskussionspunkt bildete das Thema „Nebenvereinbarung als Vertrag zugunsten Dritter". Ein Diskutant zog in Zweifel, dass bei der Begründung finanzieller Leistungspflichten ein Vertrag zugunsten Dritter vorliege. Insbesondere im Fall der Insolvenz sei dies fraglich. *Lieder* wies in seiner Replik auf den Grundsatz der Vertragsfreiheit hin, der die Begründung entsprechender Pflichten ermögliche. Es gebe keinen Grund, diesen Pflichten im Fall der Insolvenz die Geltung zu versagen. *Schauer* sah ebenfalls keinen der Annahme eines Vertrags zugunsten Dritter zwingend entgegenstehenden Ordnungsgesichtspunkt. Möglicherweise könne man die Vereinbarung einer finanziellen Leistungspflicht dahin auslegen, dass diese im Insolvenzfall nicht gelten soll.

III.

Verschiedene Diskussionsbeiträge kreisten um den Verbraucherschutz bei Nebenvereinbarungen. Ein Diskutant stellte die Frage nach der Anwendbarkeit der Verbraucherschutzgesetze auf schuldrechtliche Nebenvereinbarungen. Ein anderer wies darauf hin, dass dieses Problem insbesondere in Venture Capital-Fällen Relevanz erlange. Praktisch sei sehr bedeutsam, ob hier die AGB-Vorschriften zur Anwendung gelängen. *Lieder* erläuterte, dass es darauf ankomme, ob die Nebenvereinbarung eine Gesellschaft bürgerlichen Rechts begründe. Sofern dies der Fall sei, scheide eine AGB-Kontrolle aus. Andernfalls finde sie statt.

IV.

Die Diskussion über die Funktion von Nebenvereinbarungen konzentrierte sich auf zwei Aspekte.

a) Im Mittelpunkt stand das Geheimhaltungsinteresse der Gesellschafter. Ein Teilnehmer aus Deutschland äußerte die Einschätzung, dass die „Heimlichkeit" von Nebenvereinbarungen bei börsennotierten Aktiengesellschaften aufgrund der Pflicht zur Offenlegung beim Börsengang und verschiedener Meldepflichten nur eine geringe Rolle spielen dürfte. Er warf die Frage auf, ob die Praxis diesen Pflichten im Regelfall tatsächlich nachkomme. Zur Situation in Österreich berichtete daraufhin ein Teilnehmer, dass dort allenfalls die Existenz, nicht jedoch der Inhalt von Nebenabreden offengelegt werde.

b) Zur Funktion der Nebenvereinbarungen in der Schweiz wies ein Diskutant darauf hin, dass das Schweizer Recht keine Treuepflicht der Aktionäre kenne. Die wichtigste Aufgabe von Nebenabreden liege in der Schweiz daher in der Begründung entsprechender Pflichten.

V.

Im Hinblick auf die Zulässigkeit von Nebenvereinbarungen stellte ein Teilnehmer die Bedeutung des zwingenden Kapitalgesellschaftsrechts in Frage. Er vertrat die These, dass dieses keine Schranke begründe.

VI.

Ein Teilnehmer aus der Schweiz machte schließlich auf eine Besonderheit des liechtensteinischen Gesellschaftsrechts aufmerksam: die sog. Beistatute, die keiner Publizitätspflicht unterlägen, aber dennoch wie Statute wirkten. Ein Diskutant aus Österreich ergänzte, dass das österreichische Recht der Privatstiftung ein ähnliches Regelungsinstrumentarium kenne. *Lieder* und andere Teilnehmer standen diesem Modell jedoch eher skeptisch gegenüber.

Flexibilisierung der Finanzierungsinstrumente am Beispiel von CoCos und hybriden Anleihen

LUKAS GLANZMANN[*]

I. Einleitung

„Finanzierungsinstrumente" sind Verträge, die gleichzeitig bei einem Unternehmen zu einem Vermögenswert und bei einem anderen entweder zu

---

[*] Beim vorliegenden Text handelt es sich um die schriftliche Fassung eines Referats, das der Autor anlässlich des zweiten Deutsch-österreichisch-schweizerischen Symposiums zum Gesellschafts- und Kapitalmarktrecht vom 19. und 20. Mai 2011 am Max-Planck-Institut für ausländisches und internationales Privatrecht gehalten hat. Eine leicht gekürzte Version dieses Texts wurde unter dem Titel „Neue Finanzierungsinstrumente am Beispiel von CoCos und hybriden Anleihen" in der Schweizerischen Zeitschrift für Gesellschafts- und Kapitalmarktrecht sowie Umstrukturierungen (GesKR) 2011, 489–497, publiziert. Der Autor dankt M.A. HSG Markus Wolf für die Mitarbeit. Etwaige Bemerkungen werden gerne entgegengenommen <lukas.glanzmann@bakermckenzie.com>.

einer Verbindlichkeit oder einem Eigenkapitalinstrument führen.[1] Folglich können Finanzierungsinstrumente in Eigenkapital- und Fremdkapitalinstrumente unterteilt werden.

Eigenkapitalinstrumente sind gesellschaftsspezifisch. Selbstredend kann z.B. nur eine Aktiengesellschaft Aktien ausgeben. Hinzu kommt aber, dass nicht jeder Gesellschaftsform jede Form von Eigenkapital zur Verfügung steht. So kann z.B. nur eine Aktiengesellschaft – nicht aber eine GmbH – Anteile ohne Stimmrecht, also Partizipationsscheine ausgeben. Diese Regelung ist nicht ohne weiteres nachvollziehbar. Das Gleiche gilt bezüglich der Tatsache, dass die GmbH kein genehmigtes oder bedingtes Kapital schaffen kann.

Fremdkapitalinstrumente sind generell verfügbar, d.h. sie können in der Regel nicht nur von einer Schuldnerin mit einer bestimmten Rechtsform aufgenommen werden. Fremdkapitalinstrumente sind z.B. Darlehen oder Obligationen.

Die Unterteilung in Eigen- und Fremdkapitalinstrumente ist bei *hybriden Finanzierungsinstrumenten* aufgeweicht.[2] Häufig sind diese rechtlich als Fremdkapital ausgestaltet, haben aber wirtschaftlich die Funktion von Eigenkapital. In diese Kategorie fallen z.B. hybride Anleihen oder Wandelobligationen.

Vorliegend geht es um die „Flexibilisierung" von Finanzierungsinstrumenten. In den letzten Jahren wurden im Schweizer Kapitalgesellschaftsrecht einige Flexibilisierungen vorgenommen. Dazu zählen die Folgenden:

- Der Mindestnennwert einer Aktie wurde kontinuierlich von Fr. 100 auf einen Rappen gesenkt.[3]
- Der Mindestnennwert eines Stammanteils wurde von Fr. 1'000 auf Fr. 100 gesenkt.[4]
- Seit der GmbH-Revision ist es möglich, dass ein Gesellschafter mehrere Stammanteile hält; diese müssen also nicht mehr zusammengelegt werden.[5]
- Die Handelsregisterämter anerkennen seit kurzem die gestaffelte Kapitalherabsetzung.[6]

---

[1] *Boemle/Gsell/Jetzer/Nyfeller/Thalmann*, Geld-, Bank- und Finanzmarktlexikon der Schweiz, 2002, S. 441 f.

[2] *Boemle/Gsell/Jetzer/Nyfeller/Thalmann* (Fn. 1), S. 555.

[3] Art. 622 Abs. 4 OR. In der Aktienrechtsrevision von 1991 wurde der Mindestnennwert von Fr. 100 auf Fr. 10 herabgesetzt (vgl. BBl. 1991, 1476 ff., 1476). Die zweite Herabsetzung auf den derzeit gültigen Mindestnennwert von einem Rappen fand im Jahre 2000 statt (vgl. BBl. 2000, 6113).

[4] Art. 774 Abs. 1 OR. Die Herabsetzung erfolgte im Rahmen der GmbH-Revision von 2005 (vgl. BBl. 2005, 7289 ff., 7296).

[5] Art. 790 Abs. 2 Ziff. 2 OR. Vgl. auch die Botschaft vom 19. Dezember 2001 zur Revision des Obligationenrechts, BBl. 2002, 3148 ff., 3160.

Daneben werden in der großen Aktienrechtsrevision[7] weitere Änderungen vorgeschlagen, wobei im heutigen Zeitpunkt nicht absehbar ist, ob und wann diese in Kraft treten werden. Auch können nicht alle Änderungen als Flexibilisierungen gewertet werden. Zu den vorgeschlagenen Änderungen gehören namentlich die Folgenden:

− Der Mindestnennwert einer Aktie soll von heute einem Rappen weiter reduziert werden; in Zukunft muss dieser nur noch größer als null Rappen sein.[8]

− Börsenkotierte Aktien sollen gestützt auf ein qualifiziertes Quorum zusammengelegt werden können.[9]

− Die Zulässigkeit der Verrechnungsliberierung in Sanierungssituationen soll ausdrücklich geregelt werden.[10]

− Der Ausschluss des Bezugsrechts wird teils erleichtert und teils erschwert.[11]

− Es soll ein Kapitalband eingeführt werden, womit die genehmigte Kapitalerhöhung mit einer genehmigten Kapitalherabsetzung ergänzt wird.[12]

− Sofern die Partizipationsscheine an einer Börse kotiert sind, soll das Partizipationskapital in der Höhe nicht mehr auf das Doppelte des Aktienkapitals begrenzt sein.[13]

− Die Schwelle für den Erwerb eigener Aktien infolge einer Auflösungsklage soll von 10% auf 20% gehoben werden.[14]

− Das Agio soll neu einer Kapitalreserve zugewiesen werden, die nicht an die Aktionäre ausgeschüttet werden darf.[15]

− Die Zulässigkeit von Zwischendividenden soll ausdrücklich geregelt werden.[16]

---

[6] *Siffert/Zihler*, Herabsetzung des Aktienkapitals unter besonderer Berücksichtigung der gestaffelten Kapitalherabsetzung, Jusletter vom 29. Juni 2009, Rn. 30–52.

[7] Botschaft vom 21. Dezember 2007 zur Änderung des Obligationenrechts (Aktienrecht und Rechnungslegungsrecht sowie Anpassungen im Recht der Kollektiv- und der Kommanditgesellschaft, im GmbH-Recht, Genossenschafts-, Handelsregister- sowie Firmenrecht), BBl. 2008, 1589 ff. Vgl. dazu auch *Glanzmann*, in: Kunz/Jörg/Arter (Hrsg.), Entwicklungen im Gesellschaftsrecht IV, 2009, S. 211–258.

[8] Art. 622 Abs. 4 E-OR.

[9] Art. 623 Abs. 2 E-OR.

[10] Art. 634b Abs. 2 E-OR; vgl. unten II.5. und III.5.

[11] Art. 652b Abs. 4 und 5 E-OR führen zu einer Erschwerung (vgl. dazu *Glanzmann*, in: Kunz/Jörg/Arter (Fn. 7), S. 211, 222 f.), Art. 653c Abs. 3 Ziff. 2 E-OR zu einer Erleichterung (vgl. dazu unten II.3.).

[12] Art. 653s-653y E-OR.

[13] Art. 656b Abs. 1 E-OR.

[14] Art. 659 Abs. 3 E-OR.

[15] Art. 671 Abs. 2 E-OR; vgl. zur Relevanz dazu auch *Glanzmann*, SZW 83 (2011), 229, 245.

Die vorliegenden Ausführungen können keinen systematischen Überblick über sämtliche möglichen, erfolgten und wünschenswerten Flexibilisierungen von Finanzierungsinstrumenten geben. Vielmehr werden einige Normen anhand von zwei konkreten Finanzierungsinstrumenten diskutiert, die in jüngster Zeit wegen der Wirtschaftskrise zu Berühmtheit gelangt sind. Es sind dies aktienrechtliche CoCos und hybride Anleihen. Gestützt darauf soll gezeigt werden, ob die geltenden und künftigen Regelungen genügend flexibel sind und inwiefern weiterer Reformbedarf besteht. Dabei wird jeweils davon ausgegangen, dass eine Aktiengesellschaft Emittentin der entsprechenden Finanzierungsinstrumente ist.

II. CoCos

1. Begriff und Zweck

CoCo steht als Abkürzung für *Contingent Convertible Bond*. Somit ist ein CoCo im Grunde nichts anderes als eine Wandelanleihe.[17] Bemerkenswert ist, dass das an sich zentralste Element eines CoCo keine Aufnahme in die Bezeichnung dieses Finanzierungsinstruments gefunden hat: Der CoCo ist nämlich nicht eine gewöhnliche Wandelanleihe, sondern eine Pflicht-Wandelanleihe. Damit ist auch der Zweck eines CoCo schnell erschlossen: Die Emittentin gibt eine Anleihe aus, die beim Eintritt bestimmter Bedingungen in formelles Eigenkapital gewandelt wird. Dadurch wird das Eigenkapital der Gesellschaft gestärkt. Der CoCo ist daher ein typisches hybrides Finanzierungsinstrument.

Das Schweizer Parlament hat in der Herbstsession 2011 die too-big-to-fail Vorlage verabschiedet.[18] Danach werden die CoCos neu ausdrücklich gesetzlich geregelt und zwar im Bankengesetz. Erstaunlich ist, dass im Bankengesetz nicht nur die regulatorischen Gesichtspunkte, sondern auch die handelsrechtlichen Aspekte von CoCos geregelt werden. Auch wenn dadurch eine rechtsformübergreifende Regelung der CoCos ermöglicht wird, ist dies gleichzeitig bedauerlich, weil die Einführung einer handelsrechtlichen Spezialregelung im Bankengesetz der Kohärenz der Rechtsordnung abträglich ist. Im Folgenden werden nicht primär das neue Gesetz

---

[16] Art. 675a E-OR.

[17] *Härtsch*, GesKR 2011, 193; *von der Crone/Beeler*, ZSR 130 (2011), 177, 202 f.; *Bösch/Leisinger*, SZW 2012, 5.

[18] Botschaft vom 20. April 2011 zur Änderung des Bankengesetzes (Stärkung der Stabilität im Finanzsektor; too big to fail), BBl. 2011, 4717 ff.; für den Gesetzestext vgl. die Referendumsvorlage (BBl. 2011, 7487 ff.). Die neuen Bestimmungen sind auf den 1. März 2012 in Kraft getreten.

oder die regulatorischen Aspekte von CoCos dargestellt,[19] sondern es sollen die CoCos aus handelsrechtlicher Sicht unter geltendem Aktienrecht beurteilt werden. Eine solche Analyse rechtfertigt sich, weil immerhin ein namhaftes Institut, nämlich die Credit Suisse AG, bereits vor dem Erlass der neuen Bestimmungen ein CoCo ausgegeben hat. Hinzu kommt, dass ein CoCo als Finanzierungsinstrument auch bei Nicht-Banken eine sinnvolle Verwendung haben kann.

2. Bedingtes Kapital als Grundlage

Einer Wandelanleihe liegt üblicherweise ein bedingtes Kapital zu Grunde. Dieses muss von der Generalversammlung mit einem qualifizierten Quorum beschlossen werden.[20] Das bedingte Kapital räumt den Gläubigern von Anleihensobligationen Wandelrechte auf den Bezug neuer Aktien ein. Das Aktienkapital erhöht sich sodann ohne weiteres im Zeitpunkt und im Umfang, als Wandelrechte ausgeübt und die Aktien durch Verrechnung liberiert werden.[21]

Wandelrechte können gemäß Art. 653 Abs. 1 OR nicht nur Anleihensobligationären, sondern auch Gläubigern von „ähnlichen Obligationen" gewährt werden. Mit der herrschenden Lehre ist davon auszugehen, dass eine „ähnliche Obligation" vorliegt, wenn Bestand und Verrechenbarkeit der Forderung sowie die Person des Gläubigers leicht feststellbar sind.[22] Das kann anerkanntermaßen auch bei einer einzelnen Forderung der Fall sein.[23] Somit ist es für die Schaffung eines CoCos nicht erforderlich, dass eine eigentliche Anleihensobligation ausgegeben wird; vielmehr kann ein CoCo auch von einem oder zwei Investoren gezeichnet werden.

Der Nennbetrag des bedingten Kapitals ist auf 50% des bisherigen Aktienkapitals beschränkt.[24] Damit setzt das Aktienrecht den CoCos eine betragsmäßige Grenze, die je nach Zweck des CoCos und Ausgestaltung der Kapitalstruktur einschneidend sein kann. Richtigerweise wird bei den bankengesetzlichen CoCos auf eine solche Beschränkung verzichtet.[25]

---

[19] Vgl. dazu *Härtsch*, GesKR 2011, 193, passim.

[20] Art. 704 Abs. 1 Ziff. 4 OR.

[21] Art. 653 Abs. 2 OR.

[22] BBl. 1983 II, 745 ff., 868; *Forstmoser/Meier-Hayoz/Nobel*, Schweizerisches Aktienrecht, 1996, § 52 Rn. 324; ferner *Böckli*, Schweizer Aktienrecht, 4. Aufl., 2009, § 2 Rn. 186; *Isler/Zindel*, in: Honsell/Vogt/Watter (Hrsg.), Basler Kommentar zum Obligationenrecht II, 3. Aufl., 2008, Art. 653 Rn. 13; *Wenger*, Das bedingte Kapital im schweizerischen Aktienrecht, Diss. Zürich 1996 (= SSHW 165), S. 52 f.

[23] *Druey/Glanzmann*, in: Druey (Hrsg.), Gesellschafts- und Handelsrecht, 2010, § 9 Rn. 78 m.w.Hw.

[24] Art. 653a Abs. 1 OR.

[25] Art. 13 Abs. 8 BankG.

Weil nur Aktiengesellschaften ein bedingtes Kapital schaffen können, ist anderen Gesellschaftsformen die Ausgabe dieser Art von Wandelanleihen verwehrt; dies im Gegensatz zu den bankengesetzlichen CoCos, die Banken aller Rechtsformen zur Verfügung stehen.

3. Ausschluss des Bezugsrechts

Ein zentraler Punkt bei der Ausgabe von Wandelanleihen ist der Schutz der bestehenden Aktionäre. Wie bei jeder Kapitalerhöhung erfahren nämlich diejenigen Aktionäre, die sich an der Kapitalerhöhung nicht beteiligen, eine Verwässerung ihrer Stimmrechte. Daneben besteht auch das Risiko einer Verwässerung der Vermögensrechte, sofern die Kapitalerhöhung nicht zu Marktbedingungen durchgeführt wird.[26]

Weil bei einer Kapitalerhöhung aus einem bedingten Kapital das Bezugsrecht der bisherigen Aktionäre zwangsläufig ausgeschlossen ist,[27] muss der Aktionärsschutz zeitlich früher einsetzen.[28] Deshalb räumt Art. 653c OR den bisherigen Aktionären bei der Ausgabe von Wandelobligationen ein sog. Vorwegzeichnungsrecht ein. Danach sind die Obligationen den bisherigen Aktionären entsprechend ihrer Beteiligung zur Zeichnung anzubieten.

Das Vorwegzeichnungsrecht kann beschränkt oder aufgehoben werden, wenn ein wichtiger Grund vorliegt und dadurch niemand in unsachlicher Weise begünstigt oder benachteiligt wird.[29] Der Beschluss über den Entzug oder die Aufhebung des Vorwegzeichnungsrechts fällt grundsätzlich in den Kompetenzbereich der Generalversammlung.[30] Soweit die Generalversammlung die Entzugsbefugnis an den Verwaltungsrat delegiert, muss die Statutenbestimmung über das bedingte Kapital die wichtigen Gründe mindestens in abstrakter Form angeben.[31] Schließt die Generalversammlung das Vorwegzeichnungsrecht selber aus, dann müssen die wichtigen Gründe nicht in der Statutenbestimmung genannt werden; allerdings müssen sie in

---

[26] *Böckli* (Fn. 22), § 2 Rn. 273; *Druey/Glanzmann*, in: Druey (Fn. 23), § 9 Rn. 87; *Forstmoser/Meier-Hayoz/Nobel* (Fn. 22), § 40 Rn. 216.

[27] *Forstmoser/Meier-Hayoz/Nobel* (Fn. 22), § 40 Rn. 302; *Ladner*, Das Vorwegzeichnungsrecht des Aktionärs unter Berücksichtigung von Corporate Governance-Aspekten, Diss. St. Gallen 1996 (= SSHW 167), S. 73; *v. Planta*, SZW 64 (1992), 205, 207; *Wenger* (Fn. 22), S. 78.

[28] *Forstmoser/Meier-Hayoz/Nobel* (Fn. 22), § 40 Rn. 303; *Wenger* (Fn. 22), S. 79; *Widmer*, Das Vorwegzeichnungsrecht bei Options- und Wandelanleihen, Diss. Zürich 1996 (= SSBR 35), S. 23.

[29] Art. 653c Abs. 2 und 3 OR.

[30] BGE 121 III 219 E. 5b; *Ladner* (Fn. 27), S. 187; *Wenger* (Fn. 22), S. 89; *Widmer* (Fn. 28), S. 151 f.

[31] BGE 121 III 219 E. 5b.

die Beratung der Generalversammlung eingeflossen sein und dem Beschluss zugrunde liegen.[32]

Nach Lehre und Rechtsprechung liegt ein wichtiger Grund vor, wenn der Entzug des Vorwegzeichnungsrechts im Interesse der Gesellschaft liegt und für die Verfolgung des angestrebten Zwecks notwendig ist. Der Entzug darf sodann nicht gegen das Gebot der Gleichbehandlung der Aktionäre verstoßen und muss das Prinzip der schonenden Rechtsausübung beachten.[33] Ob ein wichtiger Grund vorliegt, ist im Einzelfall zu beurteilen.[34] Ein solcher muss nach geltendem Recht übrigens selbst dann vorliegen, wenn die Obligationen zu Marktbedingungen ausgegeben werden. Das Bundesgericht vertritt in seinem berühmten Entscheid i.S. SBG gegen BK Vision AG[35] die Meinung, dass bei einer Transaktion zu Marktbedingungen alleine die Vermögensrechte der Aktionäre gewahrt würden. Die Beschränkung der Mitgliedschaftsrechte bedürfe jedoch einer zusätzlichen Rechtfertigung. Zudem könne das Vorwegzeichnungsrecht auch nicht einfach deshalb ausgeschlossen werden, weil es angesichts des üblicherweise eher bescheidenen Umfangs des bedingten Kapitals ohnehin nur für größere Aktionäre praktische Bedeutung erlange. Nach Meinung des Bundesgerichts käme diese Auffassung im Ergebnis einem allgemeinen Verzicht auf das Vorwegzeichnungsrecht gleich, was mit dem Gesetz auch bei weitester Auslegung nicht zu vereinbaren wäre.[36]

Diese Rechtsprechung ist grundsätzlich auch heute noch einschlägig.[37] Allerdings gibt es in der Lehre und Praxis eine klare Tendenz zur gegenteiligen Meinung,[38] der sich auch der Bundesrat angeschlossen hat. So bestimmt der Entwurf zur Revision des Aktienrechts, dass das Vorwegzeichnungsrecht nicht nur aus wichtigem Grund aufgehoben oder eingeschränkt werden darf, sondern auch dann, „wenn die Aktien an der Börse kotiert sind und die Obligationen zu angemessenen Bedingungen ausgegeben werden".[39] Auch nach dem neuen Bankengesetz[40] ist ein Entzug möglich,

---

[32] *Böckli* (Fn. 22), § 2 Rn. 219; *Isler/Zindel*, in: Honsell/Vogt/Watter (Fn. 22), Art. 653b Rn. 27.

[33] Zum Ganzen BGE 117 II 290 E. 4e/aa; *Böckli* (Fn. 22), § 2 Rn. 314 f.; *Isler/Zindel*, in: Honsell/Vogt/Watter (Fn. 22), Art. 653c Rn. 12; *Ladner* (Fn. 27), S. 214; *v. Planta*, SZW 64 (1992), 205, 208; *Wenger* (Fn. 22), S. 96 f.; *Widmer* (Fn. 28), S. 136 f.

[34] Vgl. z.B. die Erläuterung zu Traktandum 4.1 in der Einladung zur ordentlichen Generalversammlung der Credit Suisse AG vom 29. April 2011, wonach die Gesellschaft wegen der Sicherstellung regulatorischer Vorschiften ein ausgeprägtes Interesse an einer raschen Platzierung in großen Tranchen hat, was in der Regel ein vorgängiges Angebot an alle Aktionäre zur allfälligen Ausübung eines Vorwegzeichnungsrechts nicht erlaubt.

[35] BGE 121 III 219 E. 5b.

[36] BGE 121 III 219 E. 5b.

[37] *Isler/Zindel*, in: Honsell/Vogt/Watter (Fn. 22), Art. 653c Rn. 15.

[38] Vgl. z.B. *Gerhard*, GesKR 2006, 286, 294 f.

[39] Art. 653c Abs. 3 Ziff. 2 E-OR.

wenn „die Pflichtwandelanleihen zu Marktbedingungen oder mit einem Abschlag ausgegeben [werden], der erforderlich ist, um eine rasche und vollständige Platzierung zu gewährleisten".[41] Interessanterweise scheint nach dieser Bestimmung ein wichtiger Grund nicht mehr hinreichend zu sein, um das Vorwegzeichnungsrecht aufzuheben. Immerhin muss aber auch bei einem bankengesetzlichen CoCo der Grundsatz gelten, dass durch einen Entzug des Vorwegzeichnungsrechts niemand in unsachlicher Weise begünstigt oder benachteiligt werden darf, auch wenn dies so nicht ins Gesetz geschrieben worden ist.

4. Keine Wandelerklärung

Bei einer gewöhnlichen Wandelanleihe werden die Wandelrechte durch eine schriftliche Erklärung der jeweiligen Gläubiger ausgeübt.[42] Bei einer Pflichtwandelanleihe muss auf diese Mitwirkung des Gläubigers im Zeitpunkt der Wandlung verzichtet werden können, weil sonst die Gefahr besteht, dass es zu einer Verzögerung der Wandlung kommt und damit der Zweck der Pflichtwandelanleihe vereitelt wird.

Eine Wandlung ohne Mitwirkung der Gläubiger ist möglich, wenn schon in den Ausgabebedingungen der Wandelanleihe festgehalten wird, dass die Forderungen in Aktien gewandelt werden.[43] Selbstverständlich ist es dann notwendig, dass die Wandelbedingungen bereits im Zeitpunkt der Emission der Anleihe bestimmt oder bestimmbar sind. Dazu gehören einerseits die Bedingungen, bei deren Eintritt die Forderungen gewandelt werden, also der sog. „Trigger Event". Anderseits müssen auch der Ausgabebetrag der Aktien und das Wandlungsverhältnis bestimmt oder bestimmbar sein.[44]

Wie bereits erwähnt, erhöht sich bei einer gewöhnlichen Wandelanleihe das Aktienkapital ohne weiteres im Zeitpunkt und im Umfang, als Wandelrechte ausgeübt werden. Bei einer Pflichtwandelanleihe werden im Zeitpunkt der Kapitalerhöhung keine Wandelerklärungen mehr abgegeben. Vielmehr werden diese bereits im Zeitpunkt der Zeichnung der Anleihe ausgeübt und zwar unter der Voraussetzung, dass gewisse Bedingungen

---

[40] Vgl. oben Fn. 18.

[41] Art. 13 Abs. 4 BankG.

[42] Art. 653e OR. *von der Crone/Beeler*, ZSR 130 (2011), 177, 202 f.; *Meier-Hayoz/ von der Crone*, Wertpapierrecht, 2. Aufl., 2000, § 22 Rn. 7 ff.

[43] *Maurenbrecher*, recht 2003, 180, 190; *Bösch*, in: Reutter/Werlen (Hrsg.), Kapitalmarkttransaktionen III, 2008, S. 39, 65; *Bösch/Leisinger* SZW 2012, 13; ferner *Isler/ Zindel*, in: Honsell/Vogt/Watter (Fn. 22), Art. 653 Rn. 10a.

[44] Art. 13 Abs. 3 lit. c und d BankG.

eintreten. Aus diesem Grund wird das Aktienkapital ohne weiteres mit dem Bedingungseintritt erhöht.[45]

Sofern sich der Bedingungseintritt nicht ohne weiteres feststellen lässt, liegt es im Interesse aller Beteiligten, dass dieser klar dokumentiert wird. Dies ist etwa der Fall, wenn die Anleihe beim Erreichen gewisser Finanzkennzahlen gewandelt werden soll. In diesem Fall ist es wegen der Rechtssicherheit angezeigt, dass der Verwaltungsrat feststellt, dass die Bedingung eingetreten ist.[46] Die Emissionsbedingungen müssen dann festhalten, ob der eigentliche Bedingungseintritt oder aber die Feststellung des Verwaltungsrats das auslösende Ereignis ist, mit dem sich das Aktienkapital erhöht. Letzteren Ansatz verfolgt z.B. das Bankengesetz.[47]

Nach der Kapitalerhöhung ist das übliche Verfahren zur Feststellung des neuen Kapitals durchzuführen: Ein zugelassener Revisionsexperte prüft, ob – und bestätigt schriftlich, dass – die Ausgabe der neuen Aktien dem Gesetz, den Statuten und einem etwaigen Emissionsprospekt entsprochen hat.[48] Gestützt darauf stellt der Verwaltungsrat in öffentlicher Urkunde Anzahl, Nennwert und Art der neu ausgegebenen Aktien und den Stand des Aktienkapitals fest und nimmt die nötigen Statutenanpassungen vor.[49] Der darauf folgende Handelsregistereintrag hat aber nur noch deklaratorische Bedeutung.[50]

5. Verrechnungsliberierung

Im Zeitpunkt der Wandlung werden die neuen Aktien durch Verrechnung mit den Forderungen der Anleihensgläubiger gegenüber der Emittentin liberiert.[51] Dies bedingt, dass die Anleihe entweder in Schweizer Franken denominiert ist oder die zur Verrechnung gebrachten Forderungen in einer ausländischen Währung zum Umrechnungskurs im Zeitpunkt der Wandlung mindestens dem Ausgabepreis der Aktien entsprechen.[52]

Seit einigen Jahren wird die Zulässigkeit der Verrechnungsliberierung in einer Sanierungssituation der Emittentin hinterfragt. Nach einem Teil der Lehre soll die Verrechnungsliberierung unzulässig sein, wenn die zur

---

[45] Vgl. Botschaft, BBl. 2011, 4717 ff., 4776.

[46] Vgl. Botschaft, BBl. 2011, 4717 ff., 4776.

[47] Art. 13 Abs. 5 und 7 BankG.

[48] Art. 653f OR. Auf eine Prüfungsbestätigung wird im Bankengesetz verzichtet.

[49] Art. 653g OR.

[50] *Böckli* (Fn. 22), § 2 Rn. 248; *Forstmoser/Meier-Hayoz/Nobel* (Fn. 22), § 52 Rn. 412; *Isler/Zindel*, in: Honsell/Vogt/Watter (Fn. 22), Art. 653h Rn. 4; *Wenger* (Fn. 22), S. 213.

[51] *Böckli* (Fn. 22), § 2 Rn. 188; *Forstmoser/Meier-Hayoz/Nobel* (Fn. 22), § 52 Rn. 384; *Isler/Zindel*, in: Honsell/Vogt/Watter (Fn. 22), Art. 653 Rn. 10; *Wenger* (Fn. 22), S. 43; *Widmer* (Fn. 28), S. 26.

[52] *Benninger/Thalmann*, REPRAX 2003, 19, 32.

Verrechnung gebrachte Forderung aus Sicht des Gläubigers nicht mehr werthaltig ist.[53] Andere Autoren erachten die Verrechnungsliberierung dann als unzulässig, wenn nach Durchführung der Kapitalerhöhung das Nennkapital der Emittentin nicht durch Aktiven gedeckt ist.[54] Falls diese Rechtsauffassungen zutreffen, bestünde das Risiko, dass der verrechnende Gläubiger mittels der Verrechnung seine Liberierungspflicht nicht erfüllt.[55] Es ist offensichtlich, dass diese Rechtsfolge der Ausgabe einer Pflicht-wandelanleihe hinderlich wäre, denn sie bedeutete eine eigentliche Nach-schusspflicht des Gläubigers. Hinzu käme auch eine zivil- oder sogar straf-rechtliche Verantwortlichkeit des Verwaltungsrats.[56] Doch nicht nur wegen dieser praktischen, sondern auch aus rechtlichen Gründen kann diesen beiden Meinungen nicht gefolgt werden:

Vorab ist festzuhalten, dass die Verrechnungsliberierung im Schweizer Recht eine eigenständige Liberierungsform ist. Es handelt sich also nicht etwa um eine Sacheinlage der Forderung mit ihrem anschließenden Unter-gang infolge Konfusion.[57] Weiter ist zu beachten, dass sich die buchhalte-rischen Vorgänge im Zusammenhang mit einer Verrechnungsliberierung einzig nach Obligationenrecht beurteilen.[58] Damit ist klargestellt, dass die Verbindlichkeit der Emittentin immer zum Nominalwert in den Büchern stehen muss, dies im Gegensatz zu gewissen anerkannten Rechnungs-legungsstandards, bei denen Wertberichtigungen auch bei Passiven zuläs-sig sind.[59] Aus Sicht der Emittentin ist demnach die Forderung, die zur Verrechnung gebracht werden soll, immer voll belastend, auch wenn sie aus Sicht des Gläubigers nicht mehr werthaltig ist. Wenn die Forderung verrechnet wird und damit die Verbindlichkeit entfällt, dann erhöht sich der Substanzwert der Emittentin genau um den Nominalbetrag der Forde-rung. Einzig dieser Substanzwert ist bei der Bewertung der Einlage maß-

---

[53] *Kunz*, Der Minderheitenschutz im schweizerischen Aktienrecht, 2001, § 2 Rn. 47; *Mosimann*, Die Liberierung von Aktien durch Verrechnung, Diss. Basel 1978 (= BStR A 112), S. 68–70.

[54] *Böckli* (Fn. 22), § 2 Rn. 127–142; *Senn*, Die Haftung des Verwaltungsrates bei der Sanierung der AG, Diss. Basel 2001 (= SSHW 209), S. 155 f.; *Widmer*, Die Liberierung im schweizerischen Aktienrecht, Diss. Zürich 1998 (= SSHW 184), S. 389. *Baisch/Weber*, SZW 83 (2011), 416, 429 f., fordern *de lege ferenda* sogar die Deckung von mindestens der Hälfte des Aktienkapitals.

[55] *Glanzmann*, GesKR 2008 Sondernummer, 15, 16; *Schenker*, SJZ 105 (2009), 485, 494.

[56] *Böckli* (Fn. 22), § 2 Rn. 137.

[57] BGE 87 II 169 E. 5; *Glanzmann*, ZSR 118 (1999) I, 222 f.; *Widmer* (Fn. 54), S. 381; *Isler/Zindel*, in: Honsell/Vogt/Watter (Fn. 22), Art. 652c Rn. 4a.

[58] Vgl. *Glanzmann*, ZSR 118 (1999) I, 222, 225–227.

[59] So etwa unter IAS 39.

gebend.[60] Aus diesen Gründen hat die Frage nach der Werthaltigkeit der zur Verrechnung gebrachten Forderung im Schweizer Recht keine Berechtigung. Die neuen Aktien sind auch dann gültig liberiert, wenn die zur Verrechnung gebrachte Forderung aus Sicht des Gläubigers bzw. Aktienzeichners nicht mehr voll werthaltig ist, solange sie nur besteht und verrechenbar ist.[61]

Wie bereits erwähnt, wird von anderen Autoren die Auffassung vertreten, dass nach durchgeführter Kapitalerhöhung das Aktienkapital voll gedeckt sein müsse. Würde also z.B. eine Forderung von Fr. 100 gewandelt, wenn die Emittentin eine Überschuldung von Fr. 200 aufweist, dann wäre die Emittentin nach der Kapitalerhöhung immer noch im Betrag von Fr. 100 überschuldet. Nach Ansicht dieser Autoren wäre die Kapitalerhöhung unter diesen Voraussetzungen ungültig. Meines Erachtens ist auch diese Auffassung nicht zutreffend. Das Problem, dass das Aktienkapital nach durchgeführter Kapitalerhöhung nicht voll gedeckt ist, hat nämlich nichts mit der Liberierungsart zu tun. Die genau gleiche Konstellation tritt auch ein, wenn die Kapitalerhöhung im Betrag von Fr. 100 mit Geld liberiert wird. Auch in diesem Fall besteht nach durchgeführter Kapitalerhöhung eine Überschuldung von Fr. 100. Richtigerweise zweifelt jedoch niemand an der Gültigkeit dieser Liberierung. In diesem Fall liegt allenfalls eine Konkursverschleppung vor, was aber zur Haftung des Verwaltungsrats und nicht zu einer Nachliberierungspflicht des Aktienzeichners führt.

Auch aus Sicht des Gläubigerschutzes gibt es keinen Grund, die Zulässigkeit der Verrechnungsliberierung einzuschränken. Die bisherigen Gläubiger werden nämlich in jedem Fall besser gestellt, wenn ein Gesellschaftsgläubiger seine Forderung in Eigenkapital wandelt.[62] Dies hat der Gesetzgeber schon beim Erlass der Bestimmungen über die Anleihensobligationen erkannt, ist doch deren Umwandlung in Aktien in Art. 1170 Abs. 1 Ziff. 9 OR ausdrücklich als Sanierungsmaßnahme vorgesehen.

Schließlich erfordert auch der Aktionärsschutz keine Einschränkung der Verrechnungsmöglichkeiten. Der verrechnende Gläubiger hat nämlich in jedem Fall eine Forderung, die von der Gesellschaft zum Nominalwert

---

[60] Das ist z.B. auch im Fusionsrecht der Fall; vgl. dazu *Glanzmann*, Umstrukturierungen – Eine systematische Darstellung des schweizerischen Fusionsgesetzes, 2. Aufl., 2008, Rn. 260 f.

[61] Art. 635 Ziff. 2 OR. *Camponovo*, ST 1999, 885, 887 f.; *Druey/Glanzmann*, in: Druey (Fn. 23), § 8 Rn. 18; *Druey*, FS Zobl, 2004, S. 267, 285; *Glanzmann*, ZSR 118 (1999) I, 222, 227–234 *Forstmoser/Vogt*, ZSR 122 (2003) I, 566 f.; *Rubli*, Sanierungsmassnahmen im Konzern aus gesellschaftsrechtlicher Sicht, Diss. Zürich 2002 (= SSHW 218), S. 213; *Schenker*, SJZ 105 (2009), 485, 494; *Isler/Zindel*, in: Honsell/Vogt/Watter (Fn. 22), Art. 652c Rn. 4.

[62] *Glanzmann*, ZSR 118 (1999) I, 222, 229.

geschuldet wird und gegenüber den Ansprüchen der Aktionäre vorrangig ist. Aus diesem Grund werden die bisherigen Aktionäre durch eine Verrechnungsliberierung nicht schlechtergestellt.[63]

Richtigerweise soll die Zulässigkeit der Verrechnungsliberierung in Sanierungssituationen im revidierten Aktienrecht ausdrücklich verankert werden.[64] Leider weist der Gesetzesentwurf noch gewisse Ungereimtheiten auf, die hoffentlich im Parlament noch beseitigt werden.[65]

Aufgrund dieser Ausführungen wird ersichtlich, dass ein CoCo auch unter geltendem Aktienrecht geschaffen werden kann. Abgesehen von wenigen Modifikationen bräuchte es für die handelsrechtlichen Aspekte eines CoCos also keine bankengesetzliche Spezialregelung.

III. Hybride Anleihen

1. Begriff und Zweck

Das zweite Finanzierungsinstrument, das nachfolgend betrachtet wird, sind die hybriden Anleihen. Im vorliegenden Zusammenhang werden als hybride Anleihen Finanzierungsinstrumente verstanden, die handelsrechtlich Fremdkapital sind, unter gewissen anerkannten Rechnungslegungsstandards jedoch zum Eigenkapital zählen. Ein solches Finanzierungsinstrument kann für einen Emittenten vorteilhaft sein, weil z.B. Banken oder Ratingagenturen die meisten Finanzkennzahlen nicht aufgrund des handelsrechtlichen Abschlusses testen, sondern aufgrund eines Abschlusses nach einem anerkannten Rechnungslegungsstandard, wie z.B. IFRS. Damit können die betreffenden Gesellschaften ein höheres Eigenkapital ausweisen, ohne dass sie handelsrechtlich über dieses verfügen müssen.

2. Unkündbarkeit

Damit ein Finanzierungsinstrument unter IFRS als Eigenkapital gilt, ist erforderlich, dass es ewig läuft und durch den Gläubiger nicht gekündigt werden kann.[66] Eine etwaige Rückzahlung darf einzig aufgrund eines

---

[63] *Glanzmann*, ZSR 118 (1999) I, 222, 234. *Kunz* (Fn. 53), § 2 Rn. 47–49.

[64] Art. 634b Abs. 2 E-OR.

[65] Vgl. unten III.5. sowie *Glanzmann*, in: Kunz/Jörg/Arter (Fn. 7), S. 211, 219–222 und *ders.*, GesKR 2008 Sondernummer, 15, passim; sowie *Baisch/Weber*, SZW 83 (2011), 416, 427–430.

[66] Vgl. IAS 32 Ziff. 16; *Grünberger*, IFRS 2009 – Ein systematischer Praxisleitfaden, 7. Aufl., 2009, S. 195 f.

Organbeschlusses der Emittentin erfolgen.[67] Vorab stellt sich die Frage, ob eine derartige Kündigungsregelung nach Schweizer Recht zulässig ist.

Auf die Kündigung einer Anleihe sind die Regeln über das Darlehen anwendbar.[68] Nach Art. 318 OR können die Kündigungsmodalitäten eines Darlehens beliebig vereinbart werden.[69] Somit ist es grundsätzlich zulässig, die Kündigungsmöglichkeit durch den Gläubiger auszuschließen.[70] Allerdings darf diese Kündigungsregelung nicht gegen zwingendes Recht verstoßen. Mögliche Einschränkungen sind das Kündigungsrecht aus wichtigem Grund und das Verbot der übermäßigen Bindung:

Dauerschuldverhältnisse können von Gesetzes wegen gekündigt werden, wenn ein wichtiger Grund vorliegt.[71] Weil es sich bei Darlehen – und somit auch bei einer Anleihe[72] – um Dauerschuldverhältnisse handelt, können auch diese beim Vorliegen eines wichtigen Grundes gekündigt werden.[73] Nach der bundesgerichtlichen Rechtsprechung ist ein wichtiger

---

[67] *Grünberger* (Fn. 66), S. 195 f.; *Scheffler*, Eigenkapital im Jahres- und Konzernabschluss nach IFRS, Abgrenzung, Konsolidierung, Veränderung, 2006, S. 38 f.

[68] *Bösch*, in: Reutter/Werlen (Fn. 43), S. 39, 49. Vgl. auch *Arpagaus*, Die Besicherung von Anleihen, Diss. Zürich 1995 (= SSBR 28), S. 7; *Daeniker*, Anlegerschutz bei Obligationenanleihen, Diss. Zürich 1992 (= SSHW 142), S. 21; *Meier-Hayoz/von der Crone* (Fn. 42), § 20 Rn. 1; *Schärer/Maurenbrecher*, in: Honsell/Vogt/Watter, Basler Kommentar zum Obligationenrecht I, 4. Aufl., 2007, Art. 312 Rn. 41.

[69] *Christ*, in: Gutzwiller et al. (Hrsg.), Schweizerisches Privatrecht, Bd. VII/2, 1979, S. 221, 252; *Higi*, in: Zürcher Kommentar zum schweizerischen Zivilrecht, Die Leihe, Bd. V/2b, 3. Aufl., 2003, Art. 318 OR Rn. 5; *Schärer/Maurenbrecher*, in: Honsell/Vogt/ Watter (Fn. 68), Art. 318 Rn. 8.

[70] *Bösch*, in: Reutter/Werlen (Fn. 43), S. 39, 49.

[71] BGE 128 III 428 E. 3; *Bucher*, in: Berner Kommentar zum schweizerischen Privatrecht, Kommentar zu Art. 27 ZGB, Die natürliche Person, Bd. I/2, 1993, Art. 27 Rn. 200; *Cherpillod*, La fin des contrats de durée, 1988, Rn. 265–271; *Gauch*, System der Beendigung von Dauerverträgen, Diss. Freiburg 1968 (= AISUF 34), S. 194 f.; *Kramer*, in: Berner Kommentar zum schweizerischen Privatrecht, Das Obligationenrecht, Allgemeine Bestimmungen, Bd. VI/1, 1986, Allgemeine Einleitung in das schweizerische OR, Rn. 164; *Maurenbrecher*, Das verzinsliche Darlehen im schweizerischen Recht, Diss. Bern 1995 (= ASR 565), S. 236 f.; *Vetter/Gutzwiller*, Voraussetzungen und Rechtsfolgen der ausserordentlichen Beendigung von Dauerschuldverhältnissen, AJP 19 (2010), 699, 703 f.

[72] *Bösch*, in: Reutter/Werlen (Fn. 43), S. 39, 49.

[73] BGE 128 III 428 E. 3; *Bertschinger*, SJZ 92 (1996), 371, 372; *Gauch* (Fn. 71), S. 195; *Gruber*, Die Kündigung des Darlehensvertrages aus wichtigem Grund, SJZ 92 (1996), 26, 28; *Higi*, in: Zürcher Kommentar zum schweizerischen Zivilrecht (Fn. 69), Art. 318 OR Rn. 48; *Kramer*, in: Berner Kommentar zum schweizerischen Privatrecht (Fn. 71), Rn. 164; *Maurenbrecher* (Fn. 71), S. 238; *Schärer/Maurenbrecher*, in: Honsell/Vogt/Watter (Fn. 68), Art. 318 Rn. 24; *Stöckli*, in: Emmenegger (Hrsg.), Kreditrecht, 2010, S. 1, 14; *Wiegand/Geiger*, in: Wiegand (Hrsg.), Berner Bankrechtstag 2005, 2006, S. 99, 123. A.M. *Bucher*, in: Berner Kommentar zum schweizerischen Privatrecht (Fn. 71), Art. 27 Rn. 342; *Bucher*, Obligationenrecht Besonderer Teil, 3. Aufl., 1988, S. 197; *Christ*, in: Gutzwiller et al. (Fn. 69), S. 221, 257.

Grund anzunehmen, wenn das Gebundensein an den Vertrag für die Partei wegen veränderter Umstände ganz allgemein unzumutbar geworden ist.[74] Eine solche Unzumutbarkeit kann nicht nur auf wirtschaftlichen Gründen basieren, sondern auch auf Umständen, welche die Persönlichkeit berühren.[75] Während persönliche Gründe im Geschäftsverkehr kaum relevant sein dürften,[76] ist bei den wirtschaftlichen Gründen zu beachten, dass insbesondere die bloße Verschlechterung der wirtschaftlichen Lage der Emittentin nicht als wichtiger Grund zählt.[77] Damit ist das praktische Risiko einer Kündigungsmöglichkeit aus wichtigem Grund bei ewigen Anleihen zwar nicht ausgeschlossen aber doch sehr beschränkt.

Eine andere Frage ist, ob einer Unkündbarkeit durch den Gläubiger nicht Art. 27 Abs. 2 ZGB entgegensteht. Danach kann sich niemand seiner Freiheit entäußern oder sich in ihrem Gebrauch in einem das Recht oder die Sittlichkeit verletzenden Grade beschränken. Diese Bestimmung wird unter anderem auf unkündbare oder sehr lange laufende Verträge angewendet,[78] wobei den Vertragsparteien ein sich direkt aus Art. 27 Abs. 2 ZGB ergebendes gesetzliches Kündigungsrecht zustehen soll.[79] Ein Teil der Lehre geht davon aus, dass diese Bestimmung auch auf unkündbare Darlehen anzuwenden ist.[80] Eine Anwendung von Art. 27 ZGB auf Anleihensobligationen ist sicher dann nicht sachgerecht, wenn sich der Gläubiger über eine Veräußerung der Titel von seiner Anleihe trennen kann.[81] Doch auch in allen anderen Fällen ist beim kommerziellen, verzinslichen ewigen Darlehen kein Schutzbedürfnis des Darleihers nach Art. 27 ZGB

---

[74] BGE 128 III 428 E. 3c.

[75] BGE 128 III 428 E. 4.

[76] Vgl. aber z. B. BGE 128 III 428, wo der wichtige Grund bejaht wurde, weil die Darlehensgewährung in einem Zeitpunkt erfolgte, da Darleiherin und Borgerin (beide natürliche Personen) Mitglieder der gleichen spirituellen Gemeinschaft waren und einander persönlich nahe standen. Nach Austritt der Darleiherin aus der von der Borgerin angeführten Vereinigung wurde das Darlehen vorzeitig gekündigt. Der Kündigungsgrund war somit persönlicher Natur.

[77] BGE 100 II 345 E. 2b.

[78] *Bucher*, in: Berner Kommentar zum schweizerischen Privatrecht (Fn. 71), Art. 27 Rn. 348–367; *Huguenin*, in: Honsell/Vogt/Geiser, Basler Kommentar zum Zivilgesetzbuch I, 3. Aufl., 2006, Art. 27 Rn. 15.

[79] Vgl. insb. *Bucher*, in: Berner Kommentar zum schweizerischen Privatrecht (Fn. 71), Art. 27 Rn. 566–571.

[80] *Christ*, in: Gutzwiller et al. (Fn. 69), S. 221, 259; *Higi*, in: Zürcher Kommentar zum schweizerischen Zivilrecht (Fn. 69), Art. 318 OR Rn. 25; *Maurenbrecher*, recht 2003, 180, 190; *Maurenbrecher* (Fn. 71), S. 242 f.; *Schärer/Maurenbrecher*, in: Honsell/Vogt/Watter (Fn. 68), Art. 318 Rn. 10. Vgl. jedoch *Bucher*, in: Berner Kommentar zum schweizerischen Privatrecht (Fn. 71), Art. 27 Rn. 346.

[81] *Bösch*, in: Reutter/Werlen (Fn. 43), S. 39, 52; *Daeniker* (Fn. 68), S. 148; *Maurenbrecher* (Fn. 71), S. 243; *Schärer/Maurenbrecher*, in: Honsell/Vogt/Watter (Fn. 68), Art. 318 Rn. 10.

auszumachen. Abgesehen davon, dass der Darleiher weiß, worauf er sich einlässt, wenn er ein ewiges Darlehen gewährt, hat er außer der Pflicht zur ursprünglichen Hingabe seines Geldes keinerlei weitere Pflichten mehr.[82] Somit führt eine hybride Anleihe für den Darleiher zu keiner stärkeren Bindung als ein formelles Eigenkapitalinstrument. Letzteres kann z.B. bei der GmbH ebenfalls unübertragbar ausgestaltet werden[83] und enthält unter Umständen sogar noch eine Nachschusspflicht.[84] Dennoch wird nicht geltend gemacht, dass es in den Anwendungsbereich von Art. 27 Abs. 2 ZGB fällt. Dass der Stammanteil aus wichtigem Grund kündbar ist, gibt dem Gesellschafter auch nicht mehr Flexibilität als einem Gläubiger von unkündbaren Anleihen. Ein wichtiger Grund liegt nämlich nur vor, wenn ein Gesellschafter systematisch in seinen Minderheitsrechten unterdrückt wird.[85]

Leider gibt es zur Frage, ob eine Anleihe unkündbar ausgestaltet werden kann, keine wegweisende Gerichtspraxis. Deshalb ist das Risiko in Kauf zu nehmen, dass ein Gericht die Unkündbarkeit der Anleihe als unzulässig erachtet. Dieses Risiko kann auch nicht dadurch vermieden werden, dass die Anleihe einem ausländischen Recht unterstellt wird. Art. 27 ZGB wird nämlich von einem großen Teil der Lehre dem Ordre public[86] zugerechnet[87] und würde somit wieder relevant, sobald ein Schweizer Richter den Fall entscheiden müsste.

Nach bundesgerichtlicher Rechtsprechung und einem Teil der Lehre verjährt der Rückerstattungsanspruch des Darleihers beim unbefristeten Darlehen in Anwendung von Art. 127 i.V.m. Art. 130 Abs. 2 und Art. 318 OR innert zehn Jahren und sechs Wochen nach Aushändigung der Darlehenssumme.[88] Ein anderer Teil der Lehre vertritt die Ansicht, der Rückforderungsanspruch beim unbefristeten Darlehen verjähre wie bei der Hinterlegung und beim Auftrag erst zehn Jahre nach Beendigung, also z.B. zehn Jahre nach Kündigung.[89] Für das verzinsliche Darlehen ist diese

---

[82] *Bösch*, in: Reutter/Werlen (Fn. 43), S. 39, 51.

[83] Art. 786 Abs. 3 OR.

[84] Art. 795 OR.

[85] Vgl. *Handschin/Truniger*, Die neue GmbH, 2. Aufl., 2006, § 19 Rn. 8; *Stäubli*, in: Honsell/Vogt/Watter (Fn. 22), Art. 822 Rn. 3.

[86] Art. 17 IPRG.

[87] *Bucher*, in: Berner Kommentar zum schweizerischen Privatrecht (Fn. 71), Art. 27 Rn. 26; *Huguenin*, in: Honsell/Vogt/Geiser (Fn. 78), Art. 27 Rn. 28.

[88] BGer 4A.699/2011 vom 22. Dezember 2011, E. 3; BGE 91 II 442 E. 5b; 50 II 401; *Bucher* (Fn. 73), S. 197; *Guhl/Koller*, in: Guhl/Schnyder/Druey (Hrsg.), Das Schweizerische Obligationenrecht, 9. Aufl., 2000, § 45 Rn. 25; *Spiro*, Die Begrenzung privater Rechte durch Verjährungs-, Verwirkungs- und Fatalfristen, 1975, S. 61.

[89] *Maurenbrecher* (Fn. 71), S. 261–263; *Schärer/Maurenbrecher*, in: Honsell/Vogt/Watter (Fn. 68), Art. 318 Rn. 28; wohl auch *Higi*, in: Zürcher Kommentar zum schweizerischen Zivilrecht (Fn. 69), Art. 315 Rn. 22.

Debatte von geringer praktischer Relevanz, da Zinszahlungen die Verjährung unterbrechen.[90] Einer Zinszahlung gleichzustellen ist die Ausgabe einer PIK-Note.[91] Hat jedoch die Emittentin die Möglichkeit, Zinszahlungen ohne weiteres auszusetzen, dann ist sie in den Ausgabebedingungen anderweitig zu verpflichten, periodisch ihre Schuldpflicht zu anerkennen. Andernfalls besteht das Risiko, dass die Forderung des Gläubigers verjährt, auch wenn diese nur noch auf den Residualanspruch[92] geht und sonst nicht klagbar ist.

3. Rangrücktritt

Damit das hybride Kapital seine Funktion als wirtschaftliches Eigenkapital entfalten kann, genügt es nicht, wenn es durch den Anleihensgläubiger nicht zurückgefordert werden kann. Vielmehr darf eine Befriedigung nur aus dem Residualanspruch erfolgen, d.h. in einem etwaigen Konkurs der Emittentin muss sichergestellt sein, dass das hybride Kapital gegenüber den übrigen Verbindlichkeiten der Emittentin subordiniert ist.[93] Aus diesem Grund ist eine hybride Anleihe mit einem Rangrücktritt zu versehen.

Der Rangrücktritt ist in der Schweiz ein anerkanntes Instrument, um im Konkurs des Schuldners die Rangfolge innerhalb der letzten Kollokationsklasse zu modifizieren. Mit der wohl h. L. ist davon auszugehen, dass es sich dabei um einen Vertrag zu Gunsten Dritter – also der übrigen, nicht nachrangigen Gläubiger – handelt.[94] Dies hat einerseits zur Folge, dass der Rangrücktritt erst unabänderlich wird, wenn diese übrigen Gläubiger erklärt haben, dass sie von ihrem Recht Gebrauch machen wollen.[95] Andererseits können diese Dritt-Gläubiger nur jene Rechte erwerben, die ihnen in der Rangrücktrittsvereinbarung zugestanden werden. Da die außerhalb einer Überschuldung eingegangene Rangrücktrittsvereinbarung gesetzlich nicht geregelt ist, können die Parteien einer hybriden Anleihe diese relativ frei ausgestalten. So kann z.B. ohne weiteres vorgesehen werden, dass die

---

[90] Art. 135 Ziff. 1 OR.

[91] Vgl. dazu unten III.4.

[92] Vgl. sogleich III.3.

[93] *Epstein/Jermakowicz*, Wiley IFRS 2007 – Interpretation and Application of International Financial Reporting Standards, 2007, Abschnitt 17 Rn. 41.

[94] Vgl. *Böckli* (Fn. 22), § 13 Rn. 798; *Glanzmann*, GesKR 2007, 6, 11; *Pestalozzi*, SAG 1969, 2; *Witmer*, Der Rangrücktritt im schweizerischen Aktienrecht, Diss. St. Gallen 1999, S. 242 f.; *Duss*, Der Rangrücktritt des Gesellschaftsgläubigers bei Aktiengesellschaften, Diss. Zürich 1971 (= ZBR 375), S. 40. *Knobloch*, Die zivilrechtlichen Risiken der Banken in der sanierungsbedürftigen Unternehmung, Diss. Zürich 2006 (= SSHW 252), S. 27 f.; *Homburger*, in: Zürcher Kommentar zum schweizerischen Zivilrecht, Aktiengesellschaft – Der Verwaltungsrat, Bd. V/5b, 2. Aufl., 1997, Art. 725 OR Rn. 1283.

[95] Art. 112 Abs. 3 OR.

hybride Anleihe aufgrund eines Beschlusses der Emittentin zurückgezahlt werden darf, solange keine Überschuldung vorliegt.[96] Die übrigen Gläubiger müssen sich dann mit einer solchen Rückzahlung abfinden.

4. Zinszahlungen

Auch der Zins darf bei einer hybriden Anleihe nur im Ermessen der Emittentin geleistet werden, damit der Eigenkapitalcharakter der Anleihe nicht gefährdet wird.[97] Daneben werfen Zinszahlungen bei hybriden Anleihen aber auch gewisse rechtliche Fragen auf:

Einerseits haben hybride Anleihen regelmäßig einen relativ hohen Zinssatz, weil das höhere Risiko der Investition abgegolten werden muss.[98] Bei der Festsetzung des Zinssatzes ist die etwas anachronistisch anmutende Bestimmung von Art. 73 Abs. 2 OR zu beachten, wonach die Kantone Höchstzinsvorschriften erlassen dürfen. Ursprünglich wurde von dieser Kompetenz rege Gebrauch gemacht und es gab sogar ein interkantonales Konkordat, das einen Höchstzinssatz von 18 % p.a. vorsah. Mit Einführung des Konsumkreditgesetzes haben die meisten Kantone diese Bestimmungen aufgehoben.[99] Nur der nicht ganz unbedeutende Kanton Zürich bekräftigte bei dieser Gelegenheit, dass der Zinssatz für nicht grundpfandgesicherte und nicht dem KKG unterliegende Darlehen 18 % p.a. nicht übersteigen darf.[100] Unklar ist, wann diese Bestimmung zur Anwendung kommt, d.h. ob nur eine oder beide Parteien des Darlehensverhältnisses im Kanton Zürich domiziliert sein müssen.

Zinssätze über 18 % p.a. sind aber auch aus anderem Grund problematisch. Das Bundesgericht hat solche Zinssätze schon als gegen die guten Sitten verstoßend betrachtet.[101] Ob eine Zinsvereinbarung gegen die guten Sitten verstößt, ist jedoch im Einzelfall zu beurteilen. Dies bedeutet, dass in einem bestimmten Marktumfeld auch Zinssätze von über 18 % p.a. zulässig sein müssen.[102] Dennoch vertreten gewisse Autoren die Meinung, dass in der Schweiz eine implizite Zinsobergrenze von ca. 18–20 % p.a. gelte.[103] Daher besteht ein Risiko, dass Zinssätze von über 18 % p.a. als sittenwidrig betrachtet werden und deshalb ungültig sind[104] und zwar auch

---

[96] *Glanzmann*, GesKR 2007, 6, 11; *Bösch*, in: Reutter/Werlen (Fn. 43), S. 39, 57.

[97] *Bösch*, in: Reutter/Werlen (Fn. 43), S. 39, 61; *Grünberger* (Fn. 66), S. 196.

[98] *Bösch*, in: Reutter/Werlen (Fn. 43), S. 39, 55.

[99] *Blaeser*, Die Zinsen im schweizerischen Obligationenrecht, Geltendes Recht und Vorschlag für eine Revision, Diss. St. Gallen, Zürich/St. Gallen 2011 (= SGRW 20), S. 72.

[100] § 215 Abs. 1 EG zum ZGB, OS 230.

[101] Vgl. z.B. BGE 93 II 189.

[102] *Blaeser* (Fn. 99), S. 53.

[103] *Christ*, in: Gutzwiller et al. (Fn. 69), S. 221, 248.

[104] Art. 20 Abs. 1 OR.

außerhalb des Anwendungsbereichs des Konsumkreditgesetzes. Sowohl im Falle einer Ungültigkeit infolge Sittenwidrigkeit als auch wegen Verstoßes gegen eine kantonale Höchstzinsvorschrift muss der Zinssatz auf das zulässige Maß reduziert werden (geltungserhaltende Reduktion).[105]

Nicht nur die Höhe der Zinsen kann zu Problemen führen, sondern auch die Modalitäten ihrer Bezahlung. In der Praxis werden Zinszahlungen bei hybriden Anleihen häufig ausgesetzt, wenn die wirtschaftlichen Verhältnisse der Emittentin dies gebieten. Aus rechtlicher Sicht ist dies grundsätzlich unproblematisch.[106] Problematischer ist hingegen, wenn die Zinsen in der Form von *Payments-in-Kind* geleistet werden. Dabei wird dem Gläubiger eine sog. PIK-Note gutgeschrieben, d.h. die Zinszahlung wird in der Form einer zinstragenden Note geleistet. Im Grunde stellt dies nichts anderes als eine Zinseszinsvereinbarung dar.[107] Solche Vereinbarungen sind aber nach Art. 314 Abs. 3 OR nur sehr eingeschränkt zulässig. Obwohl das Zinseszinsverbot ursprünglich den Schutz des geschäftlich unerfahrenen Borgers bezweckte, wurde es mit Einführung des Konsumkreditgesetzes nicht etwa abgeschafft. Damit gilt es grundsätzlich auch heute noch und zwar selbst für den geschäftserfahrenen Borger, außer bei kaufmännischen Zinsberechnungen im Kontokorrent und ähnlichen Geschäftsformen, bei denen die Berechnung von Zinseszinsen üblich ist, wie namentlich bei Sparkassen.[108] Leider gibt es keine Präjudizien, welche die in der Lehre vertretene Auffassung bestätigen, dass das Zinseszinsverbot nicht gelten soll, wenn der Borger ähnlich professionell ist wie eine Sparkasse.[109] Deshalb müssen strukturelle Massnahmen sicherstellen, dass eine PIK-Note nicht in den Anwendungsbereich des Zinseszinsverbots fällt. Weil dieses nur auf die *vorherige* Übereinkunft einer Zinseszinsvereinbarung Anwendung findet, ist die Kapitalisierung von bereits verfallenen

---

[105] BGE 93 II 189; 80 II 327 E. 4a; *Blaeser* (Fn. 99), S. 54, 71; *Maurenbrecher* (Fn. 71),

S. 66 f.; *Schwenzer*, Schweizerisches Obligationenrecht Allgemeiner Teil, 5. Aufl., 2009, Rn. 10.13. Anders im Anwendungsbereich des KKG, wo der Borger zwar die bereits empfangene oder beanspruchte Kreditsumme bis zum Ablauf der Kreditdauer zurückzuzahlen hat, aber weder Zinsen noch Kosten schuldet (Art. 15 Abs. 2 KKG).

[106] Vgl. allerdings oben III.2.

[107] Vgl. dazu *Glanzmann*, in: Rechtswissenschaftliche Abteilung der Universität St. Gallen (HSG) (Hrsg.), Rechtliche Rahmenbedingungen des Wirtschaftsstandortes Schweiz, Festschrift 25 Jahre juristische Abschlüsse an der Universität St. Gallen (HSG), 2007, S. 433, 433.

[108] Art. 314 Abs. 3 OR (zweiter Teilsatz).

[109] *Glanzmann*, in: HSG (Fn. 107), S. 433, 443. Vgl. auch *Gauch/Schluep/ Emmenegger*, Schweizerisches Obligationenrecht Allgemeiner Teil, Bd. II, 9. Aufl., 2008, Rn. 2365, die das Zinseszinsverbot von Art. 314 Abs. 3 OR als „praktisch unwirksam" bezeichnen.

Zinsen zulässig.[110] Das Zinseszinsverbot wird somit dann nicht verletzt, wenn der Gläubiger nach der Fälligkeit der Zinsen wählen kann, ob er die Zinsen stunden oder zum Kapital schlagen will.[111]

5. Verrechnungsliberierung

Auch bei hybriden Anleihen kann das Bedürfnis bestehen, diese in formelles Eigenkapital zu wandeln. Bezüglich der Zulässigkeit der Verrechnungsliberierung stellen sich dabei grundsätzlich die gleichen Fragen wie bei der Pflichtwandelanleihe.[112] Hinzu kommen aber noch zwei weitere Punkte:

Zum einen wird geltend gemacht, dass subordinierte Forderungen nicht zur Verrechnung gebracht werden können, da diese Forderungen nicht erfüllbar und deshalb auch nicht verrechenbar seien.[113] Dazu ist anzumerken, dass die subordinierte Forderung bei einer hybriden Anleihe in der Regel immer erfüllbar ist, sofern die Erfüllung auf einem Organbeschluss der Emittentin beruht. Doch selbst wenn die Forderung aufgrund der Rangrücktrittsvereinbarung während einer gewissen Zeit nicht erfüllbar wäre, könnte sie in einer Kapitalerhöhung verrechnet werden. Die Verrechnungsliberierung ist nämlich keine einseitige Verrechnungserklärung, sondern ein Verrechnungsvertrag.[114] Durch die Vereinbarung, dass die Aktien mittels Verrechnung liberiert werden, wird eine etwaig vereinbarte Stundung bzw. Nichterfüllbarkeit der Forderung implizit aufgehoben. Auch Aspekte des Gläubiger- oder Aktionärsschutzes sprechen nicht gegen eine solche Verrechnung, denn diese Gruppen werden durch eine Verrechnung nicht schlechter gestellt.[115] Insbesondere ist zu beachten, dass auch eine nachrangige Verbindlichkeit immer noch eine Verbindlichkeit ist, die den Ansprüchen der Aktionäre vorgeht.[116]

Ein zweiter Punkt ist die Verrechnung mit gestundeten Zinsen. Unter geltendem Recht können Forderungen ungeachtet ihres Entstehungs-

---

[110] Sog. *anatozismus separatus*; *Glanzmann*, in: HSG (Fn. 107), S. 433, 444; *Higi*, in: Zürcher Kommentar zum schweizerischen Zivilrecht (Fn. 69), Art. 314 OR Rn. 39; *Schärer/Maurenbrecher*, in: Honsell/Vogt/Watter (Fn. 68), Art. 314 OR Rn. 7; *Weber*, in: Berner Kommentar zum schweizerischen Privatrecht, Das Obligationenrecht, Die Folgen der Nichterfüllung, Bd. VI/5, 2000, Art. 105 OR Rn. 27. A.M. *Maurenbrecher* (Fn. 71), S. 206.

[111] *Glanzmann*, in: HSG (Fn. 107), S. 433, 439 f.

[112] Vgl. oben II.5.

[113] *Böckli* (Fn. 22), § 2 Rn. 126.

[114] *Glanzmann*, ZSR 118 (1999) I, 222, 224.

[115] Vgl. oben II.5. Gl. M. *Baisch/Weber*, SZW 83 (2011), 416, 427.

[116] Vgl. BGer 4C.58/2007 vom 25. Mai 2007, E. 4.3; BGer 4A.277/2010 vom 2. September 2010, E. 2.3.

grundes verrechnet werden, solange sie bestehen und verrechenbar sind.[117] Im Entwurf zur Aktienrechtsrevision wird nun vorgeschlagen, dass Forderungen nur noch verrechnet werden dürfen, wenn die ihnen zugrunde liegenden Leistungen Gegenstand einer Bareinlage oder einer Sacheinlage sein könnten.[118] Aufgelaufene Zinsen würden diese Voraussetzung nicht erfüllen.[119] Es gibt keinen Grund, aufgelaufene Zinsen nicht zur Verrechnung zuzulassen, denn diese sind von der Gesellschaft ja tatsächlich geschuldet. Es bleibt daher zu hoffen, dass dieser Vorschlag nicht zum Gesetz erhoben wird.[120]

IV. Schlussbemerkungen

Das Thema dieses Beitrags ist die Flexibilisierung der Finanzierungsinstrumente. Die Ausführungen am Beispiel der CoCos und der hybriden Anleihen zeigen, dass das Schweizer Recht auch für innovative Finanzierungsinstrumente viel Spielraum lässt. Allerdings bestehen in gewichtigen Punkten rechtliche Unsicherheiten, deren Beseitigung wünschenswert wäre. Doch ist beim Ruf nach dem Gesetzgeber immer auch Vorsicht geboten, denn nicht jede Gesetzesnovelle führt tatsächlich zu den gewünschten Ergebnissen. Hin und wieder wird dabei auch ein Schritt zurück gemacht und anstatt einer Flexibilisierung erfolgt eine Zementierung. Dies ist insbesondere dann bedauerlich, wenn die bisherige Regelung flexibel war und zu keinen Diskussionen Anlass gegeben hat.

---

[117] Art. 635 Ziff. 2 OR.

[118] Art. 634b Abs. 1 Satz 2 E-OR.

[119] *Glanzmann*, in: Kunz/Jörg/Arter (Fn. 7), S. 211, 219; *Glanzmann*, GesKR 2008 Sondernummer, 15. Gl. M. *Baisch/Weber*, SZW 83 (2011), 416, 429.

[120] *Glanzmann*, in: Kunz/Jörg/Arter (Fn. 7), S. 211, 219. Gl. M. *Baisch/Weber*, SZW 83 (2011), 416, 429 f.

Flexibilisierung der Finanzierungsinstrumente im österreichischen Gesellschaftsrecht

GEORG ECKERT

I. Einleitung

Der 16. Österreichische Juristentag 2006 hat sich auf Basis eines von *Susanne Kalss* und *Martin Schauer* erstatteten umfassenden Gutachtens eingehend mit der Reform des österreichischen Gesellschaftsrechts auseinandergesetzt.[1] Diskutiert wurden unter anderem zahlreiche sehr grundsätzliche Reformvorschläge, die die gesellschaftsrechtliche Finanzierung betreffen, unter anderem im Bereich Kapitalaufbringung, Kapitalerhaltung, eigene Aktien und Strukturmaßnahmen. Der österreichische Gesetzgeber hat sich dieser Vorschläge jedoch bislang nicht angenommen; eine fle-

---

[1] *Kalss/Schauer*, Die Reform des Österreichischen Kapitalgesellschaftsrechts, Gutachten 16. ÖJT, Bd. II/1, 2006; *Torggler/Konwitschka*, in: Die Reform des österreichischen Kapitalgesellschaftsrechts, Referat zum 16. ÖJT, Bd. II/2, 2008, S. 13; *Roth*, in: Die Reform des österreichischen Kapitalgesellschaftsrechts, Referat zum 16.ÖJT, Bd. II/2, 2008, S. 100.

xiblere Gestaltung der Finanzverfassung von Kapitalgesellschaften steht derzeit nicht auf seiner Agenda.

Gestaltungsfreiheit kann aber auch anders als durch ein Eingreifen des Gesetzgebers erweitert werden. Abgesehen von Änderungen in der Rechtsprechung ersinnt die Beratungspraxis immer wieder neue Gestaltungsformen auch im Bereich der Unternehmensfinanzierung und „flexibilisiert" einfach dadurch, dass neue Varianten erdacht oder altbekannte Instrumente anders eingesetzt oder kombiniert werden. Von zwei solchen Entwicklungen soll im Folgenden die Rede sein.

II. Debt-Equity-Swap

Der Sanierung durch Einbringung von Forderungen im Austausch gegen Gesellschaftsanteile wird in jüngster Zeit im rechtswissenschaftlichen Schrifttum und in der rechtspolitischen Diskussion verstärkt Aufmerksamkeit gewidmet. Insolvenzrechtliche Sonderbestimmungen fehlen in Österreich bislang. Die große Insolvenzrechtsreform 2010 hat das Thema bewusst ausgespart,[2] weil kein ausreichender praktischer Bedarf gesehen wurde. Besonders angesichts der im Jahr 2011 gescheiterten Sanierung der börsenotierten A-TEC Industries AG mehren sich die Stimmen, die eine gesetzliche Regelung des Debt-Equity-Swaps im Sanierungsverfahren befürworten.[3]

1. Gesellschaftsrecht

a) Debt-Equity-Swap durch Kapitalerhöhung

Der Tausch von Forderungs- gegen Anteilsrechte kann auf verschiedene Weise bewirkt werden. Er ist zunächst unproblematisch dadurch möglich, dass ein Gläubiger gegen Verzicht auf sein Gläubigerrecht bestehende Anteile an der Gesellschaft abgetreten erhält. Praktisch setzt dies jedoch voraus, dass jeder Altgesellschafter bereit ist, dem Gläubiger einen verhältnismäßigen Teil seiner Beteiligung abzutreten, da ansonsten die Abtretenden gegenüber den anderen, nicht mitwirkenden Gesellschaftern benachteiligt würden. Allenfalls kommt auch die Ausgabe eigener Aktien (unter Umständen auch eigener GmbH-Geschäftsanteile)[4] in Betracht, bei

---

[2] Erläuternde Bemerkungen IRÄG 2010 BlgNR XXIV GP S. 3.

[3] Z.B. *Höller*, RWZ 2011, 69.

[4] Eine solche Veräußerung kommt selten vor, da § 81 GmbHG den Erwerb eigener Geschäftsanteile auf drei Erwerbsfälle (unentgeltlicher Erwerb, Gesamtrechtsnachfolge, Erwerb zwecks Abfindung von Minderheitsgesellschaftern) einschränkt.

der die sogleich zu diskutierenden Kapitalaufbringungsvorschriften nach h.M. nicht zum Tragen kommen.[5]

In der österreichischen Praxis war es bis in die 1990er Jahre üblich und wurde als zulässig angesehen, Forderungen gegen die Gesellschaft im Weg einer Kapitalerhöhung „einzubringen".[6] Dabei wurde das Grund- oder Stammkapital gegen Bareinlage erhöht und bereits im Kapitalerhöhungsbeschluss und im Zeichnungsvertrag[7] vereinbart, die Bareinlageschuld mit der einzubringenden Forderung aufzurechnen. Eine weitere Gestaltungsvariante war die Einzahlung der Bareinlage verbunden mit sofortiger oder baldiger Rückzahlung des Darlehens. Eine Einhaltung der Sacheinlagevorschriften wurde von der Rechtsprechung nicht für erforderlich erachtet.[8]

Gemäß § 63 Abs. 3 Satz 2 GmbHG ist die Aufrechnung einer Forderung gegen die Stammeinlage zwar unzulässig.[9] Dies wird von der Rechtsprechung des OGH aber seit Langem dahin gehend einschränkend interpretiert, dass die Aufrechnung zulässig ist, wenn sie von der Gesellschaft oder in beiderseitigem Einvernehmen vorgenommen wird, die eingebrachte Forderung unbestritten ist und die Gesellschaft eine vollwertige Leistung erhält. An der Vollwertigkeit fehle es, wenn die Gesellschaft überschuldet oder zahlungsunfähig sei.[10]

Nach neuerer Rechtsprechung des OGH setzt die Erfüllung der Bareinlageschuld durch Kompensation mit Gesellschafterforderungen, die schon vor der Kapitalerhöhung bestanden haben, die Einhaltung der Sacheinlagevorschriften voraus.[11] Dies entspricht auch der ganz überwiegenden neueren Lehre[12] und der ganz h.M. zum deutschen Recht.[13]

Teilweise wird im Schrifttum allerdings differenziert: Fast einhellig wird die Auffassung vertreten, dass das Sacheinlagerecht auf die Einbrin-

---

[5] Siehe *Kapsch/Zollner*, SWK 2006, 457 ff. Einer zu billigen Veräußerung eigener Aktien soll aber das Verbot der Einlagenrückgewähr entgegenstehen (*Kapsch/Zollner*, SWK 2006, 457, 463; ebenso *Karollus*, in: Jabornegg/Strasser, AktG, 4. Aufl., 2006, § 65 Rn. 86) dagegen zutreffend *Schatzmann*, Praxisschrift Zankl, 2010, S. 731 ff.

[6] Siehe noch *Kostner/Umfahrer*, GmbHG, 4. Aufl., 1993, S. 202 ff.; *H. Torggler/ Herbst*, FS Helbich, 1990, S. 181, 185.

[7] So die aktienrechtliche Terminologie (§ 152 AktG); das GmbHG nennt das entsprechende Rechtsgeschäft „Übernahmserklärung")

[8] Siehe z.B. OGH 9.3.1983, 1 Ob 515/83; OGH 15.1.1969, 5 Ob 337/68.

[9] § 60 AktG erklärt nur die einseitige Aufrechnung durch den Aktionär für unzulässig.

[10] RIS-Justiz RS0059967.

[11] OGH 14.7.1993, 7 Ob 548/93; OGH 3.4.2008, 1 Ob 128/07s.

[12] Vgl. etwa *Doralt/Winner*, in: Doralt/Nowotny/Kalss, AktG, 2003, § 60 Rn. 24; *Artmann*, in: Jabornegg/Strasser (Fn. 5), § 60 Rn. 20.

[13] *Ulmer*, in: Ulmer/Habersack/Winter (Hrsg.), Großkomm GmbHG, 2005, § 19 Rn. 110 ff.; *Heidinger/Benz*, in: Spindler/Stilz, AktG, 2. Aufl., 2010, § 27 Rn. 123 f. (dort auch durch die Implikationen, die sich durch das MoMiG ergeben).

gung von Gesellschafterforderungen anzuwenden ist, deren Entstehungs-
grund in einem Austauschgeschäft über sacheinlagefähige Güter liegt.[14]
Für die Einbringung von Darlehensforderungen wird dies aber teilweise
abgelehnt.[15]

Die h.M. soll hier nicht weiter hinterfragt werden. Es ist aber darauf
hinzuweisen, dass die Behandlung der Forderungseinbringung als Sacheinlage im europäischen Vergleich eher die Ausnahme denn die Regel ist –
im Regelfall gilt die Forderungseinbringung mit und ohne „Hin- und Her-
zahlen" als Barkapitalerhöhung.[16] Verbreitet sind allerdings Sonderbestimmungen, die vor allem die Richtigkeit der eingebrachten Forderung und die
Offenlegung des Vorgangs betreffen. So kennt das französische Recht eine
Sonderbestimmung, wonach die eingebrachte Forderung fällig und ein-
redefrei sein und in einem geprüften Jahresabschluss aufscheinen muss;
dies gilt aber nur im Aktienrecht und für den als Mindesteinzahlung zu
erbringenden Teil der Bareinlage.[17] Eine ähnliche Regelung sieht offenbar
das spanische Recht vor,[18] jedenfalls gilt die Einbringung einer Forderung
gegen die Gesellschaft als Bareinlage und ist, soweit die Mindesteinzahlung nicht berührt wird, ohne besondere Kautelen zulässig. Auch das
schweizerische Recht unterstellt die Kapitalerhöhung durch Verrechnung
mit Gesellschafterverbindlichkeiten („Verrechnungsliberierung") nicht den
Sacheinlagevorschriften.[19] Ob die eingebrachte Forderung vollwertig (im
Sinn einer Deckung des Nominalbetrags der Aktien durch den Verkehrswert) sein muss, ist umstritten. Die überwiegende Meinung tendiert zur
Zulässigkeit einer Einbringung zum Nennwert.[20]

Im österreichischen Recht folgt aus der Behandlung als Sacheinlage,
dass die eingebrachte Forderung im Kapitalerhöhungsbeschluss zu beschreiben ist (§ 52 Abs. 6 i.V.m. § 6 Abs. 4 GmbHG, § 150 AktG). Außerdem hat (bei der GmbH nur unter bestimmten Voraussetzungen) eine Prüfung der Werthaltigkeit der Forderungen durch einen gerichtlich bestellten
Gründungsprüfer stattzufinden (§ 52 Abs. 6 i.V.m. § 6a GmbHG; § 150

---

[14] Siehe *Winner*, in: Doralt/Nowotny/Kalss (Fn. 12), § 150 Rn. 20; *Konwitschka*,
Kapitalerhöhung durch Verrechnung von Gesellschafterforderungen, 1998, S. 255 ff.;
offen *Torggler/Herbst*, FS Helbich, 1990, S. 181, 186 ff.; a.A. *Taufner*, Die verdeckte
Sacheinlage, 2010, passim.

[15] *Karollus*, ÖBA 1994, 506 f., siehe auch *Honsell*, FS Frotz, 1993, S. 307, 316 f.

[16] *Tesauro*, ZIP 1992, 1036, 1041 f.; *Kalss*, in: Kalss/Schauer (Fn. 1), S. 337.

[17] Art. 178 C.soc., Art. 192 Abs. 2 C.soc, Art. 166 Dekret 1967; siehe *Hansen*,
Verdeckte Sacheinlage in Frankreich, Belgien und Deutschland, 1996, S. 152 ff.

[18] So *Franzmann*, Kapitalaufbringung im spanischen Kapitalgesellschaftsrecht, 1995.

[19] *Böckli*, Schweizerisches Aktienrecht, 3. Aufl., 2004, § 2 Rn. 123.

[20] Siehe *Glanzmann* in diesem Band; *Glanzmann*, ZSR 118 (1999), 221 ff.; *Zindel/
Isler*, in: Honsel/Vogt/Watter (Hrsg.), Basler Kommentar zum Obligationenrecht, 2. Aufl.,
2002, Art. 652c Rn. 4 m.w.N.; a.A. namentlich *Böckli* (Fn. 19), § 2 Rn. 123 ff.

Abs. 3 AktG, jeweils i.V.m. § 25 Abs. 2 AktG). Wenn der Wert der Sacheinlage hinter der dafür gewährten Stammeinlage zurückbleibt, haftet der Einleger gemäß § 10a GmbHG für die Differenz. Dies gilt nach Auffassung des OGH[21] und der h.M.[22] auch im Aktienrecht – mit dem Unterschied, dass der Einleger nicht nur für den anteiligen Betrag am Grundkapital, sondern auch für einen allenfalls höheren Ausgabebetrag haftet.

Werden die Sacheinlagevorschriften nicht eingehalten, ist die im Rahmen der Kapitalerhöhung vorgenommene Aufrechnung nach h.M. unwirksam.[23] Die Bareinlage ist nicht getilgt und nochmals bzw. erstmals zu erbringen. Auch die Darlehensforderung ist weiter aufrecht; einer Aufrechnung steht jedoch – insbesondere in der Insolvenz der Gesellschaft – das diesbezügliche Verbot gemäß § 63 Abs. 3 GmbHG, § 60 Satz 2 AktG entgegen.

b) Die Bewertung der Forderung

Nach traditioneller Auffassung des OGH mussten bei der Einbringung von Gesellschafterforderungen zwar nicht die Sacheinlagevorschriften eingehalten werden, doch sei dies nur zulässig, wenn die Forderung nicht bestritten sei und die Gesellschaft eine vollwertige Leistung erhalte. Dies verneinte der OGH bei Zahlungsunfähigkeit oder Überschuldung der übernehmenden Gesellschaft,[24] wobei es dem OGH auf die Zahlungsfähigkeit *nach* Einbringung der Forderung angekommen sein dürfte.[25] Soweit es nach den zitierten Entscheidungen auf die Liquidität der Gesellschaft ankommt, ist allerdings zu beachten, dass es dabei immer um die Aufrechnung einer *Bareinlage* und ihre Vereinbarkeit mit § 63 Abs. 3 GmbHG ging. Die diesbezüglichen Anforderungen sind aber durchaus anders zu sehen, wenn eine Forderung als *Sacheinlage* eingebracht wird. Denn in diesem Fall wird dem Gläubiger bzw. dem Mitaktionär nicht suggeriert, dass der Gesellschaft neue Liquidität zugeführt wird. Auf die Liquidität sollte es daher für die Forderungsbewertung im Sacheinlageverfahren nicht ankommen.

---

[21] OGH 9.3.2006, 6 Ob 39/06p.

[22] *Zehetner*, in: Jabornegg/Strasser, AktG, 5. Aufl., 2011, § 39 Rn. 24; *Ettel*, in: Doralt/Nowotny/Kalss (Fn. 12), § 39 Rn. 18; *Winner*, in: MünchKomm AktG, 3. Aufl., 2011, § 183 Rn. 115; *Nagele/Lux*, in: Jabornegg/Strasser AktG, 5. Aufl., 2010, § 150 Rn. 25; de lege ferenda dagegen *Kalss*, in: *Kalss/Schauer* (Fn. 1), S. 332 ff.

[23] *Konwitschka*, ecolex 2001, 183 f.; *Schopper*, in: Straube (Hrsg.), GmbHG, 2. Aufl., 2010, § 63 Rn. 139.

[24] Siehe Fn. 10 und Fn. 11.

[25] Nach OGH 9.3.1983, 1 Ob 515/83 kommt es darauf an, dass die Gesellschaft bei Leistung einer Bareinlage „berechtigt gewesen wäre, die Forderung des Gesellschafters voll oder teilweise zu befriedigen".

Im heutigen Schrifttum überwiegt demgegenüber die Auffassung, dass das Fehlen eines Insolvenzeröffnungsgrunds nicht ausreicht, um die Forderung mit ihrem Nennwert berücksichtigen zu können. Vielmehr soll es auf den Verkehrs- oder Marktwert ankommen. Dieser soll sich in dem Betrag widerspiegeln, zu dem die Forderung in einem nachfolgenden Insolvenzverfahren Berücksichtigung finden würde.[26]

Die dargestellte h.M., wonach bei der Forderungseinbringung nicht nur die Sacheinlagevorschriften einzuhalten sind, sondern auch eine Anrechnung der eingebrachten Forderung auf die Stammeinlage (GmbH) oder auf den Ausgabebetrag (Aktiengesellschaft) in Betracht kommt, war nie unumstritten. Vielmehr wurden und werden die Anwendbarkeit der Sacheinlagevorschriften und/oder die Berücksichtigungsfähigkeit der eingebrachten Forderung nicht nur nach ihrem Nenn- sondern nur nach ihrem Verkehrswert[27] vielfach in Zweifel gezogen.[28]

Bevor diese Diskussion gewürdigt wird, sei zuvor noch auf eine jüngere Entscheidung des OGH eingegangen, in der der Gerichtshof die Frage ausführlich gewürdigt hat.[29] In einer zahlungsunfähigen AG wurde das Grundkapital (von 1 Mio. auf 50 Mio. ATS) „durch Verrechnung" mit einer Gesellschafterforderung erhöht und ein Wirtschaftsprüfer zum „Verrechnungsprüfer" bestellt. Die Kapitalerhöhung wurde im Firmenbuch eingetragen. Der Masseverwalter der Gesellschaft nahm den „Verrechnungsprüfer" auf Schadenersatz in Anspruch.

Im Ausgangspunkt bekräftigte der OGH seine schon früher vertretene Auffassung, dass die Einbringung einer Forderung eine Sacheinlage sei und folglich auch die Sacheinlagevorschriften einzuhalten seien. Die Sacheinlageprüfung habe sich nicht nur auf den tatsächlichen Bestand, sondern auch auf die Vollwertigkeit zu erstrecken, d.h. ob der Schuldner in der Lage sei, die Forderung vollständig zu erfüllen. Dabei beziehe sich die Vollwertigkeitsprüfung „insoweit eben auch" auf die (hypothetische) Zahlungsfähigkeit der Gesellschaft bei einem Wegdenken der Aufrechnung. Dies ergebe sich aus dem aktienrechtlichen Gebot der realen Kapitalaufbringung, die insbesondere dem Gläubigerschutz diene.[30] Was den Schluss

---

[26] Zur Diskussion ausführlich *Konwitschka* (Fn. 14), S. 68 ff.

[27] Wie zu betonen ist, ist beides nicht notwendig miteinander verknüpft. Insbesondere impliziert die Einhaltung des Sacheinlageverfahrens durchaus nicht notwendigerweise die Bewertung zum Verkehrswert.

[28] *Karollus*, ÖBA 1994, 506 f.; *Honsell*, FS Frotz, 1993, 307 ff.; siehe auch *Winner*, in: Bertl/Eberhartinger/Egger/Kalls/Lang/Nowotny/Rieger/Schuch/Staringer (Hrsg.), Bewertungen in volatilen Zeiten – Wiener Bilanzrechtstage 2010, 2010, S. 129, 142.

[29] OGH 3.4.2008, 1 Ob 128/07s.

[30] Unter Berufung auf *Doralt/Winner*, in: Doralt/Nowotny/Kalss (Fn. 12), § 60 Rn. 24; *Artmann*, in: Jabornegg/Strasser (Fn. 5), § 60 Rn. 20; diese Auffassung bekräftigend *Winner*, in: Bertl u.a. (Fn. 28), S. 129, 142.

von der realen Kapitalaufbringung darauf zulässt, dass die Gesellschaft liquiditätsmäßig in der Lage sein muss, die Forderung auch ohne Kapitalerhöhung zu bedienen, obwohl keine Bar- sondern eben eine Sachkapitalerhöhung vorliegt, bleibt beim OGH ebenso offen wie bei den von ihm zitierten Autoren. Denn den Neu- und sonstigen Gläubigern wird ja infolge Einhaltung der Sacheinlagevorschriften gerade nicht suggeriert, dass der Gesellschaft Liquidität zugeführt wird.

In der Folge wendet sich der OGH dem Problem zu, dass der „Verrechnungsprüfer" für einen Schaden haften soll, den er möglicherweise gar nicht verursacht hat: Hätte der Verrechnungsprüfer pflichtgemäß die Werthaltigkeit der Forderung verneint, wäre die Kapitalerhöhung möglicherweise unterblieben. Der OGH weist nun zutreffend darauf hin, dass dieses Argument gegen jede Verschuldenshaftung für fehlerhafte Kapitalaufbringung verwendet werden könnte und im Normalfall gerade keine Anerkennung findet. In diesem besonderen Einzelfall lässt der OGH aber doch die Berufung auf das rechtmäßige Alternativverhalten zu:

Gehe man nämlich davon aus, dass durch die dem Prüfer auferlegte Schadenersatzpflicht einerseits die Altaktionäre, andererseits die Gesellschaftsgläubiger geschützt werden sollen, zeige sich, dass es bei der hier zu beurteilenden Konstellation allein um den Schutz der Neugläubiger gehen könne, deren Interessen aber mit einer Gewährung von Schadenersatzansprüchen an die Gesellschaft – bzw. den Masseverwalter – nicht ausreichend Rechnung getragen würde.

Altaktionäre seien durch die Vorschriften über die Sacheinlagenprüfung bei der Kapitalerhöhung insoweit geschützt, als dadurch sichergestellt werden solle, dass die im Zuge der Kapitalerhöhung hinzukommenden weiteren Aktionäre den gleichen Gegenwert für ihre Gesellschaftsanteile zu entrichten hätten wie die früheren Gesellschafter. Da notwendigerweise alle Aktien gleicher Gattung denselben Wert hätten, führe eine Überbewertung von Sacheinlagen dazu, dass die Anteile der Altaktionäre an Wert verlören. Dieser Wertverlust werde im Regelfall – wenn auch indirekt – dadurch ausgeglichen, dass vom Schädiger Schadenersatz in Höhe des Differenzbetrags in das Vermögen der Gesellschaft einzuzahlen sei. In der entschiedenen 100%-Konstellation komme eine Benachteiligung von Altaktionären aber nicht in Betracht. Dazu komme, dass die AG bereits zum Zeitpunkt der Kapitalerhöhung zahlungsunfähig war; im Falle der (gebotenen) Konkurseröffnung wäre das Gesellschaftsvermögen an die Gesellschaftsgläubiger verteilt worden, womit die Aktionärin leer ausgegangen wäre.

Altgläubiger, also solche, die ihre Gläubigerstellung vor der Kapitalerhöhung erlangt hätten, hätten zum Zeitpunkt ihrer Kreditierung regel-

mäßig allein auf den damals bestehenden Haftungsfonds vertraut, nicht
aber auf eine später stattfindende Kapitalerhöhung.

Vielmehr gehe es nur um den Schutz der *Neugläubiger*. In der vorliegenden Fallkonstellation komme aber ein im obigen Sinn kausalitäts-
unabhängiger Schadenersatzanspruch der AG bzw. des Masseverwalters,
der ja auch den Altgläubigern durch Erhöhung ihrer Konkursquoten zugute
käme, nicht in Betracht. Unter welchen Umständen Neugläubigern ein un-
mittelbarer Schadenersatzanspruch gegen den Prüfer zustehen kann, müsse
in diesem Verfahren nicht abschließend erörtert werden, da derartige Ansprüche nicht Verfahrensgegenstand sind.

Der OGH zieht nun aus seiner ausführlichen und genauen Schutz-
zweckanalyse m.E. unzutreffende Schlüsse. Eine schutzzweckbezogene
Differenzierung der Haftung von Sacheinlegern gegenüber Neugläubigern,
Altgläubigern, Neugesellschaftern, Altgesellschaftern ist m.E. weder durch-
führbar noch angezeigt. Sie steht einer fundamentalen Wertungsentschei-
dung des Gesetzgebers, nämlich der Haftungskanalisierung (nicht nur) bei
Mängeln der Kapitalaufbringung, entgegen. Das Konzept des Gesetzes ist
es, die Interessen aller potentiell betroffenen Gruppen dadurch zu schützen, dass der Gesellschaft (und nur der Gesellschaft) ein Schadenersatzanspruch zusteht, selbst wenn die Gesellschaft bei strenger Betrachtung gar
keinen vom Haftpflichtigen verursachten Schaden hat. Durch diese Art der
Schadensliquidierung kann sich keine der genannten Interessengruppen
„beschweren", weil sie in ihrem Vertrauen auf die korrekte Vermögens-
ausstattung der AG dadurch geschützt werden, dass die AG eben so ausgestattet wird. Dadurch wird die individuelle Prüfung der schadenersatz-
rechtlichen Zurechnung für jeden einzelnen betroffenen Neugläubiger,
Altgläubiger, Neuaktionär und Altaktionär in einer Vielzahl von Einzel-
prozessen durch einen einzigen Schadenersatzanspruch ersetzt, der letztlich allen Interessenträgern zugute kommen sollte.

In der Problemanalyse ist dem OGH aber uneingeschränkt zuzustimmen: Mit dem Schutz der Altgläubiger kann die Kapitalaufbringungskontrolle nicht gerechtfertigt werden. Sie haben aus dem Wegfall der
eingebrachten Forderung keinen Schaden erlitten, sondern im Gegenteil
durch Fortfall eines konkurrierenden Gläubigers einen Nutzen gezogen
(d.h. ihre Befriedigungsquote ist ceteris paribus gestiegen). Fallen dann im
Einzelfall die Interessen der Altgesellschafter als Schutzobjekt weg, bleibt
nur das etwas fragwürdige Vertrauen der Neugläubiger als einzige
Rechtfertigung für die strenge „Garantiehaftung" der Beteiligten. Dass sich
der OGH scheute, um den Schutz der vielleicht gar nicht existierenden
Neugläubiger willen die Altgläubiger durch Verurteilung des Prüfers zur
Zahlung in die Masse zu bereichern, ist nachvollziehbar. Bloß sollte dies

dazu anregen, wenn schon nicht den Neugläubigerschutz insgesamt, so doch seine Gewichtung beim Debt-Equity-Swap in Frage zu stellen.

Die obige Annahme, dass bei „Einbringungen" von Altforderungen im Weg der Kapitalerhöhung ein Zwang zur Einhaltung der Sacheinlagevorschriften besteht, soll hier auch weiterhin nicht hinterfragt werden. Sie ist zwar aus dem Gesetz nicht eindeutig ableitbar, verwirklicht aber einen berücksichtigungswürdigen Zweck, nämlich die Offenlegung des Umstands, ob der Gesellschaft nun durch die Kapitalerhöhung Bargeld oder ob ihr andere Vermögenswerte zugeführt werden. Daher soll auch nicht in Frage gestellt werden, dass bei einvernehmlicher oder durch die Gesellschaft vorgenommener Aufrechnung der *Bareinlageverbindlichkeit* gegen eine Gesellschafterforderung letztere nicht nur richtig, sondern auch vollwertig und liquide sein muss.

Weder dem Aktien- noch dem GmbH-Gesetz ist eine ausdrückliche Bestimmung zu entnehmen, wie eine Forderung, die im Verrechnungsweg als Sacheinlage in die Gesellschaft eingebracht werden soll, zu bewerten ist. Im Gegenteil lässt sich dem Gesetz kein Indiz dafür entnehmen, dass die Aufrechnung nur gegen vollwertige Forderungen des Gesellschafters zulässig sei. § 63 Abs. 5 GmbHG lässt die Aufrechnung vielmehr immer dann zu, wenn sie in Ausführung einer im Gesellschaftsvertrag getroffenen Vereinbarung geschieht. Von einem Vollwertigkeitserfordernis ist – wenn der Vorgang im Gesellschaftsvertrag offen gelegt wird – keine Rede.

Die systematische Interpretation spricht gegen ein Vollwertigkeitserfordernis. Gemäß § 161 AktG gilt nämlich die Hingabe von Schuldverschreibungen im Umtausch gegen Bezugsaktien beim bedingten Kapital nicht als Sacheinlage. Demzufolge ist eine solche „Hingabe" zu dem in der Schuldverschreibung vereinbarten Bezugskurs (d.h. bei entsprechender Vereinbarung auch zum Nennwert der Schuldverschreibung) zulässig, und zwar auch dann, wenn der Verkehrswert der hingegebenen Schuldverschreibung ihren Nominalwert nicht mehr erreicht. Bei der Wandelschuldverschreibung übt der Gläubiger ein Recht aus, das er bereits bei der Ausgabe eingeräumt erhalten hat, während der „Umtausch" von Fremd- gegen Eigenkapital bei der Forderungseinbringung erst im Zug der Kapitalerhöhung geschieht. Für die Kapitalaufbringungskontrolle macht dies aber wertungsmäßig keinen Unterschied. In beiden Fällen erhält der Gläubiger im Austausch gegen eine Verbindlichkeit Anteilsrechte.[31]

Der Schutz der Altgläubiger rechtfertigt die Bewertungskontrolle, wie der OGH beobachtet hat und wie es auch der ganz einhelligen Meinung entspricht, nicht. Denn die bestehenden Gläubiger ziehen immer denselben Vorteil aus der Transaktion: Ihre zu erwartende Befriedigungsquote wird

---

[31] Ausführlich zu diesem Aspekt *Karollus*, ÖBA 1994, 506 ff.; *Karollus*, ZIP 1994, 589.

durch den Wegfall eines konkurrierenden Gläubigers erhöht. Wie viele
Aktien der ehemals konkurrierende Gläubiger erhält, ist ihnen gleichgültig.

Für die Kapitalaufbringungskontrolle bei der Forderungseinbringung
wird aber – auch vom OGH – der Schutz der Neugläubiger ins Treffen
geführt. Die Neugläubiger, so die Annahme, nehmen die Erhöhung des
Grundkapitals (nicht aber die Art der Aufbringung) wahr, nehmen an, dass
der Gesellschaft Aktivvermögen in Höhe des Kapitalerhöhungsbetrags
zugeführt worden sei und gründen darauf ihre Entscheidung, der Gesellschaft zu kreditieren. Diese Vorstellung ist eher realitätsfremd und es stellt
sich die Frage, warum ein Gläubiger, der seine Kreditierungsentscheidung
irrationaler Weise auf Informationsbruchstücke gründet, in seinem so
gebildeten Vertrauen geschützt sein soll. Jedenfalls wäre ein solcher Vertrauensschutz mit der Existenz von Wandelschuldverschreibungen nicht
vereinbar – denn die umgewandelte Forderung könnte ja auch eine Wandelschuldverschreibung, oder ein Wandeldarlehen, gewesen sein.

Die der Kapitalaufbringung allgemein zugeschrieben Funktion einer
Seriositätsgewähr,[32] die mindestens nach dem Stand der derzeitigen Diskussion der wesentlichste Grund für die Aufrechterhaltung des Kapital-
schutzes ist, vermag die Werthaltigkeitskontrolle bei der Forderungseinbringung nicht zu tragen. Der Einbringende hat den eingebrachten Betrag
ja schon einmal „real" investiert. Das Anliegen des die Forderung einbringenden Gläubigers ist es nicht, Scheinkapital zwecks Täuschung von Gläubigern und Rechtsverkehr zu bilden, sondern auf seine Gläubigerstellung
im Austausch gegen eine Beteiligung am Grund- oder Stammkapital zu
verzichten.

Damit gerät die Forderungseinbringung zum Nennwert in Wahrheit gar
nicht in Konflikt mit dem Schutz der Neugläubiger. Der Schutz des
Vertrauens derjenigen Personen, die der Gesellschaft in Zukunft kreditieren werden, betrifft nicht irgendwelche irrationalen Erwartungen, sondern allgemein, dass die Gesellschafter einer Kapitalgesellschaft das
Grund- oder Stammkapital selbst bei Bildung des Grund- oder Stamm-
kapitals einen substantiellen, dem Nennkapital mindestens entsprechenden
Betrag investiert haben. Genau dies ist aber, wie gesagt, bei der Forderungseinbringung der Fall.

Ein durchaus ernstzunehmender Begründungsansatz ist jedoch der vom
OGH gleichfalls ins Treffen geführte Schutz der Altaktionäre durch
Kapitalaufbringungskontrolle. Dieser Aspekt spielt nur bei der AG eine
Rolle, weil sich die Kontrolle der Kapitalaufbringung bei der Aktien-
gesellschaft nicht auf den Nennbetrag beschränkt, sondern den vollen
Ausgabebetrag erfasst. Hieraus lässt sich der Schluss ziehen, dass der
Aktiengesetzgeber – bei der GmbH ist die Lage anders – mit der Kapital-

---

[32] Dazu im vorliegenden Kontext *Priester*, DB 2010, 1445.

aufbringungskontrolle auch die Altgesellschafter vor wertmäßiger Verwässerung ihrer Beteiligungsquoten schützen will.[33]

Die Funktionsweise dieses Systems lässt sich für die Kapitalerhöhung etwa wie folgt beschreiben: Bei der Sachkapitalerhöhung ist gem. § 150 AktG im Kapitalerhöhungsbeschluss ein Ausgabebetrag festzulegen. Dieser Ausgabebetrag muss in angemessener Höhe – d.h. i.d.R. dem inneren Wert der Altaktien vor Kapitalerhöhung entsprechend – festgelegt werden. Ist dies der Fall, erleiden die Altaktionäre keine wertmäßige Verwässerung ihrer Aktien. Wird der Ausgabebetrag unangemessen niedrig festgelegt, ist der Kapitalerhöhungsbeschluss anfechtbar. Die Festlegung wird vom Sacheinlageprüfer nicht überprüft. Sie kann nur im Beschlussanfechtungsverfahren angegriffen werden. Bei börsenotierten Aktiengesellschaften existiert freilich zumindest ein Referenzwert in Gestalt des Börsekurses.

Mit dem Gebot der Angemessenheit ist dem Mitgesellschafter aber nicht geholfen, wenn der Wert des Sacheinlagegegenstands hinter dem angemessenen Ausgabebetrag zurückbleibt. Daher – so kann argumentiert werden – schreibt der Gesetzgeber vor, dass der Sacheinlageprüfer zu prüfen hat, ob der Wert der Sacheinlage den Ausgabebetrag erreicht. Die Bewertung von übernehmender Gesellschaft (Ausgabekurs) und Einlagegegenstand soll somit nach diesem Konzept in einem arbeitsteiligen Verfahren geprüft werden, wobei das Beschlussanfechtungsverfahren den einen und der Sacheinlageprüfer den anderen Part einnimmt. Freilich erfahren die Aktionäre bei Beschlussfassung über die Kapitalerhöhung nichts über die Werthaltigkeit des Sacheinlagegegenstands, weil der Prüfungsbericht bei Beschlussfassung nicht vorliegen muss; er ist vielmehr erst im Firmenbuchverfahren vorzulegen. Der Altaktionärsinformation dient der Bericht des Sacheinlageprüfers somit – anders als der Bericht des Verschmelzungsprüfers gemäß § 220b AktG – nicht.

Diese Rechtfertigung der Werthaltigkeitskontrolle trägt zwar von vornherein nur bei der Aktiengesellschaft und überdies nur dann, wenn im Aktionärskreis keine Einigkeit besteht – sie lässt sich aber de lege lata bei Sacheinlagen im Allgemeinen nicht von der Hand weisen. Gerade bei der Einbringung von Forderungen vermag sie aber nicht zu überzeugen. Wie oben gezeigt, gibt es bei der Einbringung von „regulären" Sacheinlagegegenständen zwei Bewertungsthemen, nämlich die Bewertung des aufnehmenden Unternehmens, die im Streitfall im Beschlussanfechtungsverfahren zu klären ist, und die Bewertung des Einlagegegenstands (z.B. eines Unternehmens oder einer Liegenschaft), die vom Sacheinlageprüfer zu prüfen ist. Bei der Forderungseinbringung fallen aber beide Themen zusammen! Der innere Wert der Aktien der übernehmenden Gesellschaft

---

[33] *Bachner*, Bewertungskontrolle bei Fusionen, 2000, S. 16 ff.; *Winner*, in: Doralt/ Nowotny/Kalss (Fn. 12), § 150 Rn. 75 ff.

ist ebenso von der Vermögens-, Finanz- und Ertragslage der übernehmenden Gesellschaft abhängig wie die Werthaltigkeit der eingebrachten
Forderungen selbst. Da auch beim Debt-Equity-Swap sich der gesetzliche
Überprüfungsauftrag an den Sacheinlageprüfer aber auf das eine Thema
(Wert des Einlagegenstands) beschränkt, kann der Schutz der Altaktionäre
ohne weiteres auch zur Gänze im Beschlussanfechtungsverfahren bewältigt
werden.

Damit fällt ein entscheidendes Argument dafür, dass die Einbringung
von Forderungen als Sacheinlage nur zu ihrem Verkehrswert zulässig ist,
weg. Es bleibt nur die Sorge um die Interessen der Neugläubiger, die sich
(ungeachtet der Existenz von Wandelschuldverschreibungen, bei denen das
Kapital in genau gleicher Weise aufgebracht wird wie beim Debt-Equity-
Swap) ein geschütztes Vertrauen darauf bilden können sollen, dass Forderungen gegen die Gesellschafter nur mit ihrem Verkehrswert zur Bildung von Nennkapital verwendet werden dürfen. Welche für ihre Kreditierungsentscheidung relevante Information die Neugläubiger dem entnehmen können, bleibt dabei allerdings im Dunkeln.

Es ist daher fraglich, ob der mit der Kontrolle des Forderungswerts
angeblich anzustrebende Neugläubigerschutz überhaupt schlüssig begründ-
bar ist. Jedenfalls scheint mir dieser Aspekt nicht ausreichend, um sanierende Kapitalerhöhungen substantiell zu erschweren oder gar zu verun-
möglichen. Daher sollte die Einbringung von Forderungen gegen die
Gesellschafter im Weg der Sachkapitalerhöhung schon de lege late zum
Nennwert der eingebrachten Forderung zugelassen werden.

c) Verschmelzung als Vergleichsmodell und Alternative

Die Praxis wird freilich bis auf Weiteres nicht umhin können, den
derzeitigen Stand der Rechtsprechung zur Kenntnis zu nehmen und Wege
zu suchen, mit denen das angestrebte Ergebnis – Beteiligung der Gläubiger
am Gesellschaftskapital – auch dann erzielt werden kann, wenn der Wert
der Forderung hinter dem Betrag, mit dem sie eingebracht werden soll,
zurückbleibt.

Wie aufwendig der Weg an der strengen Forderungsbewertung vorbei
ist, hängt sehr von der Lage des Einzelfalls ab, namentlich von Rechtsform, Gesellschafterstruktur und Höhe des bestehenden Nennkapitals. Ist
der Gesellschafterkreis überschaubar und sind alle Gesellschafter einver-
standen, kann die Erhöhung des Nennkapitals wie oben erwähnt dadurch
vermieden werden, indem die Gläubiger als Gegenleistung für den
Verzicht auf die Rückzahlung der Darlehen bestehende Anteile übertragen
erhalten.

Auch wenn eine solche Einigkeit unter den Gesellschaftern nicht besteht, öffnet das österreichische Recht einige Gestaltungsvarianten, mittels

derer ein Debt-Equity-Swap trotz des restriktiven Sacheinlagerechts realisiert werden kann. Eine Variante soll im Folgenden kurz besprochen werden. An ihr soll die einleitende These demonstriert werden, dass „Flexibilisierung" manchmal auch ohne Reformgesetzgeber und Rechtsprechungsänderung auskommt, sondern auch durch innovatives Ausnützen bestehender Gestaltungsinstrumente erreicht werden kann, und zwar ohne dass die rechtlich geschützten Interessen der Gläubiger und Minderheitsgesellschafter beeinträchtigt würden.

Sofern der Wert der Forderung mindestens die Stammeinlage (den geringsten Ausgabebetrag) der als Gegenleistung zu gewährenden Anteile deckt,[34] kann folgender Weg beschritten werden: Die Gläubiger gründen in einem ersten Schritt eine mindestkapitalisierte GmbH, in die sie die Forderungen einbringen. In weiterer Folge wird diese GmbH auf die zu sanierende Gesellschaft verschmolzen[35] und die Gesellschafter der übertragenden Gesellschaft (= die ehemaligen Gläubiger) erhalten als Gegenleistung Anteile an der Sanierungsgesellschaft. Auch dieser Weg setzt eine Kapitalerhöhung dieser Gesellschaft zwecks Schaffung der Gegenleistungsanteile voraus. Dabei ist der Wert der Sacheinlage zwingend von einem Sacheinlageprüfer zu prüfen (§ 223 Abs. 2 AktG). Gegenstand der Prüfung ist – wie bei der regulären Kapitalerhöhung – die Deckung der Stammeinlage, bei der AG des Ausgabebetrags, durch den Wert des übertragenen Gesellschaftsvermögens, das in unserem Fall im Wesentlichen nur aus den eingebrachten Forderungen besteht. Ein entscheidender Unterschied zwischen Sachkapitalerhöhung und Verschmelzung liegt jedoch darin, dass bei der Kapitalerhöhung zur Durchführung einer Verschmelzung ein Aufgeld auch dann nicht festgelegt werden muss, wenn der Wert des Vermögens der übernehmenden Gesellschaft höher ist als das Grundkapital.[36] Vielmehr können die Anteile immer zum geringsten Ausgabebetrag ausge-

---

[34] Ist dies nicht der Fall, kann die neu zu gründende Gesellschaft mit weiterem Vermögen (z.B. liquide Mittel) im erforderlichen Umfang ausgestattet werden.

[35] Auf eine Hürde der hier zu besprechenden Verschmelzungslösungen sei hingewiesen: Nach der Praxis der österreichischen Firmenbuchgerichte, die sich insbesondere auf eine Entscheidung des Obersten Gerichtshofs aus dem Jahr 1999 (OGH 11.11. 1999, 6 Ob 4/99b, GesRZ 2000, 75) stützt, sind Verschmelzungen nur zulässig, wenn beide verschmelzungsbeteiligten Gesellschaften einen positiven Verkehrswert haben (siehe dazu etwa *Kalss*, ZGR 2009, 74; *Kalss/Eckert*, GesRZ 2008, 81). Wie der OGH in der zitierten Entscheidung anerkennt, sind solche Verschmelzungen dann zulässig, wenn die „gesunde" Gesellschaft bescheinigtermaßen keine Gläubiger hat, die durch die Verschmelzung gefährdet werden könnten. Dies ist in der hier untersuchten Gestaltung der Fall, da die übertragende Gesellschaft als bloßes Vehikel für die einzubringenden Forderungen dient und kurz vor Durchführung der Verschmelzung neu gegründet wird.

[36] *Kalss*, Verschmelzung – Spaltung – Umwandlung, 2. Aufl., 2010, § 223 AktG Rn. 11; *Eckert*, GeS 2006, 383, 388 f.

geben werden, ohne dass der Verschmelzungsbeschluss deswegen anfechtbar würde.

Dies hängt aufs Engste damit zusammen, dass der individuelle Rechtsschutz der Aktionäre der übernehmenden Gesellschaft nach österreichischem Verschmelzungsrecht anders konzipiert ist als nach dem deutschen
UmwG:[37] Nach § 225b AktG ist die Anfechtung des Verschmelzungsbeschlusses auch dann ausgeschlossen, wenn das Umtauschverhältnis
zulasten der Aktionäre der übernehmenden unangemessen festgelegt wurde
(also „zu viele" Gegenleistungsaktien gewährt werden). Stattdessen haben
(auch) die Aktionäre[38] der übernehmenden Gesellschaft das Recht, die
gerichtliche Überprüfung des Umtauschverhältnisses gemäß § 225c ff.
AktG[39] zu verlangen und auf diesem Weg bare Ausgleichsleistungen zu
erhalten. Durch dieses Verfahren wird der Vermögensschutz der Aktionäre
der übernehmenden Gesellschaft vom Beschlussanfechtungsverfahren gelöst und auf die Phase nach Durchführung der Strukturmaßnahme ver-
lagert.[40] Die Durchführung der Maßnahme wird nicht verzögert und auch
nicht in Frage gestellt, allein das Umtauschverhältnis ist im Bedarfsfall
Gegenstand richterlicher Überprüfung. Angewendet auf die sanierende
Kapitalerhöhung: Die dissentierenden Gesellschafter der übernehmenden
Gesellschaft sind vor der Einbringung überbewerteter Forderungen im Ver-
schmelzungsweg geschützt; dieser Schutz wird aber erst nach Wirksamkeit
der Maßnahme realisiert und stellt deren schnelle Umsetzung nicht in
Frage.

Ein weiterer Vorteil der Verschmelzung besteht darin, dass zufolge der
herrschenden Lehre[41] die Aktionäre der übertragenden Gesellschaft keine

---

[37] § 14 Abs. 2 UmwG i.V.m. dem SpruchG; dazu etwa *Bork*, in: Lutter, UmwG,
4. Aufl., 2009, § 15 Rn. 2; *Simon*, in: KölnKomm UmwG, 2009, § 15 Rn. 1; *Stratz*, in:
Schmitt/Hörtnagl/Stratz, UmwG, 5. Aufl., 2009, § 15 Rn. 1.

[38] Nach § 225c Abs. 3 Ziff. 2 a.F. AktG war die Zulässigkeit des Antrags daran geknüpft, dass mindestens 1% des Grundkapitals einen entsprechenden Überprüfungsantrag
stellte. Diese Einschränkung wurde mit Erkenntnis des Verfassungsgerichtshofs vom
21.9.2011 (G 175/10) als verfassungswidrig aufgehoben.

[39] Das Verfahren ist nach Vorbild des deutschen SpruchG gestaltet.

[40] Siehe dazu insbesondere *Kalss* (Fn. 36), § 225c AktG Rn. 2.

[41] *Szep*, in: Jabornegg/Strasser (Fn. 22), § 223 Rn. 7; *Kalss* (Fn. 36), § 223 AktG
Rn. 20; *Nowotny*, in: Bertl/Eberhartinger/Egger/Kalls/Lang/Nowotny/Rieger/Schuch/
Staringer (Hrsg.), Sonderbilanzen bei Umgründungen – Wiener Bilanzrechtstage 2008,
2008, S. 73, 76. Die zitierten Lehrmeinungen berufen sich zutreffend auf die ausführlich
begründete Entscheidung BGH 12.3.2007, II ZR 302/05, der der OGH in anderem
Zusammenhang, nämlich für die Verneinung der Differenzhaftung bei der Kapitalerhöhung aus Gesellschaftsmitteln, gefolgt ist (OGH 13.10.2010, 3 Ob 86/10h, GesRZ
2011,115 [*van Husen*] und dazu zustimmend *Gruber*, GesRZ 2010, 290 ff.).

Differenzhaftung[42] trifft, wenn der Wert des übertragenden Vermögens hinter dem Ausgabebetrag der Gegenleistungsaktien zurückbleibt.[43]

Deckt der Wert der Forderung nicht einmal den geringsten Ausgabebetrag der auszugebenden Anteile, kann der Wert der neu gegründeten Gesellschaft durch weiteres Vermögen (regelmäßig Bargeld) soweit erhöht werden, dass der geringste Ausgabebetrag erreicht wird. Diese zusätzlichen Leistungen können von den einbringenden Gläubigern, von den Altgesellschaftern oder auch von Dritten kommen, die dafür eine entsprechende Beteiligung an der neu gegründeten Gesellschaft und in der Folge auch der Sanierungsgesellschaft erhalten. Die Gestaltung nützt den Umstand, dass bei der verschmelzungsbedingten Kapitalerhöhung das gesamte Vermögen der übertragenden Gesellschaft als eine Gesamt-Sacheinlage gilt. Wenn alle Personen, die zur Sanierung beitragen, ihre Beitragsleistungen in der neu gegründeten Gesellschaft bündeln, wird bei der anschließenden Kapitalerhöhung der Sanierungsgesellschaft nicht mehr gefragt, ob die Leistung jeder dieser Personen für sich genommen den geringsten Ausgabebetrag der dafür gewährten Anteile erreicht, sondern ob dies für alle diese Leistungen kumuliert bejaht werden kann.

2. Insolvenzrecht

Im Jahr 2010 wurde das österreichische Insolvenzrecht grundlegend reformiert.[44] Die alte Unterteilung in Konkurs- und Ausgleichsverfahren wurde aufgegeben und ein grundsätzlich einheitliches Insolvenzverfahren geschaffen. Dieses Verfahren hat zwei unterschiedliche Eingangsphasen, nach denen sich der weitere Ablauf richtet, nämlich das Sanierungsverfahren, das den bisherigen Ausgleich ablöst, und das auf Zerschlagung des Schuldnerunternehmens gerichtete Konkursverfahren. Erklärtes Ziel des Gesetzgebers war es, die Sanierung insolventer und insolvenzgefährdeter Unternehmen zu erleichtern. Zu diesem Zweck brachte die Novelle eine ganze Reihe materieller Neuregelungen.[45] Nicht darunter ist die Er-

---

[42] Die Differenzhaftung des Sacheinlegers bei überbewerteten Sacheinlagen ist in § 10a GmbHG ausdrücklich normiert und für Aktiengesellschaften von der Rechtsprechung des Obersten Gerichtshofs anerkannt (Fn. 21).

[43] Die Differenzhaftung wird als wesentliches und abschreckendes Risiko des Debt Equity Swap angesehen, siehe etwa *J. Vetter*, in: MünchKomm GmbHG, 2011, § 58 Rn. 88.

[44] Insolvenzrechtsänderungsgesetz 2010 (IRÄG 2010), BGBl. I Nr. 29/2010. Gesetzesmaterialen: EBRV BlgNR XXIV GB 612; AB BlgNR XXIV 651, beides abrufbar unter <www.parlament.gv.at>. Siehe zur Insolvenzrechtsreform u.a. *Konecny*, IRÄG 2010 (2010).

[45] Unter anderem: Auflösungssperre für fortführungsrelevante Verträge (§§ 25a, b IO); Annahme des Sanierungsplans mit einfacher Mehrheit (§ 147 IO); Löschung des Schuldners aus der Insolvendatei nach vollständiger Erfüllung des Sanierungsplans

leichterung des Debt-Equity-Swap im Zug eines Sanierungsverfahrens
etwa nach dem Muster des in Deutschland mittlerweile umgesetzten Gesetzes zur weiteren Erleichterung der Sanierung von Unternehmen (ESUG).
Ein dringender Bedarf für solche Regelungen wurde nicht gesehen und der
Fragenkomplex einer möglichen späteren Reform vorbehalten. Nach
derzeit geltender Rechtslage ist ein Debt-Equity-Swap gegen den Willen
der Anteilseigner nicht realisierbar, da Kapitalmaßnahmen regelmäßig
eines satzungsändernden Beschlusses der Gesellschafterversammlung bedürfen. Aber selbst wenn die Gesellschafter mit der Maßnahme einver-
standen sind, bestehen einer Reihe technischer Unzulänglichkeiten – in
erster Linie die fehlende Verknüpfung von Insolvenz- und Firmenbuchverfahren – derer sich der Gesetzgeber bei nächster Gelegenheit annehmen
sollte.

III. Gewährleistung und gestreckter Einstieg beim Anteilserwerb durch Kapitalerhöhung

1. Ausgangslage

Beim Erwerb einer Beteiligung an einer Kapitalgesellschaft besteht
typischerweise ein Informationsdefizit auf Seiten des Erwerbers. Auch bei
umfassender Prüfung der rechtlichen und wirtschaftlichen Verhältnisse der
Gesellschaft vor Vertragsabschluss kann es sein, dass sich die dem Investor zur Verfügung gestellte Information im Nachhinein als falsch heraus-
stellt. Zudem kann der Wille des Investors zur Beteiligung von zukünftigen Entwicklungen abhängen. Typische, aus dieser Unsicherheit folgende
Gestaltungswünsche sind unter anderem Gewährleistungs- oder Garantie-
zusagen oder auch die zeitliche Streckung des Investments in der Weise,
dass das Investment zunächst teilweise als Fremdkapital geleistet und erst
bei Erreichen bestimmter vertraglich definierter Ziele („Meilensteine") in
Gesellschaftsanteile umgewandelt wird.

Gewährleistungszusagen der Gesellschaft und selbst deren Haftung für
die Richtigkeit der vorvertraglich erteilten Informationen stehen in Widerspruch zum Recht der Kapitalaufbringung und -erhaltung. Aus einer Reihe
von Einzelvorschriften des AktG lässt sich der Grundsatz ableiten, dass die
Geltendmachung von Willensmängeln des Zeichners nach Eintragung der
Kapitalerhöhung ausgeschlossen, Gewährleistungszusagen der Gesell-

(§ 123 IO). Nicht übernommen hat der Gesetzgeber dagegen den Vorschlag zur Einführung eines Obstruktionsverbots und zur Absenkung der gesetzlichen Mindestquote
von 20% (siehe dazu und zu weiteren Gestaltungsvorschlägen *Oberhammer*, FS Oberhammer, 1999, S. 128 ff.

schaft im Zeichnungsvertrag unzulässig sind und die Verletzung vorvertraglicher Aufklärungspflichten zu keiner Schadenersatzpflicht der Gesellschaft führt.[46]

Rechtspolitisch wird vorgeschlagen, Gewährleistungszusagen und Schadenersatzansprüche aus vorvertraglichem Schuldverhältnis mindestens bei geschlossenen Gesellschaften zuzulassen, die Erfüllung solcher Ansprüche allerdings auf freie Mittel des Emittenten zu beschränken. Sind keine freien Mittel vorhanden, sollen die Ansprüche durch Ausgabe zusätzlicher Aktien befriedigt werden können.[47]

Rechtsdogmatisch ist auf eine aktuelle Diskussion hinzuweisen, die in Österreich nun schon länger und äußerst lebhaft im Gange ist, nämlich zur Frage, ob Prospekthaftungsansprüche am Gebot der Kapitalerhaltung und an der Lehre von der fehlerhaften Gesellschaft scheitern.[48] Die Lehre ist gespalten; nach überwiegender Auffassung ist eine Schadenersatzpflicht des Emittenten ganz ausgeschlossen[49] oder auf freie, ausschüttungsfähige Mittel des Emittenten beschränkt.[50] Der Oberste Gerichtshof hat in einer vielbeachteten Entscheidung Prospekthaftungsansprüche ohne Einschränkungen zugelassen.[51] Die mangelhafte Auswertung der literarischen Diskussion und die fehlende Auseinandersetzung mit der Vorjudikatur lassen es aber möglich erscheinen, dass der OGH von dieser Auffassung wieder abrückt.[52] Dem Vernehmen nach steht dieser Tage eine oberstgerichtliche Entscheidung des für gesellschaftsrechtliche Fragen zuständigen 6. Senats an, die wohl endgültige Klärung in die eine oder andere Richtung bringen wird. Der in der zitierten Entscheidung und in Teilen der Literatur behauptete Vorrang der Prospekthaftung wird allerdings mit § 11 KMG (die die Prospekthaftung des Emittenten ausdrücklich anordnet) und dessen Wertungen begründet. Für sonstige vorvertragliche Haftungsansprüche folgt aus der bisherigen Diskussion eher eine breite Anerkennung des Vor-

---

[46] Siehe dazu zuletzt ausführlich *M. Gruber*, JBl 2007, 2 (I) und JBl 2007, 90 (II); *Eckert*, GesRZ 2010, 88 ff.

[47] *Kalss*, in: Kalss/Schauer (Fn. 1), S. 603 f.

[48] Zu dieser Diskussion siehe insbesondere *Eckert*, GesRZ 2010, 88 ff.; *Gruber*, GesRZ 2010, 73 ff.; *Karollus*, ZFR 2010, 50 ff.; *Karollus*, ÖBA 2011, 450; *Rüffler*, FS Straube, 2009, S. 113; *Rüffler*, GeS 2010, 4 ff.

[49] *Eckert*, GesRZ 2010, 88 ff.; *Gruber*, GesRZ 2010, 73 ff.; *Karollus*, ZFR 2010, 50 ff.

[50] *Kalss*, Anlegerinteressen, 2002, S. 221; *Kalss/Oppitz/Zollner*, Kapitalmarktrecht, 2005, § 11 Rn. 47; *Artmann*, in: Jabornegg/Strasser (Fn. 22), § 52 Rn. 5; *Zivny*, Kapitalmarktgesetz, 2007, § 11 Rn. 60; *Lorenz*, in: Zib/Russ/Lorenz (Hrsg.), Kapitalmarktgesetz, 2008, § 11 Rn. 31 f.; *Sauer*, in: Doralt/Nowotny/Kalss (Fn. 12), § 52 Rn. 17; *Doralt/Winner*, in: MünchKomm AktG, 3. Aufl., 2008, § 57 Rn. 261.

[51] OGH 30.3.2011, 7 Ob 77/10i, GesRZ 2011, 251 (*Diregger*).

[52] *Karollus*, ÖBA 2011, 450.

rangs der Kapitalerhaltung; das gleiche gilt umso mehr für vertragliche Gewährleistungszusagen.

Dem weiteren Gestaltungswunsch nach der automatischen Umwandlung von Fremd- in Eigenkapital scheint entgegen zu stehen, dass das AktG zwar die Ausgabe von Wandelanleihen (§ 174 AktG) und deren Unterlegung mit bedingtem Kapital zulässt (§ 159 Abs. 2 Ziff. 1 AktG). Die Vereinbarung einer Wandlungspflicht bei Eintritt bestimmter Bedingungen ist jedoch gesetzlich nicht vorgesehen.

Bevor eine gesellschaftsrechtliche Umsetzungsvariante vorgestellt wird, sei wieder auf die Möglichkeit hingewiesen, solchen Gestaltungswünschen durch Vereinbarungen auf Gesellschafterebene Rechnung zu tragen. Dies setzt aber einen geschlossenen Gesellschafterkreis und überdies voraus, dass (alle) Altgesellschafter solche Vereinbarungen abschließen wollen, was insbesondere dann nicht der Fall sein wird, wenn sie selbst keinen umfassenden Einblick in die Angelegenheiten der Gesellschaft haben.

2. Pflichtwandelanleihe

Ist die Emittentin eine Aktiengesellschaft, kann der Wunsch nach einem gestreckten Einstieg mit automatischer Wandlung durch eine sogenanntes Pflichtwandeldarlehen, das mit einem bedingten Kapital gemäß §§ 159 ff. AktG unterlegt ist, Rechnung getragen werden. Der Eintritt der Wandlungspflicht setzt je nach Gestaltung voraus, dass bis zum Wandlungstermin keine Verletzung von Gewährleistungszusagen hervorgekommen ist oder andere vertraglich vereinbarte Bedingungen eingetreten sind. Ist eine Gewährleistungszusage hingegen falsch (die Bedingung nicht eingetreten), hat der Investor die Wahl, von seinem Wandlungsrecht dennoch Gebrauch zu machen oder die gänzliche oder teilweise Rückzahlung des Darlehens zu verlangen.

Dieses Modell erlaubt eine recht weitgehende Annäherung an die aktienrechtliche verbotene Gewährleistung der AG im Zeichnungsvertrag: Solange das Darlehen noch nicht gewandelt ist, ist es eben Fremdkapital, dessen Rückzahlungsmodalität grundsätzlich frei vereinbart werden kann. Erst nach der Wandlung greift der strikte aktienrechtliche Kapitalerhaltungsgrundsatz. Der Wermutstropfen liegt darin, dass der Investor erst nach Wandlung eine Aktionärsstellung erwirbt.

Die Zulässigkeit dieses Modells ist aber nicht völlig gesichert. Was das Wandlungs*recht* und dessen Unterlegung durch bedingtes Kapital angeht, bestehen jedenfalls keine durchschlagenden Bedenken. § 159 Abs. 2 Ziff. 1 AktG gestattet die Bildung bedingten Kapitals u.a. zwecks Gewährung von Umtausch- oder Bezugsrechten an Gläubiger von Wandelschuldverschreibungen. Für die Ausgabe solcher Wandelschuldverschreibungen ist – entsprechend der deutschen Rechtslage gemäß § 221 dAktG – ein Beschluss der Hauptversammlung mit qualifizierter Mehrheit erforderlich; § 153 AktG über das Bezugsrecht und dessen Ausschluss gilt sinngemäß. Der gesetzliche Terminus „Schuldverschreibung" suggeriert, dass das Instrument verbrieft sein muss. Dies ist aber m.E. nicht der Fall, weil die Verbriefung für sämtliche mögliche Zwecke des § 159 AktG irrelevant ist. Überdies kann die Verbriefung leicht hergestellt werden, auch wenn nur ein Investor die „Schuldverschreibung" zeichnet.

Schwieriger ist die Frage, ob § 159 Abs. 2 Ziff. 1 AktG, der nur von einem „Wandlungsrecht" spricht, auch die Schaffung von bedingtem Kapital mit Wandlungs*pflicht* deckt.[53] Der Wortlaut des Gesetzes[54] steht der hier diskutierten Gestaltung in Wahrheit nicht entgegen, da der Zeichner des Instruments jedenfalls (auch) ein Wandlungsrecht hat und die Vereinbarung einer bei Eintritt oder Nichteintritt bestimmter Bedingungen zusätzlich bestehenden Wandlungspflicht vom Gesetz nicht verboten wird. Es ist auch sonst nicht ersichtlich, woraus ein solches Verbot abzuleiten sein sollte. Dass die Pflichtwandlung die Finanzierung nicht – wie von § 159 Abs. 2 Ziff. 1 AktG intendiert – erleichtere, sondern im Gegenteil erschwere,[55] trifft nicht zu. Das hier untersuchte Finanzierungsinstrument soll ja gerade dazu dienen, Investoren, die wegen bestehender Informationsdefizite oder Unsicherheiten nicht zur sofortigen und vollständigen Eigenkapitalfinanzierung bereit sind, dazu zu bewegen, eine vom Eintritt bestimmter Bedingungen abhängige, aber ansonsten bindende und unwiderrufliche Finanzierung zur Verfügung zu stellen.

Insgesamt spricht daher nichts gegen den Einsatz des bedingten Kapitals zum oben diskutierten Zweck. Für die GmbH ist dieser Weg allerdings mangels Möglichkeit eines bedingten Kapitals verschlossen. Auch der Einsatz eigener Geschäftsanteile zwecks Unterlegung eines Wandeldarlehens ist zwar theoretisch möglich, aber wegen der restriktiven Rückerwerbsbeschränkungen des österreichischen GmbH-Gesetzes praktisch kaum gangbar.

IV. Ausblick

Der kleine Streifzug durch das österreichische Kapitalgesellschaftsrecht sollte demonstrieren, dass und wie allzu rigide gesellschaftsrechtliche Einschränkungen mit kauteljuristischem Geschick manchmal überwunden werden können. Befriedigend ist ein solcher Zustand aber nicht, schon weil

---

[53] Dafür *Spatz*, RdW 2005, 140, 144; dagegen *Winner*, in: Doralt/Nowotny/Kalss (Fn. 12), § 159 Rn. 43.

[54] *Winner*, in: Doralt/Nowotny/Kalss (Fn. 12), § 159 Rn. 43.

[55] *Winner*, in: Doralt/Nowotny/Kalss (Fn. 12), § 159 Rn. 43.

der Rechtsanwender oft gezwungen ist, Instrumente einzusetzen, die für einen solchen Einsatz nicht gedacht und auch nicht in jeder Hinsicht geeignet sind. Viele sinnvolle Gestaltungen bleiben den Gesellschaften überhaupt verschlossen. Deswegen ist fromm zu wünschen, dass der österreichische Gesellschaftsrechtsgesetzgeber bald aus seinem Dornröschenschlaf erwacht und die vielfältigen Flexibilisierungsideen aufgreift, die die Reformdiskussion der letzten Jahre hervorgebracht hat.

Diskussion

zu den Referaten von *Lukas Glanzmann* und *Georg Eckert*

MARLEN THATEN

Die von *Peter Kunz* geleitete Diskussion kreiste schwerpunktmäßig um die Sinnhaftigkeit der Anwendung aktienrechtlicher Sacheinlagevorschriften auf hybride Finanzinstrumente (I.). Zudem wurden Bezüge zu den aufsichtsrechtlich vorgegebenen Eigenkapitalanforderungen an Banken hergestellt (II.) und Überlegungen zur Einbindung von Fremdkapitalgebern in die Corporate Governance unternommen (III.). Abschließend formulierten die Teilnehmer ihre Vorstellungen de lege ferenda (IV.).

I.

Die Diskussion spiegelte eindrucksvoll wider, wie kontrovers die Anwendung der Sacheinlagevorschriften bei der Einbringung von Forderungen in das Gesellschaftsvermögen beurteilt wird. Die These der Referenten, wonach die Wandlung von Anleihen in Eigenkapital stets zum Nominalwert erfolgen solle, da dem keine schutzwürdigen Belange von Gläubigern oder Aktionären entgegenstünden, erfuhr mitunter scharfen Widerspruch.

a) Ein erster Beitrag stimmte zwar grundsätzlich zu, dass Neugläubigern nach einer Kapitalerhöhung kein schutzwürdiges Vertrauen in Bezug auf die Liquidität der Gesellschaft zuzugestehen sei. Nichtsdestotrotz stelle dies die gesetzgeberische Grundannahme im Sinne einer „unwiderleglichen Vermutung" dar. Ein weiterer Teilnehmer verwies hierzu auch auf die neuere Rechtsprechung des OGH, nach der die Einbringung von Forderungen als Sacheinlage zu behandeln sei. Übereinstimmend war man daher der Meinung, die These der Referenten würde das gesamte Kapitalaufbringungsrecht in seiner jetzigen Form schlicht „wegsprengen". Wenn man ihr folge, sei zudem nicht ersichtlich, warum diese Ausnahme nicht auch für andere Formen der Sacheinlage, bspw. Grundstücke, gemacht werden solle. Hiergegen wurde indes eingewandt, dass jedenfalls im Falle eines Darlehens tatsächlich ein Geldbetrag an das Unternehmen geflossen sei, nur eben zu einem anderen Zeitpunkt als dem der Kapitalerhöhung. Es sei daher gerechtfertigt, den Umtausch der Anleihe in Eigenkapital am ursprünglichen Ausgabebetrag des Darlehens auszurichten. Auch ein Diskussionsteilnehmer aus der Schweiz hielt die Werthaltigkeitsdebatte für „übertrieben" – statt auf den Wert der Forderung für den Darlehensgeber, solle der Blick vielmehr auf den Darlehensnehmer, also die Gesellschaft, gelegt werden. Denn für diese entspräche, bilanziell betrachtet, der Wert der Forderung immer auch dem Nominalwert. Letztlich wurde diesem Gedanken jedoch entgegengehalten, dass sich die Gesellschaft in der Insolvenz durch nur quotale Befriedigung der Forderung von ihren Schulden befreien könne; daher sei auch aus ihrer Sicht nicht zwangsläufig auf den Nominalwert abzustellen.

b) Ein deutscher Teilnehmer führte sodann in die hiesige Rechtsprechung zur verdeckten Sacheinlage ein und stellte die gesetzliche Erleichterung durch das MoMiG hin zu einer Differenzhaftung dar. Er wies jedoch darauf hin, dass es weiterhin eine Ordnungswidrigkeit darstelle, eine verdeckte Sacheinlage zum Handelsregister anzumelden; die schweizerische Herangehensweise des „Augen zu und durch" sei hierzulande daher keineswegs risikofrei. Weiter betonte er das Verbot der Unterpariemission als Grenze zulässiger Kapitalaufbringung, das nicht nur durch deutsches Aktienrecht, sondern auch durch Art. 8 der Kapitalrichtlinie auf europäischer Ebene zwingend vorgegeben sei. *Glanzmann* fügte hinzu, dass das Verbot der Unterpariemission auch in der Schweiz gelte, aber durch die Gestaltung des Aktienausgabebetrags in der Praxis eingehalten werden könne.

c) Widerspruch erntete weiter *Eckert* mit der These, dass die Aktionäre durch das Beschlussmängelrecht bereits hinreichend geschützt seien und deswegen keiner strengen Kapitalaufbringungsregeln bedürften. Denn die Fälle einer möglichen Differenzhaftung des Sacheinlegers würden in der Praxis stets erst in der Insolvenz der Gesellschaft relevant und das Anfechtungsrecht des Aktionärs sei dann regelmäßig nicht mehr von Nutzen. Der Referent konzedierte, die Beschlussanfechtung sei in dieser Hinsicht tatsächlich suboptimal, er würde sie aber nichtsdestotrotz für das passendere Instrument halten. Auch die von *Eckert* gezogene Parallele zum Verschmelzungsrecht wurde kritisch aufgegriffen – denn würde man die Forderung zunächst in eine neu gegründete Gesellschaft einbringen, um diese im Anschluss auf die Hauptgesellschaft zu verschmelzen, so müssten doch auch bei deren Gründung die Kapitalaufbringungsvorschriften eingehalten werden. Es bestehe daher kein Wertungswiderspruch zwischen Aktien- und Umwandlungsrecht.

d) Zum Abschluss der Debatte betonten beide Referenten ein weiteres Mal, dass sie die Anwendung der Sacheinlageprüfung in den Fällen der von ihnen vorgestellten Finanzierungsinstrumente nicht für notwendig hielten. Zwar seien Regeln zum Schutz von Gläubiger- und Aktionärsinteressen sehr wichtig, sie sollten indes nur dort „mit Augenmaß" eingesetzt werden, wo die Situation dies tatsächlich verlange. Zu vermeiden sei ein „überschießender Anwendungsbereich" von Schutzvorschriften zu Lasten der Flexibilität der Unternehmensfinanzierung. *Glanzmann* führte weiter aus, dass seines Erachtens nicht nur ein Darlehensanspruch, sondern z.B. auch ein Schadenersatzanspruch gegen die Gesellschaft eingelegt werden könne. Nach seinem Dafürhalten käme es nicht darauf an, dass ursprünglich einmal Geld an die Gesellschaft geflossen sei; vielmehr reiche das Bestehen eines geldwerten Anspruchs für sich genommen bereits aus.

II.

Daneben wurden die Bezüge der Debatte zur Verschärfung der Eigenkapitalvorschriften für Banken durch Basel III betont. Schließlich seien gerade Banken an der Nutzung hybrider Finanzinstrumente interessiert, da diese aufsichtsrechtlich als Eigenkapital qualifiziert werden könnten. In der Schweiz würde dies für systemrelevante Banken gerade mit der „Too-big-to-fail" Vorlage ausdrücklich ermöglicht. Angemerkt wurde jedoch, dass das Verhältnis der aktienrechtlichen zu den europäisch geprägten aufsichtsrechtlichen Vorgaben noch weithin ungeklärt sei. Insbesondere sei ungewiss, ob ein Gleichlauf zwischen den beiden Bereichen angenommen werden könne. So sei z.B. fraglich, ob CoCos auch aus aktienrechtlicher Sicht als Eigenkapital zu behandeln seien. Über die Ländergrenzen hinweg herrschte Einigkeit, dass im Bankensektor keine zunehmende Flexibilisierung, sondern im Gegenteil eine noch stärkere Regulierung von Finanzinstrumenten zu erwarten sei. *Glanzmann* fügte abschließend hinzu, dass jedenfalls in anderen Bereichen der Industrie eine Flexibilisierung möglich und wünschenswert sei, schließlich drehe sich nicht alles nur um Banken.

III.

Kurz wurden zudem die Auswirkungen der Fremdfinanzierung auf die Corporate Governance angeschnitten. Es sei zu bedenken, ob und inwiefern die Inhaber hybrider Finanzinstrumente in die Unternehmenskontrolle mit eingebunden werden könnten. Ein Teilnehmer wies zudem auf die Gefahr einer faktischen Organschaft der Investoren hin, sobald deren Anleihen in Eigenkapital gewandelt seien. Auch wurde aus der Schweiz die Frage aufgeworfen, ob sich in der Diskussion um Finanzinstrumente eine Verschiebung von Kompetenzen weg von der Generalversammlung hin zum Verwaltungsrat feststellen ließe. Eine solche konnte *Glanzmann* indes nicht erkennen.

IV.

Im Mittelpunkt standen zuletzt die rechtspolitischen Vorstellungen der Diskutanten. Während *Glanzmann* eine gesetzliche Normierung zur Beseitigung der derzeit bestehenden Rechtsunsicherheit in der Schweiz grundsätzlich befürwortete, warnte er zugleich vor der Gefahr inkonsistenter Neuregelungen. Auch ein österreichischer Teilnehmer betonte, die als überzogen empfundenen Kapitalschutzvorschriften müssten zurückgeschnitten werden. Man hätte diese ursprünglich aus Deutschland übernommen und stünde nun nach dem MoMiG plötzlich als strengste Rechtsordnung in Fragen der Kapitalaufbringung da. Mit Blick auf die strenge Regulierung sei eine weitere Flexibilisierung der Unternehmensfinanzierung durch private Gestaltung nicht zu erwarten; es bedürfe vielmehr der Schaffung stimmrechtsloser, harter Kernkapitalinstrumente durch den Gesetzgeber, die gleichzeitig entsprechende Anreize für Investoren aufwiesen. Abschließend betonte ein Diskutant den Zusammenhang zwischen CoCos und Debt-Equity-Swaps – diese würden de lege lata zwar unterschiedlich behandelt, de lege ferenda sei eine Gleichbehandlung jedoch wünschenswert.

Autorenverzeichnis

PD. Dr. Christoph B. Bühler, Rechtsanwalt, LL.M (Universität Zürich), Privatdozent für Schweizerisches und internationales Handels- und Wirtschaftsrecht, Universität Zürich

PD. Dr. Georg Eckert, Privatdozent am Institut für Zivil- und Unternehmensrecht, Wirtschaftsuniversität Wien

Prof. Dr. Holger Fleischer, LL.M (Univ. of Michigan), Dipl.-Kfm., Direktor am Max-Planck-Institut für ausländisches und internationales Privatrecht, Hamburg

Prof. Dr. Lukas Glanzmann, Rechtsanwalt, Baker & McKenzie Zürich, LL.M. (Harvard), Titularprofessor an der Universität St. Gallen, Mitglied der Eidg. Expertenkommission für das Handelsregister

Dr. Jan Lieder, LL.M. (Harvard), Wissenschaftlicher Mitarbeiter am Lehrstuhl für Bürgerliches Recht, Zivilprozessrecht, Handels-, Gesellschafts- und Wirtschaftsrecht, Friedrich-Schiller-Universität Jena, Dozent an der Ostthüringer Verwaltungs- und Wirtschaftsakademie, Gera

Prof. Dr. Peter O. Mülbert, Lehrstuhl für Bürgerliches Recht, Handels- und Wirtschaftsrecht, Bankrecht, Johannes Gutenberg Universität Mainz

Prof. Dr. Martin Schauer, Institut für Zivilrecht, Wirtschaftsuniversität Wien

Dr. Klaus Ulrich Schmolke, LL.M. (NYU), Wissenschaftlicher Referent am Max-Planck-Institut für ausländisches und internationales Privatrecht, Hamburg

Marlen Thaten, Wissenschaftliche Mitarbeiterin am Max-Planck-Institut für ausländisches und internationales Privatrecht, Hamburg

Dr. Frauke Wedemann, Wissenschaftliche Referentin am Max-Planck-Institut für ausländisches und internationales Privatrecht, Hamburg

Prof. Mag. Dr. Martin Winner, Universitätsprofessor am Institut für Zivil- und Unternehmensrecht, Wirtschaftsuniversität Wien